나는 무조건 성공하는 사업만 한다

나는 무조건 성공하는 사업만 한다

뉴노멀 시대,
새로운
성공의 법칙을
만든 사람들

애덤 데이비드슨 지음
정미나 옮김

THE
PA$$ION
ECONOMY

비즈니스북스

옮긴이 **정미나**

출판사 편집부에서 오랫동안 근무했으며, 이 경험을 토대로 현재 번역 에이전시 하니브릿지에서 출판기획 및 전문 번역가로 활동하고 있다. 옮긴 책으로는《인생학교》시리즈, 《다크호스》, 《작은 몰입》, 《평균의 종말》 등 다수가 있다.

나는 무조건 성공하는 사업만 한다

1판 1쇄 발행 2020년 9월 9일
1판 3쇄 발행 2021년 1월 14일

지은이 | 애덤 데이비드슨
옮긴이 | 정미나
발행인 | 홍영태
발행처 | (주)비즈니스북스
등 록 | 제2000-000225호(2000년 2월 28일)
주 소 | 03991 서울시 마포구 월드컵북로6길 3 이노베이스빌딩 7층
전 화 | (02)338-9449
팩 스 | (02)338-6543
대표메일 | bb@businessbooks.co.kr
홈페이지 | http://www.businessbooks.co.kr
블로그 | http://blog.naver.com/biz_books
페이스북 | thebizbooks
ISBN 979-11-6254-164-7 03320

《나는 무조건 성공하는 사업만 한다》는 지금까지 내가 읽은 사업에 관한 책 중 최고다. 불안하고 흔들리는 경제 상황 속에서 어떻게 해야 성공할지 실제 사례를 통해 명쾌하게 설명한다. 캘리포니아의 와이너리부터 구글과 MIT 연구실을 거쳐 뉴욕의 아이스크림 가게에 이르기까지 미대륙을 종횡무진 넘나들며 아주 재미있고 흥미진진한 성공기가 눈앞에 펼쳐진다.

_찰스 두히그(《습관의 힘》 저자)

오랫동안 고대해오던 책이 드디어 세상에 나왔다. 지금은 열정과 전문성을 결합시켜 돈을 벌기 아주 좋은 환경이다. 내가 좋아하는 것에서 그치지 않고 고객의 지갑을 열 수 있는 기회가 도처에 펼쳐져 있다. 애덤 데이비드슨이 정말 끝내주는 책을 썼다. 브라보!

_톰 피터스(최고의 경영 구루, 《초우량 기업의 조건》 저자)

기존의 틀을 깬 신선한 접근법으로 성공의 비결을 제시했던 말콤 글래드웰의 명저 《아웃라이어》를 넘어설 또 하나의 역작이다. 애덤 데이비드슨은 이 책을 통해 평범한 아이템 하나로 시장을 뒤흔든 보통 사람들의 이야기를 소개하며 뉴노멀시대의 성공 법칙을 제시한다. 성공에 대한 기존의 사고를 뒤엎어 버리는 동시에 강력한 통찰력을 전해준다.

_윌리엄 D. 코헨(《뉴욕타임스》 베스트셀러 작가)

미국에서 가장 실력 있는 경제 전문 기자로 애덤 데이비드슨이 손꼽히는 이유를 이 책을 읽으며 새삼 느낀다. 21세기 성공 비밀을 밝힌 평범한 사람들의 사례 속에서 기자의 예리한 눈과 이야기꾼의 끼가 번뜩인다. 이렇게 잘 엮인 성공담을 읽다 보면 어느새 무조건 사업에 성공하는 비밀이 엿보인다. 다시금 아메리칸 드림을 믿게 될지도 모른다.

_다니엘 H. 핑크(미래학자, 《언제 할 것인가》 저자)

애덤 데이비드슨의 사례 연구는 훌륭하고, 책의 핵심은 강하게 기억에 남는다. 모든 경영학과 커리큘럼에 꼭 포함되어야 할 책이며, 지금 사업을 하고 있는 사람이라면 반드시 읽어야 할 필독서다.

_《커커스리뷰》

이 책은 경영과 마케팅 전략에 대한 날카로운 교훈으로 가득 차 있다. 이 책을 통해 사업에 관한 유용한 통찰력을 찾을 수 있을 것이다.

_《퍼블리셔스위클리》

뉴욕의 아이스크림 가게, 고가의 연필 등 놀랍고 열정이 가득한 사례들이 빼곡하다. 이 성공담을 삶에 적용한다면 머지않아 당신도 성공할 수 있을 것이다.

_〈내셔널북리뷰〉

애덤 데이비드슨은 이 시대의 이야기꾼이다. 이 책은 새로운 경제 상황에서 우리에게 앞서가는 것에 대한 낙관론을 품게 한다.

_아마존 독자평

이 책에서 말하고자 하는 핵심적인 내용은 누구든 열정만 있다면 사업을 성공시킬 수 있는 틈새시장을 찾을 수 있다는 것이다. 수십 년 전과 달리 거대한 톱니바퀴처럼 돌아가는 규모의 경제를 뛰어넘어 이제는 우리의 열정과 아이디어를 펼칠 수 있는 시기가 왔다. 애덤 데이비드슨이 발견한 놀라운 성공담들은 이 책을 읽는 모든 이에게 영감을 주기 충분하다.

_아마존 독자평

나에게 세상 전부인 사람,
젠에게 이 책을 바친다.

항상 기억해라. 당신은 전적으로 유일무이한 존재다.
다른 사람들 모두가 그렇듯.

_마가릿 미드 Margaret Mead

다른 사람들의 실수를 보고 배워야 한다.
그 모든 실수를 스스로 저지르고 나서 배울 만큼 인생은 길지 않다.

_《인간 공학》Human Engineering 중에서

머리말

·

낡은 성공의 법칙을 깰 준비가 되었는가?

오늘날 경제는 놀랄 만큼 빠르게 기존 시스템과는 완전히 다른 시스템으로 바뀌고 있다. 안정적으로 운영되던 기업이 하루아침에 망하기도 하고, 기술의 발달로 직업이나 산업이 통째로 없어지기도 한다. 사업의 성공 법칙은 지난 세기와는 다르게 갈수록 까다롭고 복잡해지는 것처럼 보인다.

하지만 이런 혼란스러운 와중에도 성공의 기회를 놓치지 않고 부를 축적하는 사람들이 있다. 왜 똑같은 운동화를 팔아도 누구는 성공하는 반면 누구는 실패하는 걸까? 성공하는 사업의 공통분모를 찾아 몇 가지 법칙으로 정리할 수는 없을까? 나는 이 질문에 답을 하기 위해 미국 대륙을 방방곡곡 돌아다니며 수많은 평범한 사업가들의 실제 성공담을 모으기 시작했다. 새로운 시대에 성공하는 사업의 법칙을 본격적으로 설명하기 전에 먼저 내 아버지와 할아버지의 이야기부터 시작해보겠다.

내 할아버지 스탠리는 1917년에 태어나 한 세기를 살다 돌아가셨다.

다부진 턱선, 넓은 가슴, 꼿꼿한 자세의 할아버지는 나에겐 슈퍼맨처럼 보였다. 어린 손자들을 볼 때면 으레 손을 꼭 쥐어 악수를 한 뒤에 20달러 지폐를 용돈으로 쥐어주셨다. 그 밖에는 아무리 생각해봐도 어릴 때 할아버지의 기억이 없다. 웃음 띤 얼굴과 악수 그리고 급히 자리를 뜨시던 모습만 떠오른다. 그러다 내가 어른이 되어 모두의 예상과는 달리 경제부 기자가 되었을 때 할아버지가 정말로 좋아하는 주제인 사업에 대한 이야기를 나눌 수 있었다.

반면 아버지는 할아버지와는 달라도 너무 달랐다. 아버지는 어린 시절부터 쭉 배우로 사셨고 평생을 아이처럼 살 수 있다는 것을 배우라는 직업의 가장 큰 매력으로 여겼다. 또 예나 지금이나 과학, 뉴스, 예술, 역사, 스포츠 등 모든 주제에 관심을 갖고 흥미를 보인다. 하지만 아버지가 못 견디게 지루해하는 주제가 딱 하나 있는데 그것이 바로 사업 얘기다. 아버지는 사업을 다소 거북하고 쓸데없는 얘깃거리라고 여기시는 듯하다.

어떤 의미에서 보면 이 책은 같은 시기에 한 공간에서 살았지만 완전히 다른 행성에서 살았다고 해도 과언이 아닐 만큼 달랐던 이 두 부자의 대립이 화해하는 지점이라고 말할 수 있다. 20세기에는 남녀를 막론하고 많은 사람들이 직업을 선택하는 문제에서 선택의 기로에 설 수밖에 없었다. 돈을 좇을지 열정을 좇을지, 즉 나의 할아버지처럼 될지 나의 아버지처럼 될지 둘 중 하나를 골라야 했다. 하지만 지금은 어느 시대보다도 사업과 예술, 수익과 열정이 서로 연결되어 있다. 지금 일과 열정은 과거의 스탠리 부자가 이해할 수 없는 방식으로 서로 얽혀 있다.

할아버지와 아버지가 왜 그토록 서로를 이해할 수 없었는지 자세히 얘기를 해보려 한다. 할아버지는 20세기 경제의 대표자로서 손색이 없다.

대공황이 미국 전역의 경제를 휩쓸던 무렵 나의 할아버지 스탠리 제이콥 데이비드슨 스무 살도 되기 전에 결혼해 아들(나의 아버지)을 낳았고 이후로 자식을 세 명 더 낳았다. 운이 따라준 덕분에 주급 16달러를 주는 공장에 취직도 했다. 이 공장에서는 연마기를 만들었는데, 금속의 평행 실린더 두 개가 장착되어 있고 실린더 표면이 사포 같이 거친 소재로 코팅된 대형 기계였다. 이 실린더에 정육면체의 금속 덩어리를 가져다 대면 단 몇 초 만에 모서리들이 갈리면서 반질반질한 완벽한 구형의 볼베어링이 만들어졌다. 볼베어링 연마 작업은 거칠고 위험한 일이었다. 파란색 작업복을 입은 덩치 큰 사내들이 튀는 불꽃을 피해가며 후끈후끈 달아오르는 공장에서 땀과 기름 범벅이 되어 일하던 시대였다. 그 시절 할아버지와 함께 일하던 사람들은 미세한 금속 분진 입자 때문에 거칠고 고통스러운 기침과 재채기를 했고 피를 토하는 고통에 시달리는 경우도 많았다.

하지만 전반적으로 볼베어링 산업은 스탠리에게 큰 도움이 되었다. 제2차 세계대전이 시작되며 특히 더 수혜를 누렸다. "볼베어링 없이는 전쟁을 할 수 없었어." 할아버지가 자주 했던 이 말은 사실이었다. 타이어, 포, 포탑, 탱크 트레드, 탱크 라이플 등 군수품의 모든 동작 부품은 접합부의 볼베어링 덕분에 작동할 수 있었다. 스탠리는 2교대로 일했고 주 6일을 근무할 때도 많았다.

전쟁이 끝나고 이어진 대호황은 볼베어링 산업에 훨씬 더 큰 수혜를 안겨주었다. 주간州間 고속도로망, 주택과 도로와 하수구 시설이 갖추어진 교외 주거지역, 점점 확장되는 도시, 효율성을 추구하는 대규모 공장 등 건축 수요가 늘어났고 모든 건축에는 볼베어링이 필요했다. 트랙터와 크레인의 바퀴와 기어, 공장의 기계류, 그리고 고층 건물의 엘리베이터와 에스컬레이터에 볼베어링이 부품으로 들어갔다.

할아버지는 열심히 일해서 승진을 거듭했고 나중에는 공장장까지 올라갔다. 머리가 좋고 전략적 사고에 뛰어나기도 했지만 그가 관리자로서 탁월한 능력을 발휘할 수 있었던 것은 그의 엄격함 때문이었다. 할아버지는 공장의 작업장을 기계로, 또 (거의 대부분이 남자였던) 노동자 한 사람 한 사람을 그 기계의 톱니바퀴로 여겼다. 노동자들은 이러쿵저러쿵 저마다의 불만을 늘어놓으며 때때로 골치 아프게 굴었지만 엄격한 관리자였던 할아버지는 노동자들의 불만을 잠재우고 다시 일을 하게 만들 줄 알았다.

할아버지는 볼베어링 산업에 애정을 느껴서 그 회사를 다닌 걸까? 볼베어링에 특별한 애착이라도 있었던 걸까? 아니, 그랬을 리 없다. 그저 장인어른의 인맥으로 취직을 했고, 남들이 다 그렇듯 일단 취직을 한 후엔 쭉 그 직장에 붙어 있었다. 당시엔 취직을 하고 나면 진득하니 눌러앉아 승진하기 위해 열심히 일하는 것이 보통이었다. 할아버지는 그렇게 줄곧 한 회사에서 54년을 일하다 은퇴했다.

할아버지는 인생의 매 순간마다 똑같은 교훈을 거듭 되새겼다. 근면함이야말로 사랑하는 가족을 돌보는 방법이자, 국가의 자유를 지키는 방법이며, 모두의 삶을 향상시키는 방법이라는 교훈을 항상 되뇌며 잠깐이라도 일을 그만두면 모든 것이 허물어지는 줄로 믿었다. 그리고 그런 신념에 따라 열심히 일했다.

반면 아버지 잭은 아주 어릴 때부터 열정으로 가득 차 있었다. 이야기하길 즐기고 사람들을 웃기길 좋아했다. 자신의 아버지가 살아온 엄숙하고 따분한 삶과는 달리 훨씬 더 신나고 흥미진진한 삶을 꿈꿨다. 1940년대 우스터에서 잭 같이 머리는 좋지만 공부는 뒷전으로 밀어둔 채 친구들과 장난을 치며 돌아다니는 사내아이를 바라보는 시선은 딱 하나였다. 지금 정신을 차리도록 다잡아놓지 않으면 평생 낙오자로 살게 될 문제아로 낙인을 찍는 것이었다. 나중에 커서 빈털터리가 되어 술에 찌들어 살다 끝내 감옥에 들어가게 될지도 모른다며 고운 시선을 보내지 않았다. 아버지는 주변 사람들의 이런 시선을 내재화하고 말았다. 술을 먹고 담배를 피우고 싸움을 벌이면서 열 번도 넘게 정학 처분을 받다 결국 퇴학까지 당했다. 그 사실을 알고 할아버지는 아버지를 집에서 쫓아냈다. 심지어 아버지와 의절하기까지 했다.

아버지는 열여섯 살에 신발 공장에 취직해 혼자 힘으로 먹고살았다. 하루종일 못으로 구두 뒤축만 박아대는 공장 일은 아버지에게 너무 따분했다. "내 인생은 끝장났어. 이젠 글렀어." 아버지는 그때 내뱉었던 이 혼잣말이 아직도 기억에 생생하다고 한다. 정말로 열정을 좇다간 성공하지 못하는 모양이라며 결국 할아버지 말씀이 맞았다는 생각이 들었다고 했다.

아버지는 할아버지가 바라는 이상적 모습의 남자로 거듭나길 기대하며 해병대에 입대했다. 제대 후에는 애머스트에 있는 매사추세츠 대학교에 어렵사리 입학했다. 그렇게 입학한 후 대학 공부를 따라가는 데 애를 먹으며 낙제를 당하기 일보 직전에 한 친구에게 어떤 부탁을 받았다. 연극학과에서 연극을 준비 중인 친구였는데 마지막에 배우 한 명이 빠져서 곤란한 상황이라며 그 배역을 아버지에게 대신 맡아달라고 했다. 들어보니 연기하기 어렵지 않은 역할이었다. 술에 취해서 무대 여기저기를 비틀거리며 돌아다니는 것이 전부였다. 아버지가 무대에 첫발을 디디자마자 관중들 사이에서 폭소가 터졌고 그것으로 충분했다. 그 순간 아버지는 평생의 일을 찾았고 배우가 되겠다는 꿈이 갖게 되었다. 아버지는 그 전까지 전문 배우를 만나본 적도 없었고 연극을 본 적도 없었지만 보스턴 대학교로 전학해 연극학과에 들어갔다.

할아버지는 아버지의 진로 선택을 몰상식한 결정이라고 여기며 노발대발했다. "차라리 나비를 쫓아다니거나 유니콘을 찾아다니지 그러냐? 배우를 하겠다고? 그딴 일은 남자가 할 일이 못 된다. 돈을 벌 만한 일을 해서 그 돈으로 처자식을 먹여 살려야 그게 남자지. 세상에 어느 누가 놀이거리를 일로 삼는다더냐?"

이런 상황에서도 아버진 꿋꿋하게 꿈을 펼쳐 60년 가까운 세월을 배우로 활동했다. 큰돈을 번 적은 없었고 몇 달씩 생활고에 시달리는 경우도 종종 있었지만 대체로 뉴욕시에서 두 아이를 키우며 살아가기에 충분할 정도의 돈을 벌었다. 아버지는 그런 선택을 내렸던 이유도 자주 말해주었다. 좋은 아버지가 되기 위해서였다고. 자식들이 당신을 귀감으로 보고 자라며, 부자가 될 가망은 없고 오히려 때때로 생계가 불안할지라도 열정과 꿈을 좇으며 살아가는 일이 가능하다는 것을 깨닫게 해주기 위해서였다고. 항상 이런 이야기를 들으며 자랐기에 우리는 아버지가 돈이 아닌 열정과 꿈을 좇기로 했던 그 선택이 의식적인 결정이었다는 것을 잘 알고 있었다.

나는 1990년대에 성인이 되었을 무렵 할아버지와 아버지가 들려주었던 신념을 두루두루 받아들였다. 나에겐 돈이냐 열정이냐, 금전적 안정이냐 충족감이냐의 기로에서 선택권이 있다고 믿었다. 그것이 타당하게 받아들여졌다. 이런 선택의 문제는 수백 년 전부터 이어져온 경제적 현실이자 내가 거듭 느껴온 교훈이었다.

나는 극작가가 되고 싶었지만 극작가로서는 누리기 힘든 금전적 안정을 원하기도 했다. 그래서 그 절충안이라고 할 수 있는 직업을 택해 저널리스트가 되었다. 덕분에 글을 쓰고 새로운 사실을 배우고 여행을 다니며 탐험을 할 수 있었다. 또 한편으론 꼬박꼬박 봉급을 타고 퇴직연금 등의 현실적 혜택을 누릴 수도 있었다.

1970년대에 예술인 단지에서 자라면서 내가 어른들에게 자주 들었던 얘기가 있다. 섹스든 마약이든 자기 표현이든 간에 세상의 모든 것은 탐험해볼 만한 가치가 있다는 것이었다. 단, 괜한 모험심을 발동하지 않도록 경계할 대상이 딱 하나 있다면 바로 돈이었다. 돈은 예술은 물론이고 열정과도 상극의 관계에 있기 때문이다. 나는 그 말에 대한 반발심을 어쩌면 내가 할 수 있는 유일한 방식으로 드러낸 셈이다. 경제 전문 기자가 되어 기업, 금융, 시장 등 여러 가지 금기시된 주제를 다루었으니 말이다.

나는 경제의 작동 방식을 알게 되면서 아버지와 할아버지의 세계를 속속들이 이해하게 되었다. 20세기의 직업 분야에서 볼베어링이 연기에 비해 우월하게 여겨졌던 것에는 경제적으로 명확한 논리가 자리 잡고 있다. 볼베어링은 여타의 거의 모든 경제 활동에 필수적 상품이었다. 볼베어링을 만드는 데 열정이나 창의력은 필요치 않다. 1999년의 볼베어링과 1919년의 볼베어링 사이에는 본질적 기능에 변화가 없다. 차이점이라면 기술이 발전하며 생산업체에서 더 빠르게 더 저렴한 비용으로 더 안정적인 품질의 상품을 더 많이 생산하게 된 것뿐이다. 그것이 바로 할아버지가 몸담은 분야의 핵심이었다. 즉, 같은 상품을 더 저렴한 비용으로 생산하도록 비효율성을 제거하고 매년 조금씩 품질이 향상되도록 연구 개발 과정을 감독하는 것이 관건이었다. 그리고 그것은 20세기 경제의 핵심이었다. 경제학계에서는 대다수 기업이 생산비 절감을 통해 이익을 내는 이런 구조를 '생산중심 성장'production-side growth이라고 한다.

이런 효율성은 경제재가 미국과 세계 전역으로 파급되는 방식에까지 확산되었다. 20세기 초반에는 대다수 시장이 그 지역에 기반을 두고 있었다. 다시 말해 대부분의 사람이 자기 지역 인근에서 생산된 물건을 구매했다. 하지만 철도가 확장된 데 이어 고속도로망이 구축되고 그 이후엔 민간 항공 여행과 효율적인 컨테이너 수송 체계가 정립되었다. 그리고 그에 따라 시장이 전국적 규모로 확대되었고 뒤이어 세계적 규모로까지 성장했다. 주 경계를 넘어 상품이 거래되더니 이윽고 국가의 경계마저 뛰어넘어 무역이 증가했다. 그 결과 볼베어링의 판로가 세계 전역으로 확장되었지만 그와 동시에 전 세계의 볼베어링 제조사와 경쟁해야만 했다. 그에 따라 너도나도 효율성을 높여 같은 물건을 더 빠르고 더 저렴하게 생산하기 위해 노력하게 되었다.

결국 이런 단순 반복 작업에서 노련하게 비효율성을 탐지해내 제거하는 방면으로 뛰어난 실력을 발휘하는 노동자들은 생활형편이 더 나아졌다. 나의 할아버지가 바로 그런 경우였다. 이런 규격품 경제 widget economy에서는 아버지 같은 사람은 끼어들 자리가 없었다. 노동자들이 서로 다른 직업관을 가지고 저마다의 열정에 따라 작업을 한다면 공장에서는 효율성을 높일 수 없다. 우리의 문화와 교육 시스템은 이런 경제 논리에 맞춰졌다. 규칙을 따르며 거대 조직의 필요성에 맞추어 순응하는 이들은 성공했고 그렇지 못한 이들은 좌절을 맛보았다.

물론 내 아버지 같이 열정적인 아웃사이더들은 늘 있었다. 개중에 몇 사람은 대성공을 거두기도 했다. 밥 딜런, 다이애나 로스, 말론 브란도, 조 앤 리버스(미국의 코미디언이자 배우—옮긴이) 같은 이들은 자신의 열정을 좇으며 흔들림 없이 자신다움을 지키면서도 경제적으로도 성공했다. 하지만 본질적으로 생각해보면 이들의 성공은 아주 규격화된 배급 시스템을 통한 것이었다. 음악 산업과 TV 산업은 볼베어링과 공통점이 많았다. 창작품을 대량 생산품으로 변환시켜 최저 생산비로 가능한 한 많은 사람에게 배급했다.

창의성을 발휘하며 열정을 따랐던 사람들은 내 아버지와 비슷한 삶을 살았다. 아버지는 배우 활동의 대부분을 오프브로드웨이(뉴욕 브로드웨이 외곽 지역의 소극장 거리—옮긴이)의 소극장 무대에 오르거나 전국 곳곳의 지방 극단을 전전하며 보냈다. 일거리를 찾아 여기저기로 오디션을 보러 다니며 밥 먹듯 오디션에서 떨어졌다. 캐스팅 담당자의 입에서 합격이라는 말을 듣길 기대하며 생계를 꾸려나가기란 여간 힘든 일이 아니었다. 일거리를 구해도 손에 쥐는 돈은 많지 않았다. 라이브 연극은 TV 프로그램 같은 확장성이 없다. 무대에 올라 실제로 관객을 접하면 친밀감이 느껴지고 심지어 아주 열렬한 반응을 접할 수도 있다. 하지만 직접 그 자리에 찾아온 사람들에게만 감동을 줄 수 있다.

아버지의 수입은 불규칙했지만 영화, 광고, 이따금씩 서는 브로드웨이 무대, TV 프로그램의 게스트 출연으로 큰돈을 벌기도 해서 우리 가족은 생활고를 겪진 않았다. 하지만 아버지는 예외적인 경우였다. 아버지와 함께 연기 생활을 시작했던 배우들 중에 지금까지도 계속 연기를 하는 사람이 별로 없다. 보스턴 대학교 연극대학의 1963년 학번 50주년 동창회에 갔을 때는 졸업생 중에 여전히 연기로 돈을 버는 사람이 아버지뿐이었다고 한다.

내가 지금껏 살면서 지켜본 아버지와 할아버지의 관계는 대체로 불편한 것이었다. 두 분 모두 서로를 실망스러운 표정으로 바라보며 웬만해선 말을 나누지도 않거나 함께 있길 꺼렸다. 나는 두 분 사이에서 어느 정도 통역사 역할을 하게 되었다. 나는 사업과 예술, 책임감과 열정으로 나뉘는 두 분의 세계를 모두 이해했다. 두 분이 서로 달라도 아주 다른 방식으로 성공했지만 나는 두 분 모두를 자랑스럽게 느낄 수 있을 만큼 두 사람을 잘 이해할 수 있었다. 하지만 정작 두 분은 서로를 진정으로 이해한 적이 없었다. 어떻게 그럴 수 있었을까?

스탠리 부자가 대립하던 시대는 이제 막을 내렸다. 그것이 이 책에서 말하려는 주제다. 오늘날의 경제는 20세기의 단순한 이분법으로는 설명할 수 없다. 이제는 더 이상 돈, 안정성, 단순 반복과 열정, 자기표현, 경제적 불확실성으로 양분되지 않는다. 스탠리 부자가 하나로 통합된 셈이다. 따라서 이제 경제적 성공을 거두기 위해서는 자신의 고유한 열정을 받아들여야만 한다. 자신을 차별화할 수 있는 저마다의 관심과 능력에 주목해야 한다. 남들과 똑같은 일을 똑같은 방식으로 수행하면서 근면하게 일만 해서는 그저 그런 수입에 만족하거나 심할 경우 파산하기에 이를 수도 있다.

그렇다고 해서 현재가 내 아버지의 시대라는 얘기는 아니다. 자기표현만으로 직업에서 성공하기에 충분한 시대도 아니다. 할아버지의 상업적 감각도 상당히 필요하다. 그냥 열정만 좇는 것만으론 부족하다. 시장에 면밀한 관심을 기울이며 자신의 특별한 열정과 그 열정을 가장 중요하게 여겨줄 사람들을 서로 연결할 수 있는 기발한 방법을 찾아야 한다. 이 책에서 다룬 사례의 주인공들은 실제로 이런 해법을 찾아내 완전히 새로운 생활방식, 즉 일에서 경제적 목표를 중시했던 내 할아버지의 관점과 개인적 열정과 즐거움을 중시했던 아버지의 관점이 접목된 성공의 법칙을 보여주었다.

할아버지가 그토록 중시했던 규격품 경제는 너무 규격화되어서 대다수의 노동자들을 도태시켜 버렸다. 오늘날에는 어느 곳이든 공장 안에 들어가 보면 비록 몸은 고되지만 자신의 일에 자부심을 품고 집으로 돌아가던 할아버지 같은 남자들의 모습은 찾아볼 수 없다. 오히려 거대하고 얼룩한 점 없이 깨끗한 기계가 돌아가고 있을 뿐이다. 공장 안에서 일하는 사람은 소수에 불과하다. 그나마도 물건을 들어올리거나 금속을 구부리며 힘쓰는 일을 하는 것도 아니다. 깨끗한 흰색 가운을 걸치고 훈련받은 대로 컴퓨터 프로그램을 조작할 뿐이다.

미국에서의 제조업은 절대 죽지 않았다. 미국은 과거의 어느 때보다 가치가 높은 상품을 더 많이 생산하고 있다. 하지만 미국 제조업에서는 고용이 실종된 상태에 가깝고 제조업의 실종된 일자리를 대신 메워주던 규격화 직종은 더 심각한 상황에 놓여 있다. 출세할 기회가 희박한 저임금 소매업종을 두고 하는 말이다. 오늘날의 스탠리들, 다시 말해 대학 학위도 없이 늘어나는 식구를 부양하는 젊은층은 실제 모델인 스탠리가 그랬듯 근사한 집 세 채를 마련해두고 통장에 수백만 달러가 예금되어 있고 성공한 직장인으로서의 자부심을 품으면서 은퇴할 가망이 희박하다. 나의 할아버지에게 풍족한 기회를 열어주던 세계는 기술과 무역이라는 두 가지 요소로 인해 붕괴되었다. 단순 반복 업무에서는 컴퓨터와 기계를 돌리는 편이 인간을 고용하는 것보다 낫다. 현재는 로봇이 볼베어링을 만드는 로봇을 만든다. 그와 동시에 세계 무역이 증대되면서 인간의 노동력이 필요한 직종이 저임금 국가로 쏠리는 추세가 확산되고 있다. 이것은 일회성으로 그칠 변화가 아니다. 무수한 수의 컨설턴트, 엔지니어, 기업전략가가 기술과 세계시장을 꾸준히 연구하며 더 적은 인력으로 더 많은 작업량을 처리할 방법을 모색하고 있다.

이런 변화가 나쁜 소식만 몰고 온 것은 아니다. 규격품 경제를 붕괴시킨 두 요소, 기술과 무역은 내 방식대로 말하면 이른바 '열정 경제'passion economy를 탄생시켰다. 이제는 인터넷 덕분에 독창적 상품이나 서비스를 판매하고 싶으면 전 세계에서 고객을 찾을 수 있다. 자동화 덕분에 독자적 상품을 생산하기 위해 공장부터 세우지 않아도 된다. 무역의 증대 덕분에 세계 어느 곳에 살고 있든 그 상품을 가장 높이 평가할 만한 사람들에게 전달될 수 있게 되었다.

이 책은 이런 변화가 일어나는 방식이나 이런 변화를 기회로 삼을 수 있는 방법을 경제적 측면에서 풀어내고 있다. 언제나 느끼는 것이지만 경제학에는 이해하기도 힘들고 생활에 직접 적용하기도 힘든 추상적 개념이 많다. 그런 의미에서 이 책은 추상적인 개념이 아닌 실제 사례를 중심으로 구성했다. 비상한 두뇌를 가진 천재도 아니고 돈 많고 인맥 넓은 집안에서 태어난 것도 아닌 평범한 사람의 성공기를 실었다. 내 경험에 비추어보면 배움은 구글이나 나이키의 대단한 전략이 아니라 공감할 수 있는 이들이 직접 경험해서 건져 올린 통찰에서 나온다. 이 책에서 소개하는 사람들은 성공을 거두기까지 길고 험난한 여정을 걸었다. 단 한 명의 예외도 없이 모든 이야기가 당신의 여정을 덜 험난하게 해줄 수 있으리라 생각한다.

그러면 이제부터 본격적으로 성공하는 사업의 법칙을 파헤쳐보자. 나에게 이 책은 수년에 걸쳐 여러 창업가를 그림자처럼 따라다니며 축적한 연구를 집대성한 완결판이다. 이 책을 쓰기까지 나는 여러 교수를 만나 관련 이론을 논의하고, 학술지 논문을 읽고, 회의론자들의 의견을 경청하고, 세세한 부분을 꼼꼼히 따지며 숱한 시간을 보냈다.

요즘엔 매스컴, 정계, 일반 대중을 막론한 수많은 사람들이 아메리칸 드림은 붕괴되었다며, 오늘날의 경제가 극소수에게만 유용할 뿐 그 외의 사람들에겐 최악의 상황이라고 확신하고 있는 듯하다.

하지만 내 생각은 다르다. 당신은 최악의 상황에 놓여 있지 않다. 새로운 형태의 난관을 넘어서야 하지만 누구나 더 부유한 삶을 누릴 수 있다. 그것이 그렇게 이루기 힘든 일은 아니라고 나는 믿는다. 바로 지금도 앞으로의 경제생활을 생각하며 초조해하고 있을 수천만 명의 평범한 사람에게도 가능한 일이다. 명문대 학위나 타고난 천재성이 있어야만 성공할 수 있는 것은 아니다. 오히려 간단한 몇 가지 규칙, 관점의 전환, 약간의 근면성을 갖추고 열정과 일 사이에서 의미 있는 융합을 이루어낸다면 훨씬 더 많은 사람이 너 나은 삶을 살아갈 수 있다.

낡은 성공의 법칙을 깰 준비가 되어 있다면, 당신도 성공의 주인공이 될 수 있다. 앞으로 소개할 사람들의 이야기에서 작은 힌트라도 얻어갈 수 있기를 간절히 바란다.

차례

제1장

MIT 교수가 된 운동화 장사꾼의 아들　• 29
사업의 승패를 가르는 결정적 차이를 발견하다

괴짜 MIT 교수가 알려준 성공의 비밀 | 열정적인 사업가 에이탄이 실패한 이유 | 열정과 노력만으로는 사업을 키울 수 없다 | 아버지의 수수께끼를 풀기 위해 MIT를 가다 | 왜 누구는 성공하고 누구는 실패하는가? | 성공을 위한 최고의 도구는 전략이다 | 전략적으로 가치를 창출하고 포착하라 | 나이키는 성공하고 에이탄은 실패한 이유 | 시장조사는 고객을 발견하는 것 | 가치를 어떻게 전달할 것인가? | 전략은 사업가뿐 아니라 모두에게 필요하다 | 라디오에서 팟캐스트로 위기를 기회로 만든 사람들 | 미래를 내다보는 이들에게 주목하라

제2장

비즈니스 불패의 법칙　• 75
고객·가격·제품의 정의를 다시 내려라

남들이 모방할 수 없는 가치를 창출하라 | 제공하는 가치에 따라 가격을 결정하라 | 가격 책정의 3단계 법칙 | 소수의 열혈 고객이 다수의 무관심한 고객보다 낫다 | 열정은 한 편의 이야기다 | 기술에 연연하기보다 틈새시장에 집중하라 | 자신이 추구하는 핵심 가치에 집중하라 | 일용품을 판다고 생각하지 마라

제1장

MIT 교수가 된
운동화 장사꾼의 아들

사업의 승패를 가르는 결정적 차이를 발견하다

머리도 좋고 열정도 있지만 끝내 성공의 방법을 찾지 못한 사업가.

"왜 아버지는 실패할 수 밖에 없었을까?"

그의 아들은 실패의 원인을 찾다가

누구나 성공할 수 있는 사업의 법칙을 발견한다.

MIT 슬론 경영대학원의 중앙 건물은 설계에서부터 미래를 내다보는 곳이라는 인상이 물씬 풍긴다. 강철과 유리 소재의 곡선형 건물 구조, 복층형 중앙홀, 대리석 벽, 깔끔하게 떨어지는 현대적 분위기는 효율적인 신기술 탐구의 전당 같은 느낌을 준다. 내가 MIT에 찾아간 것은 '기술 혁신, 기업가정신, 전략경영 교수'라는 공식 직함을 가진 스콧 스턴scott Stern을 만나기 위해서였다.

　스콧에 대해 알게 된 건 기사를 쓰다가 발견한 의문점을 조사하던 중의 일이었다. 나는 미국 공영라디오 방송 NPR의 팟캐스트 〈플래닛 머니〉Planet Money에 이어 《뉴욕타임스 매거진》에서도 경제 분야의 보도를 맡았다. 금융위기와 그 이후 수년 동안 나의 보도는 대부분 아주 우울한 내용이었다. 생활이 도탄에 빠지고 집을 압류당하고 신용이 파탄난 사람들과의 인터뷰가 주를 이루었다. 산업 전반이 붕괴되고 있다는 내용의 보도도 했다. 하지만 이따금씩 사업에 성공한 사람들도 만났다. 그런 이들은 남달리 뛰어나게 명석하거나 화려한 경력이나 인맥을 갖춘 비범한 인물들이 아니었다. 사우스캐롤라이나주의 회계사, 오하이오주의 아미시파(현대 기술 문명을 거부하고 소박한 농경생활을 하는 미국의 한 종교 집단―옮긴이), 브루클린의 동성애 커플, 롱아일랜드주의 브러시 제조업자 등 지극히 평범한 사람들이었다. 그들은 여기저기에서 막대한 피해를 일으키고 있는 요인이 새로운 기회를 가져다주기도 한다는 점을 간파해낸 이들이었다. 그들은 모두 부진에 허덕이고 있는 전통적 산업을 주시하다 그 속에서 새로운 성공법을 착안해냈다. 억만장자도 잡지의 표지를 장식하는 인물도 아니고 누구나 알 만한 유명인도 아니었지만 상당한 수입을 올려 부를 쌓고 있었다.

나는 세간의 화제가 되고 있는 경영서를 웬만하면 다 읽는 편인데 그때마다 드는 생각이 있다. 많은 경영서가 대기업의 CEO가 되는 방법이나 실리콘밸리에서 스타트업을 창업하여 상상을 초월할 정도의 큰돈을 버는 방법을 알려준다. 한 세대에 한 번 나올까 말까 한 천재들이 어떻게 큰돈을 벌었는지 시시콜콜하게 얘기해주는 책들도 수두룩하다. 하지만 내가 찾아낸 평범한 사람들에 대한 책은 극히 드물다. 주변의 모든 사람과 동료들이 불안함에 마음을 졸이고 있는 와중에도 참혹한 경제 상황을 주시하며 안정과 부를 일굴 수 있는 확실한 길을 찾아내는 사람들에게 주목하는 책을 찾아보기는 힘들다. 나는 이런 사람들의 사례를 수집해 그중 몇 가지는 기사로 내고 나머지는 자세히 기록해서 컴퓨터에 파일로 저장해 두었다. 그러다 이와 같은 사례가 아주 많다는 사실을 알게 되면서 내가 뒤늦게 깨달은 것일 뿐 그것은 널리 확산된 트렌드가 분명하다는 확신을 갖게 되었다. 하지만 경영대학원 교수들과 여러 중소기업협회에 전화를 해보고 온갖 책을 훑어보고 유용한 웹사이트를 모조리 뒤져봤지만 누구 하나 이들에게 주목하는 사람이 없는 것 같았다.

당시에 나는 누구라도 좋으니 현재와 같은 경제 상황에서 평범한 사람이 성공할 수 있는 방법을 설명해주기를 바라며 경영대학원 교수에게 백 번쯤 (아니, 천 번쯤) 전화를 걸었다가 허탕을 치고는 똑같은 사실만 재차 확인하고 있었다. 경영학과와 경제학과 교수 들은 대체로 이런 문제에는 관심이 없었다. 수십억 달러 가치의 스타트업을 창업하거나 은행장이 되고 싶어 하는 사람들에게 유용한 연구 자료와 그들을 위한 조언에 대해서는 해박하다. 트렌드를 파악하기 위해 노동시장 관련 자료를 분석하는 방법에 대해서도 훤하다. 하지만 우리가 가장 궁금해하는 질문에 대해서는 하나같이 답을 해주지 못한다. 급속도로 변하는 경제 속에서 평범한 사람이 성공할 수 있는 방법이 무엇인지에 대해서는 대답하지 못하는 것이다. 그러던 어느 날 어떤 경영대학원 교수와 통화하며 다시 한 번 똑같은 질문을 던졌다가 이런 대답을 들었다. "아, 그 문제라면 스콧이 잘 알 겁니다. 스콧과 얘길 해봐요."

**괴짜 MIT 교수가 알려준
성공의 비밀**

스콧의 첫인상은 내가 생각한 MIT 교수의 이미지와는 너무나도 달랐다. 날마다 흰색 와이셔츠, 어두운 색 바지와 구두 차림에 벨트에 휴대폰을 차고 다니는 스콧은 어찌 보면 회계사나 컴퓨터 프로그래머, 치과의사로 여겨질 만하다.

스콧은 특이한 음성 틱이 있는데 처음엔 나도 들어주기가 조금 짜증스러웠다. 말하는 중간에 같은 말을 세 번, 네 번 혹은 열 번씩 연이어 하는 버릇이 있었다. "제가 하려던 말은요. 제가 하려던 말은요. 제가 하려던 말은요."라거나 "어쩐지 그 얘기가 도움이 될 것 같더라니. 어쩐지 그 얘기가 도움이 될 것 같더라니. 어쩐지 그 얘기가 도움이 될 것 같더라니."라고 말하는 식이었다. 처음 만난 자리에서도 스콧은 내 말을 중간에서 끊으며 같은 말을 반복했다.

첫 만남의 자리에서 나는 스콧을 무시할 뻔했다. 하지만 뭔지 모를 직감에 끌려 판단을 보류한 채 인내심을 가지고 그의 말을 들어보았다. 첫인상을 지우고 지켜보자 (수많은 사람들이 그렇듯) 나 역시 스콧이 흥미로우면서도 특별한 영감을 주는 경영 사상가라는 느낌이 들었다. 그는 민첩하고 빈틈없이 사고의 흐름을 살피는 기민한 분석력과 정확성을 갖고 있었을 뿐만 아니라 핵심 문제에 집중하여 세밀한 부분까지 명확하게 정리할 줄 알았다. 알고 보면 음성틱은 그의 두뇌가 기계처럼 작동하고 있다는 신호였다. 말하자면 컴퓨터에서 하드 드라이브를 읽을 때 깜빡깜빡 점멸하는 동작 표시등과 같은 신호인 셈이다. 보통은 (느낌상 아주 길게 느껴지지만 실제로는 몇 초에 불과한) 잠깐 동안만 기다리면 틱 증상이 가라앉으면서 그가 재치 번뜩이는 뭔가를 제시해준다.

알고 지낸 지 꽤 지난 후에야 깨닫게 된 것이지만, 우리가 나눈 가장 유익한 대화는 즉흥적으로 이런저런 주제에 대해 이야기를 하다가 결론도 내리지 못한 채 끝날 것 같던 분위기에서 나온 것이었다. 그런 식의 대화는 흥미롭긴 하지만 보통은 아무런 결론도 없이 흐지부지 마무리되기 쉽다. '대체 지금까지 우리가 무슨 얘길 나눈 거지? 우리가 어쩌다 맥도날드의 올데이 브렉퍼스트all-day-breakfast (하루 종일 판매하는 아침메뉴) 서비스 전략에 대해 궁금해하다가 중세의 성곽 방어나 지금 의류 제작 일을 한다는 예전 제자 얘기로 빠진 걸까?' 하지만 스콧은 이런 식으로 이어지는 대화를 결론도 없이 흐지부지 끝내는 법이 없었다.

어느 순간 그가 갑자기 벌떡 일어나 하는 말이 있다. "어쩐지 그 얘기가 도움이 될 것 같더라니. 어쩐지 그 얘기가 도움이 될 것 같더라니. 어쩐지 그 얘기가 도움이 될 것 같더라니." 스콧이 이렇게 같은 말을 반복하며 마커펜을 집어 들어 화이트보드에 도표를 그리기 시작하면 그때 비로소 우리가 두서없이 잡담이나 나누고 있던 게 아니라는 사실을 깨닫게 되었다. 우리는 심도 깊은 논쟁을 하며 정밀한 세계관을 세우고 있었고 스콧이 기막히도록 명료하게 그 논리를 정리해냈다.

누군가에게 들은 바에 따르면 천재는 두 유형으로 나뉜다고 한다. 한 유형은 당신이 결코 생각할 수도 없고 들어도 무슨 말인지 이해하지 못할 만한 이야기를 하는 사람이다. 이런 유형의 천재는 당신과 그 사람 사이의 엄청난 격차를 실감하게 해준다. 상대성이론을 설명하는 알베르트 아인슈타인을 예로 들 수 있다. 또 다른 유형의 천재는 뒤죽박죽으로 엉킨 생각들을 간단명료하게 정리해주어 예전부터 혼란스럽게 여기던 것들은 완전하게 이해시켜주면서 당신도 천재가 된 듯한 기분이 들게 해주는 사람이다. 스콧이 바로 두 번째 유형에 해당한다.

스콧은 현재 몸담고 있는 분야에 상당히 많은 기여를 해왔다. 하지만 그가 가장 최근에 이루어낸 업적이야말로 가장 중요한 공헌이고 그것이 이 책의 기본적인 뼈대가 되었다. 스콧은 최근에 동료들과 함께 지금까지 주목받지 못했을 뿐만 아니라 많은 이들이 실행 가능성이 없다고 여겼던 기업가정신의 원칙을 밝혀냈다. 이것은 가볍게 여길 만한 것이 아니었다. 예로부터 기업가정신은 소수의 아웃사이더들의 영역이었다. 의지력, 대담성, 자본 동원력을 바탕으로 새로운 사업을 일으킬 수 있는 기발한 아이디어를 가진 복 받은 소수층에게 국한된 것이었다. 하지만 이제는 그렇지 않다. 스콧이 증명한 바에 따르면 기업가정신도 수영이나 프랑스어 회화처럼 시간과 노력을 들일 의지만 있다면 누구나 배워서 익힐 수 있다. 그가 증명해낸 이 결론은 세상을 완전히 바꾸어 놓을 만한 대단한 발견이다. 꿈을 좇으면서도 생계 걱정 없이 살 수 있는 타고난 재능이 없다고 생각하면서 별 애정도 없는 직종에서 변변찮은 급여를 받으며 일하고 있는 사람들이 얼마나 많은가?

스콧과 마찬가지로 나 역시 그의 발견을 떠올리면 이런 의문이 든다. 그의 아버지가 그에게 신으라며 주었던 창피하기 짝이 없는 스트라이커 운동화가 없었다면 과연 그가 기업가정신의 비밀을 풀 수 있었을까? 스콧이 중학생이던 1980년대에 그의 아버지는 또 한 번 신통치 못한 사업 계획을 세웠다. 한국 공장에서 생산한 약 1만 켤레의 운동화를 한 벌에 3달러라는 말도 안 되게 싼 가격으로 컨테이너째 구매해 롱아일랜드로 수입하면 순식간에 팔릴 것이라 확신한 것이다.

어쨌든 그 운동화는 나이키 같은 유명 브랜드 운동화를 생산하는 공장에서 만든 것이니 많으면 열 배의 값어치가 있다는 것이 당시에 그의 아버지가 내세운 주장이었다. 하지만 브랜드도 없는 초저가 운동화를 사려는 사람은 아무도 없었고 그 운동화는 스콧의 집 차고에 사이즈별로 한 무더기씩 쌓이고 말았다. 스콧과 그의 형제들은 새 신발이 필요할 때마다 아버지에게 나이키나 아디다스, 아니면 친구들에게 놀림받지 않을 만한 신발이라도 사달라고 졸랐다. 달랑 S자 하나가 크게 박힌, 상표도 없는 신발을 신고 다니기가 창피했다. 다른 친구들은 모두 나이키의 로고나 아디다스 줄무늬 로고가 박힌 신발을 신고 다녔고 다들 부모님이 그런 운동화를 사줄 만큼 잘사는 것 같아 부럽기도 했다. 물론 그렇게 조를 때마다 스콧의 아버지는 차고를 가리키며 필요한 사이즈의 운동화를 아무거나 찾아 신으라고 했다. 그로부터 30년이 지나 내가 스콧 아버지의 집을 방문했을 때도 스콧의 아버지는 내 신발 사이즈를 묻더니 아직까지 차고에 쌓여 있는 운동화 중에서 한 켤레를 골라 신어보라고 권했다(나는 정중히 사양했다).

열정적인 사업가
에이탄이 실패한 이유

스콧의 아버지, 에이탄 스턴은 이스라엘에서 태어났고 홀로코스트(유대인 대학살) 직전에 독일에서 부모님을 따라 피신했다. 독일에서는 부유하게 살았지만 나치를 피해 급히 도망치느라 가진 것을 모두 잃었다. 에이탄이 어릴 때만 해도 이스라엘은 이제 막 나라를 세우려 고군분투하고 있는 가난한 사회주의 국가였다. 당시 중동의 주변국들은 이스라엘인들이 새로운 나라를 건립하는 것에 맹렬히 반대했고 이스라엘인들은 그런 주변국에 둘러싸인 상황에서 언제든 전쟁이 일어날 수 있다는 점을 잘 알고 있었다. 전쟁을 피해 도망온 에이탄의 부모는 또다시 전쟁에 휘말리기 전에 독일을 떠나기로 결심했다.

에이탄의 가족은 미국으로 이주해 롱아일랜드에 정착했다. 영어 한 마디 못하는 십대였던 에이탄은 낯선 환경에 적응하는 데 애를 먹었다. 그때 한 생물 교사가 그에게 관심을 갖고 그를 지도해주었다. (제자들에게 격의 없이 행크라는 이름으로 부르라고 했던) 그 교사는 에이탄에게 미국 성인의 완벽한 귀감이었다. 그는 운동을 잘하고 사냥 실력도 수준급인 데다 주말마다 대서양에서 낚싯배로 영업을 했다. 얼마 지나지 않아 에이탄은 주말 내내 낚싯배를 같이 타고 나가 행크의 조수 역할을 하게 되었다. 대체로 행크는 배를 몰면서 선교船橋에 있었고 에이탄은 갑판에서 손님들의 심부름을 했다. 손님은 보통 6명이나 10명 정도였고 많을 때는 20명이나 되는 사업가들로 배가 북적이는 경우도 있었다. 에이탄은 금세 낚시에 일가견이 생겨 고객들 사이를 거뜬히 옮겨다니며 낚싯바늘에 미끼를 달아주거나 릴을 감아 물고기를 끌어올리는 걸 거들어주었다.

행크와 에이탄은 기가 막힌 영업 수완을 짜내기도 했다. 당시는 1960년 대였고 연안에서 32킬로미터 정도 떨어진 바다에는 아직 어마어마한 양의 물고기 떼가 몰려 있었다. 행크는 물고기 떼가 많이 몰려 있는 곳 한가운데로 배를 자주 몰고 갔다. 그럴 때면 에이탄은 배의 옆쪽으로 밑밥을 뿌려 물고기들이 먹잇감을 따라 배로 몰려들게 했다. 고객들은 프로가 된 듯한 기분을 만끽하며 아주 즐거워했고 에이탄은 잡은 생선살을 솜씨 좋게 발라냈다. 대부분의 고객들은 기껏해야 식사용으로 여섯 그릇 정도만 달라고 했다. 나머지 갓 잡은 생선 수십 킬로그램은 에이탄 마음대로 처분할 수 있었고 그는 그것을 항구 인근의 식당에 팔았다. 에이탄은 고객들이 챙겨주는 두둑한 팁까지 합해서 매주 천 달러가 넘는 돈을 벌었다.

돌이켜 생각해보면 그 시절의 여름은 에이탄의 사업 이력에서 절정기였다. 그 뒤로 다시는 어떻게 써야 할지 모를 정도로 많은 돈을 벌지 못했지만 그렇다고 그의 노력이 부족했던 것은 아니다. 에이탄은 평생 낚시 업계에 종사하며 낚시도구와 낚싯대를 팔았다. 처음에는 한국과 대만에서 낚시도구를 수입하는 지방 회사의 영업사원으로 일했다. 미국 남대서양과 중부 대서양 연안 일대는 물론이고 중서부 지역까지 동부 지역 곳곳을 훑고 다니면서 영세 미끼판매점이나 대형 스포츠용품 판매점 여러 곳과 친분을 쌓았다. 종종 아시아 지역으로 출장을 다니며 상품이 생산되는 공장들을 시찰하기도 했다. 그렇게 몇 년이 지나면서 에이탄은 다른 사람을 위해 일하는 것에 염증을 느꼈다. 그가 다니던 회사의 소유주가 은퇴를 하면서 회사 일에는 무관심한 아들이 사업을 이어받자 에이탄은 더욱 견딜 수 없었다. 결국 스콧이 일곱 살 되던 해에 에이탄은 자신의 사업을 시작했다.

에이탄은 스콧의 유년기 동안 기업가로서 여러 사업을 벌였지만 그의 사업 패턴은 언제나 동일했다. 아시아에서 쓸 만한 품질의 상품을 할인가로 구매해 미국으로 들여와서 유명 브랜드의 절반 가격으로 판매하는 것이었다. 말하자면 버클리Berkley, 라이트 앤드 맥길Wright & McGill, 펜 피싱Penn Fishing 같은 고급 낚시용품 브랜드보다 싸게 팔면서 자신의 상품도 품질이 떨어지지 않는다는 것을 보여주려는 생각이었다.

처음에는 모조 미끼와 낚시 추 같은 비교적 저가의 소형 상품부터 팔기 시작했고 나중에는 가격과 마진율이 더 높은 낚싯대와 릴로 취급 물품을 바꾸었다. 또 어감이 너무 마음에 든다는 이유로 '스트라이커'라는 상표명을 구입했는가 하면 성능, 내구성, 가격을 두루 고려해 설계된 낚시 장비가 착오 없이 주문, 제작될 수 있도록 상품의 제작을 의뢰한 아시아 공장을 방문해 직접 설명하기도 했다. 심지어 매년 모터쇼를 직접 관람한 다음 신차의 인기 색상을 눈여겨 봐 두었다가 낚싯대의 색상으로 채택했다.

에이탄은 지금은 나이가 들어 살집이 붙고 걸음걸이도 불편하지만 사업 이야기를 할 때는 자신감이 묻어나는 우렁찬 목소리로 말했다. 수십 년이 지난 이야기지만 듣다 보면 그의 열정에 이끌려 설득당하고 만다. 그리고는 대체 그 사업이 왜 실패했는지 의아해진다.

에이탄에게 가장 든든한 거래처는 영세 미끼판매점, 그중에서도 특히 플로리다주의 판매점들이었다. 에이탄은 이런 미끼판매점 점주들과 돈독한 관계를 유지했고 이 점주들은 알뜰한 손님들에게 스트라이커의 낚싯대와 릴, 낚시도구도 써볼 만하다며 적극 추천해주었다. 이런 단골 거래처들 덕분에 에이탄은 한동안 사업을 잘 운영할 수 있었다. 그렇게 번 돈으로 작지만 안락한 주택도 구입하고 이따금씩 가족 휴가를 떠날 만한 여유도 누렸다. 하지만 성공했다고 내세울 만큼 큰돈을 벌지는 못했다.

에이탄은 마케팅 자금을 동원할 만한 여력이 없었다. 여유 자금으로 추가 채용한 한두 명의 영업사원들로는 거래처들을 관리하기도 버거워 플로리다주의 영세 점포들 이외에 거래처를 더 늘릴 수도 없었다. 에이탄은 빌린 돈과 모아 놓은 돈으로 컨테이너에 실려 들어오는 낚싯대와 릴의 대금을 치렀다. 그 뒤에는 다른 사람들의 손을 빌려 처리해야 하는 상품 공급 문제로 수개월씩 이리 뛰고 저리 뛰어야 했다. 다른 회사들이 누리는 유명인의 후원은 받아본 적이 없었다(실제로 아주 인기 있는 소수의 유명 낚시인들은 여러 낚시 장비 브랜드를 홍보하면서 먹고산다).

그러던 중에 잠깐 운동화 사업에도 손을 댔다. 운동화 사업은 에이탄의 사업 모델에 잠재되어 있던 결함을 (처참하지만) 명확히 보여주었다. 에이탄이 생각하기에 자신이 찾아낸 상품은 경쟁사의 제품 못지않게 품질이 좋았다. 공장의 작업 현장에 찾아가 제품이 생산되는 과정도 직접 보았고 어떤 재료를 썼는지도 확인했다. 바가지 요금을 붙이지도 않았다. 시간을 내서 여러 제품을 비교해보면 누구라도 그가 책정한 가격이 정말 싼 편이라는 걸 알 수 있었다. 문제는 그런 시간을 낼 사람이 없다는 것이었다. 다른 사람은 아무도 에이탄의 운동화가 꽤 괜찮은 상품이라는 사실을 알아채지 못했고 그 운동화를 싸구려 짝퉁 취급했다.

열정과 노력만으로는
사업을 키울 수 없다

미국에는 에이탄 스턴 같은 이들이 많다. 미국에 정식으로 등록된 소규모 사업체는 3,000만 개가 넘으며 그중 상당수가 자영업 형태의 도장업자, 회계사, 미용사 등의 개인 사업이고, 거의 600만 개의 소규모 사업장이 직원을 고용하고 있다. 또 새로운 일자리의 3분의 2 정도가 대기업이 아닌 소규모 사업에서 일어난다.

에이탄의 회사와 같은 소기업들 중 상당수는 사업을 키워 생존하기 위해 발버둥치고 있다. 에이탄의 경우는 정말 수수께끼 같다. 그는 아주 똑똑한 사람이다. "아버지는 저보다 훨씬 머리가 좋으세요." 내가 아는 사람 중에 가장 머리 좋은 사람으로 꼽는 스콧이 이렇게 말할 정도면 에이탄이 얼마나 똑똑한 사람인지 짐작할 만하다. 에이탄은 말도 못할 정도로 열심히 일했다. 아시아의 여러 공장을 찾아다니고 미국 전역의 거래처로 영업을 다니느라 1년에 수개월을 차와 비행기에 몸을 실은 채 거리에서 보낼 만큼 부지런히 일했다. 또 낚시업에 관련된 것이라면 모르는 게 없었다. 모조 미끼의 종류에 따라 만드는 방법이 어떻게 다른지, 어떤 특성의 미끼가 더 많은 물고기를 유인하는지, 물고기를 잡는 데는 별 쓸모도 없는데 비싼 가격으로 고객들에게 바가지를 씌우는 제품은 어떤 것인지에 대해 몇 시간이고 줄줄 이야기할 수 있을 정도였다. 에이탄의 지식은 그야말로 백과 사전 수준이었다. 낚싯대, 릴, 낚시장비에 어떤 재료들이 쓰이는지 훤했고 그런 제품을 만드는 공장과 공급망, 최종 고객에게 제품을 제공해주는 소매상의 다양한 형태에 관해서도 꿰고 있었다. 최종 고객들의 성향에 대해서도 모르는 것이 없어서 낚시를 취미생활로 즐기는 사람들, 낚시 동호회 사람들, 낚시를 생업으로 삼고 있는 사람들 간의 차이도 분명히 알고 있었다. 하지만 그처럼 해박한 지식을 갖추고도 그는 끝끝내 성공의 방법을 찾아내지 못했다. 스콧의 표현처럼 "중산층도 아니고 빈곤층도 아닌 어중간한 위치에서" 더 높이 올라서지 못했다.

아버지의 수수께끼를
풀기 위해 MIT를 가다

어린 나이부터 수학과 컴퓨터에 천재적 재능을 보였던 스콧은 아버지의 사업이 기울어가던 무렵부터 경영에 관심을 갖게 되었다. 스콧은 예리한 분석력을 갖고 있었고 공학자, 소프트웨어 개발자, 수학자, 물리학자를 꿈꾸었더라도 충분히 성공했을 것이다. 하지만 그는 뉴욕 대학교에 입학하면서 경제학을 공부하기로 마음먹었다. 경제학은 그의 모든 관심사가 한데 접목된 분야였다. 수학과 역사는 물론이고 다른 사람들의 사업은 번창하는데 아버지만 실패를 거듭하는 이유에 대한 수수께끼도 파헤쳐볼 수 있었다.

대학에 다니는 동안 스콧은 아버지에 대한 수수께끼의 해답을 찾지 못했다. 경제학 수업은 추상적이었다. 강의 내용은 마치 로봇이 소프트웨어의 명령에 반응하는 것처럼 가격에 따라 반응하는 이론적 '행위자'에 대한 것이 대부분이었다.

어떤 사람들은 성공하는데 또 어떤 사람들은 성공하지 못하는 이유나, 아주 멍청하고 게으른 사람이 성공하는가 하면 정말로 똑똑하고 피나는 노력을 하는 사람이 실패하는 이유를 확실히 알려줄 만한 내용은 전혀 없었다. 그래서 명문 스탠퍼드 대학교의 대학원에 합격했을 때 스콧은 부디 그곳에선 답을 찾을 수 있기를 바랐다.

대학을 졸업하고 불과 몇 주 후에 스탠퍼드 대학교가 있는 팰로앨토시에 온 후에야 알게 된 사실이었지만 스콧은 그 학교의 최연소 대학원생이었다. 동급생의 대다수는 몇 년간 경력을 쌓았거나 이미 경제학 석사학위를 가진 이들이었다. 스콧은 얼마 안 가서 자신이 다른 학생들에 비해 한참 뒤처져 있다는 것을 깨달았다. 아무래도 대학원 공부를 접고 부모님이 계신 롱아일랜드로 돌아가 다른 진로를 찾아야 할 것 같았다.

스콧은 뒤숭숭한 마음에 기숙사 지하실로 빨래를 하러 내려갔다. 내려가 보니 같은 대학원생 조슈아 갠스Joshua Gans가 있었다. 갠스는 똑똑하고 열정적인 호주 학생이었고 대학 시절에 벌써 만만찮은 주제의 경제학 논문을 몇 편이나 발표한 실력자였다. 그는 수학은 물론이고 그 밖의 전문적인 분야에 대해서도 막힘이 없었다. 스콧은 갠스에게 학교를 그만둘 생각이라고 털어놓았다.

훗날 스콧에게 평생의 지적 동반자이자 절친한 친구가 되는 갠스는 그동안 스콧을 지켜보며 자신이 느낀 점을 말해주었다. 스콧이 수업 중에

하는 얘기와 기숙사 여기저기에 앉아 경제 문제에 대해 토론하던 모습을 관심 있게 봤다며 자신은 미처 깨닫지 못했을지 몰라도 스콧에겐 경제 이론을 현실 세계와 연결짓는 놀라운 능력이 있다고 말해주었다. 실제로 스콧은 항상 온갖 그래프와 수학 공식이 인간의 실질적 행위에 어떤 영향을 미치는지에 대해 의문을 제기했다. 갠스는 물론 수학을 잘하는 것이 경제학을 공부하는 데 유리하기는 하지만 스콧이 가진 능력이 훨씬 더 중요하다고도 말해주었다. 대학원 공부에서는 애를 좀 먹겠지만 그런 중대하고 중요한 의문을 앞으로도 쭉 지켜간다면 사람들의 삶에 진정한 변화를 일으킬 수 있을 거라며 격려까지 해주었다.

세탁실에서의 운명적인 대화 덕분에 스콧은 대학원 공부를 계속하기로 마음먹었다. 얼마 뒤에는 첫 번째 멘토인 네이선 로젠버그Nathan Rosenberg 교수를 만나게 되었는데 로젠버그 교수 역시 스콧에 대한 갠스의 견해에 공감했다. 그의 사무실은 치열하게 경쟁해야 하는 대학원 과정이나 야망이 넘쳐나는 스탠퍼드 대학 캠퍼스의 긴장된 분위기에서 잠시나마 벗어날 수 있는 평온한 안식처였다. 당시에 70세를 바라보고 있던 로젠버그 교수는 스콧이 원하던 분야에서 완벽한 롤모델이었다.

왜 누구는 성공하고
누구는 실패하는가?

뉴저지주의 노동자 계층의 가정에서 성장한 로젠버그는 스콧과 마찬가지로 학창 시절에 공부는 꽤 했지만 교내에서 크게 주목받지 못하던 학생이었다. 러트거스 대학교를 졸업하고 위스콘신

대학교에서 경제학 박사학위를 취득한 그는 이후에는 산업혁명에 대해 깊게 분석한 글을 꾸준히 발표하며 집필 활동을 이어갔다. 스릴러물 같은 긴장과 재미를 느낄 수는 없었지만 로젠버그의 책들은 전통적인 경제학 학술서보다는 대중 역사서에 가까웠다. 수학 공식 같은 건 전혀 없었고 추상적 개념도 별로 없었다. 그보다는 (야금술, 전기, 항공기 엔진 같은) 특정 분야의 역사를 세심하게 연구해 그 사회적·정치적 맥락을 분석했다. 실존 인물을 다루며 어떤 혁신과 사업가들은 성공하는데 또 어떤 혁신과 사업가들은 성공하지 못하는 이유를 탐구한 내용도 있었다.

스콧은 경제학을 현실 세계에 적용하려는 열정 면에서 자신과 통하는 사람을 드디어 찾았다고 생각했다. 스콧과 로젠버그는 서로 의기투합해 '사업가들은 수많은 불확실성에 직면한다'라는 얼핏 뻔해 보이는 개념을 주제로 전공 논문을 썼다. 이 개념을 구체적 예를 들어 설명하면 누군가가 시장에 새로운 아이디어를 도입하려 할 때 그 사람은 그 아이디어가 성공할지, 소비자가 그 아이디어에 대해 기꺼이 비용을 치를지 미리 알 수 없다는 의미다. 이는 너무나 기본적이고 뻔한 개념이라 여때껏 굳이 시간을 들여 깊이 있게 생각해본 경제학자가 드물었다. 이 개념은 분명 경제의 작동 원리를 다루는 경제학자들이 여러 모델에서 고려하는 요소는 아니었다.

스콧과 로젠버그는 레이저, 라디오, 컴퓨터 등의 복잡다단한 발전사를 깊게 파헤쳤다. 특히 최초의 발명가들이 자신의 발명품이 대중적 상품이 될지 알 수 있는 방법이 없었다는 점에 주목했다. 예를 들어 1950년대의 가장 중요한 발명품으로 꼽히는 레이저는 처남과 매부 사이인 찰스 타운스Charles Townes와 아서 숄로Arthur Schawlow가 벨 연구소에서 연구 시간 이외의 여가 시간에 취미 삼아 시작했던 부수적 프로젝트에 비롯된 것이었다.

전통적 경제학에 따르면 이런 혁신가들에게는 무용지물로 전락할 가능성이 다분한 아이디어를 개발하느라 수년에 걸쳐 연구소에서 오랜 시간 공을 들일 만한 동기가 별로 없었다. 실질적으로 생각해봐도 이들이 별 가치가 없을지도 모를 뭔가를 고안해내느라 그렇게 많은 시간과 노력을 쏟을 이유가 있을까?

오래전에 죽은 사업가와 발명가들에 대한 역사적 기록에 의존해야 하는 한계 때문에 이런 의문에 대한 답을 찾기는 힘들었다. 스콧은 이들과 같은 결정을 내리고 있는 현존 인물들을 찾아보고 싶었다. 그러다 인공 인슐린의 합성을 연구해 온 몇몇 발명가들에 대해 알게 되었다. 잘 알려져 있듯이 인슐린은 당뇨병을 앓는 사람들에게 꼭 필요한 약물이다. 1920년대에 인슐린이 발견되기 전까지 당뇨병에 걸린 사람들은 얼마 못 가 고통스러운 죽음을 맞을 수밖에 없었다.

이후에 의사들이 개, 소, 돼지의 췌장에서 인슐린을 추출하는 방법을 고안해냈다. 다만 이 방법은 비용이 많이 들고 생산량도 당뇨병에 걸린 모든 사람을 살릴 만큼 충분하지 않았다. 1970년대 후반에 들어서며 몇몇 연구진과 생명공학 기업들이 저렴하고 안정성 있는 합성 인슐린을 생산하기 위한 경쟁에 뛰어들었다. 인슐린 연구야말로 스콧의 연구 사례로 안성맞춤이었다.

스콧은 과학자들이 왜 각각 서로 다른 연구 방법을 선택했는지에 대한 의문을 풀 수 있었다. 왜 어떤 과학자들은 급여도 적고 성공 가능성도 더 희박한 회사에 계속 남아 연구했을까? 어떤 연구진은 연구 영역을 한정해 놓고 집요하리만큼 그 영역만 파고든 반면 또 다른 연구진들은 가능성 있는 여러 경로를 폭넓게 다룬 이유는 무엇일까? 결국 이런 의문들이 스콧의 박사학위 논문의 핵심 내용이 되었고 이 논문은 발표와 함께 경제학계에 작은 돌풍을 일으켰다.

스콧이 논문에서 증명한 바에 따르면 과학자와 기업가 들은 새로운 회사나 새로운 연구 프로젝트를 시작하기에 앞서 비경제적인 여러 가지 요소들을 고려한다. 어떤 사람들은 그 분야에서 가장 똑똑한 사람들과 일하는 것을 가장 중요하게 생각하는 반면 어떤 사람들은 자신의 직감에 따라 연구할 수 있는 창의성의 자유를 소중히 여긴다. 그런가 하면 가능한 한 많은 돈을 벌고 싶어 하는 이들도 있다.

스콧은 박사학위 논문을 위한 연구에서 멘토인 로젠버그 교수가 하던 대로 언론 기법을 이용해 특정 기업의 특정 사람들에 대해 기사 형식으로 파고들었는데 이는 경제학자들이 거의 채택하지 않는 방식이었다. 수학 모델과 경험에 의거한 체계적 자료를 활용해 전체 이야기에 정밀성을 더하기도 했다.

비경제학자의 눈에는 스콧의 연구가 뻔한 얘기로 비칠지 모른다. 사람에 따라 원하는 것이 다르다는 것은 하나마나한 얘기라고 여길 만하다. 하지만 경제학자들은 오래전부터 개인 간의 차이는 중요하지 않다는 믿음을 가지고 있었다. 물론 어떤 사람은 단지 과학적 발견을 추구하며 돈에는 별 관심이 없고 딸기보다 초콜릿 아이스크림을 좋아하는데, 다른 누군가는 돈이라면 사족을 못 쓰고 초콜릿을 싫어할 수도 있다. 하지만 수백만 명이나 수십억 명의 인구를 살펴보다 보면 모든 개인 간의 차이를 평균화하면서 집단 속에서 개인을 중요하지 않은 존재로 취급하기 십상이다.

제2차 세계대전 이후로 경제학자들은 수학적 모델에 집착하게 되었다. 그에 따라 인플레이션, 고용, 이자율, 경제 성장 등 여러 요인들 사이의 상호작용을 계산하는 모델이 만들어졌다. 당시에 명문 대학에서 영예로운 종신직을 얻거나 노벨상을 수상하며 잘 나가던 경제학자들은 점점 더 복잡해지는 경제이론에 대한 모델을 내놓았던 명석한 수학자들이었다. 이 경제학자들이 가치 있는 업적을 이루었다는 점에는 의문의 여지가 없다. 하지만 스콧이 경제계에 뛰어든 1990년대에는 이런 구식 모델이 점차 영향력을 잃어가고 있었다. 경제학자들만이 아니라 일반 대중들도 추상적 이론이나 수학과는 무관한 의문들을 품고 있었고 그에 대한 답을 얻고 싶어 했다. 미국인을 비롯한 전 세계 사람들이 스콧이 가졌던 바로 그 의문에 대한 답을 원하고 있었다. '사업에서 누구는 성공하고 또 누구는 실패하는 이유가 대체 뭘까?'

성공을 위한
최고의 도구는 전략이다

경제학에서 추상적 개념이 부각되던 때가 이른 바 '대압착'Great Compression(1930~1950년대 미국에서 증세 등 강력한 조세 정책으로 부유층과 저소득층 사이의 소득 격차 및 근로자 간 임금 격차가 급격히 좁아진 현상—옮긴이)이라고 불리는 시기와 일치하는 것은 단순한 우연의 일치가 아니다. 20세기 중반의 수십 년 동안 미국 경제에서 많은 사람들이 굉장한 호경기를 누렸다. 역사를 통틀어 봐도 가난한 이들이 부자들보다 더 빠르게 부유해졌던 유일한 시기였다.

보편적 번영과 경제적 안정의 시기이자 대공황과 제1차 세계대전 이후로 전반적 낙관주의가 확산되던 시기였다. 물론 당시 미국에도 가난한 이들이 많았고 생활고에 허덕이는 사람도 적지 않았다. 그렇지만 1970년에는 미국의 거의 모든 지역에서 대부분의 사람들이 1950년에 비해 훨씬 더 잘살게 되었다(물론 일부는 상대적으로 훨씬 더 잘살았고 인종 차별과 성 차별도 만연해 있었지만 1970년엔 인구통계상 전 집단이 평균적으로 1950년대에 비해 더 부유했다). 거의 모든 사람이 부모 세대보다 돈을 더 많이 벌었고 자녀들은 자신들보다 더 많은 돈을 벌 것이라는 기대에 부풀어 있었다.

이처럼 보편적 경제 성장이 이루어진 덕분에 사람들 간의 차이를 자세히 비교하는 일은 그다지 중요하게 여겨지지 않았다. 누군가는 위험에 열광하는데 또 누구는 위험이라면 질색하고, 어떤 사람은 과학적 연구를 좋아하고, 또 다른 사람들은 안정적인 현금 흐름을 더 선호하는 등의 차이에는 관심이 없었다. 어느 쪽이든 모두가 10년 전에 비해 많은 돈을 벌고 있는 마당에 그런 까다롭고 시시콜콜한 문제에 신경 쓸 이유가 어디 있겠는가.

경제 번영의 결실을 많은 사람들이 공유하던 호시절은 1970년대 말에 이르러 차츰 붕괴되었다. 스콧이 박사학위 논문을 마무리하던 무렵인 1996년이 되자 미국 (그리고 부유한 국가의) 사람들 중 특정한 사람들은 큰 부자가 되어가는데 상당히 많은 수의 사람들이 생활고를 겪고 있음을 확실히 체감할 수 있었다. 불평등이 격화되던 이 시기에 경제학계는 그 격차를 좁히기 위해 고군분투했다. 이윽고 사람들 사이의 사소한 차이들이 매우 중요해졌다. 그런 차이들 중 어떤 것이 성공과 실패를 가르는지를 이해하는 것이 점점 중요해졌기 때문이다. 스콧이 아버지의 낚시 사업에 대해 (더불어 운동화 사업에 대해서도) 품었던 알쏭달쏭한 의문이 경제학계에서도 중요한 문제 중의 하나로 떠올랐다. 그 결과 스콧은 운이 좋게도 누구는 성공하고 또 누구는 성공하지 못하는 이유를 설명할 수 있는 몇 안 되는 인물 중 하나로 자리 잡았다.

의외이긴 하지만 경제학자들과 경영대학원 교수들은 경제학과 경영 분야에서 대다수 미국인에게 영향을 미치는 문제, 즉 소기업의 성패를 가르는 원인을 연구하는 데 놀라울 정도로 관심이 없다. 어느 시기든 대규모 상장 기업은 몇 천 개에 불과하다. 기술 부문의 스타트업도 몇 천 곳이나 되는데 (대부분 헛된 꿈으로 끝나지만) 그들도 회사를 키우기 위해 안간힘을 쓰고 있다. 그 밖의 다른 부분의 소기업도 수천만 개에 이른다. 하지만 학계의 관심은 대기업이나 대기업을 꿈꾸는 기업 중에서도 아주 소수의 기업에게만 집중되어 있다. 대기업에 초점이 과도하게 쏠려 있다 보니 소기업의 성공 비결과 관련해서 참고할 만한 조언이 전무하다고 해도 과언이 아니다. 이는 증거에 입각한 엄밀한 연구가 드물다는 방증이기도 하다. 그나마 알려져 있는 소기업을 위한 조언은 대체로 다음과 같은 세 가지에 초점을 두고 있다.

첫 번째이자 가장 지배적인 내용은 자기 확신을 가지면 부와 기회를 거머쥘 수 있다는 식의 자립 개념이다(비즈니스 전문 잡지《엔터프리너》의 2015년 6월의 기사 '자신감을 세우기 위한 6가지 일일 행동 요령'과《포브스》의 2014년 1월의 기사 '자존감을 키워 사업을 더 성공시키는 비결'의 내용이 대표적이다). 두 번째 조언은 사람들이 열광할 만한 획기적 상품이나 서비스를 고안하라는 것이다. 예를 들어 제2의 아이폰을 개발하거나 다른 피자보다 더 맛있는 피자를 만들면 경쟁에서 크게 앞서서 큰돈을 벌 수 있다는 것이다. 흔히 언급되는 마지막 조언은 잘 운영되는 사업체의 기본적인 관례에 대해 이야기한다. 그러면서 사업 계획과 예산을 짜야 한다느니 초반부터 돈을 저축해 두어 세금을 제때 납부할 대책을 강구해야 한다느니 하는 말을 늘어놓는다.

스콧이 보기에 이런 조언들 모두는 더없이 지당한 말이다. 사람들이 구매하고 싶어 하는 상품이나 서비스를 제공해야 하는 것은 당연한 일이다. 돈이 들어오고 나가는 흐름을 제대로 파악하는 것 역시 당연한 일이다. 하지만 20년에 걸쳐 새로운 사업을 시작해서 성공한 사람들과 실패한 사람들을 면밀히 연구한 결과, 성공과 실패를 가르는 결정적 차이는 따로 있었다. 그것은 바로 전략이다. 그 밖의 모든 문제들도 중요하기는 하지만 그런 것들은 어디까지나 전술에 해당하며, 전술은 전략이 맞아야만 비로소 중요성을 띤다.

요즘엔 재계에서는 '당신에겐 어떤 혁신적 전략이 있나요? 애플의 모바일 사업 전략은 뭐라고 생각하세요?'와 같이 '전략'이라는 말이 심심찮게 사용된다. 경영대학원은 한 곳도 예외 없이 전략 과정을 가르친다. 사업 전략에 대한 책만 해도 수만 권에 이르고 전략기업협회와 전략관리협회처럼 전략만을 주로 연구하는 기관들도 여럿이다. 맥킨지에서부터 베인 앤드 컴퍼니Bain & Company, 프라이스워터하우스쿠퍼스PriceWaterhouseCoopers에 이르기까지 굴지의 컨설팅 그룹들은 모두 전략 부문을 따로 운영하며 수천 명의 전략 자문위원을 두고 있다.

그럼에도 불구하고 (사업적 사고의 중요한 요소인) '기업 전략'corporate strategy 은 재계에서 꽤 새로운 개념에 속한다. 이 개념은 1960년대에 처음으로 등장해서 1970년대에 어느 정도 호응을 얻었다가 2000년 이후에 다시 모든 대기업에서 중요하게 부상했다. 제2차 세계대전 이후의 급성장 시기에는 전략이란 게 거의 필요하지 않았다. 회사는 그저 뭔가를 팔기만 해도 대부분 충분히 성장할 수 있었다. 그러다 세계 무역이 증가하고 컴퓨터 기술과 자동화로 경쟁이 심화하면서 기업들은 이전까지 해오던 방식을 고수하면서 사소한 변화만을 주는 식으로는 회사를 꾸려갈 수 없게 되었다. 이제는 자원을 어디에 투입하고 어떤 프로젝트를 폐기해야 할지 등의 문제를 놓고 신중하고도 까다로운 결정을 내려야 했다.

수백만 권의 책에서 사용된 특정 단어나 문구의 사용 빈도를 보여주는 구글의 엔그램 뷰어Ngram viewer라는 프로그램으로 검색해보면 '기업 전략'이라는 단어는 1960년 이후에야 등장해서 1980년 이후부터 훨씬 더 흔하게 사용된 것으로 나타난다. 확신컨대 1980년 이후부터 사용 빈도가 늘어난 이유는 하버드 대학교 교수 마이클 포터Michael Porter가 쓴 혁신적 저서 《경쟁 전략》Competitive Strategy에서 처음으로 제시한 전략 수행 체계가 보편적으로 널리 확산된 결과였을 것이다. 이 책은 대기업의 관심사에 초점이 맞추어져 있고 이후 수년에 걸쳐 전략은 대체로 대기업이나 국가를 운영하는 데 필요한 것으로 인식되었다. 대부분의 소기업들은 기업 규모 자체가 너무 작았던 탓에 (광범위한 지역에서 거래되는 상품의 가격 책정에 영향을 미치는 것과 같은) 포터의 전략 도구를 제대로 활용할 수 없었다.

전략적으로 가치를
창출하고 포착하라

전략이란 배워서 써먹을 수 있는 사업의 도구라기보다는 일종의 신비스러운 주술에 더 가까웠다. 이것은 의도적인 것이었다. 어떤 식으로든 전략을 알고 있던 사람들이 많은 돈을 버는 모습은 그

것을 모르는 사람들 눈에는 마치 마법을 부리는 것처럼 보였기 때문이다. 이것은 사업에서는 흔한 일이다. 먼 옛날에는 기본적인 회계 업무도 엘리트층의 전유물이었다(중세시대에는 기본적 회계는 철저한 영업상의 비밀이었다). 마찬가지로 주식과 채권을 사고파는 것 역시 오랜 세월 동안 긴밀하게 연결되어 있는 특권층들만의 권한이었다.

2008년의 금융위기 이후 스콧은 그동안의 연구를 종합 평가하다가 (자신도 완전히 의식하지 못한 상태에서) 자신이 마이클 포터를 비롯한 여러 사람의 연구를 비교적 소규모의 사업과 기업가들의 관심사에 맞게 해석해 놓았다는 결론에 이르렀다. 드디어 전략을 도구화할 준비를 갖춘 셈이었다. 이제는 전략을 다른 수많은 사업 도구들처럼 (자신의 아버지보다 똑똑하지 못한 이들을 포함해) 누구든 배워서 활용할 수 있는 일련의 명확한 지침으로 바꿀 수 있었다. 이런 시도를 함께 해보면 좋을 만한 파트너가 누구인지도 분명했다. 오랜 벗이자 세탁실에서 만났던 똑똑한 수리경제학자 조슈아 갠스였다.

2년 동안 두 사람은 집중적으로 협력해서 작업을 진행했다. 2년 중 대부분의 기간 동안 매일 전화 통화를 하고 이메일을 연달아 주고받았다. 대화를 시작했다 하면 논쟁과 웃음이 오가며 밤늦도록 이어질 때도 많았다.

이 기간이 스콧의 삶에서 지적으로 가장 짜릿한 전율을 느꼈던 때였다. 그 당시의 회고담을 듣게 된 것은 MIT에 있는 그의 교수실에서 수차례 나누었던 어느 면담 자리에서였다. 커다란 창문 밖으로 찰스강과 보스턴 시내가 훤히 내다보이는 완벽한 전경의 교수실에서 당시에 자신과 갠스가 추진했던 연구 활동을 자세히 들려주던 중 스콧에게 특유의 음성틱이 시작되더니 그가 점점 생기를 띠기 시작했다. 자신의 연구와 읽어 보고 감탄

했던 다른 사람들의 연구 사이에 여러 요소가 딱 들어맞았던 일을 얘기하는 대목에서는 교수실을 이리저리 왔다갔다하며 목소리 톤이 높아지기도 했다.

흥미롭게도 스콧과 갠스의 개념들은 일단 듣고 나면 두 가지 사실을 깨닫게 된다. 두 사람의 아이디어가 모든 기업에서 반드시 따라야 할 만큼 좋은 개념이라는 사실과, 현재 그 개념들을 따르고 있는 사람들이 전무하다시피 하다는 사실이다. 말하자면 이 개념들은 지금 당신도 자신의 사업이나 직무에서 따르지 않고 있을 만큼 새로운 생각이다.

스콧과 갠스는 이런 개념들을 다음과 같이 4단계로 세분화해서 까다롭지만 중대한 질문을 스스로에게 해볼 수 있게 구성했다. 이 질문들은 (거의 모든 사업가들을 비롯해) 스콧의 아버지도 스스로에게 물어볼 생각을 해본 적이 없거나 기를 쓰고 회피했던 것들이다.

우선 1단계는 사업에서 가치 창출과 가치 포착을 이해하는 것이다. 이 단계는 워낙 중요해서 자세한 설명을 덧붙일 필요가 있다. 누군가 성공을 노리고 사업을 시작한다고 생각해보자. 그 사람은 일종의 가치를 창출하는 것이다. 이를테면 밀, 소금, 우유, 계란으로 빵을 만들거나 플라스틱, 가죽, 면으로 운동화를 만드는 식으로 원재료를 구입한 후 변형을 하거나 회계나 낚시 가이드 같은 서비스를 제공한다. 어떤 과정을 통해 가치를 창출하는 것이다. 그 이후엔 나름의 방식으로 그 가치를 포착한다. 말하자면 어떤 사람이 빵을 사거나 낚싯배 이용료를 내거나 회계사에게 수표를 보내는 식으로 그 상품에 돈을 지불하기로 결정하는 것이다. 기업들이 고전하는 이유는 대체로 자신들이 창출하고 있는 (혹은 창출해야 하는) 가치를 파악하지 못하거나 자신들이 창출해낸 가치를 잘 포착하지 못하기 때문이다. 사업에서는 이 두 가지 측면에서 실패하는 경우가 흔하다.

에이탄의 경우를 예로 들어보자. 에이탄은 비교적 낮은 가격으로 품질 좋은 운동화를 생산해서 실질적인 가치를 창출했다. 하지만 이렇게 창출한 가치를 원하는 고객층이 거의 없었다. (1980년대에는 더 심했지만) 운동화 구매자들은 최대한 싼 가격으로 실용적인 신발을 사고 싶어 한 게 아니었다. 우월감과 짜릿한 흥분감을 추구하면서 정체성을 부여해줄 만한 브랜드 제품을 사고 싶어 했다. 100달러나 되는 금액을 지불하더라도 나이키 운동화를 사고 싶어 했지, 저렴하다고 해서 12달러의 스트라이커 운동화를 사고 싶어 하진 않았다.

에이탄은 가치를 물리적 측면에서만 생각해 운동화의 재료인 고무와 직물과 가죽에만 주목했다. 그런 관점에서 보면 거의 동일한 품질의 제품을 더 싼 가격으로 팔려고 했던 그의 전략은 타당한 것이었다. 하지만 나이키는 자사에서 창출하고 있는 가치가 물리적인 것이 아님을 정확하게 파악하고 있었다. 나이키의 마케팅 담당자들은 가격대와 상관없이 자사의 운동화에 짜릿한 흥분감을 부여했다. 나이키가 창출하는 전체 가치 중 물리적 부분의 비중은 미미했고 대부분의 가치는 문화적 부분에 비롯된 것이었다.

에이탄은 가치를 가장 잘 포착해내는 요령에 대해서도 오판을 내렸다. 당시는 인터넷이 등장하기 전이었고 지금보다 대형 할인매장의 수가 훨씬 적어서 대부분의 신발이 소형 신발매장에서 판매되었다. 소형 매장의 주인들은 이윤도 얼마 되지 않는 저가의 신발을 팔고 싶어 하지 않았다. 최신 나이키 운동화를 갖고 싶어 목매는 아이들에게 돈을 아껴 저렴한 무명 브랜드를 사라고 권하고 싶어 할 매장 주인은 없었다. 나이키는 마케팅 이

외에 유통에서도 통찰력 있는 노하우를 개발했다. 신발을 판매하는 이들의 성향을 분석해 나이키 제품을 팔도록 그들을 자극할 수 있는 최적의 동기 유발 요인을 찾아낸 것이다.

스콧이 설명해주었듯이 나이키는 가치 창출과 가치 포착이 동일한 전략의 두 부문이라는 점을 잘 보여준 사례다. 나이키는 프리미엄이 크게 붙는 가치를 창출했고 그 프리미엄의 일부를 공유하는 방식으로 더 높은 가치를 포착해냈다. 에이탄처럼 (아무리 나이키 못지않게 품질이 좋아도) 가격이 싼 운동화를 팔 경우에는 마케팅을 위한 예산도 확보하지 못하는 데다 매장주들에게 높은 이윤을 보장해줄 수도 없었다. 매장주의 입장에서도 훨씬 인기 높은 나이키를 밀어주면서 더 많은 이윤을 남길 수 있는데 스트라이커 운동화를 팔아 얼마 안 되는 이윤을 남길 이유가 없었다.

나이키는 성공하고
에이탄은 실패한 이유

전략은 가치 창출과 가치 포착을 이어주는 확실한 연결고리다. 나이키같이 엄청난 성공을 거둔 기업들을 살펴보며 어떻게 해야 성공할지를 파악하는 것은 쉬운 일이다. 에이탄의 경우와 같은 실패한 사업을 살펴보며 무엇 때문에 실패했는지를 살펴보는 것 역시 어렵지 않다. 하지만 스콧과 갠스가 지적했듯이 사업과 관련된 결정을 내리는 사람들은 과거의 사례에만 의존할 수 없다. 어떤 전략이 통할지 안 통할지를 예측하지 못한 채로 전략을 정해야 하고 그러려면 대개는 수많은 방법 중 어떤 방법을 따라야 할지를 두고 힘든 결정을 내려야 한다. 운동화 사업이 바로 그 좋은 사례다. 수많은 사업에서 최우선으로 결정해야 하는 것 중 하나는 에이탄이 직면했던 바로 그 결정, 다시 말해 고비용/고이윤 전략과 저비용/박리다매 전략 중 무엇을 선택할 것인가이다.

에이탄은 저비용 전략으로 고이윤 시장에서 경쟁하려 했다. 이렇게 해서는 성공하지 못한다. 차라리 자신이 나이키와 같은 경쟁시장에 속해 있지 않다는 사실을 알아챘다면, 다시 말해 자신이 저비용으로 물리적 가치가 있는 상품을 만들어서 가치를 창출하는 염가 운동화 시장에 있음을 알았다면 어땠을까?

저비용 전략은 고비용 전략과는 완전히 다르다. 저비용 전략에서는 철저히 가격을 낮추는 것에 사활을 건다. 저비용 시장에서는 생산과 운송, 마케팅에 드는 비용을 한푼이라도 더 줄이려고 하지 누구도 나이키를 의식하지 않는다. 저비용 시장에서의 가치는 양에 달려 있다. 다른 경쟁자들보다 더 싼 금액으로 더 많은 판매점에서 더 많은 신발을 팔아야 한다. 에이탄의 상품은 이쪽 세계에 속하기엔 너무 비쌌고 저쪽 세계에 속하기엔 너무 쌌다. 에이탄은 시장 전략을 확실하게 선정하지 못한 탓에 사업에 실패할 수밖에 없었다.

이쯤에서 주목할 점이 있다. 나이키는 50년이 넘는 역사 동안 전략을 꾸준히 바꾸어왔다. 나이키의 초창기 전략은 스포츠 분야 소비자들의 마음을 사로잡는 쪽에 맞추어져 있었다. 자신의 실력을 더 잘 그리고 더 오래 발휘할 수 있게 해줄 고품질 제품에 더 많은 돈을 지불하고 싶어지도록 소비 심리를 자극했다. 스포츠 분야를 장악한 이후에는 문화적 지위를 높이기 위한 새로운 전략으로 갈아탔다.

스콧의 이론에 따르면 전략을 바꾸는 데에는 아무 문제가 없지만 다만 전략을 바꿀 때는 아주 신중하고 사려 깊어야 한다. 나이키의 경우엔 전략을 전환하는 것이 타당했고 그럴 만한 이유도 있었다. 어느 정도 시간이 흐르면서 스포츠화 시장을 석권한 나이키가 지속적으로 성장하기 위해서는 비스포츠 부문으로 옮겨갈 필요가 있었던 것이다.

남들은 모르겠지만 적어도 나는 '전략'이라는 말을 들으면 어쩐지 위압감이 든다. 최고 명문 경영대학원의 교수들과 유력 컨설팅 기업의 공동 출자자들이 총애하는 제자나 아랫사람들에게 전수해주는 지식 같은 느낌이 든다. 다행히 스콧이 전략을 복잡하게 여길 필요가 없다며 알려준 바에 따르면 전략은 기본적으로 다음과 같은 질문에 해당된다.

'무엇을 팔 것인가? 그 상품을 가장 필요로 하는 고객층은 누구인가? 소비자들이 그 상품을 필요로 하는 이유는 무엇인가? 소비자들의 상품 구매 방식은 어떠한가?' 규격화된 상품 경제의 시대이던 20세기에 비하면 오늘날 전략은 더욱 중요해졌다. 앞의 질문에 대한 답이 더 복잡해지고 더 자주 바뀌기 때문이다.

예를 들어 1950년에 치약을 팔려고 했다면 답은 간단했다. 사람들은 그저 이를 깨끗하게 닦기를 원했고, 동네 매장에서 몇 종류 안 되는 전국의 치약 브랜드 중에서 하나를 사는 것으로 만족했다. 하지만 오늘날에 치약은 대다수 상품과 마찬가지로 예전에 비해 훨씬 복잡해졌다. 골라서 살 수 있는 치약 브랜드가 수십 개에 이르는 데다 각 브랜드마다 다양한 제품을 내놓으며 여러 고객층을 공략한다. 콜게이트Colgate라는 브랜드만 해도 구강건조증 증상자 전용 치약, 어린이용 치약, 치아 미백 기능성 치약 등 50종이 넘는 치약을 생산하고 있다. 현재는 치약을 고르는 이유가 더 복잡해졌고 동네 매장, 체인 매장, 온라인, 정기 배송 서비스 등으로 구매 방식도 더 다양해졌다.

치약 사업에 도전하려는 사람은 누구든 앞에서 말한 전략상의 기본 질문들을 짚어보면서 더 신중하게 답을 찾아야 한다. 또한 이것은 치약 사업만이 아니라 어떤 분야에서든 새로운 사업을 시작하려는 모든 이들에게 해당되는 얘기다. 답이 예리할수록 성공에서 더 유리한 고지를 확보할 수 있다.

이쯤에서 스콧이 알려준 유용한 팁 하나를 알아보자. 기업가나 소규모 사업가 혹은 기업가와 같은 사고방식을 기르고 싶은 직장인들에게 확실히 도움이 되는 접근법이 하나 있다. 자신의 내면을 들여다보며 자신의 능력, 관심, 특기, 약점을 신중하게 평가해보는 것이다.

가령 다음과 같은 질문을 스스로에게 해보는 것이다. 당신은 매일같이 열심히 일하며 일에 방해가 될 만한 것이라면 무엇이든 뒷전으로 미루고 싶은가? 아니면 한가롭고 느긋하게 살며 가족과 친구들을 챙겨줄 여유가 있는 삶을 추구하는가? 결정이 빠른 편인가 느린 편인가? 심한 경쟁 관계에서 오는 높은 압박감과 치열한 논쟁을 즐기는가? 함께 일하는 사람들 모두와 잘 지내고 싶은 편인가? 세심하게 주의를 기울이고 큰 그림을 그리거나 팀을 구성하는 데 뛰어난 편인가? 싫어하는 것은 무엇인가? 당신에겐 없지만 다른 사람을 고용해 충분히 대체할 수 있는 재능으로는 어떤 것이 있는가? 아무리 노력해도 습득하지 못할 것 같은 재능은 어떤 것들인가?

일을 진행하면서 어떤 방식을 취할지 결정할 때는 자기 자신을 잘 알고 있는 것이 아주 중요하다. 치약과 관련된 결정으로 망설이는 경우를 예로 들어보자. 어떻게 해서든 세계에서 가장 잘 팔리는 치약을 만들고 싶은

가? 아니면 당신이 남들보다 더 잘 알고 있는 고객층을 공략해서 틈새시장에 집중하고 싶은가? 최적화된 맛과 향의 배합 공식을 찾아내는 것에서 기쁨과 성취감을 얻고 싶은가? 아니면 소비자들에게 상품을 전달하는 새로운 유통망을 찾아내는 방면에서 남다른 강점을 갖고 있는가? 이렇게 하나씩 질문을 던지면서 자신에게 맞지 않는 방식을 지워 나가다 보면 몇 가지 잠재적 전략에 집중할 수 있게 된다. 스콧의 말대로라면 유효성이 비슷해 보이는 두세 개 정도의 선택안이 남게 된다고 한다. 이는 당신의 사업을 성공시킬 몇 가지 방법이 생겼다는 점에서 기뻐할 만한 일이다.

시장조사는
고객을 발견하는 것

두 번째 단계는 고객층을 선택하는 것이다. 무슨 뚱딴지 같은 소리냐고 생각할지 모른다. 상품을 사고 말고는 고객이 알아서 정하는 게 아니냐고 어리둥절해 할 수도 있다. 하지만 스콧이 지적했듯이 고객이란 똑같은 사람들이 구별 없이 하나로 뭉뚱그려진 존재가 아니다. 고객들은 저마다 관심사가 다르고 상품이나 서비스에 대한 필요의 정도도 다르다. 사업을 할 때에는 희망 고객층을 구분해내야 하고, 그 사업을 유지할 수 있는 자금을 확보할 정도의 충분한 수요 고객층을 찾아내야 한다. 당신이 열정을 품고 있는 분야가 유달리 고객층이 좁아 진출할 만한 시장을 찾기가 여의치 않다면 그 점을 인식하고 사업에 착수하는 것이 좋다. 열정이 충만하다고 해서 판로가 열리리라는 보장은 없다. 그래서 어느 정도의 시장조사가 필요하다.

시장조사는 '전략'이라는 말처럼 어렵게 느껴질 수 있다. 선택된 소수의 사람들만이 알고 있는 비밀스러운 과학 같기도 하다. 하지만 스콧의 말을 들어보면 그렇지도 않다. 시장조사는 사람들이 생각하는 것보다 훨씬 쉬울 수도 있고, 특히 처음 사업을 구상하는 시기에는 더 쉽게 다가갈 수도 있다. 우선 이상적 고객층을 가정해보면 된다. 당신의 상품이나 서비스의 진가를 가장 잘 알아봐주고 가장 유용하게 사용해줄 만한 사람이나 사업을 상상해보라. 그런 다음 그 특징과 일치하는 사람들을 찾아내서 그들에게 당신의 아이디어를 어떻게 생각하고 당신의 경쟁 상대를 어떻게 평가하는지 물어보는 것이다. 격의 없이 친구들에게 도움을 청해도 좋고, 직접 그런 사람들을 찾아가거나 온라인을 통해 그런 사람들이 모이는 곳을 방문해도 좋다.

스콧은 당신이 생각한 고객층에 해당하는 사람들이 얼마나 될지 대략적으로 추정해보는 것도 권한다. 중세풍의 플루트 연주곡이 녹음된 레코드판을 판매할 계획이라면 그 상품을 원하는 사람들은 극소수에 불과할 테니, 가격을 높게 책정해서 그 시장을 완전히 장악하다시피 해야 성공할 수 있다는 식으로 추정해볼 수 있다. 반면에 맛이 아주 기막힌 초콜릿을 찾아냈다면 시장이 아주 큰 편이기 때문에 몇 가지 방식을 고려해볼 수 있다. 저비용/박리다매 전략이나 고비용/고급상품 전략 중 어느 쪽을 선택해도 시장이 워낙 커서 (그리고 하위 시장들도 충분히 많으니) 어떤 전략을 택하든 충분히 승산이 있다.

스콧은 대다수 사람들이 세 번째 단계인 경쟁 상대 정하기에서 혼돈을 겪는다고 말한다. 경쟁 상대를 정할 때는 어떻게 하는 것이 좋을까? 스콧에 따르면 모든 회사는 자사의 상품이나 서비스를 시장에 내놓는 방법에서 다양한 선택안을 갖고 있다.

다시 에이탄을 예로 들어보자. 에이탄은 나이키를 중심에 두고 전체적인 사업의 틀을 짰다. 나이키를 빼놓고는 사업 얘기를 할 수 없을 정도였다. 운동화 디자인도 살짝 나이키 운동화와 비슷해 보이게 했고 나이키가 이용했던 똑같은 공장에 운동화 제작을 의뢰하며 나이키를 경쟁 상대로 생각했다. 그 결과 사람들은 에이탄의 운동화를 싸구려 나이키 짝퉁쯤으로 보게 되었다. 하지만 누가 싸구려 나이키 짝퉁을 사고 싶어 하겠는가. 에이탄은 다른 경쟁 상대를 선택하는 편이 좋았을 것이다.

예를 들어 품질이 형편없는 염가의 운동화 제조사들을 경쟁 상대로 정해 놓고 자신의 상품이 그런 저급 상품들에 비해 내구성이나 스타일, 기능 면에서 더 뛰어나다는 점을 내세울 수도 있었다. 그런 경쟁 상대를 골라 저가의 운동화 시장에서 한몫 잡는 사업 방식을 구상했다면 이후에 내릴 선택들도 더 쉽게 눈에 들어왔을 것이다. 그랬다면 저이윤/박리다매 사업 전략의 필요성도 알아봤을 것이다.

가치를 어떻게
전달할 것인가?

스콧이 입버릇처럼 강조하는 것 중의 하나가 모든 사람에게 적용되는 하나의 정답은 없다는 사실이다. 성공의 방식은 당신의 열정과 목표뿐만 아니라 당신의 상품이나 서비스에 따라서도 달라진다. 사업을 시작할 때는 몇 가지 방식을 선택할 수 있다. 산업계의 쟁쟁한 선두주자들에게서 시장의 일부를 빼앗아오는 쪽에 초점을 맞출 수도 있고, 아니면 더 좁은 틈새시장을 찾아낼 수도 있다.

사업을 구상할 때는 원하는 유통 채널도 골라야 한다. 대면 판매나 온라인 판매, 직거래나 중개거래 중에서 어떤 방식으로 유통을 할지 정하는 것이다. 어떤 유통 채널을 택하든 그 선택에 따라 경쟁 상대도 달라진다. 당신의 상품이나 서비스를 잠재적 고객에게 어떤 방식으로 선보일지를 결정하면 그들이 당신의 상품과 비교할 만한 다른 상품들과 서비스들도 결정된다는 말이다.

경쟁 상대를 정하면 협력할 상대도 정할 수 있다. 대개 잠재적 경쟁자들은 파트너가 될 여지가 있다. 온라인 판매를 할 계획이라면 독자적 사이트를 운영해 아마존과 경쟁할 것인가, 아니면 아마존과 파트너 관계를 맺어 아마존 사이트에서 상품을 유통할 것인가? 수제 탄산음료를 만들어 소비자에게 직접 판매할 것인가, 코카콜라와 라이선스 계약을 체결해 제조법을 이전받을 것인가?

일단 자신의 재능과 약점, 당신이 창출하려는 가치의 유형, 경쟁하려는 상대, 직원 채용의 전반적 전략을 파악하고 나면 그다음엔 네 번째 단계로서 고객에게 그 가치를 전달할 구체적 방법에 집중하면 된다. 손으로 직접 짠 스웨터를 농산물 집판장에서 팔 계획이라면 그것은 그리 어려운 일이 아니다. 구매자들과 직접 대면해서 팔면 된다. 하지만 대다수 사업은 가치사슬(기업이 고객에게 가치를 전달하기 위해 수행하는 주요 활동―옮긴이)을 통해 이루어지므로 가치사슬의 작동 원리에 정통해야 한다.

예를 들어 다음과 같은 질문을 통해 스웨터의 가치사슬에 대해 구체적으로 생각해볼 수 있다. 지역 매장에 상품을 배급해주는 도매업자와 거래할 것인가? 아니면 지역 매장이나 최종 소비자에게 직접 판매할 것인가?

낱개로 팔 것인가, 묶음으로 팔 것인가? 상품의 크기와 모양은 몇 종류로 구성해 출시할 계획인가? 서비스라면 요금은 시간당으로 책정할 것인가, 건별로 책정할 것인가? 장기 계약을 맺을 계획인가, 그때그때 의뢰를 받아 단건 계약을 맺을 계획인가?

스콧이 사업가들에게 권하는 조언은 무엇을 누구에게 팔지를 고민하는 만큼 상품과 서비스를 판매할 방법에 대해서도 충분한 시간을 할애해서 고민해야 한다는 것이다. 소비자에게 개념 전달하기, 가격 책정하기, 파트너를 평가하고 선정하기, 경쟁자 연구하기와 관련해서 여러 방법을 실험하고 탐색해봐야 한다. 이런 말을 하는 이유는 다른 회사들이 채택하고 있는 방법이 유일한 방법이라고 넘겨짚고는 가치를 포착할 수 있는, 아무도 생각하지 못한 방법이 있지는 않은지 조사도 해보지 않은 채 그대로 따르는 사람들이 너무 많기 때문이다.

스콧의 말대로 기업가가 일단 자신만의 접근법을 공들여 만들어 놓았다면 그 접근법을 성공시키기 위해서는 다른 접근법을 배제해야 한다. 이런저런 접근법을 모두 시도하는 것은 아무 접근법도 추구하지 않는 것이나 다름없다. 다른 회사와 어느 정도 협력하는 동시에 어느 정도 경쟁할 수는 없다. 마찬가지로 품질이 최상급이라는 이유로 상품의 가격을 높게 책정하는 동시에 더 많은 소비자를 유인하기 위해 가격을 낮게 매길 수는 없다.

전략은 사업가뿐 아니라
모두에게 필요하다

　　　　　　　　스콧과 친분을 쌓고 그의 생각을 더 잘 이해하게
되면서 마음속에서 어떤 의문이 생겨났다. 스콧은 자신의 아버지 같은 사
람들, 그러니까 학벌도 화려하지 않고 인맥도 부족한 사업가들을 도와주
고 싶어 했다. 하지만 그가 몸담고 있는 MIT 경영대학원은 세계에서 손꼽
히는 명문대학이자 학비가 비싸기로 유명한 곳이었다. 그렇게 본다면 스
콧은 이미 운이 좋은 사람들이 훨씬 더 큰 성공을 이루도록 돕고 있는 셈
이 아닐까? 왜 자신의 아버지 같은 사람들을 찾아 나서지 않는 걸까?

　그래서 어느 날 스콧과 같이 앉아 있다가 물어봤다.

　"그렇지 않아요." 스콧은 부드러우면서도 확고하고 단호한 어조로 반
박했다. "나는 지금 아버지를 팔아먹고 있는 게 아니에요. 미국의 기업가
들을 팔아먹고 있지도 않고요. MIT에서 일하게 된 건 정말 행운이라고 생
각해요. 이곳은 내 연구를 뒷받침해줄 자원이 잘 갖추어져 있으니까요. 질
병, 로봇공학, 인공지능을 비롯해 다양한 분야에서 전 세계 사람들의 삶을
개선할 만한 최신의 연구를 할 수 있는 자원들이 두루 갖추어져 있지요.

　내가 진행하고 있는 연구는 이 학교 사람들을 위한 것이 아닙니다. 모
든 사람을 위한 것입니다. 나는 나 자신은 물론이고 이 학교에 속해 있는
많은 이들이 전 세계의 더 많은 사람들이 과거 어느 때보다 더 잘살 수 있
는 기반을 만들어 나가고 있다고 믿어요. 내 연구의 기본적 개념들, 그러니
까 가치 창출, 가치 포착, 전략 구상 등도 모두에게 해당하는 문제입니다.
전반적 개념은 단순명료합니다. 자신이 팔려는 것, 그것을 팔려는 대상, 소
비자들과 지속적 관계를 구축하는 방법을 파악하는 것이죠. 아주 단순한

문제입니다. 이는 방대한 양의 자료와 연구 결과를 바탕으로 분석해서 입증된 개념이기도 합니다. 이런 게 바로 MIT 같은 곳에서 누릴 수 있는 이점이죠."

그날 스콧과 같이 앉아 있으면서 마음에 걸렸던 점이 또 있었다. 그의 연구가 기업가들에게만 적용된다는 점이다. 대다수 사람들은 자기 사업을 하지 않는다. 대부분의 사람들은 다른 사람을 위해 일하는 고용인들이다. 고용인들은 대체로 회사 대표처럼 전략과 관련된 결정을 내릴 일이 없다. 고용주들처럼 어떤 상품이나 서비스를 내놓아야 할지, 그런 상품이나 서비스에 대해 가격을 얼마로 책정해서 어떤 방식으로 판매하면 좋을지를 결정하지도 않는다. 다른 회사들과의 경쟁이나 협력 여부를 결정할 기회도 없다. 고용인들은 직장에서 시키는 일을 하며 다른 누군가가 세운 전략을 얼마나 잘 수행하느냐에 따라 성패가 갈린다.

"그렇지 않아요." 몇 분 후에 스콧이 또 다시 반박하며 말문을 열었다. 이번엔 좀 전보다 훨씬 더 단호하면서도 강한 어조였다. "그런 식의 생각은 낡은 사고방식이에요." 그는 모든 회사들, 특히 역사가 긴 기업일수록 더욱 더 다음의 질문에 답해야 한다고 설명했다. 무엇을 자신들만의 독자적 가치로 창출할 것인가? 그 가치를 가장 필요로 하면서 기꺼이 돈을 지불할 만한 사람들은 누구일까? 그 가치를 어떻게 전달할 것인가? 어떤 상대를 경쟁자로 삼고 어떤 상대를 협력자로 삼아야 할까?

이 질문들은 20세기의 규격품 경제에서도 중요한 문제였다. 그 시기에는 모든 회사가 각자 이 질문에 대한 답을 찾아야 했지만 답이 변하는 경우는 극히 드물었다. 기술과 무역이 급격하게 성장한 오늘날에는 이 질문에 대한 답이 끊임없이 변하고 있다.

제조업자들이 중국이 세계의 저임금 노동시장을 지배하는 상황에 적응할 만해지자 그 순간 바로 중국의 임금 수준이 상승하면서 중국은 첨단기술 제품을 제조하는 생산국으로 올라섰다. 그에 따라 저임금 공장들은 방글라데시와 베트남 등지로 옮겨가게 되었다. 대기업들이 데스크탑이나 노트북 컴퓨터에서 시작된 웹기반 쇼핑 세계에 막 적응을 하자 스마트폰으로 물건을 구매하는 소비자들이 늘어나기 시작했다. 큰 변화는 어떤 경우든 예외 없이 가치 창출과 가치 포착을 전면적으로 바꿔 놓는다. 그것도 대개는 전혀 예측할 수 없는 방식으로 진행된다.

라디오에서 팟캐스트로
위기를 기회로 만든 사람들

내가 NPR 방송에서 일하던 2005년에 팟캐스트가 성장세에 돌입하면서 전통적인 라디오 방송에 길들여져 있던 우리는 처음엔 두려움을 느꼈다. 라디오 방송 산업은 처음 시작되던 1920년대 이후 근본적 기술에 변화가 거의 없었다. 여전히 라디오 방송국과 라디오 방송망에서 콘텐츠를 만들어 라디오 수신기로 전송해주는 식이었다. 모든 사람이 같은 시간대에 같은 방송을 들었다. 정부에서 할당해주는 주파수의 개수가 제한되어 있기 때문에 경쟁 구도도 꽤 안정적이었다. 반면에 팟캐스트는 청취자 개개인이 자신의 취향이나 관심사에 따라 여러 프로그램 중에 골라서 들을 수 있고, 프로그램의 수와 팟캐스트 제작업체가 무한대로 늘어날 수도 있다.

청취자들이 이 혼란스러운 새로운 시장으로 옮겨가자 구식 라디오 방송의 전문가인 우리는 일자리를 잃게 되지는 않을까 겁이 났다. 하지만 그런 두려움은 잠시였다. 실제로 전통 라디오 방송의 청취층이 감소하면서 인력이 감소했지만 얼마 지나지 않아 더 좋은 무언가가 오래된 시스템을 대체하고 있음을 깨닫게 되었다. 알고 보니 대중들은 이미 아주 다양한 방식으로 제작된 훨씬 다양한 음원을 듣고 있었다. 가치의 포착 방식도 달라졌다.

라디오 방송은 거의 모든 가치가 광고를 통해 포착되며, 공영 라디오는 부족한 광고 수익을 청취자들의 기부금과 정부 혹은 재단의 보조금으로 충당한다. 팟캐스트 제작자들은 광고, 구독료, 다른 계열사의 홍보 등 여러 가지 방법으로 돈을 번다. 나는 이 신기술과 그 영향을 이해하고 싶어서 〈플래닛 머니〉를 만들었다. NPR 최초의 뉴스 팟캐스트였다. 그 뒤로 얼마 지나지 않아 확실해진 사실이지만 팟캐스트 청취자는 방송 청취자보다 훨씬 더 '가치 있는' 청취자다.

라디오 청취자들의 성향은 다양하다. 열심히 귀 기울여 듣는 청취자들이 있는가 하면 라디오를 틀어 놓고 건성으로 흘려듣는 청취자들도 있다. 라디오 방송은 청취자를 최대한 많이 끌어 모으는 방향으로 프로그램을 구성한다. 그래서 다양한 청취자와 뜨거운 유대를 맺기가 힘들다. 반면에 팟캐스트 청취자들은 자신이 가장 듣고 싶은 프로그램을 적극적으로 선택하기에 일반적인 라디오 청취자보다 방송에 더 몰입한다.

이 점을 빠르게 간파한 광고주들은 팟캐스트 청취자들의 마음을 사로잡기 위해 높은 광고비를 지불하기 시작했다. 그에 따라 팟캐스트는 방송 프로그램보다 훨씬 적은 청취자로도 수익을 낼 수 있게 되었다. 이런 현상은 팟캐스트의 생태계가 풍요로워지며 넓게 확산되는 밑거름이 되었고 팟캐스트들은 저마다 특정 유형의 청취자를 공략했다. 지금까지 팟캐스트는 목소리만 나오는 리포터와 입담가 들에게 요긴한 분야로 인식되고 있다. 자신이 열정을 쏟는 만큼 더 만족스럽게 일을 하면서 더 많은 돈을 벌 기회를 팟캐스트가 제공하는 것이다. (비록 방송에 비해 그 숫자는 더 적지만) 청취자들과의 관계는 더 친밀하고 열정적이다.

팟캐스트 방송이 전통적인 라디오 방송에 엄청난 영향을 미친 방식을 보면 수십 년 동안 핵심 논리에는 변화가 없다가 아주 짧은 기간 동안 한 번 이상의 변화를 겪은 무수한 산업들이 떠오른다. 신문, 필름 카메라, 복사기, TV 방송 등이 여기에 속한다. 나는 팟캐스트의 변화를 직접 목격하면서 다른 이들에 비해 이런 변화에 더 잘 적응하는 사람들이 있다는 점에 주목했다. 어떤 사람들은 (스콧에 대해 모르는 상태에서) 본능적으로 스콧의 핵심적 질문들을 스스로에게 하고 있었다. 우리가 창출하려는 가치는 무엇인가? 어떤 사람들이 그 가치를 가장 필요로 할까? 그 사람들은 어떤 경우에 그 가치에 지갑을 열까? 누가 우리의 경쟁 상대일까? 누구와 협력해야 할까?

기술 변화에 따라 이런 질문에 대한 답도 바뀌었다. 팟캐스트의 가치와 가치 포착에 대한 이해가 증대되면서 끊임없는 변화가 일어났고 그 가치에 주의를 기울였던 이들은 성공을 거두었다. 내가 처음 라디오에서 일했을 당시에 나와 같은 일을 하는 지인들 중에는 큰돈을 벌어 부자가 된 사람은 아무도 없었고, 소수의 유명 진행자들을 제외하면 자신의 독자적 자아를 표출할 수 있는 기회도 드물었다. 나는 자신의 목소리를 찾는 게 아니라 고정 청취자들에게 친숙하게 다가가면서 불쾌감을 일으키지 않을 만한 프로그램을 제작하는 방법을 익히도록 훈련받았다.

라디오 프로그램들은 해고 위험이 별로 없고 부자가 될 가능성도 별로 없이, 중산층으로 안락하게 살아갈 만한 안정된 일자리였다. 나의 지인들 중에는 공영 라디오에서 일을 시작할 당시에는 부자가 된다는 것은 상상도 못했지만 이제는 팟캐스트 방송으로 떼돈을 벌고 있는 사람들이 열두 명도 넘는다. 그렇게 대단한 부자는 아니지만 자신이 좋아하는 주제로 방송을 만들고 자신을 훨씬 더 충실하게 표현할 수 있는 기회를 누리면서 돈을 꽤 벌고 있는 사람들도 아주 많다.

하지만 라디오 방송의 베테랑들 중 상당수는 여전히 가치와 관련된 기본적 질문들이 어떻게 변해 가는지를 제대로 이해하지 못하고 있다. 그들은 여전히 예전과 같은 방식으로 똑같은 종류의 프로그램을 만들고 있다. 하지만 청취자들은 지금도 계속 성장하는 중이다. 젊은 사람들은 라디오를 가지고 있지 않은 데다 각자 자신의 요구에 맞춰 제작된 틈새 주제의 방송을 들으며 자란 젊은 청취자들은 일반 라디오 청취자들을 대상으로 만들어진 프로그램에는 별 관심이 없다.

모든 사람들은, 심지어 기업가정신을 생각해본 적도 없고 그런 방식을 추구하는 데 아무런 관심조차 없는 이들도 최소한 얼마간의 시간을 내서 자신이 속한 업계의 기본적 가치에 관한 질문을 곰곰이 생각해볼 필요가 있다. 그러면 당신은 더 가치 있는 고용인이 될 것이다. 아니면 당신의 고용주가 낡은 사고방식에 갇혀 있다는 점을 파악한 후 남들보다 한발 앞서서 더 장래성 있고 전략 지향적인 회사에서 새로운 일자리를 찾아야 할 때라는 점을 간파하게 될지도 모른다.

미래를 내다보는
이들에게 주목하라

이 책에서는 스콧이 (그리고 그의 동료들이) 밝혀낸 연구 결과들의 가치를 직접 확인해 나갈 것이다. 한 가지 짚고 넘어갈 점은 내가 소개하는 사업가들은 스콧과 동문 관계에 있지도 않고 심지어 스콧의 이름을 들어본 적도 없는 이들이라는 것이다. 이 사업가들이 서로 비슷하면서도 성공적인 기업가정신의 경로들을 따랐던 것은 시행착오를 겪는 동시에 기꺼이 자신의 역할을 확실히 정립하려는 의지를 가지고 있었기 때문이다. 그들과 같은 길을 가기 위해서는 겁나는 도약을 감행하는 동시에 자신만의 재능이나 새로운 경제 시스템 안에서 성공을 일구기 위해 자신의 사업을 재편하려는 의지와 확신을 가져야만 한다. 이 사업가들은 서로 비슷한 경로를 선택했을 뿐만 아니라 저마다 전수해줄 만한 독자적 교훈들도 가지고 있다.

현재 우리가 겪고 있는 경제 변혁을 생각할 때면 나는 1900년쯤에 중서부 지역 어딘가에 있는 농장에서 살았을 법한 중년 부부의 모습이 떠오른다. 그 부부는 10대와 20대의 자식들이 주렁주렁 딸려 있어 시름이 아주 깊다. 그들은 부모와 조부모, 증조부모와 심지어 수천 년 전의 선조들과 같은 방식으로 농사를 지어 생계를 이어가고 있다.

부부가 하는 농삿일은 단순하다. 밭을 돌보면서 그 밭에서 수확한 작물로 살아간다. 그동안 기술에서 점진적 변화가 있었지만 근본적 논리는 한 번도 변한 적이 없다. 매일 하루종일 열심히 일하며 날씨가 좋기만을 바랄 뿐이다. 부부의 자식들뿐만 아니라 그 자식들 역시 열심히 일하면 앞으로 별 탈 없이 살아갈 것이다. 그리고 부부가 그렇게 살아온 것처럼 가족이나 평생을 알아온 동네 사람들 몇 명과 어울려 살아갈 것이다.

하지만 어느 날 갑자기 자식들이 새로운 일거리에 대해 이런저런 얘기를 한다. 만난 적도 없는 어떤 사업가가 약속한 급여에 마음이 끌려 도시로 나가 공장에서 일하고 싶다고 한다. 안정되고 안전한 생활 터전을 벗어나 가족과 정든 동네와 교회를 떠나겠다고 한다. 아무나 다 취직할 만큼 일자리가 많을지도 모르는 상황인데도 말이다. 이런 상황이라면 틀림없이 부부는 자식들을 말렸을 것이다. 도시로 떠나는 건 엄청난 위험을 무릅쓰고 무시무시한 미지의 세계에 들어가는 격이라며 만류했을 것이 분명하다.

우리는 지금 이와 비슷한 전환점을 맞고 있다. 오늘날의 경제는 지금까지와는 전혀 다른 규칙에 따라 작동하는 새로운 시스템으로 전환되고 있다. 아직은 제도, 보호책, 공통적 기대가 제대로 자리 잡히지 않아 이 새로운 경제 시스템에서 성공할 수 있는 방법을 발견하기 힘들지만 우리에겐 선견지명을 가진 이들이 있다. 그들은 새로운 경제 시스템의 논리를 파악해내고 나아갈 경로를 찾아낼 것이다. 우리는 그들을 보고 배워 그들에게서 얻은 교훈을 우리의 삶에 적용하면 된다.

1900년에도 그런 사람들이 있었다. 어쩌면 앞에서 말한 농부 부부의 자식들 중 한두 명도 그런 사람이었을지 모른다. 농업에서 산업으로 변화하던 전환기에 새로운 기회를 직감으로 알아챈 사람들이 있었다. 오늘날 현대 세계의 창조자로 인정받는 인물들 중 많은 이들이 대체로 농촌에서 자랐지만 산업이 가져다줄 완전히 새로운 기회를 예견해냈다. 예를 들자면 셀 수도 없이 많지만 대표적 인물로는 현대의 사탕과 초콜릿류 산업을 발전시킨 밀튼 허쉬Milton Hershey와 그의 경쟁자 포레스트 마스Forrest Mars,

피에르 듀퐁Pierre S. du Pont, 현대식 기업을 고안하는 데 일조한 존 제이콥 래스콥John Jakob Raskob 등이 있다.

　이 책에서는 현재에서 미래를 내다보는 사람들을 만나보며 한수 배움을 얻는 시간을 가지려 한다. 내가 찾아낸 사람들은 누구에게나 적용할 수 있는 교훈이 담긴 인생사를 써온 사람들이다. 다만 이들의 교훈을 길잡이 삼아 잘 따라갈 수 있도록 준비하는 차원에서 우선 새로운 경제의 규칙부터 이야기해보자.

제 2 장

비즈니스
불패의 법칙

고객·가격·제품의 정의를 다시 내려라

모든 성공의 법칙이 바뀌는 뉴노멀 시대,
우리가 익숙하게 사용하던 개념부터 전부 바꿔라.
이 장에서는 성공하는 사업의 공통점을
8가지 법칙으로 정리해 설명해준다.

21세기에 성공하기 위해서는 19세기와 20세기의 최고 성공 요소를 결합
해야 한다. 먼저 당신이 정말로 하고 싶고 또 잘하는 분야를 찾아야 한다.
어떤 분야에서 세계 최고가 될 필요는 없다. 일반적으로는 잘 어울리지 않
는 여러 가지 재능을 조합해서 성공을 거두는 사람들도 많기 때문이다.

　당신만의 특별한 열정과 능력이 무엇인지 곧바로 명확해질 수도 있다.
혹시 채식주의자를 위한 음식을 만드는 데 특별한 재주를 가지고 있지는
않은가? 단종된 자동차 부품을 찾는 데 관심을 가지고 있는가? 주택 사
진 찍기를 즐기지는 않는가? 이처럼 당신의 열정과 재능을 동시에 펼칠
만한 분야는 셀 수 없이 많다. 자신에게 잘 맞는 분야를 찾기 위해서는 자
기성찰과 실험이 필요하다. 시간이 조금 걸릴 수도 있다. 나도 30대가 되어
서야 나만의 분야를 찾을 수 있었다. 자신만의 특별한 재능은 겉으로 확
연히 드러나지 않을 수도 있고 주변 사람들 누구나 다 알 만큼 두드러질

수도 있다. 자신의 직감이 들릴락 말락 한 작은 목소리로 알려주는 별난 흥미거리처럼 사소한 분야일 수도 있다. 자신만의 고유한 열정을 찾는 일은 사업에서 성공하는 데 무엇보다 중요한 요소이자 가장 어려운 부분이다. 당신만의 고유한 열정을 가지고 특정한 물건을 만들 수도 있고 남들보다 뛰어난 서비스를 제공하거나 이미 활동 중인 분야에서 고용인으로서 뛰어난 실력을 발휘할 수도 있다.

당신의 관심사를 가장 필요로 하는 사람들과 연결시켜라. 당신만의 특별한 열정과 재능을 찾아냈다면 그 열정과 재능을 가장 필요로 할 만한 사람들도 쉽게 찾을 수 있다. 관련 업계의 잡지나 모임, 온라인 게시판이나 인스타그램 계정을 찾아보는 것도 좋은 방법이다. 이 책을 통해 자신의 관심사를 수익성 있는 사업이나 취업으로 연결시킨 여러 사람들의 사례를 알게 되겠지만 경우에 따라서는 창의성과 실험정신을 가지고 적극적으로 수많은 사람에게 다가가야 한다. 처음에는 당신의 제안에 관심을 보이는 사람이 없는 것처럼 보여도 적극적으로 나서야 한다. 당신의 열정과 재능과 잘 맞는 고객층을 찾고 나면 현재의 경제에서 수익성 있는 틈새를 개척하는 것은 놀라울 정도로 쉬워진다.

이런 고객층을 발견했다면 다음 단계로 그들의 피드백을 경청한다. 동시에 당신의 고객이 되지 않기로 결정한 이들의 피드백도 똑같이 귀 기울여 들어야 한다. 지금은 더 이상 '획일적' 경제의 시대가 아니다. 고객의 요구에 따라 자신의 상품과 재능을 끊임없이 갈고닦아야 하는 시대다.

경청하기와 연결시키기는 서로 밀접히 연결되어 있지만 때로는 서로 상충하기도 한다. 피드백을 귀 기울여 듣고 있는 고객층이 애초부터 당신과 잘 맞지 않아서 자신들의 욕구에 따라 당신의 제안을 애써서 수정하려

한다는 느낌이 든다면 당신의 시간과 재능만 낭비하는 셈이다. 그럴 때는 차라리 다른 고객층을 찾아야 한다. 당신에게 훨씬 잘 맞아 당신의 사업을 발전시키거나 보완하는 데 도움이 되는 피드백을 줄 만한 고객층을 찾아야 한다. 한편 완벽하게 맞는 고객만 찾으려 해서도 안 된다. 대체로 잘 맞는 이들의 의견을 들으면서 당신의 생각을 조금 조정해서 판매하는 편이 나은 것은 아닌지 생각해볼 필요도 있다.

남들이 모방할 수 없는
가치를 창출하라

현대 경제에서는 상상을 뛰어넘는 규모로 상품을 판매하고 유통하는 것, 다시 말해 엄청난 규모로 가치를 창출하는 것이 가능하다. 그것은 웹사이트에서 상품을 판매하거나 트위터를 활용해 구매자를 확보하는 것만큼 간단한 일이다. 하지만 가치를 창출할 때는, 즉 사람들이 필요로 하는 물건을 만들어낼 때는 규모에 승부를 걸지 않도록 주의해야 한다. 대규모로 상품을 생산해서 수익을 내는 것은 대기업에서나 할 수 있는 일이다. 그런 일은 운동화나 사탕 등을 끊임없이 생산해낼 수 있는 대규모의 공장 설비, 음악이나 영화를 제작하는 스튜디오, 그리고 대형 자문사를 전 세계 곳곳에 거느리고 있지 않으면 꿈도 꿀 수 없다.

가치의 창출은 시간을 두고 신중하게 해야 한다. 이해를 돕기 위해 덧붙이자면 자기 주장이 아주 강한 소수의 고객층이 관심을 보일 만한 분야나 다른 사람들은 하기 힘든 분야에 집중해야만 수익성이 있다. 아마도 이 책의 내용 중에서 가장 반직관적인 개념일지 모르겠지만 오늘날의 경제에서는 과거에 뛰어난 사업 감각이라고 불리던 방식과는 반대로 행동할 때 성공할 수 있다. 당신의 상품이나 서비스 중 하나가 인기가 급상승하며 곳곳에서 모방되는 순간 그 상품이나 서비스를 슬슬 접고 다음 상품이나 서비스를 찾아야 한다.

상품을 더 많이 만들거나 고객이 더 많아질수록 상품이나 서비스의 탁월함을 유지하면서 그것을 당신과 고객 모두가 원하는 수준으로 유지하거나 조정하는 것이 어려워지기 때문이다. 규모는 대량 판매 시장의 몫으로 놔둬라. 핵심은 양이 아니라 품질과 고객과의 소통에 있다.

제공하는 가치에 따라 가격을 결정하라

가격이 비용을 주도해야 하며 그 반대가 되어서는 안 된다. 나도 이 문장의 의미를 이해하기까지 상당한 시간이 걸렸다. 우리는 상품의 가격을 그것을 제작하는 데 드는 비용과 연결지어 생각하도록 길들여져 있다. 사용한 원재료, 상품 생산이나 서비스 제공에 들어간 시간을 비용으로 계산하고 여기에 이윤을 붙여서 가격을 정한다. 시간 같은 막연한 비용은 경쟁 업체들을 참고해 그들과 비슷한 수준으로 책정한다.

하지만 이와는 정반대로 해야 한다. 고급 자동차를 만든다고 가정해보자. 이때 자동차 제작에 사용할 소재를 선정하기 전에 먼저 특정 수준의 고급 자동차에 대해 사람들이 기꺼이 지불하려고 하는 가격대가 어느 정도인지 파악하려고 할 것이다. 이렇게 먼저 자동차의 가격대를 정한 후에 그 가격대에 합당한 비용에 맞추어 자동차의 소재를 역설계한다. 가죽은 부드러운 고급품으로 쓰되 수공예품을 포함하면 제작 비용이 최적 판매가를 뛰어넘을 것 같으니 제외한다. 이런 식으로 고급 자동차의 제작 사양을 결정한다.

시간도 이런 식으로 계산된다. 당신의 담당 회계사를 떠올려보자. 당신은 담당 회계사가 당신에게 해당되는 세법에 대해 훤히 꿰뚫고 있기를 바란다. 그 회계사가 시간을 창의적으로 이용해서 당신의 기업이 승승장구할 수 있는 새로운 방안을 생각해주면 좋겠다고 기대할 수도 있다. 당신의 기대를 충족시키려면 시간이 걸린다. 그런데 회계사는 창의적 생각을 하면서 공원을 거닐었던 시간에 대해서는 시급을 청구하지 못한다. 지식이나 창의성, 생각하는 시간은 모두 서비스계의 코린트산 고급 가죽과도 같다. 그러니 고객이 지급하는 시급으로는 지식과 창의성을 갈고닦을 시간을 낼 수가 없다고 불평하기보다는 시간을 더 창의적으로 보내며 그 비용을 청구해라.

가치는 일종의 대화다. 애덤 스미스가 1776년에 펴낸 《국부론》에서 묘사한 상징적 시장에서는 치열한 경쟁 속에서 가격이 결정된다. 수많은 생산자가 똑같은 상품을 만들어내고 수많은 구매자는 그 많은 상품을 꼼꼼히 살펴본다. 어떤 구매자나 판매자도 이런 과정을 자기 마음대로 통제할 수 없다. 가격은 이 모든 사람들 사이에서 이루어지는 거래의 결과일 뿐이다.

따라서 가격을 시세대로 책정해서는 안 된다. 시세에 따라 가격을 결정한다는 것은 당신이 판매하는 상품이 다른 경쟁자가 판매하는 상품에 비해 더 뛰어나지도 더 나쁘지도 않은 그저 그런 제품이라는 의미다. 상품에는 독보성이 있어야 한다. 특히 서비스 상품일수록 더욱 그래야 한다. 고객들이 비교할 기준이 없을 만큼 아주 특별하게 느낄 수 있는 상품이어야 한다. 고객들과 소통하는 데 시간을 할애하며, 고객의 돈을 절약시켜줄 남다른 방식을 짚어주거나 고객이 돈을 더 벌도록 도와주고, 고객의 생활을 훨씬 더 즐겁게 해주어야 한다. 당신이 책정하는 가격은 가격표에 적힌 정가와는 정반대여야 한다. 그리고 그 가격은 고객들과 수시로 논의하면서 결정해야 한다.

'배트나'BATNA에 신경 써라. 이는 사업가들 사이에서 종종 '협상 결렬 시 취할 수 있는 최선의 대안'Best Alternative To a Negotiated Agreement이라는 의미로 사용되는 표현이다. 이것은 그만큼 거래가 성사되지 않을 경우를 의식하고 있다는 얘기다. 배트나는 가격을 정할 때도 유용하다. 당신이 사업에 전적으로 몰입해 있다면 이렇다 할 경쟁자 없는 독자적인 뭔가를 제공하고 있는 것이다.

하지만 고객이 당신의 독자적 가치를 선뜻 인정하지 않을 수도 있다. 사람에 따라서는 가치를 제공하지는 않지만 제공하는 상품이나 서비스의 가격이 그 가치보다 훨씬 저렴한 사람에게 끌릴 수도 있다. 가격을 정할 때는 패기와 자신감을 가지고 애초에 생각했던 수준보다 훨씬 높은 가격을 제시해야 한다. 대안에도 신경을 써야 한다. 심지어 당신의 상품이나 서비스를 선택하지 않은 사람들이 당신의 상품이나 서비스 대신 어떤 것을 쓰기로 결정했는지도 확인해봐야 한다.

가격을 정한 다음에는 그 가격에 맞는 값어치를 해라. 가격이나 요금이나 급여를 두 배로 높여 생각하는 것도 유용한 방법 중의 하나다. 당혹스럽고 거북하게 들릴지도 모르지만 이것이 당신의 아이디어를 자극하는 계기가 되기도 한다. 마땅히 두 배의 금액을 받기 위해서는 어떤 일을 누구를 위해 수행해야 할지 생각해봐야 한다. 경우에 따라서는 많은 거래처를 잃지 않으면서도 바로 가격을 두 배로 올릴 수 있다. 훨씬 높은 가격을 받을 가능성을 머릿속으로 따져보면 공략 고객층을 잘못 짚었다는 사실을 깨달을 수도 있다.

보수가 돈 이외의 다른 형태로 들어올 수도 있다. 내가 알고 지내는 기자 중에는 홍보 활동 등의 다른 분야로 전직하면 훨씬 더 많은 돈을 벌 텐데도 기자의 일, 기자로서의 영향력, 감춰진 비밀을 파헤칠 수 있는 기회에 매력을 느껴 여전히 기자로 활동하는 사람들이 많다. 내 부모님은 두 분 모두 예술계에 몸담고 계시는데 다른 직업에 종사했다면 벌었을 법한 수준의 수입을 번 적은 없지만 당신들의 직업을 아주 즐기며 만족하고 있고 그 직업을 돈과 바꾸고 싶지 않을 만큼 소중히 여기셨다.

가격 책정의
3단계 법칙

책정 가격은 지속적으로 변해야 한다. 당신의 재능, 실력, 열정은 변하기 마련이다. 고객의 욕구와 세상의 특징도 변한다. 이 모두가 가격에 영향을 미치는 요소이며 이런 여러 요소가 끊임없이 변하기 때문에 그에 따라 가격도 변해야 한다. 지속적으로 가격을 평가하면 하기 싫어도 저절로 제공하는 상품과 서비스, 돈을 지불하는 사람들에게 전달되는 가치, 더 높은 가치를 느낄 만한 잠재적 고객층에 대해서도 점검해보게 된다. 가격은 단순한 수치일 뿐이지만 당신이 얼마나 사업을 잘하고 있는지를 보여주는 증거이기도 하다.

한편 제시 가격은 제공하는 서비스와 상품이 변하지 않는 한 변경해선 안 된다. 가격은 당신이 유발할 변화에 맞추어 조정해야 하지만 한번 제시하면 변경해선 안 된다. 이것은 전략이기보다 전술에 가깝다. 어떤 경우든 애초에 3단계의 가격대를 제시하는 것이 유리하다. 고객이 필요로 하는 특정 범위의 서비스에 대해 적당하게 느껴지는 중간 가격대, 서비스의 일부를 제외하되 더 낮은 가격의 이점을 부여한 저가 가격대, 더 높은 가격으로 훨씬 많은 서비스를 누릴 수 있는 고가 가격대로 나눠 제시하는 것이 좋다. 이런 3단계 가격대는 고객과의 가격 책정을 위해 대화를 나눌 때 하나의 기준으로 작용한다. 이 기준을 바탕으로 고객에게 지불액을 낮추고 싶다면 그만큼 받는 서비스도 줄어들게 된다는 점을 알려준다.

이 과정에는 미묘한 균형의 문제가 있다. 3단계 가격 제시로 대화를 여는 첫 단계에서는 고객에게 지불액과 서비스 수준 간의 관계를 확실히 알려야 한다. 그 뒤에 가격 책정의 순간으로 들어서면 노련한 가격 책정자는 유연하지 않은 편이다. 돈을 지불하는 사람과 나누는 초반의 '가치 대화'value conversation 에서는 개방성과 유연성과 창의성을 띠면서 여러 가격대에 따라 관계가 어떻게 될지 짚어 나가는 것이 타당한 태도다. 하지만 일단 '가격 책정 대화'에 들어서면 유연하기보다는 단호한 태도를 보일 필요가 있다. 심지어 어느 정도 긴장되고 거북한 분위기가 흐르더라도 단호하게 대처할 필요가 있다. 가격 책정이 가치에 기반하고 있다고 해도 고객들은 방금 자신이 수긍한 가치에 대해 구체적이고 현실적인 액수를 직면하면 충격을 받을 수도 있다. 가격 책정 대화에서 긴장이 흐르는 것이 아니라 약간의 충격을 유발하는 수준을 넘어선다면 조금이라도 마찰의 분위기를 풍기지 않기 위해 가격을 낮춰도 좋다. 이럴 경우엔 당신이 자신이 제공하는 가치를 충분히 이해하지 못하고 있거나 그 가치에 대해 자신감이 부족한 것일 수도 있다.

급여도 일종의 가격이다. 회사에 다니는 경우라도 당신은 여전히 급여라는 이름의 가격을 매기는 셈이다. 이 경우에도 가격 책정의 모든 규칙이 적용된다. 급여가 미리 정해진 직장에 취직하면 당신은 상품으로 취급되어 그 직무를 수행할 만한 능력을 갖춘 여타의 사람들과 동등하게 가치가 매겨진다. 이쯤에서 잠시 당신이 급여를 두 배로 높여달라는 요구를 한다고 상상해보자. 그런 저돌적인 요구를 정당화할 근거를 제시할 수 있겠는가? 아마 정당화하기 힘들 것이다. 회사가 그만한 가치를 알아봤다면 애초에 당신에게 현재의 급여를 지불하고 있진 않을 테니 말이다. 이는 다시 말해 두 가지 일을 해야 할지도 모른다는 의미다. 바로 당신의 가치를 알아봐주는 다른 회사를 찾아가는 것과 당신의 가치를 보다 확실히 증명해 보일 방법을 찾는 것이다.

성공하는 사업 규칙은 직장인에게도 적용된다. 시간 엄수, 동료들과의 친화력, 신속하고 철저한 업무 처리 등은 누구나 인정하는 보편적 자질이지만 이런 자질을 갖추는 것으로는 다른 동료들과의 차별성을 갖지 못한다. 꽤 먹을 만하긴 하지만 평범한 빵을 만들어내는 것과 비슷하다. 그렇다고 해서 제시간을 지키지 않거나 무례하게 굴거나 업무를 소홀히 하면서 눈에 띄라는 얘기는 아니다. 그보다는 당신만의 독자적인 열정과 재능을 발견하고 회사 사람들과 회사 고객층의 필요성을 분석해서 당신만이 상상하고 실행할 수 있는 독보적인 프로젝트를 찾아야 한다. 사내 문화상 그런 기업가정신을 펼칠 기회가 허용되지 않는 회사가 종종 있기는 해도 대다수 회사가 기업가정신을 발휘할 기회가 어느 정도는 열려 있다.

당신이 매기는 가격이 당신에게 만족스러워야 한다. 우리는 가격을 마치 기온처럼 우리가 통제할 수 없는 외부적 현실로 받아들이는 데 익숙하다. 이렇게 된 원인은 20세기 규모의 경제에서 모든 것을 표준화하면서 표준화된 가격 책정을 중요한 요소로 받아들였기 때문이다. 하지만 가격은 감정적이다. 관건은 전적으로 당신이 가진 내면의 열정과 재능을 고객의 특정한 필요성이나 욕구와 조화시키는 데 있다. 가격은 당신과 고객이 공감하는 수준이면 얼마든 적절하다. 감정은 사업이라는 거친 세계에 끼워넣기엔 부적절한, 말랑말랑하고 유치한 요소가 아니다. 감정은 모든 것을 좌우한다. 가격이 정당하지 못하다고 느껴지면 결국 고객을 실망시키게 된다. 만족스럽게 느껴지는 액수를 고객이 지불하지 못하겠다고 한다면 당신은 잘못된 고객을 상대하고 있는 것이거나 잘못된 상품을 다루고 있는 것이다.

감정에 기반한 가격 책정에서 한 가지 특이점은 가격이 감정에 따라 바뀔 수 있다는 점이다. 예를 들어 많은 것을 배울 것 같아 흥분되는 프로젝트를 진행할 경우엔 가격을 낮춰도 된다. 그러다 1년 후에 배울 만큼 다 배우게 되면 같은 프로젝트에 임할 때의 흥분감은 크게 줄어든다. 이제는 가격과 상관없이 그 프로젝트를 진행하고 싶은 마음이 들지 않거나 가격을 대폭 높이고 싶어질 것이다. 한편 생활 패턴이 변하면서 마음이 달라질 수도 있다. 아이들이 다 커서 육아에 매이는 시간이 줄었다면 일감을 더 많이 얻기 위해 가격을 낮추고 싶어질 수 있다.

그동안 우리는 가격 책정을 의지와 의지의 투쟁으로 받아들이도록 길들여졌다. 양쪽이 서로 상대를 굴복시키려 씨름하다 결국 최종 가격이 구매자에게는 너무 높은 것 같고 판매자에게는 너무 낮은 것 같은 수준에서 책정되는 방식에 익숙하다. 하지만 지금은 다르다. 판매자에게 요구되는 활동이나 구매자가 받게 될 이득에 대한 실질적 자료까지 철저히 갖춰진 상태에서 상세한 대화를 통해 가격이 결정된다. 어느 한쪽이 불만을 느끼면 대화가 충분하지 못했거나 서로의 궁합이 맞지 않는 것이다.

사람들이 가장 흔히 저지르는 실수는 경쟁자의 책정 가격을 알아본 다음 자신의 상품이나 서비스에 조금 더 낮은 가격을 책정하는 것이다. 이것은 전략도 아니다. 오히려 경쟁자에게 전략을 내어주는 꼴이다. 오늘날의 경제에서 중요한 질문을 회피하는 것이다. 비슷한 사업이나 서비스와 비교해 누구를 대상으로 탁월한 가치를 창출할 것인가의 문제를 고민하지 않는 것이다. 고객을 위해 당신의 가치를 제대로 평가하고 나면 당신의 책정 가격이 일부 경쟁자보다 낮아질 가능성도 있다. 그렇다고 해도 이는 처음부터 외부 요인을 기준으로 책정한 가격과는 크게 다르다.

대체로 가격 책정은 나중에 생각할 문제라고 여기는 이들이 많다. 사업가는 상품이나 서비스를 만들고 나서 경쟁자들의 가격대를 살펴보며 그와 비슷한 액수를 가격으로 책정한다. 하지만 이제는 그래서는 안 된다. 오히려 당신의 사업, 직업, 세상에서의 자신의 역할관을 가격 책정의 중심축으로 삼아야 한다. 가격 책정은 곧 당신의 가치를 말해준다. 가치를 제대로 인정받아야 하며 남들이(경쟁자, 고객, 사회로부터 받아들인 규칙들이) 당신의 가치를 결정하도록 내맡겨서는 안 된다. 현재 책정 가능한 가격이 너무 낮다는 결론에 이르렀다면 그것을 조정이 필요하다는 신호로 받아들여야 한다. 다시 말해 초점을 다른 쪽으로 변경하거나 실력을 더 쌓거나 다른 고객을 찾아야 한다. 지금 당장은 책정 가능한 가격을 통제하지 못한다 할지라도 장기적으로는 통제해야 한다.

소수의 열혈 고객이
다수의 무관심한 고객보다 낫다

　　　　　　　　가치의 가격을 책정하는 데에는 적절한 판매 대상이 필요하다. 작별인사는 그 무엇보다 어려운 일이다. 하지만 성공하는 사업을 위해서는 기존 고객 중에 상당수와 관계를 끊어야 한다. 이는 우리가 직관적으로 알고 있는 사실과 반대되는 내용이지만 꼭 필요한 과정이다. 아마도 고객 대다수가 당신의 가치를 제대로 알아보지 못하고 그 가치에 대해 적절한 가격을 지불하지 않고 있을 가능성이 높다. 소수의 고객들만이 당신의 가치를 알아보고 적절한 금액을 지불하고 있을 것이다. 기존 고객 중에는 설득할 수 있을 만한 이들도 더러 있을지 모른다. 하지만 대다수의 고객들은 당신과 관계를 맺을 만한 적절한 상대가 아니므로 다른 경쟁사에 넘겨주어야 한다. 그렇게 해야만 당신의 가치를 가장 확실히 알아봐주는 고객을 위해 최대의 가치를 도출하는 활동에 주력할 수 있다.

　너무 급히 작별인사를 해서는 안 된다. 당신이 찾은 틈새는 아무리 폭이 좁아도 상관없지만 그 틈새로 너무 급히 달려들어서는 안 된다. 당신이 구상한 사업의 최적 고객층은 양파 썰기에 딱 좋은 칼에 목말라하는 왼손잡이 셰프들이거나 그 밖의 아주 특이한 고객층일 수 있다. 그런 고객층을 찾아내 당신만이 그 분야의 적임자임을 납득시키려면 시간이 걸리기 마련이다.

　어느 날 자고 일어나 갑자기 기존 고객들이 당신의 적절한 고객층이 아니라는 사실을 깨닫고는 하루아침에 고객 모두에게 작별을 고하며 일사천리로 사업을 전환하고 싶어질 수도 있다. 하지만 사업 전환에 들어갈 여유 자금이 충분하지 않다면 찬찬히 그리고 신중하게 전환하는 것이 최상이다. 새로운 회사명을 내걸고 한동안 두 개의 회사를 운영해야 할지도 모른다. 기존 고객층을 위한 회사와 새로 공략할 틈새 영역에 주력하는 신규 회사를 동시에 운영하는 것이다.

또한 적어도 1년에 한 번은 팀원들과 함께 기존 고객층을 검토해봐야 한다. 이때는 고객층의 10퍼센트 정도가 당신의 회사에 잘 맞지 않는 것으로 밝혀질 가능성을 예상해야 한다. 실제로 그런 결과가 나온다면 그 고객군에게는 다른 회사가 더 나을 수 있다는 점을 조심스럽게 설명해야 한다. 이런 고객들은 대체로 당신에게 수수료를 지불하고 있을 것이다. 고객이 지불하는 수수료에 미련이 남는다면 그 고객들에게 서비스를 제공하는 시간(정확히 말하자면 정작 더 잘 맞는 고객들에게 서비스를 제공하지 못하는 시간)을 모두 따져보라. 그 일부 고객으로 인해 당신 사업이 손해가 되고 있다는 사실을 깨달을 수 있을 것이다. 당신이 파는 상품의 가치를 높이 평가하지 않는 고객은 자신의 기대치와 당신이 제공하는 서비스 사이의 격차 때문에 당신에게 막대한 시간과 노력을 요구하기 십상이다. 이것은 사각형 쐐기 한 뭉치를 여러 개의 원형 구멍에 억지로 끼워 맞추기 위해 톱질과 사포질을 하며 애쓰는 것과 같다.

고객과의 관계를 끊는 속도는 재정 상태나 전환 계획, 장기 고객들에게 거래 종료를 요구하는 일에 대한 부담감의 정도 등 여러 요인에 따라 좌우된다. 너무 급하게 움직이다 파산에 직면해서도 안 되지만 너무 더디게 움직여 당신의 가치를 충분히 알아보지 못하고 그 가치에 맞는 금액을 지불하지 않는 사람들에게 서비스를 제공하느라 매여 있어서도 안 된다.

결국 최고의 고객은 당신을 찾아오는 고객이다. 적절한 틈새를 찾아내 틈새 고객들에게 좋은 서비스를 제공하면 나중엔 공략 고객층 사이에서도 평판이 좋아져서 당신이 찾아 나설 필요도 없이 새로운 고객들이 먼저 연락을 해오게 된다. 틈새가 좁을수록 공격적 영업 전략을 펴지 않아도 관심을 가진 고객이 연락해 올 가능성이 높다.

당신의 열정, 가격 책정, 가치, 공략 고객층은 한 물건의 서로 다른 면과 같다. 성공의 본질은 한 사람의 특별한 열정과 재능의 조합이 특정 고객이 절박하게 필요로 하는 상품이나 서비스가 된다는 원칙에 기반한다. 이런 상호작용은 고객에게 실질적 가치를 창출해주고 결과적으로 그 가치는 판매자와 구매자 모두에게 지속 가능한 가격이 된다. 짧게 말해 이 모든 요소는 동일한 핵심의 서로 다른 측면이라고 생각하는 것이 가장 적절할 정도로 긴밀히 연결되어 있다. 이 중에서 하나라도 빠지면 그 어떤 요소도 제대로 작동하지 않는다.

열정은
한 편의 이야기다

파는 것이 무엇이든 당신은 이야기를 파는 것이며 이야기는 진정성이 있을수록 좋다. 가치는 물건이 아니다. 금속이나 플라스틱이나 유리 같은 물질적 대상이 아니다. 가치는 기간도 아니다. 전문가가 어떤 임무를 성취하는 데 들인 노력을 시간으로 계산하지 않는다. 가치는 어떤 상품이나 서비스가 어떤 사람의 삶을 얼마나 향상시켜주는가에 대한 주관적 평가다. 말하자면 가치는 한 편의 이야기이며 좋은 이야기가 모두 그렇듯 등장인물, 줄거리, 완성도와 더불어 약간의 극적 효과가 필요할 수도 있다.

이는 지극히 단조로운 구매의 경우라도 마찬가지다. 가령 당신이 쓰던 비누가 불만스러워서 온라인 검색으로 평이 좋은 새 비누를 주문한 후 배송을 받아 써보니 너무 마음에 들었다는 단순한 구매 과정도 한 편의 이야기다. 말하자면 주인공(바로 당신)이 장애물에 직면해 행동을 취하고 그 선택이 실패할까 봐 두려워하다 끝내 성공하는 여정이 담기는 것이다. 물론 이런 이야기를 할리우드에 영화 소재로 팔 사람은 아무도 없겠지만 비누의 재료로 쓰인 화학물의 조합보다 이런 이야기가 훨씬 더 중요하다.

이때 중요한 것은 언제나 사실을 말해야 한다는 것이다. 잠깐 도덕성을 접어두는 것쯤은 괜찮을 거라고 생각하기 쉽지만 어떻게든 이익을 내는 것에 관심이 쏠려 있더라도 거짓말을 해서는 안 된다. 가치 창출 과정에서 투입해야 하는 노력과 자금은 대개 시간이 지나야만 성과가 나타난다. 시간이 지나면서 고객들이 다른 사람들에게 당신에 대한 입소문을 내주도록 해야 한다. 그러기 위해서는 전달하려는 메시지를 가다듬어야 한다. 큰 거래를 성사시키기 위해 한 번쯤은 괜찮겠거니 하는 마음으로 거짓말을 한다면 그 거짓말을 보완하고 지탱하기 위해 다시 끊임없이 거짓말을 해야 한다. 새 고객과 새로운 거래를 할 때마다 거짓말을 이어가야 한다. 거짓말에 기반한 사업은 그만큼 불안정할 수밖에 없다. 거짓말은 드러나기 십상이며 거짓말을 이어가려면 당신의 핵심 가치를 증대하는 것과는 아무런 관계도 없는 쓸데없는 노력을 해야 한다. 한마디로 말해 사업에서 거짓말은 금물이다.

유독 이야기에 재주가 없다면 당신의 이야기를 말하면 되고, 꼭 그래야만 한다. 열정과 진정한 가치에 기반을 둔 진실된 브랜드는 그 브랜드를 만든 사람이 숫기가 없어서 이야기를 하는 데 서툴더라도 그 브랜드 자체로 이야기를 전달해준다. 실제로 내가 자주 목격한 바로는 서툴지만 진정성 있는 이야기꾼이 언변이 유창해 말이 번지르르한 이야기꾼보다 훨씬 더 설득력을 발휘하기도 한다. 이야기를 남들에게 현실감 있게 전달하기 위해 전문 마케팅 담당자를 고용할 수도 있다. 하지만 이 방법도 그 이야기가 거짓이거나 외부인이 지어낸 것이라면 효과가 없다. 시각적 요소, 마케팅 내용 그리고 회사명 등은 파는 상품이나 서비스의 열정과 가치에 깃들어 있는 진정성에 따라 효과가 좌우된다.

당신의 사업 구석구석에 이야기를 담아라. 열정을 가지고 있는 분야에서 사업을 펼칠 때는 고객과 상호작용하는 모든 부분에서 비전을 담아야 한다. 예를 들어, 물리적 상품의 경우엔 열정을 반영하는 재료를 사용하고 열정을 북돋는 디자인을 한다. 서비스라면 회사의 핵심적 열정과 가치가 표출되고 반영되는 서비스가 되도록 해야 한다.

나는 최근에 어떤 변호사에게 일을 의뢰했는데 그는 내가 맡긴 일에 대한 수임료를 시간 단위로 청구하지 않고 고정 수수료로 받겠다고 했다. 시간 단위로 청구하는 것이 의뢰인의 사건 수임에 대해 자신이 핵심으로 삼는 가치와 맞지 않는다는 이유에서였다. 수임료를 더 받아내려고 꼭 필요하지도 않은 시간을 더 쓸 수도 있고 아니면 내 돈을 아껴준답시고 일을 성급히 처리할 우려도 있기 때문이라고 했다. 이 변호사는 시간에 개의치 않고 최상의 서비스를 제공하는 것에만 신경 쓰고 싶어 했고 나는 그런 태도에 안심이 되었다.

기술에 연연하기보다
틈새시장에 집중하라

적절한 기술의 활용은 현재 경제에서 때때로 유용하다. 현재는 인터넷 덕분에 전 세계에서 궁합이 잘 맞는 고객층을 찾아내 소통을 하고 그 고객층이 원하는 상품을 보다 재빨리 디자인하기가 어느 시대보다 수월하다. 뛰어난 소프트웨어를 활용하면 재고 관리에서부터 최근 고객 성향에 맞춘 제품 설계까지 전반적 사업 관리에 도움을 받을 수 있다. 하지만 최신 기술을 따라가는 데만 급급하다가는 자칫 고객, 직원, 동료 들 간의 탄탄한 관계 수립보다 기술을 중요시하게 될 위험이 있다. 지금과 같은 기술 진보와 자동화의 시대에는 사업에서 개인적 관계가 그 어느 때보다 중요하다.

대규모 기술 산업을 똑같이 따라하려 해봐야 그 생산 속도를 따라잡을 수는 없다. 사업에서 성공하려면 대규모 사업이나 기술을 비난하거나 경시해서는 안 된다. 대기업이나 대기업의 자동화 설비가 지닌 막강한 힘을 인정하되 직접 경쟁을 피해야 한다. 핵심 고객이 당신의 상품이나 서비스를 더 규모가 큰 경쟁 업체의 상품이나 서비스와 다르지 않다고 느끼면 변화를 주어 차별을 꾀해야 한다. 앞으로 사례를 통해 보게 될 테지만 그 어떤 회계사도 터보택스TurboTax(세무 서류 작성과 신고를 도와주는 소프트웨어—옮긴이)보다 빠르고 저렴하게 업무 처리를 해주겠다는 약속을 내걸어 터보택스와 경쟁할 수 없다. 마찬가지로 미국에 본사를 둔 어느 영세 펜 제조업체가 최저가 대량 판매 전략으로 경쟁사들을 이길 수도 없다.

물론 기술 변화의 속도가 빠르고 인공지능을 채택하는 경우가 늘면서 훨씬 더 많은 업계에서 자동화가 생각보다 빠르게 진행될 가능성이 높다.

다시 말해 더 규모가 큰 경쟁 업체들이 이용할 수 있는 수단에 촉각을 곤두세우면서 어제 경쟁에서 안전했던 상품이나 서비스가 내일은 안전하지 못할 가능성을 의식해야 한다.

기술 주도의 대기업이 가치와 열정 기반 사업의 가능성을 열어주기도 한다. 대규모 사업은 필연적으로 좁은 고객층에 깊이 있게 다가가기에는 무리가 있다. 물론 컴퓨터 프로그램을 활용해 개인 맞춤형 추천 서비스를 제공하거나 고객들이 신발이나 셔츠를 자신의 스타일로 직접 디자인하게 해줄 수는 있다. 하지만 고객이 자신도 생각해본 적 없던 선택안을 직접 권유해주고 고객 본인도 미처 인지하지 못한 욕구를 충족시켜주는 것과는 차원이 다르다. 아마존이 일단의 역사 사전 전문가를 고용한다면 분별없는 일이 될 테지만 역사 사전이 당신의 분야이고 아마존을 활용해 그 열정의 가치를 가장 높이 평가해줄 사람들과 연결될 수 있다면 그것은 분별 있는 일이 될 수 있다.

현재 경제에서 기술 주도로 이루어지는 혁신의 가장 큰 특징은 우리의 상상을 뛰어넘는 규모로 진행되고 있다는 것이다. 이제는 페이스북이나 트위터, 신형 휴대전화가 개발되면 얼마 안 가서 전 세계 어디에서 누구나 그 상품이나 서비스를 이용하게 된다. 당신이 억만장자에 첨단 기술 혁신을 이룰 만한 천재가 아니라면 굳이 규모를 크게 키우려 하지 마라. 작은 규모로도 충분하다. 작은 틈새시장을 찾아 충분히 충족시켜준다면 대규모 기업이 굳이 아주 작은 시장을 찾아내 고객들의 특별한 필요성을 충족시키기 위해 비용을 들일 생각은 하지 않을 것이다.

자신이 추구하는
핵심 가치에 집중하라

판매에서의 핵심은 당신이 제공하는 상품이나 서비스를 필요로 하는 고객에게 실질적 가치가 잘 전달되게 하는 것이다. 이런 가치의 전달 방식은 역사적으로 시기에 따라 변했다. 빵을 예로 들어 보자. 인간은 천 년 전부터 빵을 먹었고 누구나 갓 구운 빵을 높이 평가한다. 빵은 배를 채워주고 미각을 기분 좋게 자극한다. 또한 가족 가치관과 문화적 가치관은 물론이고 때로는 종교적 가치관에까지 깊이 내재되어 있는 특유의 안정감을 가져다주기도 한다.

하지만 예로부터 지금까지 빵이 전달되는 방식은 끊임없이 변했다. 현재는 당신이 빵 만들기를 하고 싶을 경우 제빵소를 열어 빵을 대량 생산해 슈퍼마켓을 통해 판매하거나, 제빵 강습을 하거나, 소비자에게 직접 빵을 판매하거나, 빵 가정 배달 서비스를 하는 등의 일을 할 수 있다. 이때 당신이 창출하려는 가치(만점짜리 빵)는 변해서는 안 되며 가치의 전달 방법은 부차적인 문제다. 그런데 이 부차적 측면에 급급해 제빵 사업에 종사하거나 슈퍼마켓 배급업에 뛰어드는 사람들이 아주 많다. 사업의 가치 포착 부문에서 부차적 문제의 굴레에 갇혀서는 안 된다. 당신이 창출하는 핵심 가치에 초점을 맞춰 그 가치를 포착할 방법에 대해 창의성을 발휘해라.

내가 몸담은 분야인 언론계는 지금 고통스러운 전환기를 지나는 중이다. 사실 사람들은 세계에서 벌어지는 사건사고를 접하며 그 사건사고에 대한 견해를 들을 수 있는 것을 정말로 가치 있게 평가한다. 지금은 뉴스를 신문 같은 기존의 일괄적 보도 방식으로 전달받는 것에 시큰둥한 사람들이 많다. 그에 따라 이제는 대중에게 뉴스를 전달하는 방법만이 아니라

(그보다 더 어려운 문제인) 뉴스 전달을 통해 돈을 벌 방법을 찾는 것이 현재 언론계의 중대한 도전 과제가 되었다.

세계화와 자동화의 영향으로 현대의 거의 모든 사업은 대변혁을 맞고 있다. 의약업계, 금융업계, 법조계, 교육업계, 소매업계, 여행업계 등의 무수한 분야에 변화가 일어나는 중이다. 이러한 변화는 고통과 혼란을 일으키는 동시에 어마어마한 기회도 가져다주기도 한다. 기존의 일괄적 전달 방식이 아니라 핵심적인 부가가치 창출에 초점을 맞추면 새로운 방식으로 수익을 낼 수 있는 전혀 다른 유형의 사업을 만들 수 있다.

온라인으로 비행기와 여행지의 예약이 가능해지면서 한때 여행업계에는 대혼란이 일어났다. 문을 닫는 여행업체가 속출했다. 하지만 이제는 개인 맞춤형 여행을 즐기게 해주면서 돈을 버는 새로운 사업이 출현했다. 예약 사이트, 평점 사이트, 여행 블로그가 어느새 포화상태에 이르면서 여행자들이 가보고 싶은 여행지에 대해 잘 아는 개인들로부터 도움을 얻으며 여행 계획을 짜기도 한다. 여러 여행사에서 이런 개인들을 채용해 비행기와 호텔과 렌트카의 예약 서비스를 제공하고 있지만 여행사의 공략 사업은 예약이 아니다. 여행사에서 파는 것은 바로 지식이다. 특정 지역만을 전문으로 하는 여행사의 경우 그 지역에 대한 전문적인 지식을 바탕으로 고객에게 다양한 가격대의 최상의 선택안을 제공하고 있다. 대형 여행사 사이트와 예약 사이트에서는 엄두도 낼 수 없는 방식의 고객 서비스로 승부를 걸고 있는 것이다.

가치 포착에는 끊임없이 변화를 주되, 가치 창출에서의 변화는 더디게 해야 한다. 불과 10년 사이에 상품과 서비스의 구매 방식이 다양하게 변했다. 예전에는 디지털 파일조차 오프라인에서 물리적으로 구매했다면 이제는 온라인 구매의 비중이 대폭 늘어났다. 예전에는 결제 수단이 현금이나 수표, 신용카드로 한정되어 있었다면 이제는 벤모 Venmo (송금결제 앱 — 옮긴이)에서부터 페이팔과 비트코인에 이르기까지 선택 가능한 결제 방식이 갈수록 늘어나고 있다. 내가 이 글을 쓰고 있는 지금 이 순간에도 또 무슨 결제 수단이 등장해 있을지 모른다. 가치 포착은 수단에 불과하며 수단은 뭐든 가장 빠르고 가장 쉬운 것을 활용하는 것이 좋다. 하지만 가치 창출은 사업의 핵심이다. 소중히 다루고 보살피면서 아주 천천히 그리고 아주 신중하게 변화시켜야 한다.

일용품을 판다고
생각하지 마라

일용품은 남들이 모방하고 복제하기 쉬운 차별성 없는 상품이다. 일반 비누가 바로 일용품이다. 그런 면에서는 출근길에 들르는 세탁소나 길가의 이발소도 마찬가지다. 일용품 사업은 가격 수용자(시장 지배력를 가지고 있지 못해 가격 결정력이 없는 시장 참여자 — 옮긴이)라서 얼마가 되었든 시장가격에 따라 가격을 책정해야 한다. 질보다 양으로 밀어붙이면서 남들보다 생산비용을 더 싸게 뽑아내지 못하면 성공하기 힘들다. 자동화와 아웃소싱으로 비용을 최대한 줄이는 대형 글로벌 기업들이 일용품 사업 분야를 주름잡고 있는 이유가 여기에 있다.

성공하는 사업에서는 절대로 일용품을 상품으로 다루지 않는다. 성공의 본질은 남들과의 차별화되는 상품이나 서비스를 제공하며 독자적 가격을 책정하는 것이다.

하지만 여기에서 유의할 대목이 있다. 일용품과 가치 사이에는 엄격한 구별이 없다. 애플의 아이팟이 처음 출시되었을 당시에 적어도 일각에서는 아이팟을 일용품으로는 너무 비싼 MP3 플레이어라며 비하했다. 세포라Sephora(화장품 편집숍—옮긴이) 매장은 어디를 들어가든 '독자적 가치'를 눈에 띄게 내세우며 그에 상응하는 가격을 내건 고가의 샴푸와 핸드크림을 판매한다. 하지만 용기에 담긴 실제 성분을 분석해보면 월마트에서 한 병에 2달러 99센트에 판매되는 제품과 화학 성분이 거의 동일할 가능성이 높다. 스타벅스가 성공한 이유는 일용품인 커피를 다루면서도 기분 좋은 매장과 라이프스타일 브랜드(소비자가 추구하는 라이프스타일을 파는 브랜드를 말함—옮긴이) 체험이라는 부가가치로 포장해냈기 때문이다.

20세기의 사업에서 노동자들은 대체로 일용품이나 다름없었다. 이들은 직함과 직무기술서를 받고 특정 직무를 수행했다. 그 자리에 있던 사람이 언제 어느 때든 다른 누군가로 교체되어도 교체된 사람이 곧바로 같은 직함과 직무기술서를 받고 일할 수 있었다. 대기업에서는 노동자 개개인의 독자적 재능과 열정을 파악할 수 없기 때문에 노동자들을 일용품으로 취급하는 편이 더 간단했다. 현재는 노동자 개개인의 공헌을 정확히 식별하기가 훨씬 쉬워졌다. 온라인 평가 시스템과 고객 설문조사를 통해 노동자들의 수행 능력을 정확히 파악해서 어떤 노동자가 손익에 보탬이 되고 어떤 노동자가 가치 제공에 거의 이바지하지 않는지를 정확하게 분석할 수 있다.

일용품화는 중력처럼 모든 사람을 끌어당긴다. 언제나 모든 상품과 서비스와 노동자를 보편적 수준으로 떨어뜨리려 한다. 애플이 삼성을 비롯한 여러 업체들이 계속해서 바짝 뒤쫓아오는 상황에서 새로운 상품과 특성을 개발하기 위해 부단히 애쓰는 이유가 여기에 있다. 사업에서 독자적 가치를 창출하기 위해서는 늘 스스로에게 다음과 같은 질문을 해야 한다. 지금 내가 내 사업을(혹은 고용인으로서의 나 자신을) 일용품의 덫에 빠져들게 방치하고 있는 건 아닐까? 직장에 다니는 사람이 수행 중인 직무에 부가가치를 보태지 않는 채로 장시간 근로를 한다면 일용품으로 전락하기 십상이다. 당신의 사업이나 상품, 심지어 당신 자신까지도 일용품으로 전락하지 않을 만한 방법에 대해 자문하길 멈춘다면 그것은 곧 현대 경제에서 이탈하는 것과 같다.

제3장

브러시가 보여준
미국 경제의 변화 과정

변화의 타이밍을 잡은 기업과 놓친 기업은 무엇이 다른가?

우유병 세척 브러시를 팔던 회사는
어떻게 나사NASA의 화성 탐사에 쓰이는 브러시를 개발하고,
구글 본사 한쪽 벽을 브러시로 통째로 장식할 생각을 하게 되었을까?

얼마 전부터 나는 영감을 얻기 위한 목적으로 책상 바로 위 선반에 우유병 세척용 브러시를 놓아 두었다. 딱히 모양이 예쁜 브러시는 아니다. 45센티미터 정도의 길이에 나무 재질의 손잡이가 달려 있고 전체 길이의 3분의 2 정도에 거칠고 뻣뻣한 브러시가 두툼하게 둘러져 있다. 나에게 이 브러시는 무언가를 세척하기 위한 것이 아니다. 가끔씩 그 브러시를 쳐다보면서 나는 새로운 세계에서 경제가 변화하는 양상과 성공법에 대해 터득한 중요한 교훈을 되새긴다. 이 책의 핵심적인 교훈을 있는 그대로 보여주고 있는 이 브러시는 21세기의 기업을 끄는 19세기형 브러시라고 말할 만하다.

이 브러시의 가격은 41달러 20센트, 제품명은 '9075P 브라운 퀴트 보틀 브러시'로 롱아일랜드 소재의 가업 기업인 브라운 브러시의 사장 랜스 체니Lance Cheney에게 선물받은 것이다. "1875년에 창립된 브러시 전문 제조업체"인 브라운 브러시는 회사의 홍보 글에서도 알 수 있듯이 전통에 자부심을 갖고 있고, 충분히 그럴 만한 기업이다. 회사 설립자인 랜스 체니의 증조부 엠마뉴엘 브라운Emanuel Braun은 1865년에 열네 살의 나이로 독일에서 뉴욕으로 건너온 이민자였다. 빈털터리에 혈혈단신으로 미국에 온 브라운은 일자리를 찾아 거리를 떠돌았다. 일자리를 찾아 헤맨 끝에 드디어 브루클린의 어느 낙농장에서 임시직으로 우유병을 세척하는 일을 하게 되었다.

막상 해보니 우유병 세척은 정말이지 구역질나는 일이었다. 균질화(우유의 지방 입자들이 고르게 퍼져서 침전물이 생기지 않도록 미세한 구멍을 통해 우유를 통과시키는 과정―옮긴이)와 저온살균법이 개발되기 전이라 우유를 담았던 병이 낙농장으로 회수될 때는 병 안쪽에 우유의 지방이 말라 들러붙어 있었다. 우유의 쾨쾨한 쉰내는 너무나 고약해서 19세기 뉴욕 거리에서 풍기던 악취와 비교해도 기겁할 수준이었다. 브라운은 다음 날 아침에 신선한 우유를 채워 배달할 수 있도록 더러운 우유병을 깨끗하게 닦아 놓아야 했다. 매일 축축한 천 조각을 병 입구로 쑤셔넣어 빙빙 돌리며 병이 반짝반짝 빛나도록 우유 찌꺼기를 최대한 깨끗이 닦아냈다. 병을 제대로 닦지 않으면 불호령이 떨어지면서 다시 닦으라는 꾸지람을 들어야 했다. 업체에서는 더럽게 얼룩진 병에 우유를 채워 배달할 수 없는 노릇이었으니 깐깐하게 굴 수밖에 없었다.

일을 그만둘 형편이 아니었던 브라운은 참고 일할 만한 방법을 찾으려 안간힘을 썼다. 지금은 상상하기 힘들지만 1870년대에 브러시를 만드는 것은 최신 기술이었다. 1854년에 특허를 받은 헤어브러시는 부실하고 쓰기 답답할 정도였다. 뻣뻣한 털은 간격이 엉망이었고 접착제는 아직 원시적 수준이라 제 기능을 못했다. 그런 헤어브러시로 매일 머리를 빗기란 여간 짜증스러운 일이 아니었고 브러시에 머리카락, 피부 각질, 브러시 털, 접착제도 모자라 약간의 피 얼룩까지 엉겨붙기 일쑤였다. 그 외의 개인용 브러시 제품들도 고통만 덜했을 뿐 비슷한 문제를 갖고 있었다.

청년 브라운은 무엇이든 뚝딱뚝딱 만들어 쓰기를 좋아하는 자신의 재능과 열정을 살려 낙농장의 유리병을 세척하면서 겪는 고충을 해결해줄 수 있는 브러시를 만들기 위해 이리저리 궁리했다. 처음엔 소나무 목재로 손잡이를 단 길고 가는 말총 브러시를 만들어봤다. 고래수염(물속에서 크릴새우를 걸러서 잡아먹는 입안의 여과 장치인 뻣뻣한 털)을 써볼까도 했지만 고래수염은 가격이 너무 비쌌다. 결국 이러저런 시도 끝에 멕시코에서 수입된 탐피코Tampico(딱딱하고 까슬까슬하며 유별나게 뻣뻣한 노란색 섬유—옮긴이)가 기능과 가격 사이의 이상적 절충안이라는 결론에 이르렀다.

당시만 해도 브러시를 만들 때는 브러시의 머리 부분에 여러 개의 구멍을 뚫은 다음 그 구멍에 털을 끼워 넣고 구멍 사이사이의 공간에 접착제를 잔뜩 채워 넣는 방식을 썼다. 이런 식으로 브러시를 만들려면 브러시의 머리 부분이 넓을 수밖에 없었고 병 입구에 브러시를 넣는다는 건 불가능했다. 우유병을 세척하는 데 적절한 목재와 털을 찾아냈지만 그 둘을 결합시킬 방법이 없었으니 브라운으로서는 미칠 노릇이었다. 그는 자신의 거처이자 일터이던 브루클린의 집 지하실에서 몇 년 동안 실험을 계속한 끝에 마침내 기발한 대안을 찾아냈다. 유달리 센 강모에 긴 철사를 칭칭 감은 다음 그 철사를 얇은 목재 손잡이의 홈에 단단히 고정시키는 것이었다.

이 방법으로 브라운은 우유병 세척에 혁신을 일으켰다. 한 시간에 수십 개의 병을 닦는 것은 물론이고 훨씬 더 깨끗하게 병을 닦을 수도 있었다.

브러시 하나로 낙농업계의
혁신을 일으키다

　　　　　브라운의 해결책은 성공하는 사업의 첫 번째 규칙, 자신의 관심사와 열정을 찾아내는 것의 이상적인 사례다. 브라운은 한정된 영역의 문제점에 대해 해결책을 모색했다. 그리고 온종일 우유병을 닦는 사람만이 착안해낼 수 있는 해결책을 찾았다. 그러다 브러시의 재료로 쓸 만한 여러 종류의 털과 손잡이에 해박한 지식을 갖게 되었다. 문제점을 파악해 해결책을 찾으며 그 분야의 독자적인 전문성을 갖춘 것이다. 하지만 브라운의 전문성을 확장할 방법이 없었다. 당시에는 브루클린에 사는 발명가가 미국 전역과 전 세계 낙농업계에 자신이 새로 개발한 상품을 알릴 길은 거의 없었다.

　그럼에도 브라운은 우유병을 세척하는 일을 그만두고 브라운 브러시를 창업했다. 그런 다음 자신이 할 수 있는 유일한 방법으로 브러시를 홍보했다. 발품을 팔아 브루클린 전역의 낙농장 수백 곳을 찾아다니며 자신의 발명품을 시연해 보인 것이다. 그렇게 주문을 받으며 낡은 헛간 한 채를 장만할 밑천을 마련한 브라운은 헛간을 개조하여 소박한 브러시 제조공장을 만들었다. 그는 아침마다 공장을 나와 브루클린 곳곳을 돌며 브러시를 판촉하고 배달했다. 그리고 오후에는 다시 공장으로 돌아와 다음 날 배달할 브러시를 만들었다.

　브라운은 우유병 세척용 브러시 하나를 개발하는 데서 멈추지 않았다. 시간이 지나면서 일상에서 마주치는 수많은 문제에 브러시가 해결책이 될 수 있다는 사실을 깨닫게 되었다. 낙농업계만 해도 동물의 털 관리용 브러시와 외양간 청소용 브러시가 필요했다. 브라운은 낙농업계를 넘어 배수

관 청소를 위한 길고 좁은 브러시를 개발했다. 대량으로 생산되는 치즈의 윗면을 반들반들하게 정리해줄 널찍하고 부드러운 브러시도 만들었다. 다만 헤어브러시의 개발에는 관심을 두지 않았다. 1898년에 아프리카계 미국인인 십대 소녀 리다 뉴먼Lyda Newman이 특허를 받은 헤어브러시로 충분하다고 여겼기 때문이다. 반면에 사탕에 초콜릿을 바르는 용도의 부드러운 비버털 브러시를 개발하며 식품업계에도 성공적으로 진출했다. 하지만 브라운이 가장 자부심을 가진 것은 여전히 처음으로 개발했던 우유병 세척용 브러시였다. 이 브러시는 완벽에 가까운 개발품이었고 지금도 여전히 개선된 제품이 출시되면서 널리 사용되고 있다.

브라운의 열정은 주로 지역 장인들을 중심으로 돌아가는 경제에 딱 들어맞았다. 브라운의 아들 앨버트 브라운Albert Brown은 아버지의 성공을 정교하게 다듬어 한층 더 발전시켰다. 앨버트는 브러시에서 무한한 가능성을 보았다. 브러시의 세 가지 구성요소인 손잡이, 털, 접합제를 잘 조합하면 여러 가지 문제들을 해결하는 데 유용한 브러시를 개발할 수 있을 것 같았다. 이후 앨버트는 브러시의 장인이 되었고 두툼한 장부에 수시로 제품 아이디어를 스케치해 놓을 정도로 열의가 넘쳤다.

그는 낙농장용 브러시, 제빵용 브러시, 공장 조립 라인에서 나온 부품 분류용 브러시, 차량 바퀴 세척용 브러시 등 다양한 용도의 브러시를 개발하려 노력했다. 영화가 대중들의 사랑을 받을 때에는 영화 스크린 청소용으로 널찍하면서 너무 거칠지 않은 특수 브러시도 개발했다. 테니스가 인기 스포츠로 부상했을 때에는 테니스 경기를 몇 번 본 후에 간단하게 메모를 해 두었다가 훗날 뉴욕시에서 가장 잘 나가게 될 테니스 코트용 브러시를 만들었다. 고가의 가구를 청소하거나, 목재 팔걸이에 윤을 내거나, 아주 정교한 장식 틈새의 먼지를 털어내기 위한 기발한 제품도 만들었다.

앨버트는 1950년대 초에 사위인 맥스 체니Max Cheney에게 사업을 물려주었다. 이 무렵 장인정신을 가지고 실험을 하는 사업 방식의 효용성이 떨어질 만한 기업 환경이 만들어졌다. 미국 경제의 활동망이 점차 전국적으로 확대되고 있었다. 아이젠하워 대통령의 주간州間 고속도로망 건설 추진으로 주간州間 화물운송업이 생겨나면서 뉴욕의 영세 브러시 제조업체가 앨라배마주, 콜로라도주, 오리건주의 고객들에게도 제품을 공급할 수 있게 된 것이다.

이런 변화는 브라운 브러시의 사업에 아주 유리해 보였다. 브루클린, 퀸스, 롱아일랜드의 고객들을 대상으로 개발한 모든 제품을 이제 미국 전역의 낙농장, 제과점, 소방서에까지 판매할 수 있게 되었다. 하지만 새로운 체계에 적응하려면 기존의 사업 방식을 바꿔야 했다. 브라운 브러시는 두 세대 동안 특수한 용도의 다양한 전용 브러시를 생산하는 데 주력해왔다. 하지만 이제 자사의 제품 중 가장 실용성이 뛰어난 브러시를 선정한 다음 최대한 많은 수량을 생산해 미국 전역에 배급할 방법을 생각해내야 했다. 상품화를 결정한 셈이었다.

맥스는 새로운 브러시를 개발하기 위해 애쓰는 대신 그동안 장인과 처조부가 개발한 다양한 브러시들을 분류했다. 공장 시설을 낙농용 브러시, 제빵용 브러시, (주간 고속도로망의 수혜로) 급성장 추세인 세차업계용 브러시별로 구분했다. 그리고는 전국 모든 도시의 업종별 전화번호부를 확보했다. 수백 권에 달하는 업종별 전화번호부를 모은 뒤에는 여름 방학 기간 동안 십대를 여러 명 고용해 전화번호부에서 특정 업종에 속하는 모든 업체의 상호와 전화번호를 옮겨 적게 했다. 이런 방식으로 여러 권의 장부에 전국의 거의 모든 제과점, 낙농장, 영화관, 테니스 코트의 전화번호와 주소를 정리할 수 있었다. 그런 다음 이들 업체에 직접 전화를 걸거나 카탈로그를 발송하고 산업 박람회에 참여하기도 했다.

맥스는 철저히 20세기 사람이었고 엠마뉴엘 브라운과는 전혀 다른 성공의 기준을 가지고 있었다. 그는 다양한 용도의 브러시를 많이 개발하는 데에는 별 흥미를 느끼지 못했다. 이런저런 브러시를 계속 종류를 변경하며 생산하는 것은 비용만 많이 들 뿐이었다. 한 종류의 브러시를 더 많이 생산해서 새로운 판로를 개척하는 편이 더 빨리 더 많은 수익을 내는 데 유리했다. 이런 사업적 판단을 하면서 맥스는 전임자들만큼 흥미를 느끼면서 창의성을 발휘하지는 못했지만 안정적인 생활을 누렸다.

일용품 브러시 시장에 닥친 위기

이 회사의 현재 CEO인 랜스 체니는 젊은 시절이던 1980년대에 브라운 브러시에 입사했다. 랜스는 대학을 졸업한 직후 회사에 들어왔지만 그에게 회사생활은 못 견딜 만큼 지루했다. 하루하루가 똑같았다. 그의 말처럼 랜스는 순전히 너무도 너그러운 아버지 덕분에 간신히 해고를 면할 정도로 형편없는 직원이었다. 그리니치 빌리지의 클럽에서 음악을 들으며 저녁 시간을 보내는 걸 워낙 좋아해서 숙취가 가시지 않은 채로 늦게 출근하기 일쑤였고, 이런저런 꿈을 펼치겠다며 회사를 몇 번이나 그만두기도 했다. 한 번은 조각가가 되려고 학교에 들어갔고, 또 한 번은 밴드를 결성하려고 했다. 하지만 본인도 인정했듯이 그는 꿈을 이루기에는 너무 게으르고 집중력도 부족했다. 결국 랜스는 매번 아버지 곁으로 돌아왔고 그때마다 아버지는 아들에게 일자리를 내주었다.

1990년대에 들어서며 랜스는 마음을 잡았고 아버지와도 편안하게 지내게 되었다. 이후로 랜스는 의젓하고 어른스러워졌고 제시간에 출근해서 아버지의 사업을 거들었다. 하지만 일이 지루하게 느껴지는 것은 여전했다. 생산 현황을 점검하고 영업사원들이 어떤 업체를 방문했는지 확인하며 맡은 일을 충실히 했지만 남는 시간에 공장 뒤쪽에서 별도로 하던 일에서 오히려 재미를 느꼈다.

그 무렵 랜스는 다양한 종류의 털과 브러시 손잡이에 대해서 전문가의 경지에 올라 있었고 빳빳한 나일론 털로 대담한 색채의 조각품을 만들기 시작했다. 그러던 중 한 친구를 통해 유명 화가이자 조각가인 리처드 아트슈와거Richard Artschwager와 인연을 맺었다. 랜스는 예전부터 브러시 털로 작품을 만드는 데 흥미를 가지고 있던 아트슈와거의 기술 자문이 되어주는 한편 브러시를 모티브로 삼은 조각품 70점을 만들기도 했는데, 이 중 한 점이 휘트니 미술관에 전시되었다. 이런 활동은 돈벌이가 되는 일도 아닌데다 아버지 맥스도 시간 낭비라며 탐탁지 않게 여겼다. 하지만 랜스는 이 일에 너무 흥미를 느껴 그만둘 수가 없었다.

맥스와 랜스 부자는 자주 점심을 함께 먹으며 사업 문제를 논의하고 상품의 수량을 점검했고 때로는 인생에 대한 대화도 나누었다. 두 사람이 이렇게 친밀하게 지내기는 했지만 한 가지 해결하지 못한 갈등도 있었다. 랜스는 매일같이 아버지에게 초심으로 돌아가야 한다고 건의했다. 새로운 종류의 브러시 개발에 주력하면서 문제점을 해결하고 브러시를 하나의 예술로 여기던 초기의 사업 방식으로 되돌아가야 한다고 주장했다. 그럴 때면 아버지는 웃어넘기며 아들의 말을 무시했고 두 사람은 이내 다른 이야기로 화제를 돌리곤 했다.

그러다 1990년대에 들어서면서 중국의 공장들이 어마어마한 물량의 브러시를 미국으로 수출하기 시작했다. 중국 업체들은 처음에는 최저가 시장을 공략해 대형 할인점 판매용의 저렴한 페인트 브러시를 수출했다. 당시만 해도 중국산 브러시의 품질은 불량했다. 털이 잘 빠지고 페인트칠을 하면 붓자국이 남았다. 하지만 해를 거듭할수록 품질이 점점 향상되는가 싶더니 어느새 특수 브러시 시장까지 진출하기 시작했다. 랜스는 아버지와 점심을 먹으며 대화를 하던 중에 중국이 곧 자신들을 추격할지 모른다며 우려의 말을 꺼냈다. 맥스는 이번에도 웃어넘겼다.

하지만 급기야 2002년에 중국 공장들에서 브라운 브러시가 생산하는 종류의 브러시까지 생산하기 시작했다. 중국산 브러시는 가격이 훨씬 저렴한 데다 품질 면에서도 랜스가 브라운 브러시의 제품에 거의 맞먹는다고 인정하지 않을 수 없는 수준이었다. 랜스가 아버지에게 꺼냈던 우려의 말이 점점 절박한 현실이 되어갔다. 이러다가는 어느 날 갑자기 파산하는 게 아닐지 걱정스러웠다. 하지만 맥스는 "100년 동안 이런 식으로 잘 해왔으니 괜찮을 게다."라며 아들을 안심시켰다.

컴퓨터가 알려준
위기의 징조

젊은 시절의 랜스는 어릴 때부터 누군가가 그가 결국 아버지와 조부, 증조부의 뒤를 이어 가업에 적극 뛰어들게 될 거라고 말하면 그런 일은 없을 거라며 거세게 반발했다. 하지만 1988년 초 어느 날 우연히 '시스템/36 모델명 5363'이라는 IBM의 신형 컴퓨터 광고를 보게 되었다. 이 컴퓨터는 본체가 방 하나를 차지하는 대형 컴퓨터와 그보다 훨씬 작은 개인용 데스크탑 컴퓨터 사이의 과도기에 있는 기종이었다. 책상의 거의 대부분을 차지하기는 했지만 책상 위에 올려 놓을 만한 크기였고 브라운 브러시 같은 회사도 충분히 구매할 수 있을 만큼 가격도 저렴했다. 게다가 이후에 개발된 사용자 친화적 운영체제에 비하면 한참 뒤떨어지기는 하지만 컴퓨터 조작법을 미리 배우지 않아도 소프트웨어를 사용할 수 있도록 설계되어 있었다.

광고를 본 후로 그 컴퓨터가 랜스의 뇌리에서 떠나지 않았다. 한 대 구입하고 싶었지만 그러려면 회사에 비용 지출에 대한 결제를 받아야 했다. 랜스는 컴퓨터에 대해 잘 알고 있는 친구에게 도움을 얻어 아버지에게 보여줄 스프레드시트를 작성했다. 그리고는 아버지에게 스프레드시트를 보여주며 전국에 있는 브라운 브러시의 모든 잠재 고객에게 카탈로그를 발송하는 데 컴퓨터가 유용할 거라고 설명했다. 랜스의 설명을 들은 맥스도 결국 강경하던 마음을 돌려 컴퓨터를 사는 데 동의했다.

1980년대 말에는 몇 달만 배워도 기업용 컴퓨터를 제대로 사용할 수 있었다(10년 전만 해도 수년 동안 교육을 받은 직원을 상근직으로 고용해야 했다). 랜스는 마침내 컴퓨터를 제대로 작동할 줄 알게 되었지만 브러시 제조업체에서 컴퓨터를 어떤 식으로 사용하면 좋을지에 대해서는 막막했다. 하지만 매뉴얼을 몇 번 읽어보자 쓸 만한 활용법이 눈에 들어왔다. 컴퓨터를 활용하면 아버지의 고객 명단을 모두 정리할 수 있었다. 그것도 장부, 메모 카드, 타자기로 타이핑해서 여러 개의 파일 캐비닛 안에 가득 쌓아 놓은 서류로 관리하는 것보다 훨씬 편리할 것 같았다. 그 후 랜스는 고객 관련 정보를 컴퓨터에 입력하는 데 몇 달을 보내면서 효용적인 데이터베이스 구축 요령도 서서히 익혔다.

컴퓨터를 활용하면서 브라운 브러시의 사업 체계는 근본적으로 바뀌었다. 전산화하기 전까지 맥스의 장부에서 고객의 정보를 찾고 정리하는 것은 굉장히 어려운 작업이었다. 하지만 컴퓨터를 활용해 업계별로 모든 업체 정보를 저장해 새로운 업체 데이터베이스를 구축하자 이내 문제점이 파악되었다. 다른 브러시 제조업체들이 같은 종류의 브러시를 점점 더 낮은 가격으로 판매하고 브라운 브러시의 장기 고객층이 더 좋은 구매 조건에 따라 거래처를 바꾸면서 판매가 줄어드는 추세가 드러난 것이다. 중국산 저가 브러시가 밀어닥치는 상황까지 감안하면 설상가상인 셈이었다.

맥스와 랜스 부자는 여전히 날마다 점심식사를 함께했다. 부자는 점심을 함께 먹을 때면 《브로사프레스》, 《브러시웨어》, 《브룸, 브러시 앤드 몹》 등의 업계 간행물을 한 무더기 쌓아 놓고 앉아 그 내용을 들여다보면서 "콘티넨탈 브러시가 고압 세척기 사업에서 발을 빼는 중이군.", "데쉴러 브룸이 멕시코로 공장을 이전했네요." 등의 이야기를 주로 나눴다. 피자 오븐 청소용 브러시 36개를 주문받았다는 등의 신규 주문 얘기를 꺼내며 얼마를 청구하면 좋을지 짤막하게 의견을 나누기도 하고, 새로운 종류의 병 세척용 브러시 제작 요청이 들어왔다는 이야기도 했다. 두 사람은 말다툼을 벌인 적도 없고 서로에게 목청을 높인 일도 없었다.

두 사람의 점심시간은 별 감정의 기복 없이 잔잔했다. 하지만 1988년부터 2002년까지 오랜 세월이 흐르는 사이에 랜스와 맥스는 브라운 브러시에 대해서 그리고 기술과 무역 시대의 미국 경제에 대해 서서히 견해차가 벌어지게 되었다. 두 사람은 각자 자기 세대의 견해에 부합하는 생각을 갖고 있었다.

전후 세대로서 미국이 자국의 상품으로 전 세계 시장을 석권하다시피 했던 시절에 성장기를 보낸 맥스는 사업 성공의 열쇠가 판매, 즉 양에 달려 있다고 보았다. 실제로 그 당시에 대다수 사업은 상품화된 경제에 충실히 따르는 방식으로 성공을 거뒀다. 모험을 하기보다는 안전을 기하며 똑같은 상품을 지속적으로 팔아야 성공할 수 있었다. 맥스는 이런 성공관에 따라 많은 구매 희망자에게 최대한 많은 브러시를 팔고자 했다. 그리고 가격을 깎아주거나 더 신속한 상품 납품을 약속하는 등 어떤 방법을 써서라도 판매를 성사시키는 데 사활을 걸었다.

랜스가 프라이부르크에서 열린 브러시업계의 대규모 연례 회의인 인터브러시Interbrush에 참석차 독일에 가서 브러시 제작용 기계류 제조업계의 대표주자들을 모두 만나고 온 이후엔 부자가 뜻을 모아 '자호란스키 ET 120'이라는 새 기계를 구입하기도 했다. 이것은 최신식의 컴퓨터 구동 브러시 제조기로, 일반용 브러시를 대량으로 생산하다가 설정만 바꾸면 소량으로 맞춤형 브러시를 생산할 수 있는 모델이었다. 가격이 무려 25만 달러에 달해 브라운 브러시 역사상 단일 구매품의 가격으로는 가장 큰 액수였다. 하지만 그것만으로는 중국을 비롯한 저임금 국가들이 시장을 점점 잠식해오는 상황에서 회사의 침체를 늦추기에는 역부족이었다.

랜스는 어떻게든 제품을 팔고 보자는 맥스의 경영 방식에 자주 짜증이 났다. 새로 마련한 컴퓨터를 활용해 검토해보니 사업 노선 전체에서 수익이 나는 게 아니었고, 특정 브러시 제품은 수백만 개를 팔아도 겨우 수익을 내는 수준에서 여전히 벗어나지 못하고 있었다. 하지만 결정권은 사장인 맥스에게 있었다. 그럼에도 랜스는 경쟁 업체들이 일용품 브러시 시장에서 경쟁을 버티지 못하고 하나둘 폐업을 할 때마다 그 소식을 매번 지적하고 넘어가지 않을 수 없었다.

랜스가 참다못해 새롭게 변한 경제 현실을 받아들이도록 아버지를 설득하려 애쓰면서부터 두 사람의 점심시간은 전과 달리 괴로운 시간이 되었다. 브라운 브러시가 세계에서 브러시 제조 기계를 들여놓은 유일한 회사였다면 시장을 장악할 수 있었을 것이다. 하지만 너도나도 이런 기계를 구매했고 모든 경쟁사가 점점 더 많은 브러시를 출시하면서 경쟁은 오히려 더 치열해지고 있었다. 중국 업체들만이 아니라 브라운 브러시보다 더 많은 물량과 더 낮은 가격으로 제품을 내놓는 미국 내의 대기업들과도 경쟁해야 했다. 저비용의 박리다매 전략을 이어가다가는 결국 브라운 브러시는 파산을 맞을 것이 뻔해 보였다.

랜스의 말처럼 그렇게 힘든 시기에 회사가 현상을 유지하는 것만으로도 기적이었고 맥스의 뛰어난 판매 능력을 보여주는 증거였다. 하지만 새로운 경제 현실을 무시할 수는 없었다. 1997년에 랜스는 브러시닷컴이라는 도메인을 구입해서 최초의 온라인 브러시 판매 사이트를 열며 사람들의 주목을 끌었다. 하지만 사업을 근본적으로 변화시키지는 못했다.

맥스는 건강이 나빠져 공장 작업장을 걸어다니기도 힘들 만큼 무릎 상태가 안 좋아졌을 때조차 일을 놓지 않았다. 백내장으로 앞을 보기 힘들어졌을 때도 그 사실을 공장 직원들에게 숨기고 (아니 숨겼다고 생각하면서) 작업장에 나왔다. 정신은 여전히 또렷해 심장마비로 갑자기 세상을 떠나던 날까지 적극적으로 회사의 리더 역할을 했다.

아버지의 죽음 이후 랜스는 몇 주 동안 마음을 추스른 후 아버지의 서류를 정리하고 나서 공장으로 복귀해 즉시 일에 착수했다. 우선 영업사원을 모두 불러모아 이제부터는 단일 상품의 브러시를 판매하며 저가의 중국산 수입품과 직접 경쟁하지 않을 것이라는 구상을 발표했다. 중국 공장이 브라운 브러시와 거의 동일한 품질의 브러시를 만들어 내놓는 상황에서 브라운 브러시에서는 그런 제품군의 생산을 전면 중단할 것이며, 일상용 브러시 사업에서 손을 떼고 전문 분야에서 사용되는 브러시 사업에 진출하겠다는 얘기였다. 이에 따라 브라운 브러시는 박리다매식 경쟁을 접으면서 랜스의 증조부가 그랬던 것처럼 가치를 제공하는 것으로 승부를 걸게 되었다.

저렴한 일상용 브러시는 맥스가 수년 동안 관련 업체 전체에 판촉 카탈로그를 우편으로 발송하여 판매했던 제품으로, 브라운 브러시의 매출 대부분을 차지했다. 반면 특수 용도의 브러시는 이윤 폭이 컸다. 특별한 필요성을 느끼는 고객들을 위한 전용 제품이라 경쟁자가 없었다. 문제는 그런 특별한 필요성을 가진 고객이 드물다는 점이었다.

랜스는 영업팀에게 판매량이 아니라 판매의 질로 승부를 걸자고 격려했다. 판매량이 적은 것에서 오히려 스릴을 느껴야 한다고 강조하기도 했다. 판매량이 적은 부문일수록 중국 브러시 제조업체들이 경쟁자로 등장할 가능성이 낮았다. 그리고 경쟁자가 없다면 브라운 브러시로서는 일반적인 경제 법칙이 아니라 그 브러시가 고객에게 부여하는 가치에 따라 가격을 책정할 수 있었다. 고객이 특별한 브러시를 원한다면 가격이 비싸더라도 지갑을 열 것이라고 믿었다. 랜스는 직원들에게 긴장을 풀고 느긋해지라고 격려하기도 했다. (미술을 공부하고 드럼을 쳤던) 랜스에게는 적어도 이 새로운 접근법이 훨씬 더 흥미로울 거라는 사실 한 가지는 확실했다.

나사와 원자력 발전소를 위한
브러시를 만들다

랜스는 브라운 브러시를 특수 브러시 회사로 전환하는 작업에 착수했고 그에게 우연한 기회가 찾아왔다. 어느 날 원자력 발전소에서 정기점검을 마친 어느 검수자에게 전화가 걸려왔다. 냉각 탱크의 바닥에 철 스테이플 여러 개가 깔려 있는 상황이라고 했다. 그 작은 철 스테이플이 발전소의 시설 내부로 흘러들기라도 하면 막대한 피해가 발생할 수 있는 아주 위험한 상황이었다. 어떻게 냉각 탱크 안에 그런 물질이 들어갈 수 있었는지 파악해본 결과 그 스테이플은 검수자가 사용하던 브러시에서 빠진 것이었다. 침전물 제거 작업을 위해 냉각 탱크의 파이프로 브러시를 쑤셔넣을 때마다 털을 고정시킨 스테이플이 빠진 것이었다.

랜스는 이 의뢰를 받은 후 증조부가 우유병을 세척하기 위해 개발했던 브러시의 기본 디자인을 본떴다. 털이 중심대와 분리되지 않는 일체형 구조의 브러시를 만들어 털이 절대로 빠지지 않게 했다. 뿐만 아니라 스테이플을 전혀 쓰지 않아 냉각 탱크에 스테이플이 빠질 염려도 없게 했다. 랜스는 이렇게 만든 브러시 몇 개를 원자력 발전소로 직접 가져가 다양한 테스트를 거쳤고 안정성을 검증받았다.

현재 이 브러시는 전 세계 곳곳의 원자력 발전기 시설에서 사용되고 있다. 그리고 브라운 브러시는 이 브러시로 해마다 수백만 달러의 이익을 내고 있다. 이 브러시의 원재료 비용은 12달러 정도에 불과하지만 랜스는 여기에 큰 폭의 이윤을 붙여 판매하고 있다. 높은 가격을 책정함으로써 원자력 산업의 엄격한 조건에 맞춰 꾸준히 제품을 제작할 여건도 보장되고 있다. 이것이 바로 오늘날의 사업가들이 지향해야 할 목표다. 상품 제작에 들어가는 원재료가 아니라 고객에게 제공하는 가치에 따라 가격이 결정되는 상품을 목표로 삼아야 한다는 것이다.

만약 맥스가 현재의 브라운 브러시를 봤다면 운영 방침을 인정해주지 않았을 것이다. 물론 브라운 브러시는 여전히 브러시를 생산하고 있지만 그 수익은 물리적 상품의 제조에서 발생하는 것이 아니라 그 상품에 투입된 창의성과 노하우, 그 제품이 생산되기까지의 고민과 노력에서 가치가 발생하는 것이다.

랜스는 이제 주문제작용 브러시 전문가로 등극하며 수많은 중요한 특수 프로젝트에 참여하고 있다. 그중에서도 미국항공우주국 나사NASA의 의뢰로 완수한 프로젝트에 특히 자부심이 크다. 2004년 미국의 화성탐사 로봇 스피릿Spirit과 오퍼튜니티Opportunity가 발사될 당시 나사에서는 화성 암의 화학 성분을 확인하기 위한 시추 프로그램을 구상했다. 이런 시추 작업을 하기 위해서는 암석 표면이 깨끗해야 하기 때문에 암석에서 먼지를 제거하기 위한 브러시가 필요했다. 그것은 화성의 극한 환경을 견딜 만큼 튼튼한 동시에 가벼워서 안 그래도 비싼 발사 비용을 가중시키지 않아야 했다. 랜스는 이따금씩 허공을 올려다보면 자신이 만든 브러시가 저 우주에 있다는 사실이 떠올라 가슴이 뿌듯해진다고 한다.

아버지에게 회사의 판매 전략을 바꾸자고 조르던 지난 시절 랜스의 생각은 맞았다. 어떤 회사나 개인이 직면한 최대 난제를 효과적으로 해결해줄 브러시를 제작하면 생산 수량이 크게 줄어도 많은 돈을 벌 수 있었다. 이런 브러시에 수천 달러를 청구하는 경우도 많은데 고객들은 기꺼이 그 돈을 지불한다. 그 브러시가 가격보다 훨씬 더 큰돈을 아껴주고 있기 때문이다.

현재 랜스는 1만 5,000종의 브러시를 생산하며 30명의 브러시 직공, 아니 더 정확히 말하면 브러시 장인을 거느리고 있다. 그리고 소수 고객층의 특별한 필요성에 따라 주문, 제작된 여러 가지의 독자적 브러시를 판매하고 있다. 랜스와 회사 직원들은 손잡이, 털, 접착제의 세 분야에 전문성을 갖추고 있다. 랜스의 선조들이 그러했듯 랜스와 직원들은 모두 브러시 장인으로 거듭났다.

그들은 섬유나 섬유를 중심대에 부착하는 여러 가지 방법에 대해서 모르는 것이 없을 정도로 훤하다. 예를 들어 멧돼지 털은 기름을 펴 바르는 용도로 특히 좋다. 나일론 털은 아크릴 도료를 바르는 용도로 뛰어나다. 오소리 털은 초콜릿에 함유된 카카오버터가 분리되면서 초콜릿 표면이 하얗게 일어나는 일명 '블룸'bloom을 제거하는 데 적당한 유연성과 강도를 두루 갖춘 소재다. 초콜릿을 흡수하지 않으면서도 브러시 자국이 남지 않을 만큼 부드럽기 때문이다. 말총은 목재 표면을 매끄럽게 정리하는 데 좋다. 목재 파편을 닦아낼 만큼 힘이 있으면서도 나일론과는 달리 목재에 흠집을 내지 않기 때문이다. 랜스는 브러시 재료로 사용할 수 있는 합성섬유에 대해서도 줄줄이 꿰고 있고 목재 손잡이, 플라스틱 손잡이, 철제 손잡이의 이점도 확실히 구분할 줄 안다.

하지만 진정한 브러시 장인으로 인정받기 위해선 접착제의 전문가가 되어야 한다. 접착제는 브러시의 용도에 이상적으로 들어맞아야 한다. 브러시가 어느 정도의 열이나 냉기에 노출되는지, 브러시를 사용할 때 섬유가 확 당겨지는지 아니면 한쪽으로 밀리는지, (화성탐사 로봇의 경우처럼) 극한 환경에서 수년을 견뎌야 하는지 아니면 그냥 몇 시간의 페인트 작업에 쓰이는지의 여부에 따라 잘 맞는 접착제가 달라진다.

사업 얘기를 할 때면 랜스가 이 일을 얼마나 즐거워하는지 확연히 드러난다. 랜스는 이 일의 모든 면에 자부심을 갖고 있다. 섬유의 종류에 따른 고유한 특징에 애착을 느끼며 자신이 그런 특징을 잘 알고 있다는 사실도 즐기고 있다. 브러시를 제작하면서 새로운 방법을 고안해내거나, 그렇게 만든 브러시를 보고 기뻐할 고객을 찾는 일에도 애착을 갖고 있다. 브러시는 랜스가 필연적으로 열정을 가질 수밖에 없었던 분야가 아니었을까?

랜스의 열정은 분명 창의적인 일을 할 때 더욱 빛난다. 랜스는 창의적으로 문제를 해결하는 것을 좋아하며 예술 작품을 만드는 것 역시 그에 못지않게 좋아한다. 랜스 자신과 마찬가지로 나 역시 랜스가 브러시 이외의 다른 여러 직업이나 업계에서도 흡족감을 느꼈으리라고 생각한다. 그는 평생 예술가로 살거나 특수 섬유 제작자가 되었을 수도 있다. 하지만 브러시 제조업체의 집안에 태어나 브러시 공장을 물려받았고 그 과정에서 자신의 핵심 역량을 사업과 융합시킬 방법을 찾아냈다.

랜스는 기술을 그다지 좋아하지 않는다. 그보다는 접착제와 털을 가지고 직접 손을 놀리며 새로운 브러시를 만드는 것을 더 좋아한다. 하지만 앞 세대와는 달리 자신이 만든 제품을 전 세계의 틈새 고객들에게 마케팅하기 위해 현대 기술도 잘 활용한다. 가공 디저트 산업에 발맞춰 초콜릿에 윤기를 내기 위한 브러시, 크루아상 버터 도포용 브러시, 뜨거운 튀김냄비 세척용 내열 브러시를 출시하기도 했다. 그래도 이 회사의 최초 제품인 우유병 세척 브러시가 (지금은 손잡이가 플라스틱으로 제작되고 있긴 하지만) 여전히 부동의 효자 상품이다.

구글 본사의 벽을 장식한
특별한 브러시

　　　　　　　　랜스는 스낵 제조업체 프리토레이Frito-Lay의 텍사스주 공장에서 거대한 기계를 타고 이동하는 칩의 분류 공정에 유용한 특수 브러시를 개발하기도 했다. 원자력 발전소의 경우와 마찬가지로 당시 프리토레이 임원진은 부실한 브러시 때문에 사업이 위험에 처할까 봐 마음을 졸였다. 브러시에서 털이 하나라도 빠져 스낵 봉투 안에 들어가면 막대한 비용의 소송과 이미지 타격이 불가피해질 테니 그럴 만했다. 이때 랜스가 단 하나의 털도 빠지지 않을 만큼 튼튼하면서도 단 하나의 칩도 바스르뜨리지 않을 만큼 부드러운 브러시를 만들어 보이겠다고 임원진을 설득했다.

　랜스는 어떤 경우든 몇 센트나 몇 달러밖에 되지 않는 원재료 비용이 아니라, 해당 브러시의 설계에 투입된 수년간의 숙련도, 기량, 창의성을 기준으로 가격을 책정한다. 게다가 매년 회사의 제품 카탈로그에서 수백 종의 브러시를 빼버리기도 하는데 맥스가 이런 모습을 봤다면 경악했을 것이다. 카탈로그에서 제외되는 제품은 대체로 생산량은 많지만 이윤은 가장 낮은 것들이다. 중국에서 누군가가 똑같은 브러시를 거의 비슷한 품질로 만들어낼 만하다고 판단되면 그 제품도 생산 품목에서 제외된다.

　랜스의 고객들이 랜스가 만든 브러시에서 '열정'이 느껴져서 구매했다고 직접적으로 표현하지는 않을 것이다. 프리토레이와 원자력 발전소의 임원진이 랜스의 브러시를 구매한 것은 단지 사업상의 문제를 해결하기 위한 실용적 결정이었다. 하지만 랜스의 열정은 전염성이 강하다. 랜스는 대부분 입소문을 통해 주문을 받고 있다. 랜스의 기존 고객들이 독자적인 해결책이 필요한 문제에 직면한 주위 사람들에게 랜스의 회사를 소개해 주는 것이다. 이들이 랜스의 이름을 기억하는 이유는 특수 브러시라는 분야에 열정적으로 임하는 모습에서 깊은 인상을 받았기 때문이다.

하지만 랜스는 또 다른 분야에서 더 직접적으로 자신의 재능을 판매하고 있다. 사실 랜스는 사람들이 절대로 브러시를 떠올리지 않을 법한 분야에서 자신이 이루어낸 것에 가장 자부심을 느끼고 있다. 랜스는 그동안 브러시 털을 활용해 예술 활동을 하는 별도의 프로젝트를 꾸준히 진행하면서 브러시 타일Brush Tile이라는 브랜드를 키워왔다. 브러시 타일은 브러시 제작 기술을 이용해 섬유로 타일을 만드는 브랜드로, 빛을 내는 광섬유를 비롯해 다채로운 색의 섬유를 사각형의 수직 고정재에 수평으로 부착해서 인상적이고 질감이 살아 있는 벽을 연출하고 있다. 어느 날 랜스는 사무실에 앉아 마이크로소프트와 구글이 갑부 기업으로 성장한 비결이 실린 글을 읽다가 불현듯 '어떻게 하면 이 회사들에 브러시를 팔 수 있을까?' 하는 생각이 들었다.

이때 두 기업이 계속해서 사무실 건물을 짓고 리모델링하면서 독자적이고 시각적으로도 효과 높은 이미지를 만들려고 노력 중이라는 사실이 떠올랐다. 실제로 현재 브러시 타일은 오라클, 구글, 마이크로소프트, 아마존을 비롯해 여러 기업의 본사 건물의 중요한 위치에 있는 벽을 장식해 주고 있다. 기업에서는 통로를 꾸밀 예술적 타일을 구입할 때 바닥 청소용 브러시를 구입하는 것보다 훨씬 더 높은 가격이라도 선뜻 지불하기 마련이다.

여러 면에서 볼 때 랜스는 다른 회사에서는 신경도 안 쓰는 좁은 문제를 해결할 수 있는 특수한 브러시의 제작에 주력함으로써 회사의 뿌리로 돌아간 셈이다. 그런가 하면 아버지와 증조부가 펼쳤던 경영 방식을 잘 활용하고 있기도 하다. 즉, 20세기 규모의 경제 도구를 활용하지만 브루클린 인근만 돌아다니며 가까운 지역 내의 문제점만을 찾아다니지는 않는다. 그는 미국 전역과 전 세계의 기업들로 활동 영역을 넓혀 이 기업들이 직면한 다루기 힘들고 중요한 문제들을 파악해낸다.

이렇게 영역을 넓게 잡은 덕분에 일용품 브러시를 대량으로 생산하는 쉬운 방법을 버리고 브러시 중에서도 가장 수익성 높은 (그리고 흥미진진한) 부문에 집중할 수 있었다. 현재 브라운 브러시는 전적으로 현대적인 21세기형 기업으로서 다른 기업의 귀감이 되고 있지만, 이 기업이 첨단기술 기업이 아니라는 점은 의미심장하다.

단순함이 돋보이는 랜스의 사례는 전문성, 호기심, 창의적 사고 그리고 다른 사람들이 원하는 것에 귀 기울이는 능력만 약간 있다면 누구나 성공할 수 있다는 점을 잘 보여주는 감동적인 사례다. 랜스는 브러시의 세 가지 요소에 대한 전문성을 바탕으로 그 요소들을 최적으로 조합해서 온갖 복잡한 문제를 해결할 수 있는 창의적 방법을 제시함으로써 브러시 사업을 솔루션 비즈니스로 전환했다. 랜스가 파는 것은 손잡이와 털과 접착제가 아니다. 문제 해결을 위해 세 가지 요소를 활용하는 방법에 대한 자신과 직원들의 전문성을 파는 것이다. 랜스는 이런 전문성만으로도 자신과 40명의 직원을 먹여 살릴 만큼 성공적으로 사업을 운영하고 있다. 일용품 브러시 제작에서 솔루션 제공으로 사업을 전환한 이후 브라운 브러시는 꾸준히 성장하고 있다. 지난 10년 사이에 이룬 성장이 20세기를 통틀어 이룬 성장을 압도할 만큼 놀라운 성장세를 타고 있다.

자신의 관심사를 찾아서 전 세계를 시장으로 삼아 접근할 때 그 좁은 분야에 대한 관심과 전문성이 어딘가에 있는 누군가가 가장 힘들어하는 문제에 대한 해결책을 제공할 수 있다. 기술이 향상되고 인공지능이 발전하고 로봇 기계가 발달할수록 랜스는 자신의 일을 더욱 더 잘하게 될 것이다. 더 많은 문제점을 찾아내 더 정확하고 더 저렴한 해결책을 제시할 수 있을 것이다. 랜스는 미래에도 단순히 경쟁력을 갖추는 것이 아니라 수많은 사람들이 두려워하는 바로 그 미래의 힘으로 자신의 능력을 발휘하게 될 것이다. 기술과 국제 무역이 한 걸음 더 전진할 때마다 랜스가 문제점을 발견하고 그 문제점을 해결하는 데 집중하기가 더욱 수월해질 것이다. 따라서 앞으로 자동화와 아웃소싱이 계속되더라도 그것이 랜스의 사업에는 오히려 희소식이 될 것이다.

적응한 기업 vs.
적응하지 못한 기업

나는 랜스를 알고 난 후에 브러시 산업을 조사해 봤다. 찾아보니 미국에는 브라운 브러시같이 수년 동안 같은 종류의 브러시를 대량으로 계속 만들어내는 가족 경영 업체가 많았다. 나는 그중 브라운 브러시 본사에서 한 시간도 채 안 걸리는 뉴욕시의 사우스 브롱스에 위치한 기업, 키르쉬너 브러시Kirschner Brush를 직접 찾아가봤다.

공장을 안내해준 이스라엘 키르쉬너Israel Kirschner는 큰 키에 박력 넘치는 69세의 노익장이었는데 아주 솔직한 사람처럼 보였다. 그런 구식 가족 기업이 사우스 브롱스에서 아직도 버티고 있는 것에 나처럼 놀라워했다. 기울어져가는 공장 건물 안은 난장판으로 어수선한 데다 기계는 낡아 있었다. "쓴 지 100년은 됐을 거요." 키르쉬너는 털 세척 기계를 가리키며 그렇게 말했다가 한쪽 눈을 찡긋하며 가장 최근인 1980년대 언젠가 구입했다는 기계를 자랑했다. 털에 접착제를 발라주는 별나게 생긴 회전 기계였다. 기계류 근처에는 상자가 겹겹이 쌓여 있고, 칙칙하고 닳고 닳은 나무 바닥 여기저기에는 교체 부품과 브러시 손잡이가 아무렇게나 뒹굴고 있었다. 그야말로 공장 안은 수십 년이나 청소를 안 한 듯한 모양새였고 키르쉬너는 그럴 만한 사정을 아주 잘 아는 것 같았다.

키르쉬너 브러시가 지금껏 버텨온 것이 용하다는 것은 키르쉬너 본인이 누구보다 잘 알고 있었다. 키르쉬너의 부친은 제2차 세계대전 이후 경제의 대호황기에 회사를 설립해 수십 년 동안 고강도의 험한 페인트 작업에 쓰이는 튼튼한 작업용 브러시를 만들어 팔았다. 키르쉬너 브러시의 고객은 대부분 대형 건설사나 정부 기관으로, 다리나 대형 건물 벽 등 대규모 공사의 도색 작업을 위한 브러시를 필요로 했다. 다리나 대형 벽 하나를 작업하는 데는 브러시가 수백 개씩 필요했고 키르쉬너 브러시에서는 그 물량을 공급해주었다.

그러다 2000년대 초에 들어와 중국 제조업체들이 도색 작업용 브러시를 만들어 대량으로 미국에 쏟아냈다. 키르쉬너가 기억하는 것처럼 초반만 해도 중국산 브러시는 털이 잘 빠지고 손잡이도 까슬까슬한 플라스틱 재질의 저가 제품이었다. 키르쉬너 브러시의 단골 고객들은 페인트칠을 하면 얼룩이 남고 빠진 털이 붙어 있는 데다 작업자들이 손을 다치기까지 하는 중국산 불량품은 구매할 의사가 없었다. 하지만 중국 공장들이 품질을 개선하기까지는 오랜 시간이 걸리지 않았다. 얼마 후 중국산 제품의 품질이 향상되자 키르쉬너 브러시의 제품들은 고객들의 마음을 사로잡을 수 없었다.

키르쉬너는 털 길이가 1인치 정도 되는 목재 손잡이의 멧돼지 털 브러시를 보여주었다. 이 회사의 다른 모든 제품과 마찬가지로 작고 단순하지만 세련미가 있었다. 잠깐 동안 키르쉬너도 성공 사례가 될 수 있지 않을까 하는 생각이 들었다. 어쨌든 자신이 만드는 브러시에 대해 랜스 못지않은 열정을 가지고 있는 것처럼 보였기 때문이다.

하지만 키르쉬너는 다른 규칙들은 따르지 않았다. 자사의 브러시를 그 브러시를 가장 원하는 사람들과 연결시키지 않고 있었다. 여전히 대량 판매만 고수하며 장인정신이 담긴 브러시의 세련미에는 별 관심도 없는 시정부를 주 고객층으로 공략할 뿐, 고객들의 의견에 귀 기울이거나 그들의 요구에 맞춰 제품을 개선하려 노력하지 않았다. 그러면서 여전히 남들도 만들 수 있는 제품을 더 대량으로 만들고 있었다.

키르쉬너는 자신의 구닥다리 기계와 인력을 돌려 브러시를 만드는 데 1달러 이상이 든다고 했다. 그러면 도매가로 2달러에 팔아야 하고 소비자가는 4달러가 된다. 중국의 한 경쟁사는 그 브러시와 별달라 보이지 않는 브러시를 30센트에 팔고 있었다. 중국 공장들은 인건비가 더 저렴할 뿐만 아니라 효율성이 더 높은 신형 기계를 사용해 키르쉬너 브러시보다 더 빠르고 더 저렴한 방식으로 브러시를 생산하고 있기 때문이다.

키르쉬너 브러시가 동종 업계에서 경쟁력을 갖기 위해서는 장비를 최신형으로 교체하고 공장을 새로 짓기 위해 수백만 달러를 지출해야 할 판이었다. 해마다, 아니 매달 지난 해(달)보다 수입이 줄어드는 상황에서 키르쉬너도 조만간 회사 문을 닫게 되리라는 현실을 잘 알고 있다. 그런데도 브러시 사업을 접지 못하는 이유는 여전히 오랜 단골 고객이 일부 남아 있기 때문이다. 나는 그런 단골 고객 중 한 명인 그레코 브러시Greco Brush의 마이클 울프Michael Wolf와 이야기를 나누어봤다.

울프는 중국산 브러시로 갈아타 비용을 대폭 줄일 수도 있지만 "저희 아버지가 키르쉬너의 아버지와 1950년대부터 사업을 해왔기 때문에 저희 들도 거래 관계를 이어가고 있는" 것이라고 했다. 당연히 그럴 테지만 매년 이런 단골 중 일부가 은퇴하거나 사망하고 혹은 가격의 압박에 못 이겨 거래처를 바꾼다.

미국의 온갖 사업 부문에 이런 사례가 수두룩하다. 수십 년 동안 확실한 돈벌이 수단이던 사업 방식이 신기술과 무역이 접목되며 어느 날 갑자기 붕괴되고 그 결과 키르쉬너 같은 처지에 내몰린 이들이 미국 곳곳에 넘쳐난다. 성공을 뒷받침해주던 기존의 익숙한 체계가 갑자기 사라지면서 새로운 체계에 적응하지 못했기 때문이다.

몇 년 후 이 책을 집필하던 중에 안타깝게도 키르쉬너가 사망하고 자식들이 회사를 대기업에 매각했다는 소식이 들려왔다. 공장 장비도 별 쓸모가 없어서 매각 가격이 높지는 않았지만 회사의 단골 고객이 여전히 남아 있다는 점에서 어느 정도 가치를 인정받았다.

키르쉬너는 새로운 문제점의 해결을 통해 수익이 발생하는 현재의 새로운 경제 체제로 옮겨가지 못했다. 그렇다고 키르쉬너가 지식이나 식견이 부족했던 건 아니다. 브러시의 세 가지 요소인 털, 손잡이, 접착제에 관해서라면 경쟁자인 랜스 못잖게 해박했을 것이다. 키르쉬너와 랜스의 차이는 이보다 단순한 문제에서 나타났다. 키르쉬너도 경제 체제가 새롭게 바뀌어 이전에 통했던 방식을 고수해봐야 소용이 없다는 점은 잘 간파했다. 단지 다른 대안을 생각해내지 못했을 뿐이다.

뉴노멀 시대,
새로운 성공 공식

브라운 브러시는 우유병 세척용 브러시의 사례를 통해 내 숭배의 대상이 되었다. 나는 브라운 브러시를 21세기의 성공법을 잘 보여주는 귀감이라고 여긴다. 이제는 현대 기술, 그중에서도 특히 컴퓨터와 인터넷 덕분에 자신의 특별한 열정과 지식을 그 열정과 지식을 가장 필요로 하는 사람들과 연결시키는 일이 가능해졌다. 앞으로 차차 소개하겠지만 이런 연결 방법에는 여러 가지가 있으며 이때의 전략은 산업이나 사업, 사람에 따라 서로 다른 특징이 있기 때문에 조율이 필요하다.

바로 이 점이 이 책에서 전하려는 핵심 교훈이기도 하다. 20세기의 안전하고 유리한 성공 전략은 가능한 한 남들과 똑같아지는 것이었다. 반면 21세기에는 온전한 자신이 되어 남들과 다른 당신만의 영역을 부각하는 것이 최상의 전략이다. 바로 그 영역에 돈을 벌 기회가 있다.

창업가는 계속해서 같은 상품을 제공하며 동일성을 내세워서는 수익을 내기 힘들다. 당신이 회계사든 브러시 제작자든 간에 이제는 다른 누군가가, 아니 기술의 발달에 따라 컴퓨터나 로봇까지도 훨씬 낮은 가격으로 당신의 상품과 유사한 상품을 만들어낼 수 있는 시대다. 이 때문에 더 오래 일하면서도 수입도 적고 자신의 일자리가 어느 날 갑자기 사라질지 모른다는 두려움을 안은 채 남들의 부러움도 받지 못하는 상태로 살아가는 사람들이 수두룩하다. 브러시 제작자들은 사업을 접거나 더 심한 경우엔 어쩔 수 없이 폐업하고 있다. 그야말로 악순환이다.

1990년대 내내 브라운 브러시는 연간 판매액이 1백만 달러대에 머물러 있었다. 하지만 이후 극적인 변화를 맞았다. 그렇다고 랜스가 남들은 모르는 비결로 성공을 거둔 것은 아니다. 이제 미국에서 브러시 제작으로 성공하려면 저임금 국가의 기업들이 훨씬 싼 가격으로 쏟아내는 저가의 상품 생산을 중단하고 일용품 게임에서 발을 빼는 동시에 19세기의 성공 요소(장인정신과 임기응변)와 20세기의 성공 요소를 접목해야 한다. 확실히 랜스는 증조부처럼 왕성한 창의성과 문제 해결력을 갖추고 있었고 아버지의 체계화와 표준화 방식을 가까이에서 접했다. 이제 랜스는 컴퓨터, 자동화 기계 그리고 세계 무역의 확장에 힘입어 자신이 물려받은 유산과 그동안의 배움과 아이디어를 총동원해 전 세계로 영역을 확장하고 있다.

내가 특히 마음에 드는 점은 랜스의 우량 고객들이 냉철한 방식으로 그의 열정을 평가하고 있다는 사실이다. 랜스의 입장에서는 높은 가격을 청구해서 성공의 기반을 다지기 위해서는 지속적이고도 확실한 방법으로 고객의 문제점을 제대로 해결해줘야 한다. 랜스가 어떤 해결책을 제시하느냐에 따라 고객 대다수에게 랜스의 정서적 동기인 열정이 분명하고도 논리적인 조건으로 전환된다. 즉, 랜스의 상품을 쓸 경우 상품의 사용 연한이 얼마나 더 연장되는지, 랜스의 혁신적 브러시 덕분에 절감되는 비용이 얼마이며 기대 수익이 얼마나 증가하는지 등을 알 수 있다. 하지만 아무리 논리적으로 파헤치고 파헤쳐도 다음의 결론에는 변화가 없다. 좌절스러운 상황 속에서도 열정을 펼친 장인이 없었다면 애초에 이런 문제점은 해결되지 못했을 것이다.

키린 핀치 Kirrin Finch

창업 1년 만에 미국 최고의 패션 아이템으로 선정된 셔츠를 만든 톰보이 스타일 마니아

로라 모팻Laura Moffat 과 켈리 샌더스Kelly Sanders 는 2014년에 버몬트주에서 결혼식을 올렸다. 스코틀랜드에서 자란 로라와 뉴저지주에서 어린 시절을 보낸 켈리는 평생 공통된 불만을 가지고 있었다. 어린 소녀였을 때조차 두 사람은 어떤 옷을 입어도 제 옷이 아닌 것 같았다. 원피스나 소녀다운 옷은 뭐든 다 싫었다. 그렇다고 남자아이들의 옷이 마음에 들었던 것도 아니다. 남자아이의 옷은 공룡이나 로켓이 박혀 있기 일쑤라 질색이었다.

두 사람은 그나마 여자로서 입을 수 있는 옷을 그때그때 챙겨 입었다. 로라는 남성용 작업 셔츠를 자주 사 입었고, 켈리는 아담한 몸집에도 아랑곳없이 남성복 매장에서 옷을 샀다. 하지만 남성복은 여자의 몸에는 잘 맞지 않았다. 여자들은 대개 가슴과 엉덩이둘레가 비교적 크고 몸에 굴곡이 있어서 남성용과 남아용 셔츠를 입으면 가슴과 엉덩이 부분이 너무 끼었다. 하지만 여성의 몸에 맞게 디자인된 옷은 모두 두 사람이 질색하는 옷이었다.

로라와 켈리는 옷차림에 별로 신경을 안 쓰는 성격이었다. 로라는 약국에서 일했고 켈리는 교사였다. 하지만 결혼하기로 결심하면서 두 사람의 삶은 여러 면에서 남들과는 달라졌다. 두 사람은 모두 신사복 스타일의 정장을 결혼식 예복으로 입고 싶어 했다. 하지만 아무리 이런저런 옷들을 입어봐도 잘 맞는 것이 없었다. 거북한 기분으로 결혼식을 치르는 것이 내키지 않았던 두 사람은 결국 전통 남성복 양식에 두 사람의 몸에도 꼭 맞는 맞춤복을 의뢰했다. 덕분에 특별한 날에 황홀한 기쁨을 맛볼 수 있었다. 그것은 단지 잘 맞는 옷을 입게 되어 느끼는 기쁨만은 아니었다. 난생처음으로 진정한 정체성과 온전히 일치하는 옷을 입게 된 기쁨이기도 했다.

이 신혼 커플은 9개월간 신혼여행길에 올라 전 세계를 여행했다. 이 시간 동안 마음에 쏙 드는 옷을 입는다는 게 얼마나 기분 좋은 일인지 틈날 때마다 이야기했고 어느 순간 다른 사람들에게도 그런 기분을 느끼게 해줄 사업을 구상하게 되었다. 그 사업은 어느 정도 시장성이 있을 것 같았다.

두 사람의 주변에는 자신들과 같은 불편을 겪고 있는 친구들이 많았다. 동성애와 헤테로 섹슈얼을 막론하고 남자옷 스타일이면서 여자의 몸에 잘 맞는 옷을 입고 싶어 하는 여자친구들이 많았다. 게다가 논바이너리nonbinary, 다시 말해 자신을 여자도 남자도 아니라고 여기는 사람들이 점점 늘고 있는 추세였는데 그중에서도 자기 몸에 잘 맞는 남자옷 스타일의 옷을 원하는 이들이 있었다. 로라와 켈리는 고객층이 있으리라는 확신은 들었지만 그 수가 얼마나 될지는 가늠할 수 없었다. 소수층을 공략하는 틈새 상품으로 개발해야 할지, 크게 사업을 벌여도 승산이 있을지 판단할 수 없었다.

두 사람은 스콧 스턴이라는 사람에 대해서는 들어본 적도 없었지만 스콧이 권하는 것과 동일한 방식을 따랐다. 우선 미국 시장에 집중하기로 했다. 두 사람은 공략 고객층을 논바이너리의 정체성을 가진 이들뿐만 아니라 레즈비언과 헤테로 섹슈얼 여성을 모두 아울러 넓게 잡았다. 그리고 이 고객층에 '톰보이'tomboy(중성적인 매력을 가진 여성을 칭하는 말—옮긴이)라는 명칭을 붙여 관련 자료를 찾아봤지만 신뢰할 만한 확실한 자료가 없었다. 그나마 가장 쓸 만한 자료는 공략 고객층에서 상당 비중을 차지할 만한 LGBTQ(레즈비언, 게이, 양성애자, 트랜스젠더, 성소수자) 시장을 다룬 내용 정도였다.

고객층을 추산하기는 까다로웠다. 헤테로 섹슈얼 여성 중에는 톰보이 스타일의 옷을 입고 싶어 하는 사람이 많은가 하면 동성애와 트랜스젠더, 논바이어리 여성 중에는 그런 취향이 아닌 사람이 많아서 판단을 하기가 정말 어려웠다. 여론조사와 미국 인구조사에서도 다양한 성 정체성을 온전히 반영해줄 표준화된 도구가 아직 갖추어지지 않아 더욱 혼란스러웠다. 결국 로라와 켈리는 인구조사에서 여성으로 구분된 이들 가운데 대략 5퍼센트를 잠재적 고객으로 산정했다. 그리고 이 그룹에 해당하는 이들의 상당수가 LGBTQ 커뮤니티의 일원이 운영하면서 그들의 요구에 세심하게 신경을 써주는 회사에 대해 충성도가 높으리라고 예상했다.

두 사람은 이어서 공략 고객층의 구매력과 지역적 분포를 분석했다. 그 결과 자신들이 만드는 옷을 구매할 정도로 관심이 높고 소득 수준도 갖춘 이들은 1백만 명 이상이며 그들 전부는 아니지만 대부분이 대도시 중심지에 거주하는 것으로 추산했다.

이 수치는 막연한 것이었다. 하지만 이 수치가 50퍼센트쯤 빗나간다고 해도 회사의 기반을 잡는 초기 단계에서는 그 정도로도 사업을 해볼 만했다. 실제로 로라와 켈리는 작게 시작하려 했다. 처음 몇 년 동안에 수백만 명의 고객을 확보하려는 생각은 없었다. 다만 그 정도의 잠재력이 있는 시장이라면 사업에 더 많은 시간과 돈과 노력을 투자해서 평생의 일로 삼을 만큼 규모를 키울 수도 있겠다고 생각했을 뿐이다. 또한 이 정도라면 시장 규모가 그리 크지 않아서 언젠가 리바이스나 제이크루 같은 대기업 의류업체와 경쟁할 염려도 없을 것 같았다. 다시 말해 두 사람의 공략 시장이 너무 작아서 대형 경쟁사들이 거들떠보지도 않을 만했다.

초기에 이런 대담한 잠재시장 조사는 몇 분 동안 창의적으로 구글 검색을 하는 것만으로도 충분하다. 이 짧은 순간이 풋내기 창업가에게 수년간의 헛수고를 덜어줄 수도 있기 때문에 잘 따져봐야 한다. 공략 시장이 너무 좁아 사업을 지탱하기 힘들지는 않을까? 공략 시장이 너무 커서 자칫 대기업과의 경쟁에서 밀려 낙오되지는 않을까? 아니면 골디락스 시장, 즉 사업을 성공시키기에 충분할 정도로 크면서도 잘하면 주도권을 잡을 수 있을 만큼 작은 시장으로 볼 수 있을까?

로라와 켈리는 넓은 시각에서 대략적으로 추산을 한 이후에 반대로 초점의 폭을 좁혔다. 셔츠 몇 벌만 소량으로 제작한 후에 시장조사 차원에서 파티를 열었다. 친구들뿐만 아니라 친구들의 친구들에게도 연락을 해서 20명이 좀 넘는 유망 고객을 모았다. 자칭 중성이나 톰보이라고 말하는 레즈비언, 논바이너리, 헤테로 섹슈얼 여자들 중에 남자옷 스타일을 좋아하지만 몸에 잘 맞는 남성복을 못 찾고 있던 몇 사람에게 연락해서 파티에 초대했다. 파티는 축제처럼 흥겨운 시간이었고 로라와 켈리는 자신들이 열정을 가지고 제작한 상품을 열렬히 원하는 사람들의 존재를 피부로 실감하게 되었다. 여자나 논바이너리의 몸에도 잘 맞는 남자옷 스타일의 옷을 원하는 사람들이 정말로 있었다.

파티에 참석한 사람들은 세세한 부분을 짚어주었다. 그 셔츠에서 고객들이 가장 마음에 들어 할 만한 점과 단추 크기, 원단, 칼라 모양에 대한 자신들의 느낌을 말해주었다. 가격대는 어느 정도인지, 온라인에서 판매할 것인지 아니면 오프라인 매장에서만 판매할 생각인지, 어디에서 옷을 입어볼 수 있는지 등을 물어보기도 했다.

로라와 켈리는 비싼 수수료를 내며 시장조사 업체에 의뢰하지 않고도 자신들의 기본 가정이 옳은 것 같다는 신속한 판단을 내릴 수 있었다. 그리고 자신 있게 몇 백 벌의 셔츠를 제작하는 데 투자했다. 그렇게 첫 출시한 셔츠가 순식간에 팔리자 주문을 두 배로 늘리기로 했고 이후에도 연달아 주문을 늘렸다. 제작한 셔츠가 날개 돋친 듯 팔리면서 두 사람은 정말로 사업을 하는 기분이 들었다. 이제는 실질적 고객과 꾸준한 수입이 충분히 확보되어 더 공격적으로 시장조사를 해볼 수 있게 되었다.

현재 두 사람의 회사는 키린 핀치Kirrn Finch라는 이름을 내걸고 성업 중이다. 공략 시장을 겨냥한 수십 종의 셔츠, 바지, 재킷, 모자, 액세서리를 선보이고 있으며 로라와 켈리가 차츰 생산량의 확대에 주력하면서 키린 핀치의 의류는 현재 공략 고객층 누구에게나 비교적 무난한 가격대로 출시되고 있다.

제4장

용감한 이들이 바꿔낸
돈 버는 방식

내가 하고 있는 일의 본질을 잊지 마라

돈 계산에 신물이 난 회계사,
기존의 일하는 방식을 뒤집고 나만의 성공법을 찾다.

제이슨 블루머Jason Blumer는 다른 사람들의 삶을 바꿔주는 사람이다. 미국과 캐나다의 300개가 넘는 기업이 블루머 덕분에 더 크게 성공할 수 있었다. 나와 이야기를 나눈 영세기업 운영자 수십 명이 블루머의 가르침 덕분에 더 부자가 되고 더 행복해지고 더 높은 성취감을 얻고 있다고 털어놓았다. 댈러스에서 웹사이트 디자인 회사를 운영하는 어떤 사람은 매달 블루머가 제공하는 서비스를 확인하며 지불하는 비용이 가장 큰 월 지출액이자 기꺼이 지갑을 여는 유일한 비용이라고 말했다.

블루머는 회계사다. 그냥 회계사가 아니라 사람들과 그 사람들의 사업에 혁신을 일으켜주는 회계사다. 다시 말해 '회계사'라고 할 때 흔히 떠오르는 이미지와는 다른 사람이다. 의뢰인에게 세금 체계, 손익 계산서 같이 회계사가 으레 시시콜콜 늘어놓는 내용에 대해 얘기할 때 그는 고객들보다 자신이 그런 내용을 더 따분해서 생각한다고 바로 털어놓는다. 그러면서 오히려 고객들에게 행복과 성공의 기준으로 여기는 것이 무엇인지, 자신만의 재능과 관심을 어떤 방식으로 독특하게 조합하고 있는지 정확하게 말해달라고 한다.

블루머의 고객들은 대개 창의성이 필요한 분야의 영세기업 운영자다. 주로 그래픽 디자이너, 홍보 컨설턴트, 디지털업체 사장들로, 실력도 있고 열심히 일하는데도 먹고살 만큼 충분한 돈을 벌지 못하는 것에 대해서 고민을 하다가 블루머에게 일을 의뢰한다. 이런 문제로 애를 먹는 경우는 비일비재하다. 창의성 관련 분야의 영세기업 운영자들은 대체로 사업 경험이 부족한 탓에 성공적인 전략을 세우는 데 서툴다. 그들은 고객들이 어떤 일을 맡기든 최대한 열심히 일하며 사업이 성장하기를 바란다.

블루머는 이런 고객들에게 여러 가지 질문을 던진다. 어떤 일에서 더 큰 행복을 느끼는지, 다른 사람은 할 수 없고 자신만이 할 수 있는 독자적 영역이 뭐라고 생각하는지 등을 물어본다. 자신이 고객에게 전달하는 가치는 무엇인지 신중히 규정해보라며 도전의식을 북돋워주기도 한다. 그리고 수개월에 걸쳐 때로는 부드럽게, 때로는 보다 강압적으로 사업가들을 이끌면서 그들이 새롭게 거듭나 더 적은 시간을 일하면서도 고객들에게 훨씬 더 큰 가치를 제공하며 더 많은 돈을 벌 수 있게 도와준다.

블루머가 성공시킨 사례는 수백 건에 이르지만 그중에서도 그가 최고로 꼽는 것은 바로 자기 자신이다. 블루머가 사업적 통찰력을 타고난 것은 아니다. 오히려 그 반대다. 사람들이 저지르는 온갖 실수를 누구보다 잘 알고 있고 변한다는 게 얼마나 어려운 일인지 잘 이해하는 이유는 블루머 자신이 그런 실수를 저지르며 실수를 바로잡는 데 오랜 시간이 걸렸기 때문이다.

회계를 싫어했던
회계사가 찾은 돌파구

블루머가 삶의 전환점을 맞은 것은 2003년 어느 쌀쌀한 아침이었다. 그날 새벽 6시가 막 지나 눈을 뜬 블루머는 쳇바퀴 같은 하루 일과를 시작했다. 먼저 어린 두 딸이 깰까 봐 살금살금 걸어서 샤워를 하러 갔다. 옷장을 쭉 훑어보며 아내가 사다준 똑같은 푸른색 계열 정장 중 하나를 꺼냈다. 넥타이를 매다 욕실 거울을 힐끗 들여다보는데 새삼스레 젊은 시절의 옛 모습이 하나도 남아 있지 않다는 생각이 들었다. 머리를 기르고 청바지와 빈티지 캔버스화 차림으로 다니면서 예술가를 꿈꾸고 특히 헤비메탈로 이름을 날리고 싶어 하던 청년의 모습은 어디에도 없었다.

블루머는 사우스캐롤라이나주 그린빌 근교에서 자랐다. 아버지는 회계사로 지역 영세기업들을 옮겨다니며 근무했지만 블루머의 기억으론 아버지가 집에서 일 얘기나 회계 얘기를 꺼낸 적은 없었다. 블루머는 공부에는 별 의욕을 느끼지 못하다 기독교계 작은 대학인 노스그린빌 대학교에 입학했다. 지금도 대학 수업에 대해서는 딱히 떠오르는 것이 없을 만큼 학업에는 소홀했다. 학업보다는 사일런스 소우 라우드 Silence So Loud 라는 크리스천 헤비메탈 밴드를 결성해 밴드 활동에 열중했다.

하지만 이후에 대다수 대학 밴드가 그렇듯이 멤버들 사이에 약간의 불화가 생기면서 밴드는 해체되었다. 그 후 블루머는 머리를 짧게 자르더니 워포드 대학교에 들어가 회계학 학위를 취득했다. 회계학을 선택한 주된 이유는 아버지의 직업이 회계사였고 회계 말고 뭘 공부해야 할지 막막해서였다. 이 무렵 지금의 아내인 제니퍼를 만나 결혼도 했다. 결혼 후 얼마

안 되어 제니퍼가 임신하자 블루머는 회계사로 일할 직장을 찾았다.

자신을 채용해준 첫 회사에 바로 입사해서 일을 해보니 일한 시간과 의뢰인 수에 따라 돈을 받게 되어 있었다. 블루머는 여섯 번 도전한 끝에 겨우 공인회계사 시험에 합격한, 특별할 것 없는 회계사였지만 금세 연봉을 6만 달러나 받게 되었다. 이 정도면 사우스캐롤라이나주 북부 지역에서는 아주 쏠쏠한 벌이였다. 가족들을 위한 작지만 근사한 집도 장만할 수 있었다.

당시의 블루머에게 그 일을 좋아하느냐고 물었다면 이상하게 쳐다봤을 것이다. 그에게 일을 좋아하고 말고는 의미가 없었다. 일이란 좋아서 하는 것이 아니라 가족을 부양하고 운이 좋으면 취미생활도 즐길 만한 여윳돈을 벌기 위해 하는 활동일 뿐이었다. 그래도 대답을 다그쳤다면 양복을 입고 넥타이를 매는 게 정말 싫고, 일은 따분하다 못해 살짝 울적하기까지 하지만 어떻게 해야 할지 모르겠다고 털어놓았을 것이다.

2003년 가을 블루머는 그린빌에서 대략 90분 거리의 소도시에 위치한 어느 공장에서 운명적 일을 맡게 되었다. 오래된 낡은 공장이었는데(이 사업에 대한 구체적인 내용은 블루머의 비밀 유지 요청에 따라 변경되었다) 대형 국영 기업이 이 공장을 매입하면서 블루머에게 회계감사를 의뢰했다. 막상 일을 맡고 보니 할 일이 많아서 두 달이 넘도록 매일 아침 저녁으로 차로 90분 거리를 오가야 했다.

출퇴근 시간이 블루머에게는 자아성찰에 집중할 수 있는 기회가 되었다. 공장이 위치한 곳은 시골 마을이라 그린빌이나 주간 고속도로 주변의 대도시에서 멀리 떨어져 있었다. 그곳까지 가는 길에는 쓰러져가는 소도시 몇 곳을 지나가야 했다. 당시에 사우스캐롤라이나주 북부 지역의 경제는 직물 산업에 전적으로 의존하고 있었다. 이 지역에서는 100년 가까이 실, 티셔츠, 양말 등의 섬유 관련 상품을 생산했다. 직물 공장들은 지역 경제에 큰 역할을 했다. 수많은 주민에게 안정된 일자리를 제공했기 때문에 많은 부모들이 자녀에게 고등학교를 마치지 않아도 된다고 말하기도 했다. 어차피 고등학교 졸업장이 있든 없든 직물 공장에 취직하게 될 테니 일찌감치 취직해서 집안 살림에 경제적으로 보탬이 되고 근속연수를 쌓는 편이 낫다는 게 부모들의 생각이었다.

하지만 노스캐롤라이나와 사우스캐롤라이나의 직물 산업은 기술이 발달하고 대중국 무역이 증가하며 미국에서 가장 큰 타격을 입었다. 하룻밤 사이에 닥친 일처럼 갑자기 사람을 필요로 하지 않는 자동화 기계가 목화솜에서 실을 뽑아내고 그 실로 섬유로 만들어냈다. 사람들 사이에서는 현대식 직물 공장에는 직원이 사람과 개, 둘뿐이라는 말까지 나올 지경이었다. 사람은 개에게 먹이를 주기 위해 있고 개는 사람이 기계에 가까이 가지 못하게 지키기 위해 있다는 농담이었다.

기계로 인해 타격을 입지 않은 일자리도 일부 있었는데 그 대부분이 섬유를 옷으로 만드는 데 필요한 작업인 재단과 재봉 일이었다. 하지만 그 일자리마저 저임금 노동력 때문에 사라졌다. 처음엔 멕시코에게, 그다음에는 중앙아메리카에게, 또 그 이후엔 중국의 저임금 노동력에 떠밀려 미국의 노동자들은 설 자리를 잃었다. 마치 역병이 휩쓸고 지나간 것처럼 1995년부터 2003년 사이에 사우스캐롤라이나 북부 지역에서 열심히 일할 만한 경제활동 연령의 주민들은 완전히 사라졌고(물론 더 나은 기회가 있는 다른 지역으로 이사를 간 것이지만) 늙고 노쇠한 이들만 남았다.

위험을 감수하지 않는 것이
더 큰 위험이다

블루머는 이런 어려움에 처한 소도시 여러 곳을 지나면서 앞으로 자신은 어떻게 될지 생각해보았다. 자신의 의뢰인 중 상당수가 직물 회사 아니면 직물 회사에 일감을 주는 기업이었다. 그렇다면 자신에게 일을 의뢰할 만한 기업은 얼마나 남게 될까? 따지고 보면 회계 일도 직물 산업과 사정이 크게 다르지 않았다. 당시에도 점점 정교해지는 회계 소프트웨어 덕분에 수백만 명이 직접 세금 처리를 할 수 있었다. 또 유럽과 아시아의 해외 회계사들이 인터넷을 통해 믿을 만한 회계 서비스를 저렴한 비용으로 제공하며 경쟁 상대로 떠오르고 있었다.

그래도 블루머가 당시에 맡았던 일은 안전한 편에 속했다. 감사를 맡게 된 기업의 회계 상태가 아주 엉망이었고 아직은 컴퓨터가 몇 무더기나 되는 엉터리 서류를 넘겨 가며 일을 처리할 만한 수준이 아니었기 때문이다. 이 기업을 처음 찾았던 날 회계 담당자는 회계감사에 필요한 자료를 모으려면 공장의 여러 곳을 돌아다녀야 할 거라며 블루머를 데리고 다녔다. 어찌나 여러 곳을 돌아다녔던지 공장 안의 사무실이란 사무실은 다 들러서 모든 벽장을 뒤지고 다닌 것 같았다.

지하의 기록실에서 가져온 여러 개의 상자에는 예금증서가 터질 듯 가득 차 있었고 공장장의 사무실에서 가져온 상자에는 공장에서 구입한 기계류의 영수증이 가득했다. 1층의 사무실도 판매 내역을 모조리 기입해 놓은 오래된 대장이 있었다. 회계감사를 진행하기엔 갈피가 제대로 잡혀 있지 않아서 아무래도 수익으로 들어온 모든 돈과 비용으로 나간 모든 돈을 맞춰 현금의 흐름을 완전히 새로 분석해야 할 것 같았다. 지루한 작업을 아주 한참 동안 해야 할 판이었다. 몇 주 아니, 몇 달이 걸릴지 가늠할 수도 없었다.

하지만 블루머에게 더 끔찍한 소식은 이런 작업이 자신이 희망을 걸 수 있는 최선의 일거리라는 점이었다. 컴퓨터나 해외 회계사들과 경쟁할 필요가 없는 지루하기 그지없는 이런 작업이 이후로도 쭉 자신의 주된 일거리가 될 것이 분명해 보였다. 중견 기업에서 일하는 다른 공인회계사들과 마찬가지로 블루머 역시 자신의 재능이 아니라 단 하나의 가혹한 기준, 다시 말해 그가 수임료를 청구한 시간에 따라 평가받았다.

회계사 업계에서는 이런 시간을 가동률utilization rate이라고 한다. 생각해보면 과거 어느 시점에 누군가가 회계사들은 근무시간 중 정확히 30퍼센트를 점심을 먹고 화장실에 가고 회의에 참석하는 데 사용한다고 결정해 놓기라도 한 것 같다. 그때부터 회계사들은 근무시간의 70퍼센트를 수임료를 청구할 수 있는 작업에 몰두하도록 요구받았다. 수십 년 동안 70퍼센트라는 가동률은 승진을 하거나 파트너를 꿈꾸는 젊은 회계사라면 누구나 맞춰야 하는 기준이었다. 불경기에는 가동률 70퍼센트를 맞추지 못하는 사람들이 최우선 해고 대상이었다.

블루머는 인기 있는 새 회계 소프트웨어 프로그램이 나올 때마다 열심히 공부해서 회사 내에서 컴퓨터 전문가로 통했다. 이것은 회사에게 큰 가치를 가져다주었다. 회계가 점점 자동화되는 상황에서 직원 중 하나가 적절한 디지털 수단을 정해 다른 회계사들에게 사용법을 가르쳐주는 것은 꼭 필요한 일이었다. 하지만 회계 분야의 가혹한 논리에 따르면 프로그램을 배우는 데 사용하는 시간은 수임료를 청구할 수 있는 시간이 아니었기 때문에 아무런 가치도 없었다.

블루머의 가동률은 자주 70퍼센트 아래로 떨어졌고 60퍼센트를 찍은 적도 한두 번이 아니었다. 가동률 55퍼센트를 기록한 회계사는 곧바로 해고되는 경우가 많아서 블루머는 자신도 그렇게 될까 봐 항상 불안했다. 회계사로서 꿈을 이루기 위해서는 검토할 자료가 산더미 같고 복잡하기 그지없는 회계감사 작업을 맡을 수밖에 없었다. 점심을 샌드위치로 간단하게 때우고 바로 일을 이어가는 식으로 몇 주 동안이나 일해야 한 달 가동률을 90퍼센트 이상으로 올릴 수 있었다.

대신 블루머는 비참함을 감수해야 했다. 그런 일은 재미도 보람도 없었다. 사실 회계감사는 그다지 중요한 일이 아니었다. 아무리 탁월하게 회계감사를 해도 공장을 인수하기 위해 일을 의뢰한 본사 사람들은 신경도 쓰지 않을 것이 분명했다. 한 기업이 다른 기업을 인수하면서 진행하는 회계감사는 인수하는 쪽의 고위 임원이 적절한 실사를 모두 수행했다는 것을 보여주기 위한 요식 행위에 불과했다. 블루머가 회계감사를 맡은 공장은 곧 문을 닫으면서 근무자 전원이 해고될 분위기였다. 공장의 유일한 가치는 고객 명단이었고 애초에 이 명단 때문에 공장을 인수한 것이 분명했다. 그러니 블루머의 회계감사 보고서는 본사 어딘가의 서류함에 처박혀서 누구도 꺼내볼 일이 없게 될 수도 있었다.

블루머가 맡는 의뢰의 상당수가 이런 식의 회계감사처럼 형식적인 일이었다. 정말 일할 맛이 나지 않았다. 그나마 가장 기분 좋은 업무는 의뢰인이 세금을 덜 내게 도와주는 것으로, 그런 경우에는 어느 정도의 만족감도 느낄 수 있었다. 하지만 블루머는 그 정도로는 만족할 수 없었다. 정부에 대한 납세 의무를 덜어주어 흡족한 것과 창의적으로 회계 업무를 해냈다는 데에서 전율을 느끼는 것은 완전히 별개의 문제였다.

내가 하고 있는 일이 무슨 쓸모가 있을까? 회계사에겐 위험한 생각이었지만 출퇴근 중에 블루머의 머릿속에는 이런 의문이 스멀스멀 피어올랐고 불만으로 불 붙여진 이런저런 환상이 가득 차오르기 일쑤였다. 블루머는 의뢰인에게 만족감을 주면서도 창의적으로 일하고 다시는 가동률에 대한 지적을 받을 필요가 없는 대안이 있을지 모른다는 생각에 빠져들었다. 하지만 그러다가도 어느 순간 퍼뜩 갚아야 할 대출금과 별 재미도 없지만 처리해야 할 일이 있는 현실 세계로 돌아왔다.

그런 생각을 하며 자동차로 출퇴근을 하던 중에 블루머의 몽상은 점점 구체화되었다. 어느 순간부터 이상적 직업상을 그리기 시작했고 계획도 세웠다. 위험성이 있는 계획이었고 아내에게 먼저 털어놓아야 했지만 그런 모험을 감행하지 않는 것이야말로 가장 큰 위험이 아닐까 하는 생각이 들었다.

회계의 등장은
하나의 혁명이었다

회계 업무가 안전하지만 지루한 일로 변한 것은 다소 비극적이다. 회계가 한때 세계 경제 역사상 가장 혁신적 직업으로 꼽혔던 때가 있었다는 사실을 생각하면 더욱 그렇다.

15세기 베니스는 세계 문화와 경제의 중심지였다. 베니스는 해상무역을 주도함으로써 상업을 장악했다. 베니스의 상인들은 사업에 대해서 크게 걱정할 필요가 없었다. 그들의 사업은 대부분 규모가 작아서 종이에 휘갈겨 적은 내용을 참고해서 머릿속으로 재고량을 관리할 수 있을 정도였다. 아라비아 숫자를 채택하기 전까지 상인들은 로마 숫자로 계산을 해야 했다. 밀 357부셀(곡식, 채소 등의 무게를 측정하는 단위. 1부셀은 36.4리터에 해당함—옮긴이)을 1부셀에 28더컷(과거 유럽 여러 국가들에서 사용된 금화—옮긴이)에 팔 경우에는 CCCLVII에 XXIX를 곱해서 계산해야 했다. 하지만 이 것을 굳이 계산하려는 사람은 없었다.

그 결과 베니스의 사업가 중에는 '얼마를 벌었고 부채는 얼마인가?'라 는 경제학의 가장 기본적인 질문에 대답할 수 있는 사람이 거의 없었다. 지불 능력과 관련된 이런 기본적 질문에 답할 수 없었던 탓에 베니스의 상인들은 새롭게 부상한 해상강국인 프랑스와 스페인이 그들의 이익을 잠식하는 데 속수무책일 수밖에 없었다.

바로 이 무렵 회계가 구세주처럼 등장했다. 1494년에 베니스의 프란치 스코회 수도사 루카 바르톨로메오 데 파치올리Luca Bartolomeo de Pacioli가 대 변과 차변을 맞추며 모든 거래의 출발지와 종착지를 철저히 추적하는 방 식인 복식부기의 구체적 틀을 최초로 세웠다. 회계는 하나의 단순한 해결 책처럼 보였을지 몰라도 당대에는 인터넷에 버금가는 혁명이었다. 이런 혁 신 덕분에 상인들은 자신의 사업을 더 정확하게 파악하고, 우량 고객과 상품에 대해서도 더 상세하게 알 수 있었다. 또한 어떤 상품을 주문하고 주문하지 말아야 할지 구분하고, 줄일 수 있는 경비와 줄여서는 안 되는 경비를 판단하며, 훨씬 많은 물량을 다룰 수 있게 되었다. 더 크게 사업을 키우고, 치열하게 경쟁하며, 무역이 더 빠른 속도로 변화할 수 있는 재무적 토대가 마련된 것이다.

산업혁명에 대해 이야기할 때는 대체로 기계의 혁신에 초점을 맞추는 경향이 있지만 현대 경제는 공학 못지않게 회계의 도움을 받고 있다. 산업

혁명은 증기 동력, 철도, 전신 등 기계의 비약적 발전 덕분에 가능했지만 재무적인 부분의 발달도 한몫했다. 프랜시스 캐벗 로웰Francis Cabot Lowell이 1813년에 매사추세츠주 월섬에 세계 최초로 세운 통합 직물 공장이 그 좋은 사례다. 진정한 의미에서 최초의 현대식 공장이라고 할 수 있는 보스턴 매뉴팩처링 컴퍼니Boston Manufacturing Company의 이 공장에서는 한 곳에서 목화솜을 최종 상품인 직물로 바로 가공해냈다. 하나의 수차에서 발생한 동력을 여러 대의 기계에 전달하는 벨트 앤드 풀리belt-and-pulley라는 로웰의 혁신적인 동력 연결 시스템은 1년 만에 완벽히 구현되었다. 하지만 10년 동안 로웰을 괴롭혔던 진짜 문제는 다단계의 제조 공정에서 어떻게 장부의 균형을 맞출 것인지였다.

이전까지의 제조 방식은 대부분 단공정 방식이었기 때문에 그 과정을 장부에 기록하는 건 단순했다. 한 사업체가 목화솜으로 실을 뽑아내면 다른 사업체에서 이 실을 직물로 짜내는 식이었다. 사업체 운영자는 그저 완성품을 원재료 비용보다 높은 가격으로 팔기만 하면 되었기 때문에 회계 방식도 그런 단순한 필요성에 맞춰져 있었다. 하지만 로웰의 회사는 원재료인 목화솜을 구입해 그 목화솜으로 실을 뽑고 그 실로 직물을 짠 후 최종 판매를 위해 직물을 재단하는 여러 공정으로 운영되었다. 이런 여러 공정을 수행하는 각각의 노동자에게 급여를 지급했기 때문에 각 공정별로 비용과 수익성을 일일이 계산해야 했다. 완성품인 직물을 원재료인 목화솜보다 훨씬 높은 가격으로 팔더라도 여러 공정 중 어느 공정에 과도한 급여를 지급하면 손실이 발생할 수 있었다.

게다가 공정별 효율성을 비교하고 새 기계나 직원을 추가로 채용하는 등의 투자를 할 때에도 그것이 장기적으로 이익이 될지 손해가 될지 고려해야 했다. 몇몇 투자자들에게 투자를 받고(투자자 유치는 또 하나의 새로운 혁신이었다) 거액의 은행 채무까지 있는 상황이었기 때문에 회사의 지불 능력을 확보하기 위해 다양한 방법으로 수익을 분리할 수도 있어야 했다. 수년에 걸쳐서 월섬 시스템이라는 결산 방식이 개발되면서 로웰은 말로 반나절 거리에 있는 보스턴의 저택에서 공장의 공정별 수익성을 정확히 살펴볼 수 있었다. 이후 1820년대 초에는 보스턴 매뉴팩처링 컴퍼니의 소유주들이 뉴잉글랜드 전역에 훨씬 규모가 큰 공장 여러 개를 세워 이 지역 경제를 혁신하면서 미국의 산업시대를 촉진했다.

19세기 내내 회계는 미국의 경제 발전을 촉진하는 추진력이었다. 하지만 철도의 급속한 발전은 재무 부문에 훨씬 더 큰 난제를 안겨주었다. 관리자들은 광범위한 지역으로 뻗어 나가는 사업을 관리해야 했다. 그와 동시에 전신이 발전하면서 사업가는 이전 시대에 비해 어마어마하게 늘어난 정보를 실시간으로 따라잡아야 했다. 20세기 초에는 여러 사업부를 둔 기업이 출현해 전혀 새로운 차원의 크나큰 난제를 던져주기도 했다. 관리자가 여러 사업부에 어떤 식으로 자원을 할당할지 파악해야 했기 때문이다. 회계사들은 이러한 발전의 단계마다 새로운 난제를 해결할 새로운 방법을 개발하며 기업의 발전에 중요한 역할을 했다.

미국의 20세기는 여러 면에서 회계의 세기였다. 몇 십 년 전까지 존재하지도 않았던 이 직업이 미국에서 가장 안정적인 직업군으로 부상했다. 사업에서 경쟁이 치열해지면서 모든 기업이 비용과 수입을 살피며 회사가 부채 없이 운영될 수 있도록 관리해줄 회계사를 필요로 했다. 정부가 모든 공기업에 사내 회계사를 두고 회계 장부를 철저하게 조사하는 것을 의무화하는 법을 통과시키면서 기업들은 회계감사를 시행할 외부 회계사도 고용해야 했다.

1913년 인적과세人的課稅가 법제화되면서부터는 일반 미국인들도 소득 신고서를 제대로 작성하기 위해 회계사를 고용하기 시작했다. 회계 교육 기관이 꾸준히 늘면서 전문 회계사의 수가 지속적으로 증가했지만 수요를 따라잡지 못할 정도였고 회계사는 평생 고용이 보장되는 직업으로 여겨졌다.

하지만 19세기에 창의적 이상가들이 대담하게 뛰어들던 회계 분야가 이제는 '따분하고 뻔하다'는 말과 동의어로 통하는 직업으로 바뀌어 버렸다. 이제 '창의적 회계'라고 하면 어쩐지 부도덕하고 부정을 저지르는 것 같은 느낌을 받는다. 사람들은 회계사가 창의적이거나 열정적이길 원하지 않는다. 책상 앞에 앉아 모든 수치를 잘 맞게 결산해주며 회계사 자신도 따분해 하고 남들도 따분해하길 원한다.

그러다 컴퓨터와 인터넷, 국제 무역이 등장했다. 그에 따라 반복적 업무가 최고의 가치로 여겨지는 직업은 컴퓨터나 더 적은 돈을 받고 일해줄 외국 노동자에게 맡길 수 있게 되었다. 대다수의 회계사가 이 사실을 자각하고 대응에 나섰다. 대형 회계법인의 상당수가 단순히 돈을 계산해주는 것만이 아니라 그 이상의 도움을 주면서 수임료를 받는 식으로 변화한 것이다. 지역 회계사들은 사업을 유지하기 위해 수임료를 낮추고 감세로 더 많은 이득을 얻게 해주기로 약속하는 등 컴퓨터나 해외의 저렴한 경쟁자들에 맞설 수 있는 다양한 방법을 모색했다. 모두 남들보다 앞서 나가기 위해 필사적인 노력을 기울였다.

갑작스럽게 경쟁이 치열해지면서 블루머는 회계사가 더 이상 안정적인 직업이 아니라는 사실을 깨달았다. 회계는 더 이상 괜찮은 봉급을 보장해줄 수 없었다. 또 한편으론 기존의 한계성이 제거되었다는 사실도 깨달았다. 컴퓨터를 활용할 수 있게 되면서 회계사들이 계산, 회계감사, 세금 신고서 등 자신이 회계 업무에서 가장 싫어하는 일들만 하게 된 이때야말로 오히려 자신의 꿈을 이루는 데 주력할 수 있는 기회 같았다. 창의성을 제대로 발휘하는 동시에 의뢰인이 기꺼이 지갑을 열 만한 가치를 창출해줄 수 있는 방법을 찾아볼 수 있었다.

블루머는 해도 해도 끝날 것 같지 않던 공장의 회계감사 일을 마쳤을 때 아내에게 자신의 꿈을 털어놓았다. 꿈을 꿀 때가 아니라거나 두 아이와 주택담보 대출 혹은 책임감을 거론하며 말릴지도 모른다고 어느 정도 각오한 채 이야기를 꺼냈지만 아내의 반응은 예상 밖이었다. 경제적으로 힘들어지더라도(실제로 힘들어졌지만) 한번 꿈을 펼쳐보라며 선뜻 지지해주었다.

블루머는 연봉 6만 달러의 직장을 그만두고 파산 직전인 아버지의 회계 회사에 들어갔다. 사실 그곳은 '회사'라고 부르기에도 민망할 정도였다. 아버지의 집 2층 침실에 달랑 책상 하나가 있을 뿐이었고 의뢰인도 얼마 되지 않았다. 의뢰인 대다수는 몇 십 년째 아버지에게 일을 의뢰하는 고객들로, 나이가 아주 많아서 컴퓨터를 활용하면 돈을 절약할 수 있다는 사실도 잘 알지 못하는 이들이었다.

이 시기가 블루머의 인생에서 가장 암울한 시기였다. 이 시기에 블루머는 꿈을 이루기 위해 크나큰 후퇴를 감행했다. 여전히 소득 신고서나 가끔씩 들어오는 회계감사 일로 시간을 보냈고 수임료도 더 적게 받는 데다 이런 일을 맡기는 의뢰인들은 나중에 소프트웨어의 유용성을 알고 나서 거래를 끊을 가능성이 높았다.

하지만 동시에 블루머에게는 이때가 마법 같은 시기였다. 회계 업무는 단순했다. 은퇴자들의 소득 신고서를 작성해주는 것은 수개월에 걸쳐 쓰러져가는 공장의 회계감사를 하는 것보다 한결 쉬웠다. 노동 시간이 예전보다 짧아져서 새로운 아이디어를 탐구해볼 여유 시간도 있었다. 도움이 될 만한 여러 종류의 책과 팟캐스트, 블로그를 살펴보며 회계를 통해 의뢰인에게 새롭고 가치 있는 서비스를 제공해줄 방법과 관련된 자신의 직관을 철저히 검토했다. 영화 〈오션스 일레븐〉이 연상되는 활동도 했다. 번뜩이는 아이디어를 갖추고 있으면서 특정 당면 문제에 관심을 가진 이들을 모아 팀을 짰다. 물론 실제로 팀이 한자리에 모인 적은 없었고, 해결해야 할 문제는 카지노에서 수백만 달러를 훔치는 것이 아니라 회계사로서 더 만족감을 느끼며 더 가치 있는 존재가 될 방법을 찾는 것이었다.

창의적 회계사를 위한 독립선언문

블루머가 가장 처음으로 찾아낸 중요한 인물은 회계사가 시간 단위로 수임료를 받는 문제를 심각하게 고민하던 통찰가 론 베이커Ron Baker였다. 그는 자유주의 경제 성향을 가진 보수주의자로서의 자부심을 갖고 있었다. 블루머보다 열다섯 살이 많고 1980년대에 대형 회계법인인 KPMG에서 회계사로 일하며 블루머와 다를 바 없이 기업들의 의뢰를 받아 회계감사와 소득 신고서 작성 업무를 맡아 하고 있었다. 그러던 중 한 가지 사실에 주목하게 되었다. 생각해보니 자신과 다른 KPMG 회계사들은 의뢰인과 전형적 계약을 맺어 의뢰인의 장부를 검토하면 대체로 몇 분 만에 몇 가지 사실을 간파해냈다. 그 분야의 풍부한 전문 지식 덕분에 회사가 장부를 형편없이 관리하는지 아닌지 금세 파악할 수 있었다.

많은 기업에서는 수십 년 전에 정해진 뒤에 좀처럼 재검토되지 않는 규칙에 따라 재무 기록이 관리되는데 오래된 기업일수록 이런 경향이 심한 편이다. 대다수 사람은 재무 기록이 법규화된 원칙에 따라 표준적인 방법으로 관리된다고 생각한다. 실제로 재무 기록을 관리하기 위한 규정과 법규가 있기는 하지만 이런 규정과 법규에는 기업이 재량에 따라 처리할 수 있는 여지가 상당하다. 언뜻 생각하기엔 재무 기록이 객관적 사실을 기계적으로 기록하는 것 같지만 사실상 재무 기록은 특정 질문에 답을 하도록 설계되는 생명력 있는 문서다. 이제 막 성장하고 있는 신흥 기업은 신규 고객의 유치에 드는 시간과 비용에 맞춰 재무 기록을 설계하는 경우가 있다. 한편 성숙시장mature market에서 경쟁하는 비교적 오래된 기업의 경우에는 신규 고객을 대량으로 유치할 가능성이 낮아지기 때문에 비용 절감만이 유일한 수익 증가 방법으로 추산된다. 따라서 상품의 생산비를 낮추는 것이 최선책이라고 할 수 있다.

베이커는 기업에서 장부를 이런 식으로 설계하지 않는 경우를 너무도 자주 보았다. 오래전 회계감사를 맡았던 한 기업에서는 어떤 사람이 제안한 시스템이 더 이상 그 회사가 당면한 문제에 별다른 답을 제시해주지 못하는데도 재무팀에서는 그 사실을 미처 깨닫지 못한 채 과거의 시스템을 그대로 적용하고 있었다. 베이커는 이런 문제점을 한눈에 간파한 후 재무 보고서를 잘 활용해 가장 다루기 어려운 문제들을 가려내고 해결 방법에 대한 새로운 아이디어를 회사의 임원진에게 빠르게 제안할 수 있었다.

베이커는 노련함과 전문성을 바탕으로 기업에 수백만 달러의 수익을 가져다줄 만한 아이디어를 제시할 수 있었다. 아이디어의 초안을 떠올리는 데는 대부분 하루도 채 걸리지 않았다. 심지어 어떤 기업의 재무 기록에서는 결함이 너무 명확하게 보여서 몇 초 만에 아주 유용한 통찰을 얻는 경우도 있었다. 하지만 베이커는 그런 통찰에 대해서는 수임료를 따로 받지 않았다. 거의 모든 회계사가 그렇듯 베이커 역시 시간 단위로 수임료를 받았다.

그건 정말이지 말도 안 되는 일 같았다. 통상적으로 의뢰인과의 계약 업무에는 300시간이 소요되었고 (1980년대 기준으로) 시간당 100달러를 청구했다. 하지만 그 시간은 다 똑같은 시간이 아니었다. 총 소요시간 중에서 처음 1~10시간은 100달러를 크게 넘어서는 가치가 있었다(이 시간에 의뢰인에게 수백만 달러에 이르는 실질적 가치를 제공한다). 반면 그 이후 290시간은 훨씬 가치가 낮았다. 베이커가 이 시간에 하는 일은 대부분 장부가 정확히 기입되었는지 확인하는 것이었다. 이런 일은 1년차 보조도 거뜬히 할 수 있는 것이었고 조만간 컴퓨터도 충분히 해내게 될 일이었다. 베이커는 이런 단순 업무가 싫었다. 충분한 대가를 받지 못하고 있다는 생각이 드는 것도 싫었다. 자신은 초반에 서류를 보면서 중요한 통찰만 제시해서 그 가치에 합당한 수임료를 받고 나머지 지루하고 시시한 업무는 다른 사람에게 시키면 어떨까 하는 생각이 들었다. 그러려면 더 이상 시간 단위로 수임료를 받아서는 안 되었다.

그러다 회계사는 의뢰인에게 제공하는 가치에 따라 수임료를 받아야 한다는 생각으로 돌파구를 찾았다. 그렇게 된다면 정말로 날카로운 통찰력을 갖춘 회계사들이 자신의 시간을 통찰력을 제공하는 데에만 할애하여 더 많은 수입을 거둘 수 있을 것 같았다. 이런 방식은 회계업계 전반에 변화를 가져올 것이다. 젊은 회계사들은 기계적 역할을 하는 데에서 그치지 않고 남부럽지 않은 생활을 하기 위해서 자신의 가치를 높일 수 있는 방법을 찾을 것이다. 더 나아가 회계사들이 컴퓨터 기술을 적극적으로 수용하고 단순한 회계 서비스를 아웃소싱하여 더 높은 부가가치를 추구할 수 있게 될 것이다. 게다가 지루하고 시시한 업무를 다른 사람이나 기계에 맡기고 그로 인해 생긴 여유 시간에 전문가로서의 노련함을 활용해 흥미진진한 일을 할 수도 있다.

베이커는 회계사에게 그런 시간의 여유가 생길 경우 미국의 모습이 어떻게 바뀔지 상상해보았다. 그의 생각대로 된다면 회계사들은 미국을 더 풍요롭게 해줄 훌륭한 통찰을 제시할 수 있을 것이다. 또한 회계사가 의뢰인에게 이익을 가져다줄 지식과 재능을 키우는 데 더 많은 시간을 할애하는 것이 경제적으로 더 바람직한 일이기도 했다. 계산기로도 할 수 있는 단순한 일을 하면서 시간에 따라 수임료를 받을 거라면 뛰어난 통찰을 제시해줄 만한 전문성을 키우는 데 수년의 시간을 할애할 필요가 뭐가 있겠는가?

베이커가 시간 단위의 수임료 체계에 대해 지적하는 또 다른 문제점이 있다. 서비스 제공자와 의뢰인을 철저히 단절시키는 것이다. 의뢰인 중에 '회계사의 시간을 3시간 정도 쓰고 싶어요'라고 말하는 사람은 없다. 의뢰인은 회계상의 문제를 해결하고 싶어 할 뿐 시간이 얼마나 걸릴지에는 관심이 없다. 또한 적정한 수임료를 지불하고 싶어 한다. 베이커의 주장처럼 가치에 따라 수임료를 결정하는 것이 회계사와 의뢰인의 이해관계에 더 부합한다. 회계사가 일부러 작업 시간을 끌 필요가 없어지기 때문이다.

시간 단위 수임료는 회계를 일반적인 서비스로 전락시키는 데 일조한다. 모든 회계사가 업무를 하는 시간에 똑같은 일을 하므로 마치 수임료를 통해 두 회계사의 실력을 수학적으로 비교할 수 있는 것처럼 생각하기 쉽다. 하지만 회계사 사이에는 분명히 차이가 있다. 블루머 같은 회계사들은 기업에 혁신을 가져올 만한 통찰을 예리하고 빠르게 포착하는 데 남다른 재능이 있는가 하면 대차 계정을 제대로 관리하는 작업을 완벽하게 처리하는 데 소질이 있는 회계사들도 있다.

베이커는 이런 문제에 집착하게 되었다. '집착'이라는 말이 흔히 부정확한 의미로 남용되는 경우가 많지만 베이커의 경우에는 그렇지 않다. 베이커는 일을 그만두고 베라세이지 인스티튜트라는 싱크탱크를 설립해 시간 단위로 수임료를 받지 않도록 회계사들을 설득하는 활동에 평생을 바쳤다. 미국 독립선언문을 패러디해 어느 정도는 풍자조로, 또 어느 정도는 자신의 신념을 진지하게 담아 공들인 문체로 다음과 같은 '독립선언문'을 작성하기도 했다.

> 우리는 다음을 자명한 진리로 받아들인다. 모든 가치는 주관적이며 의뢰인만이 회계업에 종사하는 우리가 창출하는 가치의 유일한 결정권자다. (중략) 시간 단위 회계, 다시 말해 '시간 × 요금 = 가치'라는 암묵적 주장이 회계사에게 강요되었다. 이런 식의 계산은 그야말로 잘못된 방정식이므로 무조건 거부해야만 한다. 그에 따라 시간이 곧 돈이라는 개념도 즉시 거부해야 한다. 시간 단위 회계는 전문 회계사의 이익과 도움을 주어야 할 의뢰인의 이익 사이에 부조화를 가져온다. 시간 단위 회계는 회계직의 초점을 가치가 아닌 시간에만 전적으로 맞춰왔고 그로 인해 뛰어난 기업가정신을 추구할 기회를 희생시키면서 회계직을 평범

함의 궁지로 몰아넣었다. 시간 단위 회계는 회계직이 도움을 주어야 할 대상인 의뢰인의 이익을 노골적으로 무시하면서 고객에게 의도적으로 거래상의 위험을 떠안기고 있다. 시간 단위 회계는 기업가정신이 아닌 상품적 사고방식을 부추기며 전문 회계사들이 혁신을 일으키고 자유시장의 역동성에 이바지하려는 시도에 걸림돌로 작용한다. (이후의 내용은 다음 사이트를 참고하기 바란다. https://verasage.com/DofI/)

베이커는 전 세계를 돌며 회계사들을 상대로 연설을 하고 있으며 현재 그의 연설 대상은 시간 단위로 수임료를 받는 다른 직업군으로까지 확대되었다. 또 연례 회의를 개최하고 팟캐스트도 진행하면서 그의 주장에 관심을 가질 만한 모든 이들에게 자신의 메시지를 전파하고 있다. 베이커의 추산에 따르면 회계사들 중에서 대략 10~15퍼센트가 자신과 같은 사고방식으로 전향했다. 그중에서도 블루머는 베이커의 열성적인 지지자에 속한다.

고객이 정말 원하는
가치를 제공하라

블루머가 그다음으로 모은 지성 집단의 멤버는 팀 윌리엄스Tim Williams였다. 윌리엄스는 베어커와는 사뭇 다른 인물이다. 베이커는 시간 단위로 수임료를 청구하는 것은 바람직하지 않은 사업 방식일 뿐만 아니라 사실상 마르크스주의에 가깝고 미국적이지도 않다고 믿는다(그의 독립선언문을 그대로 인용하자면 "시간 단위 회계는 한마디도 신뢰할 수 없는 마르크스주의 노동가치설의 후예다.") . 반면에 윌리엄스는 좌편향의 민주주의자로, 자신의 아이디어가 사회를 보다 공평하게 만들어줄 것이라는 신념을 가지고 있다. 이런 차이점에도 불구하고 윌리엄스와 베이커는 좋은 벗이자 동료가 되었다. 윌리엄스는 베이커의 베라세이지 인스티튜트 회원이며 두 사람은 서로의 아이디어를 일관성 있게 융합하여 하나로 단일화했다.

윌리엄스는 세계 최대의 기업 여러 곳과 비교적 규모가 작은 기업 몇 곳에서 광고 책임자로 일했다. 그는 1990년대에는 베이커의 통찰과 유사한 생각을 갖게 되었다. 당시 광고업계에는 큰 변화가 일어나고 있었다. 국제 무역이 증가하면서 코카콜라나 보잉 같은 대기업들이 성장의 기회를 찾아 해외로 시선을 돌렸다. 이런 대기업은 대규모 광고대행사 한 곳에서 전 세계의 광고 및 마케팅 활동을 총괄하도록 했다. 그에 따라 대규모 광고대행사가 소규모 광고대행사를 인수하는 대대적인 합병이 일어났다. 그 결과 현재 WPP, 옴니콤Omincom, 퍼블리시스Publicis, 인터퍼블릭Interpublic, 하바스Havas, 덴츠Dentsu와 같은 소수의 다국적 광고대행사들이 수조 달러 규모의 대기업 광고를 대부분 장악하고 있다. 윌리엄스는 처음 광고업계에 들어왔을 때 합병되지 않은 소규모 광고대행사에 주력했다. 현재 미국에는 광고 및 마케팅 기업이 1만 3,000곳이 넘으며 거물급 경쟁 업체의 영향력이 미치지 않는 사업 분야를 놓고 경쟁하고 있다.

소규모 광고대행사 중 상당수는 대형 광고대행사와 경쟁하려면 대형 기업이 하지 않는 모든 서비스를 제공해주는 것이 최상의 전략이라고 판단했다. 그에 따라 어느 회사든 의뢰를 받아 그들이 원하는 것은 무엇이든 다 해주는 대행사를 칭하는 명칭으로, '종합 광고대행사' full-service agency라는 말이 사용되기 시작했다. 종합 광고대행사에서는 새로운 로고 디자인, TV 광고 제작, 마트에서의 신상품 판촉 등 무엇이든 닥치는 대로 다 해주었다.

윌리엄스는 이런 전략을 무의식적으로 따르는 대행사에서 파트너로 근무했다. 이 대행사는 창의성을 인정받으며 전국적으로 좋은 평가를 받고 있었지만 대형 광고주를 유치하는 데 어려움을 겪는 것은 다른 소규모 대행사와 다를 바 없었다. 소규모의 광고대행사가 작은 규모에도 불구하고 대형 대행사를 똑같이 따라한다면 경쟁에서 지고 들어가는 셈이다. 내세울 만한 경쟁우위가 더 낮은 가격과 더 많은 서비스 시간밖에는 없기 때문이다. 더 많이 일하면서 더 적은 돈을 받는 것은 수익성 있는 전략이 아니었다. 한편 경쟁자들과 같은 서비스를 제공하되 수준을 더 낮추는 것도 승리 전략은 아니었다. 윌리엄스 자신이 밝힌 것처럼 실제로 소규모 광고대행사는 일감이 너무 절실한 까닭에 다음 광고주를 유치하기 위해 할 수 있는 모든 말과 행동을 하기 마련이다.

윌리엄스는 20년 동안 전혀 다른 전략을 수립했는데 그 전략의 기본은 거부 의사를 자주 표현하는 것이었다. 현재 컨설턴트로 활동하며 업체들이 자신의 아이디어를 적용하도록 돕고 있는 윌리엄스는 소규모 광고대행사에게 중요한 것은 대기업을 따라하는 것이 아니라고 말한다. 소규모 광고대행사는 모든 광고를 대행을 해서는 안 된다. 의뢰인을 특정한 유형으로 한정해 소수의 대행 업무만 수행하면서 다른 어떤 대행사도 넘볼 수 없는 수준의 서비스를 제공해야 한다는 것이 그의 생각이다. 윌리엄스는 이런 원칙의 구체적 사례로 자신이 컨설팅을 해준 노스캐롤라이나주 샬럿 소재의 레이 워드Wray ward에 대해 이야기해주었다.

레이 워드는 전형적인 지역 기반 광고대행사로, 사업 부문을 가리지 않고 닥치는 대로 의뢰를 받았다. 레이 워드의 광고기획자들은 한 은행의 대대적 광고를 기획하는 동시에 인근 가구 제조업체의 잡지 광고를 진행했고 다시 대규모 전력 생산업체의 마케팅에 초점을 맞추는 식으로 일했다.

레이 워드의 사장 제니퍼 애플비Jennifer Appleby는 윌리엄스의 컨설팅을 받으며 이런 전략으로는 장래성이 없다는 사실을 깨달았다. 당시에는 해마다 지역의 의뢰 업체들이 뉴욕에 본사를 둔 글로벌 기업으로 거래처를 옮기고 있었다. 글로벌 광고대행사에서는 광고매체를 대량 구입할 때 우대 할인과 다양한 서비스 등 온갖 혜택을 제공하니 그럴 수밖에 없었다. 윌리엄스는 레이 워드에서 심층적인 내부 토론을 하면서 애플비의 동료들이 대형 광고대행사와 직접 경쟁할 수 없는 분야를 가려내는 동시에 그 회사만의 차별성을 찾아내도록 했다.

오랜 시간이 걸리긴 했지만 윌리엄스와 애플비, 레이 워드의 직원들은 레이 워드에 광고를 맡기는 것을 정말 좋아할 만한 유형의 고객층을 마침내 찾아냈다. 게다가 그 분야의 광고라면 특별한 영감을 가지고 제작할 수도 있을 것 같았다. 레이 워드의 직원들이 뛰어난 이해력을 갖추고 있던 가구와 홈인테리어 분야였기 때문이다. 노스캐롤라이나주는 미국 가구 산업의 중심지로, 침대, 의자, 실내장식용 패브릭 생산에 주력하는 대기업과 중소기업이 수천 곳에 달했다. 레이 워드는 이런 기업들 중 여러 곳의 광고를 맡아 진행한 경험이 있었고 윌리엄스의 지적대로라면 이런 가구 및 홈인테리어 분야의 기업에 전적으로 주력하는 광고대행사는 한 곳도 없었다.

애플비와 직원들은 이 분야에 대한 연구에 착수했다. 가구와 홈인테리어의 판매 시장과 판매 방식에 대해서라면 이미 어느 정도 파악하고 있었지만 관련 지식을 더 많이 쌓기 위해 노력했다. 가구 소비층에 대해 상세하게 파악하기 위해 관련 잡지 여러 개를 정기구독하는가 하면 직조, 염색, 목공, 철제 가구와 연관된 과학 원리를 깊이 파고들기도 했다. 심층 연구에 2년이라는 시간이 걸렸지만 그 후엔 바로 준비가 갖추어졌다.

레이 워드의 이사진은 기존 고객과 거래를 끊지는 않았지만(앞에서도 말했듯이 이것이 꼭 최상책은 아니다) 자신들이 선택한 분야에서만 신규 고객을 받기로 결정했다. 다른 어떤 광고대행사도 따라오지 못할 만큼 깊고 넓은 지식과 전문성을 갖춘 상태였기 때문에 그 분야의 신규 고객을 유치할 수 있었다. 대형 광고대행사는 규모가 너무 커서 한 가지 산업 분야를 속속들이 배우기 위해 시간과 노력을 투자할 수는 없었다.

윌리엄스는 레이 워드의 이사진에게 특정 유형으로 고객층을 좁힐 때 훨씬 더 높은 수수료를 청구할 수 있는 근거를 차근차근 설명했다. 고객층을 좁히면 단지 남들과 똑같은 서비스를 규모만 줄여 제공하는 것이 아니라 다른 누구보다 깊이 있고 특화된 지식과 통찰, 자료를 바탕으로 독보적 서비스를 제공할 수 있다. 레이 워드는 특화된 지식과 통찰로 가구 제조업체의 중요한 파트너 역할을 해주었다. 또한 고객층을 보다 적절히 공략하는 동시에 비용 효율성을 높이는 방향으로 마케팅 활동을 펼쳤다.

레이 워드의 직원들은 경쟁 업체보다 수수료가 훨씬 높기는 해도 레이 워드에 일을 맡길 경우 어떤 이점이 있는지 의뢰 업체에 당당하게 이야기할 수 있었다. 고객에 대한 자료를 제공하는 다른 이들에게 비싼 구독료를 지불하지 않아도 되고, 경쟁 업체의 마케팅과 광고 활동을 직접 살피지 않아도 되며, 가구 디자인의 최신 트렌드 파악에 막대한 시간을 쏟지 않아도 된다는 점을 부각할 수도 있다.

윌리엄스는 레이 워드와 같은 방식으로 변화시킨 광고대행사를 들라면 수십 곳도 댈 수 있다고 했다. 와인 제조업체에 초점을 맞춘 오리건주의 광고대행사, 중형 병원만을 고객층으로 삼고 있는 세인트루이스의 마케팅 회사, 노년층을 주력 대상으로 삼는 사업체에 특화된 서비스를 제공하는 애리조나주의 업체는 그중 일부에 불과했다.

어떤 의미에서 보면 초점의 폭을 좁히라는 윌리엄스의 요구는 시간 단위로 수임료를 청구해서는 안 된다는 베이커의 주장과 일맥상통한다. 두 사람 모두 특화된 전문성을 가지고 공략 고객층에게 진정한 가치를 가져다주는 것에 집중하라고 말한다. 시간 단위로 수임료를 청구하는 것과 종합 광고대행은 모두 서비스가 제공하는 가치에 초점을 두기보다는 그저 해당 업무의 외부적 규칙을 따르는 것일 뿐이다.

베이커나 윌리엄스의 아이디어도 얼핏 생각하기엔 그다지 현대적인 개념 같지 않다. 다음과 같은 의문을 갖는 사람도 있을 것이다. 어째서 이런 개념이 21세기에 들어와 점점 인기를 얻고 있으며 20세기에는 이런 개념을 떠올린 이들이 드물었던 걸까? 그 이유는 현대 기술과 국제 무역 덕분에 이런 개념을 떠올릴 수 있는 가능성이 높아졌기 때문이다. 특히 국제 무역이 증가하며 대기업들은 전 세계 고객들을 사로잡기 위해 점점 더 규모를 키워가고 있다.

이처럼 회계사와 광고대행사를 비롯한 여타 직업군에서 대형 서비스업체가 성장하면서 그 필연적인 결과로서 비교적 규모가 작고 민첩한 업체들이 고객에게 보다 친밀하게 다가가기가 쉬워졌다. 이런 친밀성은 실질적 가치를 발휘한다. 대형 업체에 일을 맡기는 고객에게 어떤 대우를 받고 있느지 물어봐라. 그러면 처음엔 환심을 얻으려고 공을 들이더니 나중엔 별 신경을 써주지 않더라고 토로할 것이다. 어떤 고객도 (그 고객이 정말로 대규모 업체가 아닌 한) 다국적 서비스 제공자에게 오랜 기간 지속적인 관심을 받을 수는 없다. 한편 이제는 인터넷을 비롯한 컴퓨터 기술 덕분에 소규모 기업도 장소에 구애받지 않고 전 세계에서 고객을 확보할 수 있다. 소규모 기업이 제공할 수 있는 적절한 친밀성은 규모의 경제에서의 생산과는 크게 다르다.

무엇을 팔 것인지보다
더 중요한 가격 결정

블루머는 팀 윌리엄스, 론 베이커와 같은 인물들을 만나기 수년 전부터 책을 읽고 소셜미디어에서 이루어지는 진지한 논쟁을 살펴보는 한편 우연히 발견한 아이디어의 적용 방식도 연구했다. 그러다 2010년에 이르러 마침내 때가 무르익었다. 아버지가 은퇴하면서 블루머가 가족 사업체를 온전하게 소유하게 된 것이다. 블루머는 새로운 규칙을 세웠다.

이제부터는 시간 단위로 수임료를 청구하지 않기로 했다. 특정 의뢰 건에 대해 작업 시간을 기록하지도 않기로 했을 뿐만 아니라 기존 고객 대부분과 거래를 끊기로 했다. 윌리엄스의 조언을 따르면서 블루머는 자신은 웹사이트 디자이너, 광고대행사, 마케팅 회사 같이 창의성을 발휘해 서비스를 제공하는 직종의 사람들과 함께 일할 때 가장 즐거워한다는 사실을 깨달았다. 창의성이 넘치고 자신의 분야에서 실력을 갖추었지만 사업 전략의 문제에 관한 한 갈피를 못 잡고 헤매는 사람들과 일하고 싶어서 새로운 패러다임에 맞는 고객층만 고객으로 남겨 두기로 했다.

"가격이 비용을 정당화하는 것이지 비용이 가격을 정당화하는 것이 아니다." 베이커가 입버릇처럼 즐겨 하는 말이다. 블루머는 처음에는 이 말이 이해되지 않았다. 비용은 외부 환경에 따라 발생한다. 사무실을 유지하고 담보대출금을 갚고 공과금을 납부하는 데 많은 비용이 든다. 상품을 생산하는 기업일수록 더욱 그렇다. 그런데 어떻게 가격이 스니커즈와 초코바에서부터 항공모함에 이르는 온갖 상품의 비용을 결정한단 말인가? 이런 상품들은 (각각 얼마간의 비용을 발생시키는) 여러 원재료가 조합되어 최종 상품으로 가공되는 것이 아닌가?

하지만 블루머는 베이커의 개념에 심오한 의미가 담겨 있음을 깨달았다. 이전까지 그는 책상 앞에 앉아 의뢰 고객에게 수임료를 청구할 수 있는 근무시간을 따지고 있었다. 하지만 더는 의뢰 고객의 소득 신고와 회계 감사를 처리하고 임금 대장을 관리하고 싶지 않았다. 그가 원하는 일은 고객과 친밀한 관계를 맺으며 고객의 사업이 성공하도록 세심히 돕는 것이었다. 자신과 대다수 공인 회계사가 으레 그러듯 수백 명이나 되는 고객을 도와주긴 힘들다고 결론지었다. 40명 이상은 무리였다. 하지만 의뢰 고객 수를 40명으로 한정하면 더 많은 수임료를 부과할 수밖에 없게 된다.

또한 이 고객들을 제대로 도와주려면 매주 더 깊이 있는 식견을 기르기 위해 많은 시간을 할애해야 한다. 이는 다시 말해 대다수 업체에서 요구하는 70퍼센트의 가동률을 절대 넘지 못하게 된다는 얘기였다. 고객이 의뢰한 업무를 직접적으로 처리하는 데 작업 시간의 50퍼센트를 쓰는 것도 운이 좋아야 가능할 듯했다. 그렇다고 해서 자신의 여유 시간에 대해서까지 고객에게 수임료를 청구하려는 생각은 아니다. 자신의 전문적 식견이 높아지면 고객에게 그만큼의 혜택이 돌아가게 된다. 그런 식견을 고객의 사업에 바로 적용하기 때문이다. 이런 근거에 따라 블루머는 의뢰 건별 수임료를 일반 수임료보다 훨씬 더 높게 책정했다.

이로 인해 또 다른 깨달음도 얻게 되었다. 고객을 받는 문제에서 아주 까다로워질 수밖에 없다는 점이었다. 시간이 점점 지나다 보면 자신이 제공하는 가치를 정말로 원하는 이들만이 확실히 수임료를 낼 테니 그럴 수밖에 없었다. 사업은 전적인 원격 기반으로 사업을 운영할 작정이었다. 고객을 직접 대면하지 않고 거의 모든 거래에서 화상 채팅, 이메일, 보안 서버, 그리고 전화를 활용하려 했다. 이제 자신이 하고 싶지 않은 지루한 업무를 맡아줄 회계사 두 명을 따로 고용해서 이 두 사람도 자기 집에서 자유롭게 일하게 했다.

블루머는 기존 고객 모두에게 편지를 보내 새로운 사업 모델을 설명하면서 계속 기존 방식대로 기계적 업무 위주의 시간 단위 수임료를 내고 싶어 할 고객을 위해 다른 업체를 추천해주었다. 그러고 나니 갑자기 의뢰 고객이 뚝 끊겼다. 안 되겠다 싶어 자신의 전략을 홍보하기 위해 팟캐스트와 소셜미디어에 광고를 냈다. 반응은 엄청났다. 3개월도 채 지나지 않아 30명의 고객이 생겼다(이 30명 중 한 사람이 다음 장에서 등장할 인물이다). 그리고 1년 후에는 수입이 세 배로 뛰었다.

현재 블루머는 회계업계에서 유명인사다. 이제는 일을 의뢰하고 싶어 하는 고객이 감당할 만한 수준을 넘어서서 의뢰를 거절해야 할 지경이다. 매년 기존 고객 서너 명에게 다른 업체로 거래처를 옮길 것을 부탁하는데 이는 더 이상 서로 잘 맞지 않다고 생각하기 때문이다. 대부분의 회계사에게는 상상도 할 수 없는 일이다. 블루머는 자신의 회사가 굉장한 모델로 떠오르자 다른 회계사들에게 자신과 비슷해질 방법을 자문해주는 사업도 시작했다.

나에겐 블루머가 이 책에 담을 핵심 개념을 보여주는 이상적인 인물로 여겨졌다. 블루머는 자신의 분야를 뒤엎어 자신에게 유리하게 전환시킬 수 있었다. 다시 말해 가격이 결정되는 방식을 혁신시킬 수 있었다. 이런 혁신은 우리의 새로운 경제에서 가장 중요한 요소에 속한다. 이제는 더이상 막대 사탕에서부터 회계 서비스 시간에 이르는 모든 것을 동일 단위에 따라 동일 방식으로 요금을 책정하는 방식에서 벗어나야 한다. 하지만 여전히 표준 가격을 무조건 받아들이는 사람들이 너무 많다. 특정 관계에 따라 발생하는 실질적 가치에 초점을 맞추고 그 가치에 적합하게 가격을 매겨야 한다.

블루머가 각성시켜주는 중요한 교훈은 사람들이 무엇을 팔 것인지, 요금은 얼마로 책정할 것인지에 대한 분석에 정말 소홀하다는 사실이다. 이 두 가지는 사업이나 커리어에서 가장 중요한 부분이자, 제대로 분석된다면 정말로 신나는 부분이기도 하다. 따라서 이제는 스스로에게 다음과 같은 질문을 해봐야 한다. 내가 어떤 분야에 자질이 있고 그 자질로 가장 득을 볼 사람들이 누구일까? 실질적 금전의 관점에서 볼 때 그 사람들이 얼마만큼의 득을 볼까? 그 사람들이 그런 이득을 확실히 느끼면서 더이상 타당성이 없는 듯한 낡은 전통에 따른 가격이 아닌 가치에 따른 가격에 수긍하도록 하려면 내가 하는 일을 어떻게 틀 잡는 게 좋을까?

블루머가 직접 보여주었듯이 이런 분석 과정은 단박에 술술 이루어지는 게 아니다. 내면의 성찰과 다양한 실험이 필요하다. 블루머는 아직도 나아갈 길을 찾으며 매년 적어도 한두 개의 과감한 실험을 도입하고 있다. 하지만 블루머 같은 사람들과 블루머의 지침을 도움으로 삼으면 그 분석 과정에 속도를 높일 수 있다.

나는 블루머를 떠올리면 웃는 모습이 그려진다. 때로는 내가 한 말이나 자신이 뱉은 엉뚱한 농담에 우하하하 웃어젖히는 모습이 그려질 때도 있다. 그만큼 블루머는 편하고 유쾌한 사람이다. 그래서 삶을 혁신하기 전의 예전 모습을 도저히 상상할 수 없다. 잘 맞지 않는 옷을 입은 채 좌절감에 빠져 있던 회계사였고 마지못해 소득 신고 양식을 채우는 고달픈 일과를 이어가다 녹초가 되어 집에 돌아오면 아이들과 즐거운 시간을 가질 여유도 없이 지냈다는데 그 모습이 잘 연상되지 않는다. 블루머가 내가 만나본 사람 중 가장 쾌활한 사람에 들기 때문에 더 그렇다.

블루머의 삶에 일어난 변화가 가장 명확히 드러나는 순간은 일을 할 때다. 나는 블루머가 일을 하는 모습을 여러 번 보았다. 블루머처럼 될 수 있는 방법을 배우고 싶어 하는 회계사 수백 여 명에게 피난처와 같은 곳인 딥퍼 위크엔드 Deeper Weekend도 참관해봤다. 그곳에서 블루머가 이 회계사들 앞에 서서 중요한 틈새를 골라내고 자신이 제공할 수 있는 독자적 가치를 찾아내는 과정을 차근차근 설명해주는 모습을 지켜볼 때는 전율이 일었다. 블루머의 강연을 듣고 있으면 제공하는 가치에 따라 서비스의 요금을 매기는 방법을 가르쳐주는 등 실질적 방법을 세세히 설명해주어 흡인력이 있다. 하지만 이런 실용주의가 아무리 돋보여도 블루머의 강연에서 주된 메시지는 블루머 자신이다. 고객들과 다른 회계사들을 자신이 발견해낸 과정으로 이끌어주는 것, 그것이 바로 블루머가 애초에 의도했던 일이기 때문이다.

언젠가 블루머에게 정말로 지금이 더 행복하냐고 물어본 적이 있었다. 그때 블루머는 지금까지 자신의 얘기를 제대로 듣기나 한 것이냐는 듯이 나를 쳐다보다 웃음을 터뜨리며 말했다. "나는 매일 매일 매 순간이 예전보다 더 행복해요."

제5장

와인 속에 숨은
가격 책정의 비밀

가격은 결정되는 것이 아니라 내가 결정하는 것이다

와인 한 병과 농부의 때 묻은 손이
가치에 따른 가격 매기기의 원리를 풀어내주다.

제이슨 블루머에게 와인을 어떻게 생각하느냐고 물어봤을 때 너무 비싸지 않은 화이트 와인을 차갑게 마시는 것이 자신의 취향이라는 것 말고는 아는 게 없다고 답했다. 그래서 자동차를 타고 캘리포니아 북부 소노마의 포도 재배지를 돌 때 묘한 기분이 들었다. 블루머가 자신도 모르게 소노마와 그 인근 나파 밸리의 흥미롭고 비범한 와인메이커 몇 사람의 삶을 변화시켜주었으니 그럴 만했다. 그때 차 안에는 뛰어난 와인 마케터 메간 필립스Meghan Phillips도 함께 있었다. 필립스는 자기 입으로 자신은 사업가 자질이 없다고 말하며 몇 년 전에는 회사가 파산 직전까지 가기도 했다고 털어놓았다. 그렇게 절박한 상황에 몰렸을 때 필립스는 블루머에게 의뢰를 했다.

우리는 금세 샌프란시스코의 도회 지역을 벗어났다. 금문교를 건너 북쪽으로 차를 몰고 가면 몇 시간은 콘크리트와 자동차밖에 없는 도시가 이어질 것 같지만 어느 순간 갑자기 도시 경관이 사라지면서 대규모 농장과 작은 언덕, 단층 건물이 늘어선 시골 지역으로 들어서게 된다. 이 지역에는 세 종류의 와인 사업이 동시에 이루어지고 있다. 그중 가장 유명한 사업이 와인 투어다. 식견 있는 와인 애호가에서 버스로 투어를 온 술꾼들까지 다양한 방문객이 이곳에서 와인 투어를 하며 여러 포도 농장의 와인을 맛본다. 누구에게나 열려 있어 많은 방문자들이 참여하는 이런 투어는 와인 산업의 대중적 측면이다.

한편 초대받은 사람만 참석할 수 있는 와인 산지 투어도 있다. 이 투어는 부유한 포도 농장 소유주, 유명인, 음식 및 와인 작가를 비롯해 와인에 대한 대중의 인식을 형성하는 데 도움이 될 만한 이들을 대상으로 하는 와인 사업이다. 매일 밤 초대받은 사람들만 입장할 수 있는 디너 파티가 열리는데 때로는 직접 포도 농장을 구입한 실리콘밸리 거물들의 웅장한 별장에서 파티가 열리기도 한다. 또한 매주 야심차게 준비한 와인 공개 행사, 자선 파티 등 턱시도나 칵테일 드레스(격식을 차리는 사교 행사 때 입는 드레스—옮긴이)를 갖춰 입어야 하는 다양한 행사가 열리기도 한다.

세 번째 사업은 와인 산업을 공개적으로 보여주는 앞의 두 종류의 사업과 함께 진행되지만 여러 면에서 그 사업들과는 성격이 전혀 다르다. 그것은 포도의 재배와 수확을 담당하고 포도를 와인으로 만드는 복잡하고 번거로운 양조 과정을 지휘하는 실무자들의 세계다. 이 실무자들은 손에는 굳은살이 박이고 때 묻은 장화와 청바지 차림으로 일하지만 와인을 대하는 태도는 실용적인 동시에 많은 사람들이 보는 화려한 와인 발표회보다 더 깊은 경건함이 배어 있기도 하다.

필립스는 바로 이런 세계에서 성장했다. 부모님이 와인 산업 종사자였던 건 아니었다. 아버지는 대형 슈퍼마켓 체인의 지점장으로 일했고 어머니는 학교의 상담교사였다. 하지만 어느 순간 와인이 필립스의 삶 속으로 스며들었다. 친한 친구들은 대부분 포도 재배업과 와인 양조업을 하는 집안의 아이들이었고 소노마 주립대학교에 입학했을 때는 와인 마케팅 위주로 전공과목을 선택했다.

마트계의 철학자에게 배운
와인 진열법

필립스는 블루머가 자신의 삶을 변화시켰다고 말한다. 블루머가 필립스를 새로운 사람으로 만들어준 것은 아니었다. 그보다는 필립스가 자신의 진정한 자아를 중심에 두고 사업의 기틀을 잡을 수 있도록 이끌어주었다고 하는 것이 맞을 것이다. 다른 수많은 의뢰인이 그렇듯 필립스 역시 위기의 상황에서 블루머를 찾았다. 당시 필립스는 갑작스러운 큰 성공으로 오히려 위기를 맞고 있었다.

필립스는 대학에 재학하던 중에 고향인 소노마에서 급성장하고 있던 와인 브랜드 비안사에 들어갔다. 와인 마케팅에는 이 분야에 필요한 특별한 재능이 필요한데 필립스는 자신의 타고난 재능을 입증해 보였다. 와인 마케팅에는 사람들이 쉽게 와인을 접하게 하면서도 신비로움을 유지하는 것 사이의 균형을 맞추는 것이 무엇보다 중요하다. 다수의 와인 마케팅 조사에 따르면 와인 판매의 가장 큰 걸림돌은 많은 사람들이 와인이라고 하면 주눅부터 들어 좋은 와인과 나쁜 와인을 어떻게 구분하는지 자신 없어 한다는 점이다. 그래서 많은 와인 마케터가 자사의 와인을 흥미롭고 다가가기 쉽게 느끼도록 소비자의 불안감을 해소해줄 최선책을 찾는 일에 매진한다. 하지만 이때 너무 멀리 나가면 위험하다. 비안사의 와인 같이 22 달러부터 100달러 이상의 소매가로 판매되는 와인은 비싼 가격을 지불할 가치가 있는 제품으로 느껴지도록 신비로운 느낌을 풍기게 해야 한다. 친밀감과 신비감 사이의 적절한 지점을 찾는 것은 어떤 가격대와 시장을 공략할 것인지에 따라 달라지는데 이는 와인 마케팅에서는 중요한 난제다.

한편 와인 마케터는 와인의 배급과 판매를 규제하는 복잡한 규정도 이해해야 한다. 미국에서는 1933년 금주법이 폐지된 이후에도 술은 여전히 규제가 엄격한 상품이어서 훗날의 주류·담배·총기 단속국 BAYF이 되는 기구의 관할하에 놓였다. 그에 따라 현재 와인은 이 단속뿐만 아니라 규제 범위가 각각 다른 주법州法의 규제까지 받고 있다. 주 정부 소유의 매장에서만 술의 판매를 허용하는 유타주 등의 일부 주에서는 규제가 아주 엄격한가 하면 애리조나주, 콜로라도주, 캘리포니아주를 비롯한 또 다른 주에서는 규제가 거의 없다. 이렇게 혼란스러운 여러 종류의 법은 와인의 마케팅 방식에도 큰 영향을 미친다. 예를 들어 대다수의 주가 마트에서 와인 판매를 허용하지만 어떤 주에서는 주류 매장에서만 와인을 판매할 수 있다.

마트에서의 쇼핑과 주류 매장에서의 쇼핑은 완전히 다르다. 여성들이 주로 자녀들과 함께 쇼핑을 하는 마트에서는 가격과 가치를 민감하게 따져서 물건을 사는 경향이 높다. 마트에서의 와인 구매는 죄책감이나 반발심 때문인지 몰라도 어쨌든 충동구매를 하게 되어 재빨리 고르는 경우가 많은 편이다. 반면에 주류 매장은 남성이 혼자 들르는 경우가 많고 심지어 와인에 대해 잘 알고 있는 직원과 상의도 하면서 시간을 들여 신중하게 와인을 고르는 적극적 구매의 경향이 높다.

필립스는 마치 와인 마케팅을 위해 태어난 사람처럼 입사 초기부터 탁월한 자신의 재능을 드러냈다. 필립스의 말을 그대로 옮기자면, 가까이에서 와인을 접하며 성장한 사람은 남들과는 다른 식으로 와인을 받아들이게 된다. 오렌지나 상추, 아몬드와 마찬가지로 와인도 토양, 햇빛, 물로부터 양분을 흡수해 성장하는 농산물처럼 여기게 된다는 얘기다. 필립스는 소노마에서 자라면서 어떤 농부는 작물을 지극한 정성으로 돌보는가 하면 또 어떤 농부는 어떻게든 수익을 극대화하려 애쓴다는 사실을 알게 되었다. 그것은 포도를 구입해 그 포도로 와인을 만드는 사람들의 경우에도 마찬가지였다.

훌륭한 와인은 천재의 손길을 거쳐 탄생한 신비로운 결과물이 아니었다. 열정적인 와인메이커가 알맞은 토양에서 잘 길러진 포도를 사서 발효 과정에 지극한 정성과 노력을 기울여 얻은 결과물이었다. 와인을 이런 식으로 바라보니 친근함과 신비감을 동시에 느낄 수 있었다. 필립스는 뛰어난 와인을 맛보면 그 와인을 빚은 와인메이커의 인품과 근면성도 느낄 수 있다고 한다. 필립스에게 뛰어난 와인은 신비로운 동시에 친근한 존재다. 와인에 신비감과 친근함이 공존한다는 사실에는 어떤 모순도 없다.

필립스를 타고난 와인 마케터로 성장하게 해준 필립스의 유년기에는 또 하나의 결정적 측면이 있었다. 필립스의 아버지는 단순한 마트 지점장이 아니었다. 그는 마트계의 철학자 같은 인물이었다. 그에게는 마트가 단지 상품이 진열된 선반이 끝없이 이어지는 널찍한 공간이 아니었다. 피가 돌고 심장이 뛰며 매장 안으로 들어서는 이들과 공생관계로 연결되어 있는, 살아 있는 야수에 더 가까웠다. 그는 어린 딸 필립스에게 대다수 쇼핑객들은 마트에 올 때마다 똑같은 경로를 따라 똑같은 상품 진열 선반으로 다가가 똑같은 상품을 구매하는 경향이 있다는 것을 알려주기도 했다. 똑똑한 마트 관리자는 이런 쇼핑객들이 틀에 박힌 경향에서 벗어나 새로운 상품을 시도해보도록 신경을 쓴다.

필립스의 아버지는 각 통로의 양쪽 끝에 있는 진열 공간에 특히 신경을 많이 썼다. 나 또한 종종 궁금해하던 부분인데, 통로 양쪽 끝 진열 공간에는 해당 통로의 상품군과 다른 종류의 상품이 진열되어 있다. 가령 음료가 진열된 통로의 끝에 스낵 칩과 살사 소스가 놓여 있다. 필립스는 아버지에게 배워서 그 이유를 알고 있었다.

사실 마트의 양쪽 끝 진열 공간은 쇼핑객이 순간적이고 거의 무의식적으로 결정을 내리도록 설계된다. 쇼핑객이 맥주를 사러 갔다가 통로 끝에 진열된 스낵 칩들을 보고는 맥주와 잘 어울리는 스낵 칩에 구매욕을 느끼도록 설계하는 것이다. 게다가 이 양쪽 끝 진열 공간은 쇼핑객들의 발걸음을 붙잡아서 그들이 잘 찾지 않는 통로 안쪽까지 자세히 살펴볼 수 있도록 교묘하게 설계되기도 한다. "아버지는 틈만 나면 마트의 주변부 공간과 중심부 공간에 대한 이야기를 들려주셨어요." 마트의 중심부 공간은 사람들이 사고 싶은 상품이 있어야만 들어서는 곳이다. 한편 주변부는 틀이 없는 완전 자유 공간에 가까워 쇼핑객들이 새로운 것을 구매할 수 있도록 꾸며진다. "사람들이 주변부를 천천히 구경하다 통로 중심부로 들어서게 해야 해요."

필립스는 이런 통찰력 덕분에 아주 성공적인 마케팅을 기획하기도 했다. 수십 개의 와인 브랜드를 가지고 있는 세계 최대 와인업체를 위해 기획한 소매시장 마케팅이었다. 당시 필립스가 마케팅을 할 브랜드는 여자친구들과 저녁 시간을 즐기면서 가볍게 마시기에 편한 와인을 찾는 20대와 30

대 초반 미혼 여성을 공략하기 위해 기획된 서브 브랜드였다. 필립스는 가장 먼저 이 서브 브랜드의 화이트 와인 판촉을 위한 프로젝트를 진행했다. 판촉 목표는 새로운 와인을 데이트 중에 마실 만한 짙은 빛깔에 깊이 있고 로맨틱한 분위기의 레드 와인과 대조시키는 데 두었다. 이 와인은 가볍지만 즐거운 저녁 시간을 보내는 데 알맞은 부담 없는 와인으로 다가가야 했다. 공략 고객층이 마트 와인 코너에 진열된 많은 경쟁 브랜드와 다양한 제품에 흥미를 빼앗길 가능성도 염두에 두어야 했다.

필립스는 당시를 이렇게 기억했다. "사람들은 와인 진열 통로에 들어서면 눈앞이 깜깜해져요. 온갖 종류의 와인이 진열대에 가득하잖아요. 그래서 아버지를 떠올리며 생각했죠. 그래, 진열 공간을 주변부로 빼자." 필립스는 젊은 여성층이 마트의 주변부를 맴돈다는 점을 깨닫고는 그들의 발길을 끌 만한 방법을 생각해보다 특별 진열 공간을 마련해 꽃 사이에 와인을 배치했다. "저희는 분위기가 환해지게 꽃을 여기저기에 잔뜩 가져다 놓았어요. 그렇게 와인 진열 통로에서 우리가 마케팅하는 와인을 빼낸 거죠." 결과는 대성공이었다.

얼마 지나지 않아 필립스에게 마케팅 지도를 부탁하는 와인업계 임원들이 줄을 이었다. 필립스는 그 정도의 수요라면 독자적으로 마케팅 회사를 시작해도 되겠다고 판단했다. "막상 시작하려니 너무 겁이 났어요. 무슨 배짱으로 일을 저질렀는지 지금도 잘 모르겠어요. 그때 저는 첫 아이를 임신 중이었고 남편은 아직 법대를 다니고 있었어요. 객관적으로 생각하면 그다지 현명한 결정은 아니었죠. 경제적으로 안정되어 있던 것도 아니고 건강보험도 없었어요. 더군다나 마케팅 대행사를 시작한 2008년은 금융위기가 한창이던 시기였고요."

놀랍게도 회사를 열고 얼마 지나지 않아 필립스가 감당하지 못할 정도로 일거리가 들어왔다. 첫 해만에 회사의 규모가 네 배로 커졌고 2년째에도 또 네 배로 성장했다. "정말 미친 듯 잘 나갔죠." 필립스가 웃음을 터뜨리며 그때를 회상했다. 필립스는 자신의 대행사를 따로 마케팅하지도 않았다. 그냥 밀려드는 의뢰 전화를 받았을 뿐이다. 이렇게 해서 전 세계 소비자에게 저렴한 대중적 와인을 판매하는 굴지의 와인 브랜드 여러 곳과 다수의 현지 레스토랑, 수많은 영세기업의 일을 맡게 되었다. 그녀는 고객을 가리지 않고 일을 맡았다.

돈이 쏟아져 들어왔지만 빠져나가는 속도가 더 빨랐다. 회사의 업무를 처리하기 위해서는 디자이너, 회계 담당자, 제작 담당자 등 많은 직원을 고용해야 했다. 필립스는 직원들이 시간을 체계적으로 잘 활용하고 있는지 확인할 시스템도 갖추고 있지 않았다. 보통 사람이 처리할 수 있는 수준을 넘어설 만큼 많은 의뢰를 받았다. "저는 밤을 새워가며 일했어요. 아이가 막 태어났을 때라 아기 돌보랴 일하랴 정신이 없어서 밤을 새우기가 일쑤였죠. 잠도 제대로 못 잤어요. 정말 힘들었어요."

가구가 잘 팔리는
로고를 만들어주세요

필립스는 공과금을 마련하려는 절박한 마음에 전화를 걸어온 모든 고객의 의뢰를 맡았다. 그러다 보니 와인을 향한 그녀의 열정과 관계없는 고객이 수두룩했다. 그 시절을 뒤돌아볼 때면 특히 떠오르는 고객이 한 명 있다.

어느 날 가구 제조업자 한 명이 전화로 새로운 로고를 의뢰했다. 필립스는 파트너와 함께 그 의뢰인을 만났다. 작지만 강단 있고 열정적인 남자였는데 쉴 새 없이 말을 쏟아내며 고전을 겪고 있는 자신의 사업에 대한 이야기를 털어놓았다. 남자는 소비자에게 직접 가구를 파는 소매 판매와 함께 다른 소매업체에 대한 도매 판매도 겸하면서 서로 다른 유형의 판매 방식을 병행하고 있었다. 소비자에게 직접 가구를 팔면 도매 판매에 비해 더 높은 가격을 받을 수 있지만 그만큼 시간과 품이 더 든다. 남자는 도매업체들과 거래할 때 더 운이 좋은 편이었다. 도매 고객들과는 자신이 만든 가구의 기술적 특징을 얘기할 수 있다는 점도 좋았다. 하지만 그 사람들이 자신의 소매 사업을 가로채는 듯한 기분도 들었다. 그러다 우여곡절 끝이 이런 문제의 해결책이 새로운 로고를 만드는 것이라는 결론에 이르렀다. 당시의 로고가 마음에 들지 않기도 했고, 꼭 전달해야 할 메시지를 모든 고객에게 온전히 전달해주어야 정말 좋은 로고라는 생각도 들었다. 그의 이야기를 들은 필립스는 황당한 기분이 들었다.

필립스가 생각하기에 로고는 전혀 급한 문제가 아니었다. 로고를 구상하기 전에 사업에 대한 어려운 결정부터 내려야 할 것 같았다. 소매 판매나 도매 판매 중 하나를 고르든가, 아니면 최소한 두 부문 간에 균형을 잡는 요령을 익혀야 할 것 같았다. 그런 후에는 일단 자신의 공략 고객층을 찾고 나서 자신이 제공하고 싶은 가치가 무엇인지를 파악해 고객들에게 전달할 메시지를 가다듬어야 했다. 적절한 고객층만 찾는다면 그 가구 제조업자가 전문적 식견을 담아 열정적으로 늘어놓는 독백과도 같은 장광설도 쓰임새가 있겠다는 생각도 들었다. 물론 그 남자가 무례하고 자기중심적이긴 했지만 얘기를 듣다 보면 그 분야에 해박한 지식이 있음을 느낄 수 있었다. 필립스는 가구에 대해서라면 모르는 게 없는 가구 전문가로서의 이미지를 중심으로 마케팅 전략을 짜면 어떨까 하는 생각이 들었다. 그런 이미지에 흥미를 잃을 사람도 많겠지만 긍정적으로 호응하는 이들은 아주 충성스러운 고객이 될 가능성이 있었다.

이 모든 문제부터 해결하고 나서야 비로소 새로운 마케팅에 힘을 실어줄 로고에 대해 생각하는 것이 맞는 순서일 듯했다. 하지만 필립스는 그 생각을 입 밖으로 꺼내지 않았다. 일거리를 원하는 마음이 앞섰기 때문이다. 일거리가 절박하다는 마음에 필립스는 그냥 이렇게 말했다. "알겠습니다. 새로운 로고를 만들어드리겠습니다."

그가 의뢰한 일을 진행하는 과정은 끔찍했다. 남자는 줄기차게 전화를 해댔다. 하지만 필립스가 추천하는 안마다 거의 다 퇴짜를 놓았다. 이런 고객을 상대하는 것은 필립스가 처한 어려움을 해결하는 데 도움이 되지 않았다. 필립스는 이 가구 제조업자 같은 고객을 수십 명 겪었다. 그들은 어떤 문제에 대한 빠른 해결책을 요구하며 필립스가 훨씬 높은 강도로 일에 매달리도록 내몰았다. 덫에 걸린 기분이었지만 거기서 빠져나올 수 있는 유일한 방법은 더 열심히, 더 빨리, 더 많이 일하는 것뿐인 듯했다. 필립스는 고객을 가능한 한 많이 받았다. 그 결과 와인 고객들과는 점점 멀어지고 가구 제조업자 같은 사람들과 더 가까워지고 있었다.

필립스는 자신도 인정했듯이 와인 마케팅 분야에서는 전문성을 갖고 있었지만 사업가로서는 아주 형편없고 무지했다. 고객에게 시간 단위로 수수료를 청구했고 직원들의 월급은 다른 회사들과 비슷한 수준으로 맞춰서 지급했다. 어느새 직원들은 해이해졌고 필립스는 심각한 위기에 처하게 되었다. 필립스는 소기업들을 고객으로 삼고 있던 담당 회계사를 두고 이렇게 말했다. "형편없는 사람이었어요. 그는 우리 회사처럼 창의성이 필요한 업체의 생리를 잘 몰랐어요. 뭘 물어봐도 이해를 못 했다니까요." 필립스는 수입이 그렇게 많은데도 수익은 왜 이렇게 적은지 모르겠다며 그 이유를 설명해달라고 회계사에게 재차 부탁했다. 그럴 때마다 회계사는 급여 지불 명세서 작성 요령이나 세금 납부 기일 따위만 설명할 뿐이었다.

필립스는 구글 검색을 통해 창의적 업계의 생리를 잘 이해하는 회계사를 찾다가 블루머의 팟캐스트와 트위터 게시글을 보게 되었다. 블루머는 필립스가 알고 싶어 하던 모든 것에 답을 주었다. 적절한 수수료 청구 방법, 적절한 고객층 선별 방법, 거래를 계속 하다가는 많은 비용이 들게 될 고객과 거래를 끊는 방법 등을 알려주고 있었다. 블루머의 얘기 중에는 손익이라든가 전반적 금전 문제같이 회계사들이 툭하면 들먹이는 내용과는 관계가 없는 얘기들이 많아서 더욱 놀라웠다. 블루머는 느리면서도 지속성 있는 성장의 필요성, 응집력 있는 팀을 꾸리는 방법, 다른 회사들과 최상의 협력을 끌어내는 방법 등 많은 것을 알려주었다.

블루머의 팟캐스트는 몇 가지 주제를 모든 에피소드마다 집착적일 만큼 거듭해서 다루었다. 주로 시간 단위로 수수료를 청구하지 말고, 진상 고객과는 거래를 확실히 끊고, 자신의 중심 가치와 원칙을 끊임없이 가다듬어야 한다는 내용이었다. 하지만 그가 무엇보다 강조한 것은 해당 분야의 틈새를 규정하고 가장 잠재성 높은 고객층이 창의적 서비스가 필요할 때 당신을 떠올릴 만큼 확실히 중심을 잡아야 한다는 것이었다.

필립스는 몇 달 동안 블루머의 팟캐스트를 열심히 듣고 트위터 게시글도 읽으면서 블루머 같은 사람과 이야기를 나눠볼 수 있다면 얼마나 좋을까 하는 생각을 했다. 한참 후에야 블루머에게 전화를 해보면 되겠다는 생각이 들었다. 그래서 블루머의 웹사이트에 들어갔고, 블루머와 직접 이야기를 나눠보기도 전에 그의 웹사이트를 통해 벌써 몇 가지 교훈을 깨달을 수 있었다. 그 웹사이트에서는 전화번호도 이메일 주소도 찾을 수 없었다. 고객이 되고 싶은 사람은 하나의 양식을 작성해야 했는데 그 양식은 별 생각 없이 무심코 들어온 방문객이라면 지레 질려서 나가게끔 설계된 것처럼 보였다(물론 방문객을 위축되게 만드는 것이 이 양식의 목적이기도 하다).

블루머의 요구에 따라 방문객들은 양식에 연락처를 기재한 후 블루머와 함께 일하려는 마음이 정말로 진지하다는 점과 블루머와 일할 경우 상당한 돈과 시간을 투자해야 한다는 점을 인정해야 한다. 이 조건에 합의한 뒤에도 자신이 블루머가 제공하는 서비스에 잘 맞는 고객임을 입증해야 한다. 블루머는 나에게 이렇게 말했다. "저는 아주 더디게 계약을 진행합니다. 너무 급하게 재촉하는 사람은 저의 고객으로 잘 맞지 않는다는 걸 알기 때문이죠."

블루머는 자신을 회계사로 고용하고 싶어 하는 고객들에게 아주 별난 조건을 제시한다. 복잡한 회계 업무의 처리가 많지 않아야 한다는 것이다. 웹사이트에는 이 조건을 이렇게 명시하고 있다. "저희와 가장 잘 맞는 고객이 되려면 … 지난 세금이나 회계 보고나 규정 준수 문제로 '해결할' 업무가 많지 않아야 합니다." 이렇게까지 하는 이유는 거래 관계를 맺기 전부터 자신의 회사가 어떤 부분에 초점을 두고 있는지 확실히 밝혀두려고 하기 때문이다. 블루머 자신이 예전 직장에서 회계 일을 질색하게 될 만큼 지루해했던 문제가 아니라 창의적 기업에게 합리적인 방식으로 사업을 키울 수 있는 방법을 조언해주는 것에 주력하는 곳임을 분명히 하려는 것이다.

회계사를 구하는 사람들 중에서는 자신이 일반적인 회계 업무에 그다지 관심이 없다는 점을 확실히 밝히는 회계사에게 일을 맡기길 주저할 이들이 많을 테지만 필립스는 그 반대였다. 필립스는 블루머의 양식을 작성하며 오히려 활력을 얻을 수 있었다. "이런 생각이 들었어요. 그래, 이 사람은 벌써부터 나에게 깨달음을 주었어. 우리가 해야 할 일은 이런 거야. 우리도 부적절한 고객을 솎아내야 해. 이 양식은 바로 그런 과정을 보여주는 거야." 양식을 작성한 뒤에 필립스는 블루머와 처음으로 통화를 했고 서로가 아주 잘 맞다는 사실을 확인했다.

창의적인 회계사와의 운명적인 만남

얼마 뒤에 블루머는 캘리포니아주로 날아가 며칠 동안 필립스와 공동설립자인 레베카 플럼Rebecca Plumb과 함께 사업의 방향에 대해 논의했다. 세 사람은 3일 동안 칩거하다시피 틀어박혀 사업을 검토했다. "그곳은 콘크리트로 둘러싸인 지하 창고였어요." 그 창고는 필립스의 친구에게 잠깐 빌린 장소였다. "벙커 같았어요. 창문도 없었죠. 영감을 얻을 만한 곳이 아니었어요. 정말 감옥 같았어요." 그런데 정말 희한하게도 회의 장소로 절묘했다고 한다. "당시 블루머가 했던 말과 딱 맞아떨어지는 공간이었죠. 그는 '정신 차려요. 여러분은 깊은 절망에 빠져 있어요. 정신을 똑바로 차리지 않으면 정서적 벙커에 빠지고 말 겁니다.'라고 말했거든요."

블루머는 그 공간에 생기를 불어넣었다. 그는 이런 식으로 소규모의 인원으로 일을 진행하는 것을 아주 흥미로워했다. 나는 필립스와 같은 경험을 한 이들과 이야기를 나눠보았는데 그들 대부분과 마찬가지로 필립스도 이런 상황을 가리켜 '치유의 시간'이라고 불렀다. 블루머는 따뜻하고 편안한 분위기에서 탐구적 방식으로 일을 진행했다. 일을 의뢰한 사람들에게 사업에 대해 이런저런 질문을 하면서 자신의 의견을 밝히는데, 그런 의견을 다른 사람한테 들었다면 악의적이고 심술 궂은 말이라고 여겼을 것이다. 하지만 같은 내용을 블루머가 이야기하면 애정 어린 말로 들린다. 필립스는 블루머에게 '폭주 열차'라는 말을 들은 적도 있었다며 그때 그 말을 듣고 깔깔 웃으며 공감했다고 한다. "제 직원들이 제가 운전하는 폭주 열차에 올라타 있다고 하더라고요. 제가 열차가 어디로 향하고 있는지도 모른 채 열차를 몰고 있다며 속도를 늦춰야 한다고 했어요."

블루머는 가장 먼저 필립스와 플럼이 사업과 사생활 모두에서 원하는 바가 무엇인지를 몇 시간에 걸쳐 물었다. 확실히 두 사람 모두 날마다 너무 오랜 시간을 일에 매달리고 싶어 하지 않았다. 마음이 통하지 않거나 별 도움이 되지 않는 것 같은 고객을 많이 상대하고 싶지도 않았다. 두 사람은 블루머에게 자신들의 모든 고객을 일일이 소개하며 각 고객별로 어떤 일을 해주고 있는지도 설명했다. 그러던 어느 순간 블루머가 알겠다는 듯 소리를 내어 웃었다. 그러고는 두 사람의 회사에서 하는 일은 대부분 비용이 더 나가는 것들이라 이익을 내는 데 도움이 될 리가 없다고 지적했다.

필립스와 플럼은 장기 고객 두 군데를 검토했다. 대규모의 현지 뷰티스쿨과 도매 판매용 명품 커피 제조사였는데 살펴보니 2년 전에 두 기업을 위해 몇 가지 중요한 일을 해준 적이 있었다. 두 기업에게 각각 고정관념을 깨는 진정한 아름다움과 첨가제 없는 청정 커피를 중심 가치로 제시해주었고, 업체별로 그 중심 가치를 구체화할 수 있는 마케팅 기획, 로고, 웹사이트 개발까지 도와주었다. 하지만 근래에 들어서는 어느 업체에게도 그만한 가치의 일을 해주지 않았다는 사실을 인정하지 않을 수 없었다. 필립스는 매주 뷰티스쿨에 대량 메일을 발송했다. 앞으로 있을 특별한 일정이나 마케팅 메시지를 보내주는 것에 지나지 않아 관심을 갖는 사람도 별로 없고 사업에 별 영향도 미치지 않는 메일이었다.

블루머가 두 사람에게 왜 이런 고객과의 거래를 계속 이어가는지 묻자 필립스는 그 고객들이 매달 500달러를 내고 있기 때문이라고 대답했다. 큰 금액은 아니지만 그 당시 필립스의 회사는 돈 한푼이 아쉬운 상황이었다. 블루머는 이제는 자신이 담당 회계사니 자기가 제시한 한 가지 규칙을 받아들여야 한다고 말했다. 그것은 500달러의 청구서를 보내는 고객 전부와 거래를 끊어야 한다는 것이었다. 필립스와 플럼은 수입에 비해 노력과 주의력이 분산되면서 치르는 비용이 더 컸다. 필립스는 당시를 이렇게 회고했다. "그런 대량 메일을 쓰느라 새벽 3시까지 밤을 새웠지만 현금이 들어오는 일이라 별 도리 없이 하고 있었죠."

필립스와 플럼은 로고 제작을 의뢰한 가구 제조업자 얘기도 꺼냈다. 그가 의뢰한 일을 하는 것이 악몽 같다고 털어놓았다. "그 사람에게 필요한 건 새로운 로고가 아니에요! 사업 전반을 재검토해야 해요. 하나부터 열까지 사업을 완전히 재편해야 한다고요. 그 사람한테 필요한 게 로고가 아닌 줄 알면서 왜 그 사람이 요구한 대로 해주고 있는 겁니까!" 블루머는 필립스가 첫 만남에서 몇 분 만에 느꼈던 그 직감에 따랐어야 했다고 지적했다. 그랬다면 그 고객에게 실질적으로 도움이 되는 가치를 제공해주었을 테고, 그런 통찰이 그 고객에게는 수백만 달러의 가치가 있었을 것이라고도 말했다. 당시에 필립스는 그 남자가 어리석은 판단으로 요청한 로고 디자인의 기회를 놓치고 싶지 않아서 입을 다물었다. 시간 단위로 수수료를 받을 뿐, 그에게는 아무런 가치도 가져다주지 않을 그런 일을 맡은 셈이었다.

틈새시장은
좁을수록 좋다

블루머의 말처럼 필립스가 자신의 직감과 그 직감이 유발할 막대한 가치에 대해 그 남자를 납득시켰다면 어땠을까? 고객들에게 그냥 고객이 원하는 대로 해줄 수는 없으며, 그들 자신이 사업에 대해서나 마케팅과 광고에 변화를 주려는 노력을 기울일 의지가 있어야만 의뢰를 맡겠다고 납득시켰다면 어땠을까?

필립스는 그 가구 제조업자에게 그런 얘길 꺼냈다면 자신에게 고래고래 고함을 지르며 밖으로 나가 버렸을 거라고 말했다. 하지만 블루머는 필립스가 얘기를 다 마치기도 전에 싱긋 웃었고 필립스와 플럼도 덩달아 웃었다. 가구업자가 밖으로 나가 버리길 바라는 것, 바로 그것이 핵심이었기 때문이다. 두 사람은 그들의 회사가 어떤 종류의 일에 전문성을 가지고 있는지 전달해서 애초에 그런 사람들이 전화할 일이 없도록 했어야 했다. 어차피 그런 고객의 일은 맡아봐야 쓸데없는 일에 너무 많은 에너지와 시간을 쏟게 되고 오히려 비용이 더 나갈 뿐이었다.

블루머와 회의를 하면서 필립스와 플럼은 눈물을 쏟곤 했다. 필립스는 그때를 떠올리며 이렇게 말했다. "감정이 울컥했어요. 그동안 저는 기를 쓰고 사업에만 매달리느라 갓 태어난 아기나 남편과 함께 있어주지도 못했어요. 그러면서 그게 다 사업을 탄탄히 다지기 위한 일이라고 여겼죠. 하지만 블루머 덕분에 깨닫게 되었어요. 제가 너무 일에 매달려 가족을 희생시키고 있었고 그것이 사업에도 좋은 일은 아니었다는 것을요." 필립스는 전화가 오면 어떤 고객이든 가리지 않고 일을 맡았다. 그리고 고객이 요구하는 것은 무엇이든 다 들어주기 위해 수익성이 좋은 고객과 그렇지 않은 고객을 검토해볼 여유도 없이 일에 매달렸고 그 사이에 회사는 오히려 손실을 보고 있었다. 블루머는 플럼과 필립스가 자신들의 급여도 챙기지 못할 지경인 것을 알고 깜짝 놀랐다. "수익이 생기면 전부 사업에 재투자했어요. 직원들에게 월급을 주고 새 장비에 투자했죠. 그러느라 남는 게 없었어요."

블루머는 필립스가 운영하고 있는 허니 에이전시Honey Agency의 사업에 과감한 변화가 필요한 시점이라고 말했다. 근본적으로 철저히 사업을 재구상해야 했다. 무엇보다도 특히 가슴속의 열정과 중심을 찾아야 했다. 자신들만이 고객에게 제공할 수 있고 다른 누구도 맞수가 되지 못할 만한 그 무엇을 찾아야 했다.

그 일은 놀라울 만큼 쉬웠다. 허니 에이전시는 특정 유형의 고객과 일할 때 최고의 실력 발휘를 했다. 다름 아닌 열정과 해박한 지식을 갖추었으나 자신이 생산한 상품의 뛰어난 가치를 잠재 고객들에게 전달하는 데 어려움을 겪고 있는 와인메이커들이었다.

블루머는 허니 에이전시 같이 창의성 있는 마케팅 대행사는 최고의 실력을 발휘할 수 있는 특정 유형의 고객을 찾아야 강점을 살릴 수 있다는 사실을 강조했다. 틈새를 좁힐수록 바람직하다며 그 틈새를 와인메이커, 심지어 캘리포니아주 북부 지역의 와인메이커로 잡아서도 안 된다고 했다. 틈새가 아무리 좁아도 허니 에이전시 같은 회사에게는 여전히 아주 넓은 시장이었다. 블루머가 지적해준 또 다른 문제는 필립스와 플럼이 대형 와인 업체의 의뢰를 다루는 방식이었다.

그런 업체야말로 마케팅 회사가 꿈꾸는 광고주다. 허니 에이전시는 세계 최대의 와인업체 중 한 곳의 일을 맡아 하면서 새 브랜드의 론칭을 도와주기도 했다. 그 업체는 수백만 달러를 지출할 수 있는 자금력과 대대적인 규모의 마케팅 계획을 실행할 여력을 두루 갖추고 있었다. 하지만 블루머는 예산이나 영향력이 미미한 소규모 와인메이커들을 공략하기 위해 대형 와인업체의 의뢰를 거절하라고 했다. 그 이유는 무엇이었을까?

이 질문에 대해 블루머는 정서적 이유와 실용적 이유가 있다고 했다. 블루머가 한눈에 알아봤듯이 필립스와 플럼은 소규모 와인메이커들에 대해 이야기할 때 활기를 띠었다. 두 사람은 그런 와인메이커들과 함께 일하며 도전했던 일에 대해 활력과 흥분을 느꼈다. 대기업 고객에 대해 드러냈던 감정과는 확연히 대비되었다.

물론 대기업도 와인업체이기는 했지만 그런 기업의 마케팅 방식은 특정 인물이 특정 포도와 와인 양조 스타일에 쏟아붓는 열정을 담아내는 것과는 달랐다. 대기업의 와인은 마케팅 부서에서 젊은 여성층을 공략할 미개척 시장을 찾아내면서 개발한 상품이었다. 쇼핑객들의 주목을 받는 와인은 대다수가 라벨에 프랑스어나 이탈리어어로 된 와인명이나 알쏭달쏭한 포도 품종이 표기되어 있어 매우 딱딱한 인상을 풍겼다. 이 기업의 마케팅 담당자들은 이런 점을 바탕으로 젊은 여성층이 '상쾌하고 기분 좋고 가볍고 마시기 편한 술'로 여기는 와인을 원한다는 결론을 내렸다.

말하자면 대기업의 와인은 그 자체로 마케팅 메시지에 대응해 제작된 상품이나 다름없었다. 열정의 소산이 아니라 설계된 상품인 것이다. 그런 와인은 세계 곳곳에서 원료로 들여온 포도를 대형 발효조에서 발효시켜 제조되었다. 일반적으로 뛰어난 와인은 숙성 과정을 거치며 때때로 그 기간이 수년 이상에 이르기도 한다. 그 과정에서 복잡미묘한 풍미가 우러나오고 최상의 경우엔 여러 풍미가 한데 어우러져 이색적 묘미를 이끌어내기도 한다. 하지만 기업형 와인업체가 원하는 것은 이런 방식이 아니었다. 오히려 일관적인 맛을 낼 수 있는 단순하고 반복 가능한 양조법을 기대했다. 이런 업체의 와인들은 빠른 소비에 맞춰 대량 생산되는 청량음료나 맥주에 더 가까웠다.

필립스와 플럼 그리고 팀원들까지도 이런 고객의 일을 아주 힘들어했다. 이런 업무에는 부각하고 싶은 깊이 있는 이야기가 없었다. 친근함과 신비감의 미묘한 조합을 찾아내 와인메이커의 인품과 열정을 부각하려는 노력도 필요하지 않았다. 모호함도 뉘앙스도 발견의 여지도 제시하지 않은 채 명확하고 직설적인 마케팅 메시지를 전달해야 했다. 사실 이런 와인들은 기분 좋고 가벼운 맛을 빼면 딱히 내세울 것도 없었다.

설상가상으로 대기업 브랜드의 일을 맡으면 마케팅에 담을 메시지를 만드는 과정에 참여할 수도 없었다. 그런 일은 본사 마케팅 담당자의 몫이었고 필립스와 팀원들은 그들의 지침을 받으며 일해야 했다. 본사 마케팅 부서의 취지를 이해해서 마트에 적용할 방법을 찾아내는 것이 그들이 할 일이었다.

필립스와 팀원들은 맡은 일을 아주 잘 해냈다. 필립스는 어린 시절에 터득한 마트 운영 상식을 떠올리며 와인을 마트의 와인 진열 통로 밖으로 빼내 화초 코너 사이에서 화사하게 돋보이도록 진열하는 마케팅 계획을 생각해냈다. 주눅이 들 정도로 와인들이 빼곡하게 들어찬 와인 진열 통로에서 멀찍이 떨어진 공간에서 공략 고객층인 젊은 여성에게 와인을 선보이는 전략이었다. 결국 이 마케팅이 성공을 거두었는데도 필립스와 플럼은 결정 사항, 색채 배합, 양쪽 끝 진열 공간의 배치 모양, 마케팅 구상을 진행하기 위한 마트 선정 등을 일일이 본사의 마케팅 담당자들에게 승인받아야 했다. 대규모 조직인 마케팅 부서나 다른 여러 판촉 활동 대행사와 손발을 맞추느라 매주 수 시간을 전화 통화와 이메일에 매달리기도 했다.

블루머는 필립스와 플럼이 부가가치를 창출하지도 못하는 쓸데없고 헛된 일에 너무 많은 시간을 보내고 있다고 지적했다. 기획 하나를 진행할 때마다 고객의 승인을 얻느라 전화 회의를 위해 대기하거나 열 통도 넘는 이메일을 보내는 건 가치 있는 활동이 아니었다. 가구 제조업자의 로고 의뢰같이 어떤 문제도 해결해주지 못하는 프로젝트를 진행하는 것 역시 가치 있는 활동이 아니었다. 부가가치를 창출하지 않는 다수의 활동을 하면서 사업을 꾸려나가는 건 지극히 어려운 일이었다.

블루머는 다음과 같은 취지의 설명을 계속 이어갔다. '허니 에이전시가 고객에게 진정한 가치를 제공하려면 고객의 문제를 명확하고도 그들이 지불하는 가격에 적절한 방식으로 해결해줘야 한다. 마케팅 기획이 고객에게 성과를 안겨줄 때마다 허니 에이전시는 미래의 고객을 위해 유용한 마케팅을 기획할 수 있는 능력을 갈고닦게 된다.

반면에 직원들이 전화 회의에 매달려 좌절감을 느끼거나 쓸데없는 로고를 만들며 앉아 있으면 미래의 고객에게 도움을 줄 수 있는 능력을 제대로 키울 수 없다. 서비스를 제공하는 다른 기업들과 마찬가지로 마케팅 대행사 역시 고객들에게 도움을 줄 수 있는 방법을 잘 알아야 한다. 이런 방법을 갖추려면 교육이나 타고난 재능이 필요하며 무엇보다도 특히 연습이 중요할지 모른다. 허니 에이전시가 고객과 프로젝트 의뢰를 가려서 받는다면 직원들이 적절한 실력을 키워나갈 기반을 잡아줄 수 있다.'

수수료 두 배 인상이
가져온 놀라온 효과

필립스와 플럼은 그 음산한 지하실에서 3일 내내 블루머와 같이 지내다 밖으로 나오면서 새로운 활력을 얻었다. 두 사람은 곧바로 여러 고객에게 전화를 걸어 허니 에이전시에서 더 이상 일을 맡지 못하게 되었다고 알렸다. 비효율적인 대량의 이메일 발송을 중단했고 제대로 된 전략을 구상해보려는 실질적 노력도 의지도 없는 가구업체를 위해 로고를 만들지도 않기로 했다. 하지만 한 가지 결정만은 실행하기가 너무 힘들었다. 블루머가 강력하게 주장해서 어쩔 수 없이 받아들이기는 했지만 수수료를 두 배로 높이는 건 정말 힘든 결정이었다.

이 부분 역시 블루머와 상담을 했던 수많은 사람들과 다르지 않았다. 하지만 수수료 인상은 창의적인 마케팅 대행사가 자신들이 창출해줄 부가가치를 고객들에게 충분히 전달하는 방법을 터득할 수 있는 원동력이었다. 허니 에이전시의 경우 수수료를 인상하면 허니 에이전시의 독자적 가치를 인정하지 않는 대기업 와인 브랜드의 일을 맡을 수 없었다. 기존 금액보다 두 배나 되는 수수료는 적당히 능력 있는 대행사라면 모두 처리할 수 있는 업무에 지불하기에는 너무 과도한 금액이었다. 그 브랜드의 윗사람들로선 얼마든지 다른 회사에 일을 맡길 수 있는데 두 배나 되는 수수료를 지불할 턱이 없었다. 그들에겐 허니 에이전시만의 특별한 전문성이 필요하지 않았다. 그저 수수료가 저렴한 적당한 대행사가 필요했을 뿐이다.

새로운 로고를 요구하는 가구 제조업자의 경우도 마찬가지였다. 전략적 마케팅을 이해하지 못하는 데다 큰돈을 투자할 마음도 없는 회사라면 비용이 가장 저렴한 서비스 제공자를 찾기 마련이다. 수수료를 큰 폭으로 인상한 것은 그 자체로 허니 에이전시가 제공하는 서비스를 진심으로 가치 있게 여기지 않는 고객들이 아예 일을 의뢰하지 않도록 확실히 차단하는 효과를 가져왔다.

필립스는 흥분되면서도 또 한편으로는 위험성도 느꼈다. 블루머의 말대로 기존 고객들 중 상당수와 거래를 끊고 나서 갑작스럽게 수수료를 대폭 인상하며 나머지 고객에게도 불가피하게 충격을 줄 생각을 하니 부담감이 커졌다. "제이슨이 저에게 이러더군요. '그러다 회사가 파탄이 날 위험도 있지만 어차피 지금 방식대로 계속 가다간 폭주 열차가 충돌하고 말거예요. 그러니 뭔가 새로운 시도를 해보는 편이 나아요. 잘 될 수도 있잖아요.'"

필립스와 플럼은 자신들이 이상적이라고 생각하는 업무 방식이 어떤 모습인지를 상상해봤다. 그것은 여섯 단계로 설명할 수 있었다(필립스는 현재 이 여섯 단계를 벌집의 육각형 구조에서 따온 말인 '헥스 메소드'Hex Method라고 부른다). 첫 번째 단계에서는 허니 에이전시의 팀원들이 고객에 대해 깊이 있게 조사하여 그 고객의 직원, 거래처, 믿고 지내는 친구, 사업 파트너를 만나 이야기를 나눠보는 것이 좋을 것 같았다. 그다음에는 첫 번째 단계에서 자세하게 알게 된 정보를 바탕으로 그 회사의 사업주가 지지하는 가치와 열정을 갖고 있는 분야, 삶과 사업에서의 지향점에 대해 틀에 얽매이지 않고 자유롭게 논의하고 싶었다. 세 번째 단계에서는 핵심 파트너들이 그 회사를 어떤 식으로 인식하고 있는지에 대한 정보를 감안하여 사업주가 원하는 브랜드 비전에 대한 아이디어를 착안하는 데 집중하면 좋을 듯했다.

네 번째 단계는 가장 신나는 동시에 가장 어려움이 많은 과정이다. 필립스와 팀원들이 고객과 한자리에 앉아서 브랜드의 비전을 검토하는 단계다. "이 단계에서 저희는 고객이 감정적이 되길 바라죠. 고객이 이따금씩 웃음을 터뜨리고, 때때로 화를 내고, 심지어 울음을 터뜨리지 않으면 이 부분을 깊이 파고들지 못하거든요." 네 번째 단계에서 감정이 모조리 표출되고 브랜드 비전이 세워지면 다섯 번째 단계에서는 브랜드 비전을 기획해 세상 밖으로 선보일 채비를 갖춘다. 마지막으로 여섯 번째 단계는 브랜드 비전의 관리 단계로, 변화하는 시장의 원리에 맞춰 세부적인 사항을 조정해 나가는 것이다.

필립스와 플럼은 이런 구상을 마치는 순간 한 가지 사실을 깊이 깨달았다. 이제 자신들의 회사에서 파는 것은 특정 상품(로고나 웹사이트)이 아니라 하나의 과정으로 바뀌었다는 사실이다. 물론 이런 과정의 결과는 로고나 웹사이트 등 여러 요구사항이 될 테지만 그 일련의 과정을 팔면서 이제는 가장 힘들고도 가장 가치 있는 활동에 대해 수수료를 청구할 수 있었다.

필립스와 플럼이 자신들다운 업무 진행 방식을 구상하고 나자 블루머는 이번엔 자신이 생각하는 가격의 책정 방식을 일러주었다. 일단 무엇을 제공할 것인지, 자신들이 제공하는 것이 고객들에게 어떤 가치를 부여하는지를 먼저 파악하고 나면 그다음엔 그 가치에 따라 가격을 정할 수 있다. 블루머가 말했듯이 가치에 따라 가격을 책정할 경우 통상적으로 가격을 두 배나 그 이상으로 인상해야 하는데, 그 이유는 대부분 가격 저평가가 고질적 문제로 자리 잡고 있기 때문이다.

영세 사업가들은 자신들이 고객들에게 제공하는 가치에 대해 자신 있게 가격을 정하는 경우가 드물다. 앞에서도 지적했듯이 가격을 책정하는 문제에서 사람들은 대체로 거꾸로 생각한다. 팔 상품이 있으면 고객을 찾은 다음 그 고객이 기꺼이 지불할 만한 액수를 파악하고 그것을 가격으로 정한다. 하지만 블루머는 그래선 안 된다고 강조한다. 가격을 정하고 나서, 자신이 얻으리라고 기대되는 이익(그것도 고도의 전문 지식에 바탕을 둔 이익)에 대해 그만한 가격을 지불할 가치가 있다고 수긍하는 고객을 찾아야 한다는 얘기다.

블루머는 필립스에게 가격을 활용해 훨씬 더 많은 정보를 전달할 수도 있다며 자신이 사용하는 전략을 권하기도 했다. 회사가 여전히 뛰어난 핵심 서비스를 제공하면서 일을 의뢰받을 수 있는 최대한의 고객 수를 기준으로 삼아 서비스의 가격을 책정하는 전략이다. 가격은 살짝 충격을 주어야 한다는 것이 블루머의 지론이다. 고객이 예상한 수준보다 두어 단계 높게 가격을 책정함으로써 그들이 과연 그 정도의 금액을 투자할 가치가 있는지 진지하게 자문해볼 수밖에 없는 불편한 순간을 맞게 해줘야 한다는 것이다(이때는 꼭 '투자'라는 말을 써서 그 돈이 고객이 잃게 될 돈이 아니라 이후에 더 많은 돈을 벌기 위해 지출하는 돈이라는 사실을 분명하게 해야 한다).

고객이 선뜻 동의할 정도로 가격이 낮으면 고객이 그 계약에 뒤따를 힘든 과정에 임할 마음의 준비가 잘 갖추어지지 않을 가능성이 높다. 한편 가격대를 낮추면 제공하는 서비스도 그만큼 줄여야 한다. 일단 마케팅 전략을 착수하고 난 후엔 많은 도움이나 지원을 제공하지 않으면 된다. 마지막으로 특급 서비스를 따로 두어 더 높은 가격으로 훨씬 심도 있는 자문과 지원을 제공해줄 필요도 있다.

이와 같은 3중의 가격 전략으로 몇 가지의 효과를 얻을 수 있다. 우선 허니 에이전시가 제공하는 서비스의 가치를 전달해준다. 또한 가격을 더 올리고 내리는 기준은 제공하는 상품이 아니라 그 상품을 창출하기 위해 투입된 아이디어의 수준에 따라 결정한다. 이 전략은 흥정의 틀이 되어주기도 한다. 어떤 고객이 수수료를 깎고 싶어 해도 좋지만 그때는 그만큼 서비스의 질도 낮아진다. 반대로 더 많은 서비스를 한다면 그만큼 더 많은 수수료를 내야 한다.

익숙한 고객과의
가슴 아픈 이별

필립스가 사업의 변화 과정에서 가장 힘들었던 시기는 장기 고객 중 상당수가 새로운 허니 에이전시와 잘 맞지 않는다는 판단을 내렸을 때였다. 무엇보다 마음이 괴로웠다. "제가 워낙에 마음이 약해서 탈이었죠. 창립 때부터 거래해 온 고객들에게 더 이상 같이 일할 수 없게 되었다고 알리는 일이 너무 힘들었어요. 계약을 해지하기가 정말 어려웠어요. 하지만 다른 곳에 의뢰하는 편이 당신들의 요구 조건을 훨씬 더 잘 충족시켜줄 거라고 설명해주었어요."

이 과정을 겪고 나니 이번엔 훨씬 더 어려운 난관이 버티고 있었다. 블루머와 상담을 한 이후에 웹사이트 디자인의 가격을 책정하던 때에 대해 필립스는 이렇게 말했다. "첫 번째 제안서를 쓰던 때가 기억나요." 블루머와 상담하기 전까지 허니 에이전시의 웹사이트 디자인 수수료는 1만

5,000달러였다. "더는 그 가격을 받을 수 없어서 예전보다 세 배도 넘는 5만 달러로 책정하기로 했어요. 그런데 그렇게 가격을 대폭 인상하니 꺼림칙했어요. 이런 생각도 들었어요. 이 이메일의 '보내기' 단추를 누르면 내가 이전까지 한 번도 보내본 적 없는 그런 엄청난 이메일을 보내는 거야."

어떤 고객은 필립스와 플럼의 제안을 거절했고 또 다른 고객은 어떤 면에서 허니 에이전시가 그 정도의 가치가 있는지 꼬치꼬치 캐물었다. 이렇다 보니 어쩔 수 없이 필립스 본인의 말처럼 '강매'를 하게 되었다. 영업력을 키워서 이제는 자사가 예전보다 세 배 높은 가치의 서비스를 제공할 수 있게 된 이유를 조목조목 설명해야 했다. 그러다 강매는 예전부터 쭉 해왔던 일이라는 생각이 들었다. 사실 강매는 작은 회사의 사업주라면 누구나 하는 일이다. "블루머를 만나기 전까진 강매는 굴욕적이고 별 보람도 없었죠." 이전까지 강매를 한다는 건 같이 일하고 싶지도 않은 고객을 붙잡아 놓고는 자신이 그다지 만들고 싶지도 않고 고객에게 필요하지도 않은 상품에 가격을 매기는 일일 뿐이었다. 하지만 이제 필립스는 "이제는 강매가 신나요. 기분이 좋아요."라고 말한다.

이 방법은 효과가 있었다. 그것도 즉각적 효과를 나타냈다. "굉장했어요." 필립스가 그때의 감격을 떠올렸다. 몇 주도 지나지 않아 허니 에이전시의 틈새시장에 적격인 데다 더 높은 수수료를 지불할 의향도 있는 고객 몇 명과 계약을 체결하게 되었다. 이제 필립스와 플럼은 물론 직원들도 훨씬 적은 시간을 일하면서도 훨씬 더 많은 실질적 가치를 이끌어낼 수 있게 되었다. 필립스는 "더 높은 수수료를 부과한 덕분에 더 실력 있는 직원과 디자이너를 뽑을 수 있었고, 또 그 덕분에 더 뛰어난 마케팅을 펼치게 되었죠."라고 강조했다.

고객 모두가 더 높은 수수료를 냈기 때문에 고객의 사업 부문에 대한 조사와 고객과의 회의에 훨씬 많은 시간을 할애할 수도 있었다. "저희는 고객에게 필요한 것을 더 많이 찾아내 고객에게 더 많은 가치를 부여하려고 했어요. 그리고 고객과의 만남을 더 많이 가졌기 때문에 고객의 사업을 더 잘 이해해 저희가 얼마나 많은 가치를 창출하고 있는지를 고객에게 증명해 보여줄 수 있었어요. 저희 회사에 마케팅 전에 지불하는 수수료보다 훨씬 더 많은 돈을 벌게 해주리라는 것을 증명해 보일 수 있었죠."

이후 수개월 사이에 정말로 블루머의 말처럼 몇 가지 놀라운 성과가 나타났다. 허니 에이전시는 다수의 기존 고객과 계약을 해지하고 더 이상 일에 혹독하게 매달리지 않게 된 이후 수입이 28퍼센트 감소했다. 하지만 중요하게 따져야 할 실질적 기준, 다시 말해 허니 에이전시가 직원들의 급여와 경영 자금으로 필요한 자본이 급속도로 증가했다. 이는 필립스와 플럼이 9시부터 5시까지의 정상적인 근무시간을 지키고 점심에 휴식시간을 갖고, 심지어 근무시간 중 공략 업계의 조사를 위해 따로 시간을 빼놓는 식으로 회사를 운영하며 허니 에이전시가 정상적으로 돌아가는 사업체가 된 상황에서 일어난 성과였다. "저는 그동안 와인업계를 철저하게 연구하는 일의 가치를 잊고 살다가 관련 잡지를 모두 읽고 업계의 돌아가는 현황을 파악할 수 있었어요. 그런 조사 활동은 결국 저희 고객 모두에게 큰 도움이 되었어요."

고객 수가 줄면서 각 고객에게 할애하는 시간도 크게 늘어났다. 수수료를 더 높인 만큼 고객들의 기대치도 높아졌다. 이것은 필립스가 원하던 바였다. 그녀는 고객들이 자신에게 전략 구상과 홍보에서 진정한 동반자가 되어주길 기대했으면 좋겠다는 바람을 갖고 있었기 때문이다. "저는 업계

사람들과 이야기를 나누고 현황을 파악하는 데 많은 시간을 할애한 덕분에 차츰 와인업계에 대해 훤해졌어요."

블루머를 알고 난 뒤의 변화는 플럼에게는 다른 식의 영향을 미쳤다. 이전에만 해도 플럼은 대체로 자동반사적으로 움직이며 그날그날의 할 일을 끝내기 위해 기를 쓰고 일했다. 그러면서 자신이 형편없는 사람 같다는 생각이 자꾸만 들었다. "예전에 저는 저 자신을 부정했어요. 지금에 와서 제가 얼마나 심한 자기 부정에 빠져 있었는지를 생각하면 놀라울 지경이에요." 블루머를 만나기 전의 플럼에게 물어봤다면 플럼은 마케팅 대행사를 운영하는 일이 너무 좋아서 그 외의 다른 일에는 관심도 없다고 답했을 것이다. 필립스가 회사의 공식적 얼굴로서 영업과 홍보를 맡으며 고객의 전략을 다듬어주는 활동을 했다면 플럼은 이면에서 디자인팀을 이끌며 로고와 웹사이트를 비롯해 마케팅을 뒷받침해줄 그 외의 홍보물 제작을 맡았다.

그러다 블루머를 만나고 난 이후에 차츰 생각할 여유가 생기면서 자신이 마케팅 대행사를 운영하는 걸 그다지 좋아하지 않는다는 사실을 깨닫게 되었다. 플럼이 이 분야에 끌렸던 이유는 다른 디자이너들과 팀을 이루어 긴밀히 협력하며 창의적 프로젝트에 직접 참여하는 것이 너무 좋았기 때문이다. 하지만 허니 에이전시의 공동 사업주가 되었을 때 플럼이 맡은 일은 창작 활동이 아니라 다른 사람들이 창작 활동을 잘 할 수 있도록 도와주는 일이었다. "창작 활동이 그리웠어요. 창작 활동은 저에게 행복의 원천이었어요."

결국 플럼은 필립스에게 자신이 가진 회사의 지분을 팔고 다른 일을 해보고 싶은 마음을 털어놓았다. 모든 결별이 그렇듯 마음은 괴로웠지만 두 사람 모두 그것이 옳은 일이라는 사실을 잘 알고 있었다. 블루머는 이런 결과를 잘된 일이라고 평가했다. 블루머가 코칭에서 목표로 삼는 것은 자신만이 만들어낼 수 있는 가치를 찾아내 그 가치에 합당한 요금을 청구하도록 확실히 이끌어주는 것이다. 필립스 같은 사람들에겐 그런 가치가 아주 분명했고 블루머가 해줄 일은 그 가치에 방해가 되는 것들을 모조리 제거하도록 도와주는 것이었다. 플럼 같은 사람들에겐 현재 하고 있는 활동을 완전히 중단하고 다른 일에 초점을 맞추는 것이 해결책이다. 블루머는 자신이 그랬듯이 자신이 상담해주는 이들도 더 즐거운 삶을 살게 되기를 바랐다.

플럼은 몇 달이라는 긴 시간이 걸리긴 했지만 자신에게 진정한 열정 분야는 마케팅을 뒷받침해줄 시각 디자인이 아니라 사람들에게 멋진 공간을 꾸며주는 인테리어 디자인이라는 사실을 깨달았다. 그래서 교육과정을 밟은 후 바로 인테리어 디자인 회사인 스튜디오 플럼Studio Plumb을 열어 창의적인 방법으로 집주인들을 도와줄 수 있게 되었다. 플럼은 이제 일이 너무 잘 풀리고 있다고 한다. 이제는 그녀는 열정을 느끼며 자신에게 더 잘 맞는 일을 하는 동시에 많은 돈도 벌 수 있는 삶을 살고 있다.

현재 필립스는 새로운 잠재 고객을 평가하는 순발력이 생겨 허니 에이전시가 그 고객의 의뢰를 받는 것이 과연 타당할지 빠르게 판단을 내릴 수 있게 되었다. "고객에게 최선의 결과를 도출해주기 위해서는 여러 변수에서 저희와 잘 맞아야 해요. 저희 허니 에이전시에서는 일의 진행을 위해서 깊이가 필요해요. 어떤 회사의 식품과 와인 상품 이면의 이야기를 드러내주는 방면에서 가장 뛰어난데, 그런 이야기가 없으면 저희는 맡겨진 업무를 잘 해낼 수가 없어요. 식품제조자든 와인메이커든 저희의 고객이 되려면 소비자들을 위해 뭔가 의미 있는 상품을 만들어내려 애쓰는 열정이 있어야 해요. 아침에 눈을 뜨면서 대단한 일을 벌여보자고 의욕을 불태우는 그런 사람들이요. 그렇게 의미 있는 뭔가를 추구하는 고객이어야만 저희가 의미 있고 인상적인 마케팅을 펼칠 수 있어요. 저희의 고객이 되면 뭔가 대단한 일을 벌이려는 자세를 갖추고 전략적 사고를 하면서 자신들 고유의 시장과 고객층만이 아니라 그 고객층에게 다가갈 수 있는 최선의 방법까지 이해하기 위한 노력을 해줘야 합니다. 그리고 저희를 믿어줘야 하고요. 그런 믿음을 가져주어야만 저희가 과감하게 일을 벌일 수 있어요."

이제 나는 필립스를 떠올리면 신뢰와 더불어 위대한 일을 펼치려면 관계가 필요하다는 사실도 되새기게 된다. 우리는 그냥 아무하고나 위대한 일을 벌일 수 없고 아무에게나 마음을 털어놓을 수도 없다. 우리가 하는 일을 가장 가치 있게 평가해주는 고객에게 집중하고 때로는 괴롭더라도 그렇지 않은 고객을 거절해야 신뢰를 쌓고 탁월한 실력을 발휘할 수 있다. 잘 맞는 고객을 확보하는 것만으로는 충분치 않다. 그런 고객을 확보하는 방법도 알아야 한다. 잘 맞지 않는 고객을 유치하는 것은 그 무엇보다 심각한 문제가 된다.

제6장

진정성 있는 스토리가
최고의 상품을 만든다

제품 뒤에 숨어 있는 열정을 어떻게 고객에게 전달할 것인가?

이제 캘리포니아 와이너리로 옮겨가
자신만이 독자적으로 만들어낸 가치를
고객층에게 전달할 방법을 찾는 과정을 따라가보자.

내가 메간 필립스의 실무 진행 모습을 직접 볼 기회를 얻은 것은 필립스의 초대로 새로운 고객이자 세레스 랜치Serres Ranch의 소유주인 세레스 일가를 함께 만나러 갔을 때였다. 1800년대 말에 이 일가의 선조인 진 투츠 세레스 Jean Toots Serres가 프랑스에서 캘리포니아로 건너와 농장 하나를 인수했다. 그곳은 세레스 일가가 인수하기 수십 년 전 남북전쟁의 영웅으로 '파이팅 조'Fighting Joe라는 별명으로 불렸던 조지프 후커Joseph Hooker 소장이 이미 작물을 심었을 정도로 캘리포니아 와인 양조사 중에서도 유서가 깊은 곳이다.

그날 필립스와 만난 세레스 일가 사람들은 지난 100년 동안 이전 세대가 모두 그랬듯 4대째 이 땅에서 나고 자라 농장을 꾸려가는 중이었다. 세레스 랜치는 와인메이커들 사이에서 유명하며 200에이커(80만 9,371제곱미터)에 이르는 이 농장은 미국의 대표적 와인 몇 종의 원료로 쓰일 만큼 누구나 탐내는 포도를 생산하고 있다.

프랑스와 이탈리아의 전통적인 와인 생산지에서는 대체로 포도 재배를 감독하는 농장주가 곧 와인메이커이기도 해서 포도를 와인으로 만드는 과정에서 필요한 여러 단계를 직접 관리한다. 반면에 미국에서는 농장주와 와인메이커가 확실히 구분되어 있다. 대개 포도를 재배하는 사업과 포도를 구입해 와인을 양조하는 사업이 개별적으로 이루어진다. 대다수 와인이 공동 포장 시설, 즉 수십 종이나 수백 종의 와인을 생산하는 와인 전문 공장에서 생산된다.

세레스 가문은 지금까지 계속 와인 양조가 아닌 포도 재배에 주력하고 있다(적어도 일반 대중에게 판매하는 용도로 와인을 만든 적은 없다. 자신들이나 가까운 사람들을 위해 직접 와인을 빚기도 하는데 맛이 기가 막힌다). 따라서 와인메이커와 메를로라는 품종의 포도를 재배하기로 계약을 맺고 재배 방식과 수확 방식에 대해 그들의 지침을 따른다. 예를 들어 와인메이커에 따라 어떤 기업에서는 진한 풍미를 얻기 위해 나무에 열리는 포도송이의 수를 최소 한도로 맞추는 가지치기를 요청하는가 하면 어떤 기업에서는 포도의 풍미가 약해지더라도 포도송이가 가능한 한 많이 열리게 해달라고 요청하기도 한다.

포도 재배에서 가장 중요한 결정사항이라면 아마도 포도의 수확 시기일 것이다. 수확기가 되면 농장주들은 당도가 최적인 순간에 포도를 따기 위해 포도의 당도 확인에 집착한다고 말할 정도로 공을 들인다. 당분을 알코올로 변화시키는 발효 과정에서 당도가 높을수록 와인의 알코올 도수도 높아지기 때문에 포도의 당도는 중요하다(와인메이커는 이 발효 시간을 늘리거나 단축시키는 식으로 와인의 당도와 알코올 도수를 조정한다).

흙투성이 농부들이
만든 최고급 와인

세레스가의 자식들은 부모님이 일하는 포도밭 사이에 앉아 놀며 말 그대로 태어날 때부터 이 땅을 친숙하게 느껴왔다. 가장 최근 세대인 서른여섯 살의 존, 서른세 살의 벅, 스물여덟 살의 테일러는 어린 시절부터 아버지에게 포도와 땅, 그리고 와인의 품질에 도움이 되거나 해가 될 만한 온갖 변수에 대해 끊임없이 배웠다.

중학교에 다닐 때쯤 되면 그들은 농장의 어느 부분에서 즙이 가장 풍부한 포도가 생산되는지를 경험으로 알게 된다. 또 화산토 구역의 경사지에서 가장 상품성 좋은 포도가 생산된다는 것도 알고 있다. 화산토는 포도나무의 뿌리가 양분을 찾는 데 방해가 되고 언덕의 경사지는 양분이 상대적으로 적기 때문이라는 사실도 잘 알고 있다. 의외의 사실이지만 포도는 포도나무 뿌리가 양분을 찾기 힘들수록 더 강해지면서 복잡한 풍미를 띠며 가치 높은 와인으로 거듭나게 된다.

포도밭 소유주와 포도를 구입하는 고객은 독특한 관계로 맺어진다. 포도밭 소유주는 그 땅과 그 땅에서 자라는 포도를 아주 잘 알고 있고 포도를 구입하는 고객은 그 땅에서 어떤 포도가 생산되길 바라는지에 대해 확고한 견해를 갖고 있다. 그래서 언제 어디에 어떤 포도를 심고 어떻게 재배해서 언제 수확할지에 대한 중요한 결정을 포도밭 소유주와 포도 구입 고객이 함께 정한다. 세레스가 사람들은 자신들의 땅의 특성을 가장 살릴 수 있는 방법을 놓고 오래전부터 논의해왔다. 세레스가의 농장은 북동쪽에 화산토 경사지 7에이커(2만 8,327제곱미터)가 있는데(7에이커 가운데 경작지로서 뛰어난 구역은 5에이커에 불과하다) 이 부분에서는 카베르네 품종의 포도가 특히 잘 자란다.

한편 토양 사이의 암석은 포도나무가 뿌리를 깊이 내리게 해서 양분을 더 많이 흡수하게 해준다. 그런데 세레스가의 고객들은 얼핏 보기에 뜬금 없는 기준으로 포도의 품질을 평가한다. 고객들은 종종 특정 크기와 당도를 가진 포도를 원하는데 크기와 당도는 중요하지만 가장 핵심적인 요소는 아니다.

이 정도의 배경지식을 파악한 상태에서 필립스와 나는 창의성 넘치는 허니 에이전시의 임원 애슐리 로드세스Ashley Rodseth, 회계 책임자 매기 지오다네고Maggie Giordanego와 함께 농장 건물을 찾아 세레스가 토지를 달리고 있었다. 위낙에 넓은 데다 사방에 포도나무가 펼쳐져 있어서 건물을 찾아가기가 굉장히 힘들었다.

한참 헤맨 끝에 드디어 길쭉하고 나지막한 붉은색 농가에 도착했다. 농가 뒤에 자리 잡은 오래된 헛간에 회의실이 있었다. 세레즈가의 막내인 테일러는 회의 자리에서 가족의 대변자로서 충분히 생각해서 신중하고 확실하게 의사를 전달했다. 특히 필립스에게 마케팅 자문을 맡기기로 선택한 이유와 자신들이 구상 중인 계획에 대해 들려주었다.

테일러의 말을 들어 보니 몇 가지는 확실히 정해져 있었다. 세레스가 사람들은 이 땅의 가장 큰 장점을 잘 담아낼 만한 와인을 직접 만들고 싶어 했다. 포도 생산의 최적지인 5에이커의 화산토 경사지에서 가장 잘 자랄 만한 품종의 포도만 재배할 생각을 가지고 있었고, 무엇보다 포도를 재배하는 데 온갖 정성을 다할 준비가 되어 있었다. 포도나무가 완벽한 생장기에 이를 때까지 10년 혹은 그보다 더 오래 시간이 걸리더라도 최상의 포도가 영그는 날까지 참을성 있게 기다릴 마음의 준비도 되어 있었다. 그런 다음 황홀한 풍미를 가진 명품 와인을 빚고 싶어 했다. 자신들의 땅에서 빚어낼 수 있는 최고 수준의 와인을 생산해서 과감하게 150달러 정도의 가격대로 출시하고 싶어 했다.

테일러는 가격과 품질로 와인 시장에 파란을 일으키며 세레스 랜치가 뛰어난 포도를 재배하는 곳이라는 명성을 얻기를 바랐다. 테일러는 와인으로 돈을 벌고 싶기는 하지만 그렇다고 해서 포도를 재배해 대량으로 판매해 온 가업에 변화를 줄 생각은 없다며 본인의 의사를 확실히 밝혔다. 사실 와인 양조 사업에 새롭게 뛰어들려는 것은 와인 양조업계에 세레스 랜치가 얼마나 뛰어난 포도 재배지인지를 입증해 보이고 싶은 바람 때문이었다. 또한 와인메이커들이 세레스 랜치의 포도에 더 비싼 값을 지불하고 세레스가 사람들이 포도의 재배와 수확에 대해 더 많은 결정권을 가질 수 있기를 바랐다.

테일러는 이어서 두 번째 전략도 설명했다. 그런 완벽한 와인을 만들 때까지 기꺼이 수년을 기다릴 테지만 비교적 저렴한 와인을 최대한 빠른 시일 내에 내놓고 싶다고도 했다. 그녀는 이 전략이 여러모로 도움이 되리라고 생각했다. 즉, 세레스가 와인 생산으로 사업 방향을 전환하고 있다는 사실을 알리면서 10년 내에 업계에서 인지도를 다지는 동시에 와인 양조 사업에서도 실력을 키울 기회를 만들고자 했다. 테일러는 두 종류의 와인을 통해 자신과 가족들 모두가 가지고 있는 포도와 와인에 대한 해박한 지식과 열정을 전달하고 싶어 했다. 하지만 와인의 명칭, 와인병 디자인, 저렴한 와인의 적정 가격, 와인의 판매 방식과 판로 등에 대해서는 감을 잡지 못했다.

그 자리에 앉아 있던 나는 바로 그때야말로 수년 동안 내가 간절히 목격하고 싶어 하던 순간임을 알 수 있었다. 이제 곧 블루머가 스스로 터득한 후 필립스에게 가르쳐주었던 방법이 펼쳐질 순간이었다. 자신만이 만들어낼 수 있는 특별한 가치에 초점을 맞추고 그 가치를 잠재 고객층에게 전달하는 방법을 찾아가는 과정을 눈앞에서 직접 볼 수 있는 기회가 생긴 것이다.

그곳에 앉아 몇 시간에 걸쳐 이야기를 주고받는 사이에 의심의 여지없이 명확해진 사실이 있었다. 세레스가는 와인 양조가로서 충분히 신뢰할 만한 이들이었다. 이 사람들은 충분한 지식과 경험을 가지고 있었고, 일생을 바쳐 가능한 한 최상의 와인을 만들려는 열망도 확고했다. 언젠가는 이 사람들이 놀라운 명품 와인을 빚어내리라는 확신이 들면서 그때까지 어떻게 10년이나 20년을 기다릴지 안달이 나기도 했다.

나는 와인 한 병에 150달러에 가까운 돈을 써본 적이 없지만 그 와인이 출시된다면 당장 몇 병이라고 사고 싶어질 것 같았다. 세레스가는 특별하지 않은 와인이라면 절대 출시하지 않을 사람들 같았고 그 사람들과 함께 있는 시간이 길어질수록 그런 확신은 더 굳어졌다. 다만 안타까운 문제가 하나 있었다. 잠재 고객층에겐 이 사람들을 가까이에서 지켜볼 기회가 없다는 점이었다. 와인 소비자들에게 이들이 생산할 와인은 진열 선반에 놓인 또 한 병의 비싼 와인에 불과할 것이다.

세레스가의 남매들은 힘든 분야에서 실력과 열정을 갈고닦은 사람들이 대부분 그렇듯 자신들을 그렇게 특별하게 만들어준 근원을 찾는 데 어려움을 겪고 있었다. 세레스가 남매에게 그 근원은 무수한 요소들로 한데 어우러져 있다. 그들은 이 땅에서 자랐고 그들을 키워준 부모님 역시 대대로 이 땅에서 자란 사람들이었다. 그들은 이 땅의 구석구석과 이 땅에 심어진 포도나무 한 그루 한 그루를 훤히 알고 있다. 결함 없는 완벽한 포도가 열리기 위해 필요한 햇빛과 물, 온도와 토양 구성 등의 온갖 변수에 대해서도 잘 알고 있다. 캘리포니아에서 와인 양조용 포도의 구매자들과 꾸준히 이야기를 나누어 온 덕분에 와인 산업에 대해서도 모르는 것이 없을 정도다. 어떤 품종의 포도와 어떤 발효기법이 점점 인기를 끌고 있거나 점차 사라지는 추세인지, 아직 제대로 발견되지 않은 잠재성으로는 무엇이 있는지도 잘 파악하고 있다.

뿐만 아니라 말로는 표현할 수 없는 진정한 전문가만의 직감까지 겸비하고 있다. 그들은 초가을에 포도나무 사이를 걸으며 포도를 따기에 적합한 시기가 언제인지를 알 수 있었다. 그 이유를 말로 딱히 설명할 수는 없어도 느낌만으로도 충분히 포도를 수확하는 시기를 알고 있었다. 언젠가 이런 남매들의 손에서 와인이 빚어진다면 명칭과 로고, 그리고 잠재 소비자에게 와인의 본질을 전달하기 위한 마케팅 전략이 필요할 것이다. 이 대목에 이르자 이제부터는 필립스와 팀원들이 끼어들 차례였다.

프랑스를 팔 것인가, 후커 장군을 팔 것인가?

"초기 조사 결과는 4~6주 정도 소요될 겁니다."
필립스가 세레스가 남매에게 이렇게 운을 떼며 설명했다. 앞으로 남매 한 사람 한 사람뿐만 아니라 세레스 일가를 잘 아는 외부인들에게도 세레스가의 가족과 사업에 대해 묻는 길고 긴 질문서를 보내줄 계획이며, 외부인은 직원, 고객, 이웃, 친구 들을 비롯한 여러 사람들 중 세심하게 선정된다고도 했다. "여러분이 직접 부지런히 조사를 해야 합니다." 필립스는 미리 이렇게 당부하며 조사 과정에서 지속적으로 대화를 하게 될 것이며, 이때 필립스가 그들이 생각하는 브랜드의 정체성과 본질에 대해 정리할 수 있도록 꼼꼼히 이끌어줄 것이라고 했다.

필립스는 가장 먼저 가족 구성원 모두에게 그들이 생산할 와인의 정체성과 본질에 대한 의견을 듣고 싶다고 했다. 장자인 존은 자신들의 와인에 프랑스의 유산을 내세우면 어떨지 제안했다. "최고의 가격으로 와인을 출시하면 사람들이 그 품질을 프랑스와 연관지어 생각하지 않을까요?" 존은 이렇게 설명을 덧붙이며 자기 가족의 뿌리가 프랑스라는 점을 강조했다.

이 말을 듣고 있던 필립스가 특별히 프랑스 스타일을 활용해 와인을 양조할 생각인지, 또 프랑스 스타일이 그들의 정체성에서 중요한 부분인지를 물어봤다. 남매들 모두 고개를 내저었다. 이로써 필립스가 굳이 말하지 않아도 결론이 확실해졌다. 프랑스의 유산은 이 와인의 명칭으로는 적당하지 않았다. 진정성이 없는 거짓 메시지이기 때문이다.

테일러가 이 땅의 역사를 내세우면 어떨지 제안했다. 조지프 후커가 이 땅을 매입한 것은 1854년이었다. 당시에 후커는 멕시코-미국 전쟁에 (그다지 큰 공을 세우지는 못했지만 어쨌든) 장교로 참전했다가 돌아와 이 땅에 정착했다. 그는 미국에서 최초로 유럽의 포도나무를 심은 사람으로 알려져 있지만 딱히 와인메이커나 농부로서 활동한 적은 없었다. 오히려 후커의 집안은 광란의 파티를 벌이는 것으로 유명했고 후커 자신은 술주정뱅이와 바람둥이로 명성이 자자했다. 그러다 남북전쟁이 발발하면서 북부군 준장으로 임명되어 챈슬러스빌 전투에서 굴욕적인 패배를 당했고, 군에서 퇴임한 뒤엔 자신의 땅으로 돌아와 칩거했다. 그 뒤엔 와트리스 가문이

이 땅을 소유하게 되었고 이때 투츠를 고용해 땅을 돌보게 했다. 그러다 1900년대 초에 프랭클린 와트리스Franklin Watriss가 상속인도 없이 숨을 거두며 세레스 일가에 땅의 소유권을 넘겨주었다.

세레스 남매는 와인의 라벨에 '파이팅 조'라는 명칭과 함께 주먹을 쥐고 두 손을 치켜세운 남자의 그림을 같이 넣으면 재미있을 것 같다고 생각했다. 벅은 농장 한구석에 아직도 그대로 남아 있는 파이팅 조의 집에 귀신이 많이 나온다는 소문이 오래전부터 떠돌았다며 그것을 소재로 살려보자는 제안도 했다.

이때 필립스가 또 한 번 나서며 파이팅 조의 이야기가 남매에게 얼마나 의미 있는 부분인지 물었다. 남매는 이야깃거리로 삼기에는 재미있지만 자신들과는 상관이 없다는 것을 인정했다. 필립스는 파이팅 조가 세레스가에서 생각하고 있는 고급 와인의 이름으로는 그다지 어울리지 않는다는 점도 지적했다.

"맞아요. 좋은 품질을 선전해줄 문구가 아니긴 하죠." 존이 말했다.

"150달러라는 가격과도 격이 안 맞아요." 테일러도 한마디 덧붙였다.

필립스가 파이팅 조는 이쯤에서 제외시키자고 했다. "여러분과 너무 거리가 멀지 않은 아이디어였으면 좋겠어요." 필립스는 세레스가의 가족이 아닌 다른 누군가에 초점을 맞춘 아이디어는 적당하지 않은 것 같다고 말하며 "이 땅에 가족들의 손길이 수 세대에 걸쳐 닿아 있다는 점을 부각하고" 싶다고 했다.

그때 남매의 아버지가 회의실로 들어왔다. 장남처럼 몸집이 컸고 청바지와 파란색 작업복 셔츠 차림에 해진 카우보이 모자를 쓰고 있었다. 진흙을 어찌나 잔뜩 묻히고 있던지 열심히 일하는 농부 역할의 연극 의상을 입은 것처럼 느껴질 정도였다. 손을 내밀어 악수를 청할 때야 알았는데 손에는 굳은살이 두껍게 박이고 엄지손가락이 잘려 있었다. 남매의 아버지가 오가는 대화를 잠시 말없이 듣고 있다가 말했다. "저희는 뛰어난 맛의 와인을 만들 줄 알아요. 그런 와인을 지금까지 수도 없이 만들어왔어요." 상을 받은 와인들 다수가 이 농장의 포도를 원료로 사용하기도 했다. "저희는 훨씬 더 품질 높은 와인도 만들어낼 수 있어요. 저희가 원하는 건 최고급의 우수한 와인이에요. 겉만 번지르르한 고급 와인 말고 진짜 고급 와인 말이에요."

놀랍게도 회의실에서 서로 이야기를 나눈 지 30분밖에 되지 않았는데도 벌써 새 와인이 전달할 메시지의 핵심 요소 몇 가지가 정해졌다. 이 가족의 진정한 이미지와 가족의 특별한 전통과 열정, 노력과 지식이 전달되어야 했다. 하지만 나는 속으로 의문이 들었다. 이런 게 소용이 있을까? 고가의 와인을 팔고 싶다면 내부가 아니라 외부로 시선을 돌려야 하는 게 아닐까? 비싼 와인을 팔기 위한 최적의 마케팅 메시지를 생각해야 하지 않을까? 이 가족의 진정한 자아라는 게 그렇게 가치 있는 것일까? 이 사람들은 흙을 묻혀 가며 일하는 농부들이었다. 그들에게는 명품 와인을 연상시키는 고급스럽고 세련된 이미지는 전혀 없었다.

한편으로는 와인의 고급스러운 이미지에 위축되거나 거부감을 보이는 사람들이 많다는 점에서 그들이 고급스러운 이미지와 거리가 멀다는 사실은 판매에 유리한 점일 것 같기도 했다. 많은 사람들이 세레스가 가족을 만나보면 그들의 실용적인 자세와 손에 직접 흙을 묻히고 작업복이 더러워지도록 열심히 일하며 와인을 다루는 태도에 금세 끌릴 것이 분명했다. 하지만 대다수의 잠재적 와인 소비자들이 세레스가 가족을 만날 일이 없다는 점이 문제였다.

필립스는 내가 그렇게 생각하리라고 예상한 눈치였다. 가족들이 나와 같은 의문을 가지고 있는 것도 간파한 것 같았다. 필립스가 다음으로 물어본 것은 와인의 판매량을 어느 정도로 예상하고 있는가였다.

테일러가 대답했다. "처음부터 20톤 정도로 크게 잡고 싶지는 않아요. 4톤이 좀 넘는 정도면 괜찮을 것 같아요." 와인업계에서 와인의 생산량을 측정하는 방식에는 여러 가지가 있다. 포도 1톤으로는 통상적으로 2배럴이 조금 넘는 와인이 생산되며 1배럴의 와인은 대략 300개의 와인 병을 채울 수 있는 양이다. 이를 상자 분량으로 따지면 25상자 정도가 된다. 따라서 4톤의 포도는 와인 200상자 정도 되는 아주 소량이다.

필립스의 설명을 들으며 알게 된 사실이지만 소량으로 생산되는 와인은 대량 생산되는 와인과는 판매 스타일이 완전히 다르다. 대량 생산 와인은 연간 수백만 상자를 판매하므로 수많은 소비자에게 마케팅 메시지를 빠르고 간단하게 전달해야 한다. 가격대가 10달러 정도인 와인의 구매자들은 굳이 시간을 들여 브랜드의 정체성까지 알고 싶어 하지 않는다. 그런 소비자들은 대체로 충동적으로 와인을 구입해서 마실 뿐 그 와인에 대해 별 다른 생각을 하지는 않는다. 세레스가 가족의 공략 구매층은 이와는 완전히 다른 성향의 소비자들로, 자신이 구매한 와인으로 깊이 있는 경험을 해보고 싶어 하는 이들이다. 기꺼이 시간을 들여 와인을 만든 와인메이커에 대해 알아보고 그 와인메이커의 철학을 이해하려는 의향을 가지고 있는 이들이다. 한 병에 150달러짜리 와인을 구매하면서 느끼는 즐거움 중 하나는 와인을 마시며 그 와인에 담긴 이야기를 알고 친구들과 함께 공유할 수 있다는 것이다.

이런 와인의 마케팅을 구상할 때는 진실에 뿌리를 두어야 한다. 이런 소비층은 결국 상품에 담긴 진실을 알아낼 것이기 때문이다. 따라서 세레스가가 생산하는 와인을 과시적이기까지 한 프랑스 스타일의 고급 와인으로 마케팅을 할 경우에 소비자들은 세레스가 가족을 만나보고 그들이 포도 재배와 와인 양조 실력은 뛰어나지만 매우 미국적이어서 고급스럽고 과시적인 프랑스 스타일의 이미지와는 정반대라는 것을 알게 되면 당혹스러워할 것이다. 그럴 경우 그들이 진실하지 못한 점에 대해서 실망하는 동시에 그들이 생산한 와인에 대해서도 거부감을 갖게 될 것이다. 그것은 와인을 평가하는 와인 전문 잡지와 비평가들도 마찬가지일 것이다. 반면에 이 가족의 진실성을 드러내주는 진정성 있는 메시지는 소비자와 브랜드 사이의 관계를 탄탄히 다져줄 것이다.

내 생각처럼 나는 이 가족에게 딱 들어맞는 고객이 될 것 같았다. 나는 와인을 좋아하지만 과시적 심리를 자극하는 와인에는 흥미가 없다. 전문적인 와인 용어를 너무 들먹이며 잘난 체하는 것도 마음에 들지 않는다. 하지만 이 신중한 농부들을 지켜보면서 어느새 확신이 생겼다. 이 사람들의 손에서 빚어진 와인이라면 포도나무, 포도, 토양에 대한 진실되고 깊이 있는 지식이 담긴 산물일 것 같았다. 이들이라면 내리쬐는 햇빛을 맞아가며 수십 년 동안 터득한 기술을 바탕으로 결정을 내리며 이 포도로 가능한 한 가장 뛰어난 와인을 빚기 위해 그들이 할 수 있는 모든 노력을 다할 것 같았다. 평범한 와인을 굉장한 와인인 것처럼 속이려 드는 일 따위는 할 리도 없었다. 이제 나는 언제든 와인 진열 선반에서 150달러의 가격표가 붙은 세레스 랜치 와인을 보게 된다면 그 와인이 그만한 가치가 있다고 확신할 수 있게 되었다.

하지만 이들을 만날 일이 없을 사람들에게, 그러니까 와인의 양조에 헌신적으로 임하는 그들의 자세를 직접 볼 기회가 없는 사람들에게 그런 이야기를 어떻게 전할 수 있을까? 이 질문에 대한 답은 아주 중요할 뿐만 아니라 현재 경제에서 성공하는 방법을 아주 뚜렷이 제시해주고 있기 때문에 나중에 따로 상세히 살펴볼 것이다. 나에게는 뜻밖이었지만 알고 보니 와인은 오늘날의 경제를 이해하기에 적격인 상품이었다. 와인업은 지금 우리 모두가 해야 할 활동을 수세기 동안 펼쳐왔다. 와인업은 자신이 열정을 느끼고 있는 분야를 전 세계의 적절한 고객층에게 전달하고 그것으로 수익을 얻는 일이다. 그런 점에서 우리 모두는 어느 정도는 현재의 와인메이커와 같다.

나는 세레스가 가족을 만나고 온 몇 주 뒤에 필립스에게 전화를 걸었다. 필립스는 6단계의 헥스 메소드에서 네 번째 단계를 밟고 있는 중이었다. 그날의 브랜드 포지셔닝 회의에서 눈물을 비치지는 않았지만 목소리가 좀 높아지고 호탕한 웃음이 터지면서 모두가 매우 만족하는 해결책이 나왔다. 세레스 랜치 와인의 라벨에는 밭고랑 형상의 이미지와 소의 뒷모습을 닮은 형상으로 디자인된 'SR'이라는 브랜드를 담기로 정해졌다.

콘바디 CONBODY

〈뉴욕타임스〉에 소개된 교도소 출신 CEO가 창업한 감옥 스타일 헬스장

코스 마테Coss Marte는 두 개의 사업을 성공시켰지만 자부심을 느끼는 것은 그 중에 하나이다. 열여덟 살 때 시작한 첫 사업에서 마테는 뛰어난 혁신가의 기질을 발휘하긴 했지만 하필이면 끔찍한 업계에 몸담고 있었다. 마테의 어머니는 가진 돈도 없고 희망도 없이 도미니카 공화국에서 미국으로 건너와 맨해튼 남동부 지역의 공공주택 아파트를 얻어 살았다. 마테는 이곳에서 자라며 주위에서 마약 문제 때문에 벌어지는 불행을 지켜봤다. 동네 모퉁이마다 마약 거래상이 자리 잡고 있었고 주변의 어른 상당수가 마약 중독에 빠져 강도질을 하고 마약 살 돈을 구하려 지나가는 행인들을 덮치는 등 어떤 짓도 서슴지 않았다.

동네의 다른 청소년 대다수와 마찬가지로 마테는 푼돈을 벌고 고개를 까닥이며 칭찬을 해주는 것이 좋아서 마약 거래상들의 심부름을 해주었다. 그러다 열여덟 살이 되었을 때는 아예 마약 거래상이 되었다. 기업가 기질을 타

고난 마테는 언제나 남들이 못 보고 놓치는 기회를 알아봤다. 그는 1990년대 말에 동시에 부상하고 있던 두 가지 흐름에 주목했다. 하나는 힙스터(반문화적, 자연친화적, 진보적 성향의 문화 코드를 공유하며 고유한 패션을 추구하는 사람들을 일컫는 말—옮긴이)와 여피족(전문직에서 일하며 새로운 삶을 살아가려는 젊은이를 지칭하는 말—옮긴이)인 중산층 백인들이 자신이 사는 동네로 이사를 오는 것이었고, 다른 하나는 휴대전화가 보편화되는 것이었다. 마테는 새로 이사 온 백인 중산층 중에 마약을 사고는 싶지만 겁이 나서 공공주택 단지에 들어오지 못하는 사람들이 어느 정도는 있으리라고 생각했다. 그래서 누구든 주문 문자만 보내면 마약을 배달해준다고 찍힌 명함 수천 장을 만들었다. 양복한 벌을 사고 전문직 종사자의 말투도 연습했다. 그런 후 새로 이사 온 부유한 주민이 자주 드나드는 바를 찾아다니며 명함을 돌렸다.

사업은 금세 성업을 이루어 직원을 몇 명 써야 할 정도가 되었다. 마테는 내친 김에 훈련 과정까지 열어 한때 길거리에서 호객행위를 하던 사람들에게 전문직 종사자처럼 차려입는 방법과 악수를 나누며 확신을 심어주는 말투를 구사하는 방법을 가르쳐주기도 했다. 몇 년이 지나지 않아 마테는 연간 200만 달러나 되는 수입을 올릴 수 있게 되었다. 하지만 경찰이 마테의 마약 사업에 관심을 가지면서 마테는 체포되어 10년에 가까운 징역형을 선고받았다.

체포되었을 당시에 마테는 고도비만이었다. 정기 신체검사 결과 스물세 살의 나이에 벌써 당뇨를 앓고 있었고 심각한 심장질환이 발병할 위험도 높은 상태였다. 마테는 수감 생활 중에 달리 할 일이 없어서 운동에 매진했다. 하지만 교도소 내에 설치된 웨이트 트레이닝실에 가기는 싫었다. 별도의 감독을 받아야 하는 데다 운동 중에 자칫 싸움이 벌어질 위험이 있었다. 다행히 자신보다 나이 많은 감방 동료가 고강도의 운동법을 몇 가지 가르쳐주어 감방 안에서 운동을 할 수 있었다. 다른 고참 수감자들에게 더 많은 운동법도 배우고 자신이 직접 운동법 몇 가지를 개발하기도 했다. 덕분에 얼마 지나지 않아 몰라보게 몸이 좋아졌다. 출소일이 다가올 무렵엔 성경을 읽으며 종교적 변화를 겪기도 했다. 자신이 마약으로 망친 많은 사람들의 삶에 대해 죄책감을 느꼈고 출소 후에는 더 나은 삶을 살겠다고 결심했다.

6년 후 마테는 공공주택 단지 건너편의 어머니 집으로 돌아왔다. 다시 예전의 삶으로 돌아가거나 마약 거래의 세계에 빠져들고 싶지 않았지만 일자리를 찾기가 힘들었다. 마테의 사건은 언론에 크게 보도되었고 그 때문에 고용주가 구글에 마테의 이름을 검색하면 그가 마약을 거래한 과거사가 그대로 드러났다.

마테는 자신의 사업을 해보기로 결심했다. 하지만 돈도 자원도 인맥도 잠재적 투자자도 없었다. 이런 여건 속에서 마테는 날이 밝기도 전에 눈을 떠서 근처의 공원으로 나가 교도소에서 배운 운동법을 이용해 운동을 했다. 마테에게 멋진 기구 따위는 필요 없었다. 자신의 체중을 활용하면서 가까운 곳에 있는 것은 무엇이든 운동 기구로 이용했다. 낡은 철봉으로 턱걸이 운동을 하고 통나무를 도구 삼아 팔 굽혀펴기 운동을 했다. 이렇게 운동을 하며 이른 아침 조기 운동을 나온 다른 사람들을 불러 운동법을 가르쳐주겠다고 제안했다.

그렇게 얼마쯤 지나자 그에게 운동법을 배우고 싶어 하는 소그룹이 생겨났고 그는 교도소에서 착안한 강도 높으면서도 효과적인 운동을 그들에게 정기적으로 가르쳐주게 되었다. 운동에 대한 마테의 열정은 굳건하고 전염성도 있었다. 입소문이 퍼지면서 지도를 받고 싶다는 신청자가 점점 늘었다.

마테는 현재 헬스클럽을 운영하며 많은 수입을 올리고 있다. 콘바디라는 상호를 내건 이 헬스클럽에서는 마테가 교도소에서 배운 운동을 기본으로 실속형 운동을 지도해준다. 직원은 전과자들만 뽑고 있다(단, 까다로운 선발 과정을 통과해야만 한다). 마테가 고객의 마음을 끌어들인 성공 요인이 그의 열정만은 아니다. 사람들이(특히 뉴요커들이) 집에서 운동하려 할 때 느끼는 두 가지 문제인 공간 부족과 장비 부족을 해결했기 때문이다. 마테는 구독형 앱을 개발해 장비도 필요 없고 감방보다 큰 공간도 필요 없는 홈트레이닝 동영상 강의 서비스를 제공하고 있다.

마테의 사례는 인상적인 교훈을 제시해준다. 마테는 자신의 일생에서 가장 부정적인 측면(범죄 전과)을 택해 그것을 자신의 핵심 가치로 전환해냈다. 당연한 얘기지만 상당수 사람들은 전과자들이 운영하고 지도해주는 헬스클럽에 다니는 것을 탐탁지 않게 여길 것이다. 여기에 바로 포지셔닝의 핵심이 있다. 뉴욕은 대다수 도시가 그렇듯 살을 빼게 해주겠다느니, 근육을 키워주겠다느니, 끈기를 길러주겠다느니 하는 천편일률적인 약속을 내거는 헬스클럽으로 넘쳐난다. 지나치게 보편적이고 무난한 가치는 무리 속에서 두드러지지 못한다.

뉴노멀 시대의 사업에서는 보편적인 가치로 자신을 선전해서는 제대로 효과를 얻을 수 없다. 어떤 사업이든 열정적 추종자들을 어느 정도 끌어모으려면 어떤 사람들은 그것에 열광하고 또 어떤 사람들은 무시하거나 심지어 반감을 갖기도 하는 요소가 반드시 포함되어야 한다. 그렇다고 해서 보편적으로 용인되는 서비스를 아예 제공하지 말라는 얘기는 아니다. 마테 역시 고객들이 살을 빼고 근육을 키우고 끈기를 기르게 도와주고 있다. 하지만 마테는 자신만의 독자적인 방식으로 도움을 주면서 광적일 정도의 충성 고객층을 거느리고 있다. 그중 절반 이상이 여성이며 모든 고객이 마테의 현실적이고 실용적인 방식에 호감을 가지고 있다. 운동을 하다 보면 자신이 어느 정도 사회적 선행을 실천하는 느낌이 든다고 얘기하는 고객들도 많다고 한다. 운동을 하면서 마테와 다른 전과자들의 재활을 돕고 있는 기분도 느끼는 것이다.

마테가 자신이 가진 가장 불리한 요소를 독자적 강점으로 변화시킬 수 있었던 마법 같은 도구는 바로 스토리텔링이다. 마테는 자신의 이야기를 잘 전달하기도 하지만 교도소처럼 단출한 헬스클럽의 분위기도 그의 이야기를 강화하고 있다. 직원들 또한 저마다의 사연으로 스토리를 풍성하게 하고 있다. 우리는 누구나 이야기를 가지고 있다. 마테처럼 극적인 이야기가 아니더라도 각자의 이야기를 의미 있게 느낄 사람들이 있기 마련이다. 마테가 할 수 있다면 누구나 다 할 수 있다.

제7장

기술이 아닌 열정으로
혁신을 이룬 아미시 농부

해결책이 아닌 기술은 필요하지 않다

기술의 발달과 전 세계와 경쟁하는 것이
사업의 위협 요인이 될 거라고 걱정하는가?
오히려 아미시 농부들처럼 이를 잘 이용하면
소규모·무자본으로도 성공적인 사업이 가능하다.

파이오니어 이큅먼트Pioneer Equipment의 공장은 클리블랜드에서 남쪽으로 차로 90분 거리에 있는 오하이오주 달톤의 어느 농촌지대 도로변에 자리 잡고 있다. 그곳에서는 말이 끄는 첫 마차가 들어오는 오전 6시 직전에 업무가 시작된다. 밖은 아직 칠흑같이 어두운 시각이다. 도로가에 있는 모든 집은 마차와 마찬가지로 전부 아미시 사람들의 소유이며 이곳에는 전기도 들어오지 않는다.

어둠 속에서 나는 근처에 있는 농부들을 겨우 알아볼 수 있었다. 다들 랜턴을 손에 든 채 젖소의 우유를 짜고 말들에게 먹이를 주러 축사로 걸어가고 있었다. 마차를 타고 출근한 파이오니어 이큅먼트의 직원들은 마구를 벗긴 말을 대형 축사로 데려가 당근으로 짐작되는 먹이를 주었다. 공장 옆쪽에 트럭으로 실어 나른 건초더미가 없었다면 방문자들은 자신이 19세기의 과거로 시간 이동을 했다고 생각할 법도 했다.

6시 15분쯤 되자 공장에 활기가 돌았다. 파이오니어 이큅먼트는 말이 *끄는* 농기구를 생산하는 곳이다. 경운기, 쟁기, 써레 등 아미시 농부들이나 아미시 교도는 아니지만 취미 삼아 말과 노새를 이용해 농사를 짓는 이들에게 필요한 일체의 농기구를 만든다. 대부분 픽업 트럭의 절반 정도 크기의 대형 철제물인 농기구는 땅을 파거나 씨앗을 심거나 잡초를 뽑거나 작물을 수확하는 등의 농장 운영에 필요한 온갖 작업을 위해 설계되었다. 의무적으로 기른 긴 턱수염, 밀짚모자, 바지 멜빵, 아미시 교도 특유의 바지가 인상적인 수십 명의 남자들이 직원으로 일하며 농기구를 만들기 위해 대형 기계를 이용해 강철봉을 같은 크기로 자르고 용접해 붙인다(아미시 교도들은 발전기에 연결된 공압 전동기구는 사용할 수 있다).

사무실에서는 미혼의 아미시 교도 아가씨들 몇 명이 일하고 있다. 모두 길고 얌전한 드레스 차림에 머리에는 흰색의 머리쓰개를 쓰고 있다. 공장에서는 귀에 거슬리는 날카로운 금속 톱 소리와 쨍그랑거리는 압인기의 소음이 쉴 새 없이 들리고 작은 불꽃놀이라도 하는 것처럼 빠른 속도로 용접 불똥이 튄다. 주의 깊게 살펴보지 않으면 19세기의 장소라고 착각하기 쉽지만 이 공장은 청결하고 안전하며 인상적이도록 효율적인 곳이다.

**아미시 사람들이
기술을 사용하는 방법**

내가 이곳에 찾아온 이유는 파이오니어 이큅먼트가 21세기 경제의 핵심적인 부분을 잘 보여주는 이상적 사례이기 때문이다. 이 공장이 잘 보여주고 있듯 기술을 거의 사용하지 않고 살아가는 사람들이나 기업들도 21세기의 경제체제에서 성공하기 위해서는 해당 분야의 최첨단 기술에 뒤떨어져서는 안 된다. 미국의 대부분의 공장과 달리 파이오니어 이큅먼트의 기계는 컴퓨터로 제어되지 않는다. 공학용 소프트웨어로 만들어진 도안을 사용하지도 않고 회사는 웹사이트조차 없다. 트위터가 뭔지 아는 사람이 드물고, 페이스북을 해본 사람도 거의 없다. 비행기를 타보거나 자동차나 스마트폰을 가져본 이들도 드물다. 하지만 뜨내기 방문자의 눈에 잘 보이지 않을 뿐, 중요한 모든 부분에서 이곳이 철저히 21세기의 현대적 기업이라는 증거를 찾기는 그리 어렵지 않다.

웬저드 일가가 이끄는 파이오니어 이큅먼트는 겉모습이 무색하게도 내가 방문했던 곳 중 가장 혁신적인 회사에 속한다. 웬저드가 가족은 매년 새롭고 흥미로운 상품 몇 가지를 개발한다. 파이오니어 이큅먼트를 운영하고 있는 존 웬저드John Wengerd는 자신의 브랜드인 파이오니어 홈스테더Pioneer Homesteader의 농기구를 '농기구계의 아이폰'이라고 부른다(자신은 아이폰을 가져본 적이 없지만 아미시 교도가 아닌 친구 하나가 이따금씩 자신의 아이폰을 가지고 놀게 해준다고 한다).

웬저드가 사람들은 매우 고객 중심적이어서 시시각각 변하는 구매자들의 요구를 파악하기 위해 각별한 노력을 기울인다. 웬저드가 사람들이 대개 펜과 종이를 사용하며 전화 통화는 이따금씩만 하고 대부분 직접 방문하는 방식으로 사업을 운영한다는 점은 중요하지 않다(건물 안에는 컴퓨터 몇 대가 있어서 회계 처리를 하거나 기본적인 이메일을 주고받을 때 혹은 종종 CAD 디자인을 하는 용도로 사용한다).

웨인 웬저드Wayne Wengerd는 1975년에 파이오니어 이큅먼트를 설립했는데 사실 웨인이 그 당시에 한 일을 생각하면 '설립'이라는 말은 좀 거창한

표현인 듯하다. 오히려 별난 취미생활에 더 가까웠다고 하는 편이 맞을 것이다. 웨인은 20대 초반이던 1970년대 중반에 타고난 기계공의 면모를 드러냈다. 그는 아버지의 헛간 한 귀퉁이에 자신만의 공간을 만들어 놓고는 허드렛일을 다 마친 후에는 농기구를 뚝딱뚝딱 만들곤 했다. 농기구를 만드는 그의 취미는 이후에 오래된 쟁기나 경운기를 비롯해 이웃의 아미시 사람들이 가지고 있는 갖가지 장비를 수리해주는 작은 사업으로 발전했다. 처음에는 재미 삼아 시작한 일이었다. 그는 농기구의 작동 원리를 알아내는 일에 흥미를 가지고 있었다. 하지만 얼마 지나지 않아 자신이 제공하는 서비스에 대한 수요가 아주 많다는 사실을 알게 되었다. 마침 아미시 농부들은 농기구 때문에 위기를 맞고 있었다.

웨인이 품은 열정과 재능은 아미시파의 초기 시대였다면 도저히 받아들여지지 못했을 것이다. 웨인은 아미시파에 진정한 애정을 가지고 있다. 아미시파는 중세 재세례파의 한 분파로, 이들은 어린아이들은 예수님을 주님으로 받아들이는 문제에서 진실된 결정을 내리지 못하므로 성인들만이 세례를 받아야 한다는 신념을 가지고 있다. 1500년대와 1600년대에 스위스, 독일, 프랑스 접경 지역의 여러 산악 마을에서 살던 아미시파와 메노파의 선조들이 이단으로 박해를 받다 살해되는 일이 빈번했다. 이후 1700년대와 1800년대에 아미시 교도 대부분이 미국으로 이주했다.

아미시 교도들은 (적어도 자신들의 관점에서) 신실한 기독교도의 삶을 영위하는 가장 확실한 방법은 교회와 공동체 앞에서 스스로를 낮추는 것이라는 믿음을 가지고 있다. 아미시 교도들의 정착지는 여러 교구로 분리되어 있는데 각 교구는 약 30개의 가정으로 이루어져 있고 이들 가정은 격주 일요일마다 교회 신도의 집에 모여 함께 예배를 드린다. 아미시 사람들은 해당 교구의 다른 교도들과 마차로 이동이 힘들 정도로 멀리 떨어져서 살 수 없다. 그렇게 멀리 떨어져 살면 차로 교회에 가야 하는데 차를 타는 일은 금지되어 있기 때문이다. 아미시 사람들은 똑같은 옷을 입고 비슷한 집에서 살며 대체로 남들보다 우월해 보일 만큼 화려하게 꾸미길 삼간다.

웨인은 아미시 교도로 사는 것을 아주 좋아하며 아미시파에 진심으로 헌신하고 있다. 그리고 자신의 자녀, 손주, 증손주, 고손주 들도 대대로 아미시파의 생활방식에 따라 살길 바란다. 웨인은 자신의 종교 이외에 다른 부문에도 애정을 가지고 있는데 특히 쟁기 등의 농기구를 만지작거리며 시간을 보내길 아주 좋아한다. 여행을 다니며 멀리 있는 아미시 교도나 비아미시파 공동체의 사람들을 만나는 것도 좋아한다(한번은 자녀들과 함께 바쁜 일정으로 나를 찾아 뉴욕시에 왔던 적이 있다. 웨인은 새로운 것을 알게 되고 새로운 사람을 만나는 것을 너무도 즐거워했지만 이후에 집에 돌아갈 때도 아주 행복해했다).

웨인은 사업에 대해서도 열정을 가지고 있다. 웨인이 사업을 하는 이유는 돈을 버는 것이 아니기 때문에 사업이 큰 성공을 거둔 지금도 그는 여전히 검소하게 생활한다. 웨인에게 사업은 아주 흥미로운 대형 퍼즐과도 같다. 사업을 할 때는 문제점을 찾아 새로운 구상을 하며 장기적인 전략을 세우는 과정이 필요하다. 또한 장기적인 전략을 일일 작업으로 세분해야 한다. 언제나 새로운 도전 과제와 기회가 발생하기 때문에 이런 장기적인 전략은 절대로 풀리지 않는 퍼즐과 같다.

웨인의 열정은 자식들에게도 그대로 이어졌다. 웬저드가 사람들과 함께하는 시간이 즐거운 이유는 모두들 자신의 일, 가족, 공동체에 행복한 마음으로 임하고 있기 때문이다. 이 가족의 열정은 너무 뚜렷하면서도 아미시 사람들의 생활과 긴밀하게 얽혀 있어서 가족의 사업이 이단처럼 보일 것 같다고 우려하는 게 오히려 이상할 정도다.

아미시 사람들은 대부분 대대로 농사를 지으며 살았다. 농사는 아미시 사람들의 가치에 맞춤복같이 딱 맞는 직업이다. 모든 가족이 힘을 합해 일하고 자신들의 땅 가까이에 살아야 하기 때문이다. 어느 지역이든 농부는 대체로 같은 날씨와 같은 경제적 상황의 영향을 받기 때문에 아미시 사람들의 성공 수준은 대부분 엇비슷할 뿐만 아니라 공통의 도전에 직면하기도 한다. 웨인이 몇 십 년 일찍 태어났다면 기계공으로서의 재능과 여행에 대한 희망, 사업의 열정을 아미시의 생활방식과 연결하지 못했을 것이다. 웨인이 당시에 태어나서 계속해서 아미시 교도로 살고자 했다면 농부가 되었을 테고, 사업을 시작하고 여행을 다니고 기계에 대해 배우고 싶었다면 아미시 공동체를 떠나야 했을 것이다.

이것은 아미시 사람들에만 해당되는 얘기가 아니다. 대략 1900년 이전까지는 대다수의 사람이 농부였고 농사를 지어 먹고살기 위해서는 가족들과 함께 있는 힘을 다해 열심히 일하는 것 말고는 다른 선택의 여지가 없었다. 그러다 20세기에 규격화 상품 경제가 빠르게 성장하면서 미국은 도시화, 산업화되었고 비아미시 사람들은 농경지를 떠나갔다. 처음에 이런 현상은 여전히 농사를 지으며 사는 아미시 사람들에게 유리하게 작용했다. 더 많은 땅을 얻는 동시에 말이 끄는 농기구를 언제나 구해서 쓸 수 있었기 때문이다. 제2차 세계대전 전까지 미국에서는 대부분 말이 끄는 농기구를 이용해 농사를 지었다. 다시 말해 아미시 농부와 비아미시 농부 사이에 별 차이가 없었다. 또한 몇 곳의 대규모 제조사에서 동물을 이용하는 쓸 만한 농기구를 꾸준히 생산해내고 있었다.

하지만 20세기 중반에 트랙터가 사용되기 시작하면서 아미시가 아닌 농부들은 멀쩡하지만 오래된 구식 농기구들을 내팽개쳤다. 덕분에 아미시 사람들은 횡재를 맞았다. 사실상 공짜로 가질 수 있는 농기구가 주변에 널려 있었기 때문에 한 세대가 더 지나도록 아미시 농부들은 농기구에 큰 돈을 쓸 필요가 없었다.

아미시 농부에게
닥친 변화

1970년대에 이르러 동물을 이용하는 농기구에서 횡재를 누리던 호시절도 저물었다. 동물을 이용하는 농기구의 생산이 완전히 중단되다시피 했고 한때 공짜로 가져다 쓰던 농기구들도 차츰 녹이 슬고 썩고 부러져 버렸다. 처음엔 웨인은 그냥 오래된 농기구 수리로 돈을 버는 것도 괜찮겠다고만 생각했다. 그런데 얼마 지나지 않아 수리만으로는 역부족인 상황이 벌어졌다. 이제는 누구라도 나서서 말을 부려 농사를 짓는 데 필요한 새 농기구를 만들어야 할 때라는 생각이 들었다.

존 디어John Deere 같은 거대한 농기구 회사들은 이런 비주류 사업에 시간을 낭비하지 않을 것이 분명했다. 하지만 웨인이라면 생각해볼 만한 사업이었다. 그의 여러 가지 열정을 한데 끌어모으면 가능할 것 같았다. 어쨌든 말이 끄는 농기구에 주력하는 사업체를 설립하는 것은 공동체를 약화하는 것이 아니라 다른 아미시 사람들이 계속 농사를 지을 수 있도록 오히려 도움을 주는 셈이기도 했다.

당시에는 미처 깨닫지 못했지만 웨인은 사업을 시작함으로써 아미시 공동체를 변화시키는 큰 역할을 하게 되었다. 지난 20세기 동안 펜실베이니아, 오하이오, 인디애나, 일리노이 등의 농경지대에 거주하는 아미시 공동체는 주로 필라델피아나 클리블랜드 같은 대도시에서 약 80킬로미터 거리 내에 자리 잡고 있었다. 광역 고속도로망이 갖추어지기 전까지 도시에 직장이 있는 사람에게 80킬로미터라는 거리를 통근한다는 것은 상상도 할 수 없는 일이었다. 하지만 1970년대부터 1990년대 사이에 고속도로가 늘어나고 그와 더불어 준교외 지역(교외보다 도심에서 더 떨어진 주택 지역 — 옮긴이)으로 이사하는 사람들이 생기면서 택지 개발업자들이 농경지대를 닥치는 대로 사들였다. 사람들은 도시 인접지의 집보다 더 저렴하면서도 더 넓은 집을 얻는 대가로 기꺼이 통근의 수고를 감수했고 이런 새로운 수요에 따라 농경지의 땅값은 계속 올라갔다.

바로 이 시기에 아미시 교도들은 베이비붐을 맞고 있었다. 1970년부터 1990년 사이에 아미시의 인구는 두 배로 늘었고 2010년에 또 다시 두 배가 되었다. 어른이 되어서도 여전히 아미시 교도로 살겠다고 결정하는 아미시 자녀들의 수 또한 늘어나서 그 비율이 90퍼센트가 넘었다. 이런 현상은 아미시파와 비아미시파의 생활수준의 격차가 크게 벌어지면서 나타난 부작용이었다.

제2차 세계대전 이전에는 8학년까지 교육을 받고 노새가 끄는 쟁기질을 하며 살던 아미시 사람들은 대다수의 비아미시 이웃들과 생활수준에서 그다지 차이가 없었다. 그래서 아미시의 자녀들은 공동체를 떠나도 그런대로 살아갈 수 있었다. 하지만 오늘날 미국은 훨씬 더 도시화되었고 더 높은 교육을 받고 적극적으로 기술을 활용할수록 더 높은 보상을 받는 경제체제가 되었다. 따라서 이제 아미시의 젊은이들이 공동체를 떠날 때에는 훌쩍 벌어진 생활수준의 격차에 맞설 각오를 해야 한다.

아미시 젊은이들이 공동체를 떠나지 않고 남게 된 요인은 한 가지가 더 있다. 돈을 벌 방법이 많아졌기 때문이다. 아미시의 부모들은 더 이상 자식들이 무조건 농부가 되어야 한다고 생각하지 않는다. 수학적으로 계산해봐도 농사를 짓는 것이 무리라는 게 분명하기 때문이다. 아미시의 가정은 대체로 대가족을 형성하고 있는데 땅값이 오르면서 경제적 여유가 충분하지 않은 아미시 젊은이들의 상당수가 농사를 짓는 데 어려움을 겪게 되었다. 그런가 하면 농사일에는 딱히 흥미가 없다는 사실을 깨닫고 집짓기나 조경, 목수 등의 수공업을 선호하는 젊은이들도 있었다.

전통적으로 공동체 생활을 하는 아미시 사람들은 다른 아미시 사람들과 공동체를 이루어 살아야 하며 그러지 않으면 아미시 교도라고 할 수 없다. 아미시 사람들은 기술 자체를 거부하는 게 아니다. 단지 공동체를 무너뜨릴 소지가 있는 기술을 거부하는 것뿐이다.

자동차를 거부하고 비행기를 자주 이용하지 않는 것도 그런 기술로 인해 아미시 사람들이 서로 멀리 떨어져 살게 될 소지가 있기 때문이다. 아미시 사람들이 가정 내에 컴퓨터와 전화기를 들여놓지 않는 이유는 가족끼리의 시간을 방해할 우려가 있어서이고 전동 트랙터의 사용을 금지하는 이유는 농사를 짓고 지속 가능하면서도 겸허한 생업에 종사하며 가족 간의 화합을 북돋워야하기 때문이다. 전동 트랙터, 자동 사료 공급기, 자동 착유 시스템 등을 이용하면 농부 혼자서 수백 에이커를 관리할 수 있을 정도로 효율성이 높아져 자녀들이 허드렛일을 거들지 않아도 될 우려가 있다.

현대사회가 되면서 아미시 공동체에서도 이런 금지 규칙에 어느 정도의 융통성을 허용하고 있다. 이제는 많은 아미시 사람들이 사업적 목적을 위해 (특히 젊은이들 사이에서는 사회생활을 위해) 자주 자동차를 얻어 타고 휴대전화도 사용한다. 화면에 이미지가 뜨는 것을 막거나 인터넷 연결이 차단되도록 컴퓨터를 개조해서 판매하는 회사도 몇 곳 있으며 이 중 일부는 아미시 교도가 운영하고 있다(나는 아미시파의 무역 박람회에 갔다가 이런 회사 몇 곳의 부스를 보았는데 각 회사는 컴퓨터의 성능을 축소해 놓았다는 사실을 강조했다).

21세기에 시작된
쟁기 혁명

많은 아미시 사람들이 농사에 주력하기 위해 뉴욕주 북부, 위스콘신주, 와이오밍주, 켄터키주에서 아직 농촌 지역으로 남아있는 곳에 공동체를 세우기 시작했고(아미시 사람들은 현재 미국 26개 주와 캐나다 온타리오주에 걸쳐 거주하고 있다) 웨인과 같이 사업의 길로 들어서는 이들도 많다. 이렇게 시작된 사업 가운데 일부는 파이오니어 이큅먼트처럼 (적어도 아미시파의 기준에서는) 크게 성장해서 아미시 사람들 수십 명을 고용해 그들에게 농사를 짓는 것보다 더 두둑한 급여를 주고 있다.

웬저드가 사람들에게 들은 바에 따르면 현재 농사를 주업으로 삼는 아미시 사람들은 10퍼센트도 안 된다. 하지만 아미시 문화에서는 여전히 농사를 아미시 생활의 중심으로 여기고 있으며 사업을 하는 아미시 사람들 중에서도 많은 이들이 가족들이 먹을 정도의 농작물을 직접 기르기도 한다. 한편 농사를 전업으로 삼기 위해 시골 지역에 자회사 개념의 '자'공동체를 세운 이들도 있는데 농사를 지어 이윤을 얻기 위해서는 혁신적 농기구가 필요하다.

요즘 같은 시대에 희한한 얘기로 들릴 테지만 세계에서 가장 오래된 기술 중에 하나인 쟁기 기술은 아직도 혁신의 여지가 많은 영역이다. 인류가 최초로 쟁기질을 한 사례가 발견된 곳은 현재의 인도 북쪽에 위치한 고대 인더스 문명의 도시 칼리반간이다. 약 100년 전에 여러 고고학자가 지금까지 보존되어 있는 기원전 2800년경의 밭을 발견했는데 그 모습이 현대의 밭과 굉장히 비슷했다. 쟁기와 유사한 도구를 이용해 땅을 격자 형태로 파놓은 고랑 자국이 여전히 남아 있었다.

예로부터 쟁기는 사람이 직접 들고 파거나 소나 말과 같은 동물에 매어 끄는 식으로 사용 되었다. 본질적으로 따지자면 쟁기의 기본 모양과 기능은 3,000년 전에 이미 틀이 잡힌 셈이다. 당시의 쟁기는 현재의 쟁기와 모양이 흡사하다. 쟁기는 120~180도의 각도가 바람직하며 토양이 단단할수록 경사도가 커야 한다. 또 땅을 깔끔하고 곧게 갈아엎기 좋도록 곡선형으로 제작되어야 한다. 이것이 쟁기의 기본이다.

쟁기의 주된 혁신은 쟁기를 만드는 소재 부문에서 일어났다. 점점 더 강한 소재가 쓰이면서 특히 돌이 많은 토양에서 쟁기질의 속도를 크게 높여주었다. 한편 쟁기에서 가장 비약적 발전이 일어난 시기는 철기시대의 여명기(기원전 약 1200년)였고 이후인 서기 1100년경에도 북유럽에서 기술적 진보가 이루어지며 수차례의 비약적 발전이 이어졌다.

당시의 농부들이 직면한 난제는 현재의 농부들에게도 낯설지 않은 문제다. 고대의 근동 지대나 인더스 계곡의 비옥한 강변 농지에 비해 척박하고 돌이 많은 토양과 농지에서 쟁기질을 하는 데에는 어려움이 많았다. 더 강한 강철이 개발되면서 쟁기로 딱딱히 굳은 토양을 파내기가 수월해졌지만 돌은 여전히 골칫거리였다. 땅을 갈다 돌에 걸리면 그 힘에 밀려 쟁기질하던 농부가 나가떨어지기도 했다. 그러다 1900년대 초에 새로운 형태의 쟁기가 설계되면서 돌에 걸려도 수월하게 쟁기질을 할 수 있게 되었다. 하지만 새로운 쟁기는 다루기가 쉽지 않은 데다 간혹 어떤 돌에 잘못 걸리기라도 하면 쟁기가 심하게 망가져 아예 못 쓰게 되어 버리는 난감한 상황은 여전했다.

농경의 역사 전반을 통틀어 보면 웨인과 그의 자녀들은 비전동 농기구 부문에 그야말로 엄청난 혁신을 일으킨 셈이다. 이런 혁신이 가능했던 것은 이들 가족과 직원들이 공학자로서 뛰어난 재능을 가지고 있거나 높은 수준의 교육을 받았기 때문이 아니다. 모든 아미시 사람들과 마찬가지로 이들도 8학년까지만 교육을 받았다. 혁신은 아주 단순한 것에서 시작된다. 바로 수많은 의문을 던지며 그 답에 몰두하는 태도다.

2000년대 무렵에 웨인은 12명의 자녀가 있었다. 이것은 아미시 가정에서는 아주 흔한 일이다. 그리고 웨인의 자녀들은 대부분 그의 회사에서 일하고 있다. 첫 출근하는 날부터 웨인이 자녀들에게 가르치는 것은 고객의 의견에 귀 기울이라는 것이다. 농기구를 직접 사용하는 농부든 농기구를 파는 유통업자든 고객이 파이오니어 이큅먼트 농기구에 대한 불만을 이야기하면 누군가가 그 말을 적어서 파일에 철을 해 놓는다. 고객이 농기구에 어떤 기능이 추가되었으면 좋겠다는 의견을 보내올 때에도 똑같이 그 내용을 적어서 파일에 보관한다.

때로는 아미시 농부들의 모임이나 웬저드가에서 후원하는 미국 최고의 말 이용 농기구 박람회인 호스 프로그레스 데이Horse Progress Days에 참석해서 직접 의견을 듣기도 한다. 고객과 유통업자 들의 의견을 종이조각이나 냅킨에 간단히 적어 지갑에 넣어 두었다가 사무실에 돌아와 파일에 넣어 놓는 것이다. 웨인은 아들들과 일 년에 몇 차례 회의를 한다. 그 자리에서 온갖 불만사항과 제안이 적힌 종이를 모두 꺼내놓고 오랜 시간 동안 대화를 나누며 다루어야 할 사항, 보류할 사항, 타당성 없는 사항으로 구분한다.

웬저드가 사람들이 실행해 온 고객 기반 사업의 최대 성공 사례는 미시간주 캠던의 돌투성이 토양 문제를 해결해준 일이었다. 캠던은 마지막 남은 이상적 아미시 공동체 가운데 한 곳이다. 200가구에 이르는 이곳의 아미시 가족들은 대부분 전업 농부로 일하며 생계를 이어가고 있었다. 그들이 예전부터 농사만 지었던 것은 아니다. 캠던의 젊은이들도 한동안은 농사를 접고 공장이나 건설 현장에서 일했다. 그러다 지난 15년 사이에 하나둘 농사를 짓는 생활로 되돌아왔는데 그 이유는 호박 때문이었다.

캠던에서 몇 킬로미터 떨어지지 않은 거리에는 미국 최대의 수박 유통사인 프리미어 멜론Premier Melon이 있다. 프리미어 멜론의 창업자인 조시 베일리Josh Bailey는 아미시 교도가 아니다. 픽업 트럭을 너무 좋아하고 휴대전화를 손에서 놓지 않는 사람이기에 아미시파로 오해받을 여지도 없다. 캠던의 공동체를 완전히 변화시킨 계기를 맞기 전까지 그는 아미시 사람들을 만난 적도 없었다.

2004년 베일리는 프리미어 멜론을 창업했다. 미시간주 남부의 농가에서 자란 베일리는 삼촌의 사업을 도와 수박을 팔면서 자신이라면 이 사업을 더 잘 운영할 수 있을 것 같다는 확신을 갖게 되었다. 그 확신을 바탕으로 프리미어 멜론을 세운 후 사업을 성공시키면서 자신이 옳았음을 바로 입증해 보였다.

수박은 크고 무겁고 둥글고 잘 깨지기 때문에 전국으로 유통하기에 까다로운 상품이었다. 상자 하나에 수박을 한 덩어리씩 집어넣고 트럭에 실어도 그중 몇 개가 갈라지거나 깨지기 십상이었다. 트럭이 장거리를 이동해야 할 경우엔 깨진 수박이 썩으면서 주변 수박까지 썩게 만들어 수박 전체가 못 쓰게 되기도 했다. 그래서 베일리는 몇 가지 기발한 아이디어를 생각해냈다. 수박 여러 개를 한꺼번에 쑤셔넣어도 깨질 위험이 없는 특별한 완충 포장용기를 개발한 것이다. 또한 미국과 남미 전역에 걸친 농부들로 공급망을 구축해서 여러 고객에게 언제든 최대한 가까운 곳에서 수박을 안정적으로 공급할 수 있는 체계를 만들기도 했다. 프리미어 멜론은 결국 월마트, 크로거 등 전국적인 유통망을 가진 대형 소매기업의 주요 수박 공급자로 선정되었고 베일리의 사업은 폭발적으로 성장했다.

그 이후에 베일리는 또 다른 아이디어를 떠올렸다. 수박을 이송하면서 다진 실력과 노하우로 호박 사업에 진출할 생각을 한 것이다. 호박 역시 크고 무겁고 둥글둥글한 상품이라는 것은 수박과 같았다. 베일리는 자신이 사는 미시간주 인근 농지는 호박을 재배하기에 제격이지만 다른 대다수 작물을 기르기에는 적당하지 않다는 것을 알고 있었다. 그는 씨앗을 판매하는 사람과 이야기를 나누던 중에 캠던의 아미시 공동체에 대해서 알게 되었다. 그곳 사람들이 어떤 일에 힘쓰고 있으며 자신들의 생활방식을 유지할 수 있는 농작물을 재배하는 데 필사적이라는 점까지 들을 수 있었다. 결과적으로 캠던의 아미시 농부들과 호박, 베일리 이 셋은 환상적인 조합을 이루었다. 지금 당신이 대형 할인점에서 호박을 산다면 캠던의 아미시 사람들이 키워서 베일리의 사업체를 경유해 그 매장에 판매되고 있는 것일 확률이 높다.

호박 사업은 캠던의 아미시 사람들의 삶을 변화시켰다. 이들이 과거에 농사를 포기했던 이유는 줄곧 낙농에 주력했지만 낮은 우유 가격으로 인해 생계를 유지하기 힘들었기 때문이다. 특히 다른 낙농가에서는 모두 자동 착유기를 사용하고 있는데 아미시 사람들은 손으로 우유를 짜야 했기 때문에 더욱 힘들었다. 그래서 낙농에서 손을 뗄 수밖에 없었다. 반면에 호박은 아미시 농부들에게 쏠쏠하게 돈벌이가 되는 농작물이었다. 다만 한 가지 큰 골칫거리를 해결해야 했다. 토양에 섞인 돌이었다.

말이 끄는 쟁기를 부리는 것은 아주 간단하다. 어떻게 보면 앞뒤를 뒤집어 놓은 세발자전거와 비슷한 모양이 되도록 마구에 쟁기 자루를 연결하면 된다. 이렇게 연결하면 두 바퀴가 앞으로 오고 뒤쪽에서는 쐐기 모양 쟁기가 또 하나의 바퀴 역할을 한다. 손잡이 부분에는 쟁기의 높이와 방향을 조정하는 레버가 있다. 쟁기 위쪽에 달린 의자는 철제지만 앉기 편안하게 모양이 잡혀 있다. 농부는 여기에 앉아서 말의 고삐를 잡으면 된다. 힘이 센 말은 속도도 빨라서 그동안 자란 잡초는 물론이고 이전 해에 심었던 작물의 죽은 뿌리까지 뽑아낼 뿐만 아니라 아래쪽의 더 비옥한 토양을 파내서 새 씨앗을 심기에 좋은 기반을 다져준다. 하지만 말이 너무 빨리 달리다 쟁기가 돌에 부딪치면 쟁기 몸체 전체가 위로 튕기면서 농부의 몸이 허공으로 내동댕이쳐질 수도 있다.

"저희는 그런 돌을 딱딱한 감자라고 불러요. 이 지역엔 돌이 엄청 많아요." 캠던에서 처음으로 호박을 심은 농부 중 한 사람인 헨리 그래버Henry Graber가 소리 내어 웃으며 말했다. 그래버는 이어서 돌에 부딪친 걸 어떻게 알게 되는지도 말해주었다. 말을 최대 여섯 마리까지 매어 놓고 쟁기 위쪽에 앉아 기분 좋게 앞으로 쭉쭉 나가고 있다가 갑자기 자신이 흙바닥 어딘가에 누워 있다면 돌에 부딪친 것이라고 했다.

"돌에 부딪치면 쟁기 밖으로 나가떨어지기 십상이죠. 아니면 몸이 들썩 하며 위로 올라갔다가 바로 그 철제 의자에 엉덩이를 찧게 되죠. 제 아들은 열다섯 살 때쯤에 그 위에서 떨어져 머리를 쿵 박았어요. 그렇게 떨어져서 한동안 정신을 잃었죠. 한 달 전에는 예순 살의 노인이 여기에서 쟁기질을 하다가 쟁기가 돌에 걸리는 바람에 떨어지기도 했어요. 땅바닥에 세게 부딪치는 통에 허리를 다쳤는데 병원에 실려가 수술을 받아야 할 정도로 심한 부상이었어요."

캠던의 아미시 농부들로선 정말로 난감한 상황이 아닐 수 없었다. 마침내 농사지을 땅이 생겼는데 자식들은 부모에게 돌투성이 땅에 농사를 짓고 싶지 않다고 말하는 셈이었다. 자식들로선 쟁기로 호박밭을 갈다가 불구가 되거나 죽고 싶지는 않으니 어쩔 수 없었다. 부업으로 파이오니어 이큅먼트의 지역 판매상을 맡고 있던 그래버는 기회가 있을 때마다 웬저드 사람들을 찾아와 제발 그놈의 돌들을 처리할 해결책을 알려달라고 거듭 사정했다.

처음에 그래버가 부탁한 돌투성이 토양의 문제는 웬저드가 사람들에게 '전혀 타당성 없는' 사항으로 분류되었다. 그 문제를 어떻게 처리해야 할지 막막한 데다 자신들이 처리할 수 있다 해도 겨우 두어 개 공동체에만 해당되는 문제인 것 같았다. 하지만 그래버는 만날 때마다 웬저드가 사람들을 붙들고는 통사정하며 몇 차례씩 돌투성이 땅을 어떻게든 해결해달라고 부탁했다.

웬저드가 사람들은 비공식적으로 조사에 들어갔고 외진 곳에 정착해서 사는 아미시 농부들과 그들과 연결된 유통업자들을 방문했다. 그 뒤로 얼마 지나지 않아 북부 지역, 그중에서도 특히 뉴욕주와 와이오밍주 등 아미시 교도들이 이주해오기 전에 농업이 자취를 감추었던 지역에서 새롭게 정착해서 살고 있는 이들이 쟁기질을 하다 '딱딱한 감자'에 걸려 바닥으로 떨어지는 경우가 많다는 사실을 알게 되었다. 그래버가 제기한 문제의 해결책을 찾아낸다면 돌에 부딪쳐도 끄떡없는 쟁기를 매년 200개 정도는 판매할 수 있을 것 같다는 판단이 섰다. 쟁기의 가격이 보통 6,000달러 정도인 점을 감안하면 시간을 투자할 가치가 있었다.

하지만 쟁기가 돌에 부딪쳐도 끄떡없게 만들려면 쟁기의 틀을 어떻게 만들어야 할지 고민이었다. 파이오니어 이큅먼트의 (말이 끄는 농기구 중에 가장 튼튼한 제품군에 들었던) 기존 쟁기들도 돌에 부딪치면 때때로 구부러지는 경우가 있었다. 쟁기가 파손되는 정도까지는 아니었지만 다시 제 기능을 하기 힘들 만큼 휘어졌다. 덜거덕거리거나 한쪽으로 기울어져 말이 끌기 힘들어지는 것은 물론이고 밭고랑을 가지런하게 파지 못하게 망가져버리기도 했다. 밭고랑이 들쑥날쑥하면 농지를 충분히 활용하지 못하게 된다.

그때 마침 공장장을 맡고 있던 막내 동생 에디 웬저드Eddie Wengerd가 자동차와 비행기 생산용 강철 부문에서 큰 진전이 있었다는 사실을 알게 되었다. 고강도 저합금 강철의 개발이었다. 자동차 제조사들은 법적인 이유나 마케팅상의 이유로 연비를 대폭 낮춰야 했기 때문에 출력을 낮추지 않으면서도 자동차의 무게를 줄일 방법을 찾아야 했다. 그 결과 대학교, 제철 업체, 화학 연구소를 중심으로 고강도 저중량의 강철을 개발하기 위한 대대적인 연구가 진행되었다.

물론 이런 연구에 관여한 이들 중 그 누구도 아미시 농부나 돌투성이 토양을 염두에 두고 연구하지는 않았을 것이다. 하지만 어쨌든 제철업체에서 내놓은 해결책 덕분에 파이오니어 이큅먼트는 돌이 많은 토양을 갈 만큼 강하면서도 큰 돌덩이에 부딪쳐도 영 못쓰게 될 일이 없을 만큼 유연한 쟁기를 만들 수 있게 되었다.

19세기 기술과 첨단 기술이 결합된
가장 완벽한 쟁기

파이오니어 이큅먼트는 새 상품을 구상할 때마다 다른 제조사에서 이미 좋은 성능의 상품을 만들고 있을 경우 형제 중 한 명이 그 상품의 부품을 해체해서 부품 하나하나를 면밀히 살펴본다. 파이오니어 이큅먼트는 인터넷은 사용하지 않지만 금속, 바퀴, 용접기 등 넓은 원자재 공급망을 구축하고 있다. 파이오니어 이큅먼트는 이런 공급자들에게 새로운 제품에 대해 끊임없이 문의하면서 시대의 흐름에 뒤처지지 않도록 노력했을 뿐만 아니라 새로운 상품의 잠재적 파트너에 대해서도 파악하고 있었다.

새로운 쟁기를 제작하면서 그다음 돌파구가 열린 계기도 웬저드가 가족이 공급자 중 한 곳인 노르웨이 회사 크베르넬란드Kverneland에서 돌투성이 토양을 위해 특별히 설계된 쟁기 부품을 제작하고 있다는 사실을 알았기 때문이다. 이 부품은 배의 바닥 모양처럼 움푹 파여 흙을 파내는 기능을 하는 바닥부와 받침부로 구성되어 있었다. 쟁기 받침부에는 스프링 장치가 되어 있어 쟁기 바닥부가 위쪽으로 독립적으로 휘둘려질 때 그 힘이 (농부가 앉아 있는) 쟁기 자체로 전달되지 않았다.

크베르넬란드가 유럽의 회사라는 사실은 그저 우연의 일치가 아니었다. 미국 농부들이 밭을 비옥하게 하고 잡초를 제거하기 위해 화학비료와 함께 튼튼한 트랙터를 사용하기 시작한 제2차 세계대전 무렵부터 미국에서 쟁기에 대한 연구는 거의 이루어지지 않았다. 쟁기질은 본질적으로 잡초를 죽이고 흙을 뒤엎어 땅에 양분을 주기 위한 방법이기 때문에 밭에 화학비료를 사용하면서부터는 쟁기질이 필요하지 않게 되었다. 하지만 유럽은 농장의 규모가 미국에 비해 훨씬 작은 편이고 화학물 사용과 관련된 규정도 훨씬 엄격했다.

그 결과 유럽의 몇몇 회사에서 쟁기 기술을 계속해서 연구했고 크베르넬란드가 이 분야를 선도했다. 크베르넬란드의 연구자들은 새로운 유형의 강철을 훨씬 더 강하게 만들 수 있는 경화 기술도 개발했다. 이 기술에 힘입어 거의 면도날처럼 흙을 파헤칠 수 있는 쟁기가 탄생했다.

하지만 크베르넬란드에서 제작한 쟁기는 말이 끄는 방식의 쟁기가 아니라 트랙터로 농사를 짓는 사람들을 위한 최첨단 쟁기였다. 크베르넬란드의 쟁기를 말에 매어 쓰려면 수정 작업이 필요했다. 경제적인 관점에서 볼 때 크베르넬란드는 굳이 시간을 내서 소수의 아미시 농부들을 위해 제품을 개조해줄 필요가 없었다. 전 세계 농부들을 상대로 연간 5,000대의 쟁기를 팔고 있는 크베르넬란드 같은 다국적 기업에서 파이오니어 이큅먼트는 시간을 들일 가치가 없을 만했다.

하지만 웬저드가 형제들은 시도해볼 가치가 있다고 판단했다. 데이비드는 크베르넬란드를 방문해 (써레 및 경운기 부문과 더불어) 쟁기 부문의 상무를 맡고 있던 도미니크 하셀호르스트Dominik Haselhorst와 면담을 했다. 하셀호르스트는 얼마 전에 노르웨이의 대형 공장 두 곳을 인수했고 전 세계 수십 개 국가에서 판매도 책임지고 있었다. 한편 크베르넬란드는 아직 쟁기질이 보편적인 유럽과 아프리카, 캐나다, 아시아를 중요한 판매처로 삼고 있었다. 미국에서는 쟁기질이 비교적 드문 편이었기 때문이다.

하지만 하셀호르스트는 이 아미시 회사가 꺼내 놓은 요청에 즉각적으로 관심을 보였다. 한때 아미시파에 대한 이야기를 듣고 흥미를 느꼈던 적이 있기도 했다. 하셀호르스트는 얘기를 듣자마자 아미시 사람들과 협력하는 것이 모든 고객에게 강력한 마케팅 메시지를 전달할 기회가 될 수 있다고 생각했다. 크베르넬란드에서 내세우는 전략 한 가지는 최소한의 견인력으로 흙을 파헤치도록 설계한 쟁기를 생산하는 것이었다. 크베르넬란드의 쟁기 구매층은 대규모 농장에서나 필요한 대형 트랙터보다 작은 연료 절약형 트랙터를 찾는 농부들이었기 때문이다. 아미시 사람들이 크베르넬란드의 쟁기를 말에 매어 사용한다면 다른 잠재 고객들이 그 쟁기를 트랙터에 연결해 쓸 경우 아주 효율적이라는 인상을 받게 될 것 같았다.

하셀호르스트는 약간의 조사 끝에 해결책을 찾아냈다. 공장에서 다른 부속품을 추가하기만 하면 쟁기 바닥부를 파이오니어 이큅먼트의 요구에 맞게 조정할 수 있었다. 쟁기의 몸체를 검은색으로 도색해야 할 것도 같았다. 크베르넬란드의 상징인 빨간색은 보수적인 아미시 사람들에게 자칫 과격한 인상을 줄 것 같았기 때문이다. 얼마 후 크베르넬란드의 쟁기 부품은 순조롭게 배에 실려 대서양을 가로질러 파이오니어 이큅먼트에 배달되었고 이후에 다시 미국 전역의 아미시 농부들은 물론이고 말을 이용해 농사짓는 일에 열정을 가진 북미 지역과 심지어 유럽 지역의 비아미시 사람들에게까지 배달되었다.

기술이 없어도
혁신은 가능하다

　　　　　　내가 아미시 사람들의 농업 기술, 호박 사업, 전 세계의 쟁기 산업에 대한 상세한 정보를 배우느라 말도 안 될 만큼 많은 시간을 할애한 이유는 그 속에 현대 경제를 이해할 수 있는 중요하고 낙관적인 교훈이 담겨 있기 때문이다. 우리는 기술이 사람을 대체하고 있다거나 앞으로 기술을 이해하지 못하는 사람들은 일할 곳이 없어진다는 등의 얘기를 아주 흔하게 들을 수 있다. 물론 이런 주장도 새겨들을 만한 가치가 있다. 하지만 파이오니어 이큅먼트의 성공 사례가 보여주듯이 새로운 기술이나 마케팅 도구를 모두 다 이용하지 않거나 혹은 잘 알지 못해도 혁신은 충분히 가능하다.

　여기에서 교훈은 기술을 거부해야 한다거나 기술을 전적으로 받아들여야 한다는 것이 아니다. 우리가 잊지 말아야 할 것은 어떤 형태든 기술은 문제를 해결하기 위한 도구일 뿐이라는 사실이다. 회사의 성공을 결정짓는 요소는 문제 해결과 고객 만족이다. 어떤 경우든 해결책 없는 기술은 기술 없는 해결책을 뛰어넘을 수 없다.

　또 다른 교훈도 있다. 현재 가장 중요한 기술의 대다수는 전문가가 아니더라도, 심지어 그 기술을 잘 모르는 이들조차 이용할 수 있다. 웬저드가 사람들은 강하면서도 유연한 고강도 저합금 강철 제조에 대한 야금학의 원리를 전혀 알지 못한다. 그런 문제는 자신들에게 해결책을 제공해줄 전문가들에게 도움을 구하면 되기 때문에 그들은 고객들에게 해결책을 제시하는 자신들의 전문 분야에 집중할 수 있다.

　물리적 상품을 생산하는 사업가 누구에게나 적용할 수 있는 이상적 사례들 들자면 지난 40년 사이에 일어난 물류와 운송 부문에서의 혁신이다. 그동안 파이오니어 이큅먼트는 저렴하고 신뢰할 만한 운송체계를 찾는 데 아주 애를 먹었다. 부피가 커서 다루기 곤란한 농기구를 북미 전역의 구석구석에 넓게 퍼져 있는 여러 아미시 공동체에 운송해야 했기 때문이다.

지난 40년 동안 운송체계는 대부분 획일적인 방식으로 발달했다. 모든 상품은 같은 크기의 운송 용기 담겨져 같은 크기의 팔레트(지게차 따위로 물건을 실어 나를 때 물건을 안정적으로 옮기기 위해 사용하는 구조물 — 옮긴이)째로 같은 크기의 트럭과 철도 차량에 실려 운송되어 같은 크기의 창고에 보관되었다가 최종 목적지로 운반된다. 월마트를 시작으로 뒤이어 아마존에서도 이런 획일성에 힘입어 미국의 소매 유통 시장을 뒤엎을 수 있었다. 물건을 판매자에게서 구매자에게로 옮겨주는 이런 운송체계는 얼핏 생각하기엔 간단해 보이지만 100년이 넘도록 미국인의 삶의 기본적 틀이 되었다. 운송체계의 발전은 철도와 철도에 인접한 도시, 백화점과 우편 주문 카탈로그의 성장으로 이어졌다. 더 나아가 주간 고속도로와 항구가 건설되고 컨테이너를 가득 실을 대형 선박이 건조되면서 국제 무역이 가속화되었고 그에 따라 수많은 변화가 일어났다.

상품을 판매자에게서 구매자에게 옮겨주는 운송 문제를 해결하기 위해 나온 이와 같은 방법들은 대기업에게는 엄청난 실적 향상을 가져다주었지만 소기업에게는 그다지 큰 영향이 없었다. 1800년대 말에 미국 서부 전역으로 건물류(차·커피·곡물 같이 물기 없는 식품들 — 옮긴이)와 기타 여러 상품을 실어 나른 몽고메리 워드Montgomery Ward(미국에서 처음으로 일반 상품의 통신 판매를 시작한 소매 체인 — 옮긴이)든, 중국에서 상품을 생산해서 지구상의 거의 모든 도시에서 판매하는 나이키나 애플이든 막대한 규모는 엄청난 이익을 안겨주었다.

대기업은 이런 식의 대규모 체계를 통해 자사의 상품을 철도 차량이나 컨테이너선에 가득 실어 창고, 트럭, 비행기 등을 활용해 전 세계로 옮기면 된다. 반면에 소기업은 상품을 운송하기 위해 이용할 수 있는 선택지가 별로 없는 데다 비용도 비싸다. 대체로 페덱스나 우체국 혹은 감당하기 힘들만큼 복잡한 절차를 거쳐야 하는 국제운송을 이용할 수밖에 없다. 게다가 영세업자들은 엄청난 양의 세관 신고서와 관세 관련 양식을 처리하는 데에도 최악의 서비스를 받는다.

사실 물류 부문에서 대기업이 영세기업에 비해 누려온 이런 혜택은 어떤 수학 문제와 관련되어 있다. 그것은 일명 '순회 외판원 문제'Traveling Salesman Problem, 줄여서 'TSP'로 불리는 문제다. 수학자들도 완전히 해결하는 것은 불가능하다고 여기는 이 문제는 다음과 같다. '한 외판원이 여러 도시에 퍼져 있는 여러 고객을 방문해야 한다. 어떤 경로로 이동해야 고객들을 가장 빠르게 방문할 수 있을까?' 얼핏 생각하기엔 아주 사소하고 현실적인 문제라 지도와 자만 있으면, 그리고 경우에 따라선 약간의 끈만 있으면 풀 수 있을 것 같다. 컴퓨터를 활용하면 순식간에 뚝딱 해치울 수 있을 것도 같다.

그런데 막상 해보면 그렇지가 않다. 일단 방문지가 약 20곳을 넘어서면 확실한 최적 이동경로를 찾기가 불가능해진다. 가령 방문지가 12곳인 경우만 해도 가능한 경로의 수가 19,958,400개나 된다. 방문지가 20곳이 되면 그 수는 무려 2백경(1백경은 10억에 10억을 곱한 수)이 된다. 방문지가 40곳이면 가능한 경로의 수는 극, 즉 1뒤에 0이 48개가 붙는 단위에 이른다. 이렇게 방문지가 늘수록 비현실적일 정도로 경우의 수가 계속 늘어난다. 월마트, UPS, 나이키, 아마존 같은 대기업은 매일같이 비행기, 선박, 열차, 트럭을 활용해 전 세계 수백만 곳으로 상품을 배송한다. 게다가 머지않아 드론까지 활용될 전망이다. 그런데 방문지 40곳을 이동하는 가장 빠르고 가장 저렴한 방법을 알아내지 못한다면 UPS가 날마다 들르는 백만 곳의 방문지에 대해 이상적인 최적의 경로를 찾는 것은 절대 불가능하다. 바로 이런 수학이 현재의 유통체계를 탄생시켰다.

열차, 선박, 비행기, 트럭 등의 고정 경로나 물류창고가 생겨난 목적 한 가지는 가능한 한 방문지의 수를 줄여 문제를 단순화하기 위한 것이다. 월마트 등의 대기업에서는 (완벽한 경로는 불가능함을 알고) 매년 이동 경로를 개선하여 막대한 비용을 절감할 방법을 찾고 있다. 예를 들어 UPS는 단지 경로의 개선만으로 지금까지 수백만 갤런의 연료를 절약했고 이런 경로 개선 계산법을 꾸준히 다듬어 앞으로도 더 많은 비용을 절감하길 기대하고 있다.

이번엔 다국적 공룡 기업들이 직면한 운송 문제는 잠시 접어두고 파이오니어 이큅먼트를 살펴보자. 파이오니어 이큅먼트는 대리점 23곳을 두고 있는데 각 대리점이 속해 있는 아미시 공동체는 대부분 북미 지역 중에서도 외진 시골 지역에 위치해 있다. 파이오니어 이큅먼트는 규모는 작아도 배송에서 처리해야 할 문제는 훨씬 더 많다. 운송 상황이 매일 크게 달라질 수밖에 없기 때문이다. 예를 들어 월요일에는 비교적 작은 크기의 홈스테더 쟁기를 운송해야 하고 화요일에는 크기도 크고 모양도 울퉁불퉁한 쟁기 한 더미를 보내야 한다. 이런 두 가지 형태의 쟁기를 둘 다 발송해서 각각 서로 동떨어진 곳으로 운송해야 할 경우도 많다. 20세기 대부분의 시기 동안 이런 배송 문제는 우선순위에서 한참 밀려나 있었다. 너무 어려운 문제라 파이오니어 이큅먼트 같은 기업은 자사의 상품을 운송하는 데 꽤 많은 돈을 쓰면서도 최악의 운송 서비스를 받을 수밖에 없었다.

20세기 동안 이런 심각한 문제에 변화가 없었다는 것은 그만큼 부피가 커서 운송 과정이 복잡할 수밖에 없는 상품을 제조하는 곳 중에 영세기업이 별로 없었다는 얘기이기도 하다. 이런 영세기업은 존 디어와 중장비업체인 캐터필러Caterpillar 같은 소수의 대형 제조사에 합병되었다. 20세기에 대규모 기업이 쑥쑥 성장하며 더 규모가 작은 경쟁자들을 압도하는 데 이바지한 규모의 경제는 그 외에도 여러 가지가 있지만 특히 물류, 유통, 공급망이 주된 역할을 했다.

웬저드가 가족은 순회 외판원 문제가 뭔지는 모르지만 지난 몇 년 사이에 운송 부문에서 선택안이 양적으로나 질적으로나 한결 나아졌다는 사실은 잘 알고 있다. 이제는 물류 기업과 파트너 관계를 맺어 상품의 부피가 아무리 크고 아무리 외진 곳이라도 신속하고 저렴한 운송 서비스를 이용할 수 있다.

웬저드 가족이 거주하는 곳에서 남서쪽으로 차를 달려 2시간쯤 가면 나오는 콜럼버스에 크리스 엘리엇Chris Elliott이 살고 있다. 엘리엇은 기업들이 물류 운영 방식을 개선하도록 도와주는 컨설턴트 담당자로, 비교적 최근인 2004년까지도 물류가 감과 짐작으로 돌아갔다는 것을 아직도 기억하고 있다. 당시에 트럭 배차 관리자들은 종이 지도를 들여다보며 경험과 직감에 따라 운전기사들에게 운행지를 알려주었다. 이후에 GPS가 등장해 종이 지도를 대체했지만 경로 선정에는 별 도움이 되지 않았다.

엘리엇의 설명처럼, 최근에 들어와서야 복잡한 수학 모델과 인공지능을 활용하는 컴퓨터 소프트웨어 덕분에 상품을 수십 곳이나 심지어 수백

곳의 지점으로 운반할 수 있을 만큼 경로 탐색 기능이 향상되었다. 이는 파이오니어 이큅먼트에게는 의미 있는 발전이다. 웬저드 가족이 수년 전보다 훨씬 낮은 금액으로 상품을 배송할 수 있는 기반이 갖추어진 것이다. 그들은 잘 모르는 분야이지만 그 발전 덕분에 사업에 변화를 맞게 된 또 하나의 위대한 기술적 진보인 셈이다.

기술의 발전은
위기가 아니라 기회다

나는 누군가 현대 기술, 그중에서도 특히 인공지능과 로봇 기술이 여러 사업을 무너뜨리고 일자리를 앗아가고 소수의 돈 많은 기술 천재들만이 번영을 누리게 될 것이라는 우려를 나타낼 때면 자주 웬저드 가족을 떠올린다. 그들은 자신들이 아주 잘 이해하고 있는 집단의 사람들이 겪는 현실적 문제의 해결을 기반으로 삼아 사업을 일구고 있다. 공략 고객층이 겪고 있는 중요한 문제에 초점을 맞추어 그 문제를 해결해주면서 이 모든 기술 진보를 사업을 위협하는 요소가 아닌 사업을 더욱 발전시킬 훌륭한 도구로서 활용하고 있다.

미국에서 가장 눈에 띄지 않는 하위집단 중에서도 아주 규모가 작은 집단의 필요성을 충족시킴으로써 수십 명의 직원을 거느리고 매년 수천 대의 트랙터를 생산하는 꽤 큰 사업체를 잘 유지하고 있다. 전 세계의 아미시 교도는 50만 명에도 못 미치며 파이오니어 이큅먼트 사람들의 말대로라면 그중 농업에 종사하는 이들은 10퍼센트도 안 된다. 또 이 농부들 가운데 파이오니어 이큅먼트의 제품을 구입하는 사람은 절반도 안 된다.

파이오니어 이큅먼트의 공략 고객층인 이 2만 5,000여 명도 아주 외진 시골 지역에 드문드문 흩어져 살며 스마트폰이나 웹사이트를 이용하지 않아 연락을 하기도 힘들다.

나는 처음엔 웬저드 가족의 성공 요인을 다른 사람은 아무도 생각하기 힘들 만큼 아주 좁고 눈에 띄지 않는 집단을 공략 고객층으로 삼은 덕분이라고 생각했다. 그런데 아미시가 운영하는 농기구 제조업체는 여섯 곳이나 있고, PTO(동력 취출장치)로 작동하는 농기구를 말로 끄는 농기구로 개조하는 비아미시 기업도 있다. 동종 기업이 여러 곳인 상황에서 이렇게 좁은 고객층을 공략해 사업을 성공적으로 운영하는 것은 불가능한 일 같았다. 적어도 2만 5,000명의 아미시 농부들이 저마다 최소 자본금 50만 달러를 갖춘 사업을 꾸려가고 있다는 사실을 깨닫기 전까지는 그랬다.

다시 말해 아미시 농부들의 전체 기계류 수요가 120억 달러가 넘는다는 얘기다. 이 정도면 10여 개의 대기업체가 뛰어들어도 안정되게 사업을 꾸려갈 만한다. 특히 현대 기술 덕분에 원자재와 운송 비용이 줄고 실질적으로 생산성을 향상시켜주는 기계에 자금을 전략적으로 지출할 수 있게 된 지금은 더더욱 그렇다.

웬저드 가족은 몇 가지 규칙을 보여주는 훌륭한 사례다. 핵심 고객에 초점을 맞추기, 남들이 더 저렴하게 할 수 있는 것은 제공하지 않기, 고객에게 피드백을 요구하고 피드백에 응하기 등 앞에서 배웠던 원칙들을 더욱 강력하게 보여준다. 간단히 말해 오로지 핵심 고객들의 문제를 해결하는 일에만 초점을 맞추면 기술은 당신의 우군이 되어줄 것이다.

제8장

망해가던 방직 공장이 발견한
새로운 고객은?

기꺼이 내 사업에 지갑을 여는 고객을 찾아라

일용품 시장에서의 경쟁은 이미 끝났다.

평범한 아이템일지라도 대체불가능한 것을 팔아라.

2000년대 초의 어느 날 아침이었다. 앨런 갠트 주니어Allen Gant, Jr.는 잘 꾸며진 사무실에 앉아 왼쪽 무릎을 떨면서 머릿속에 떠오르는 끔찍한 상황을 털어내려 안간힘 쓰고 있었다. 당시 노스캐롤라이나주의 작은 공업도시 벌링턴에서는 파산한 공장의 물품이 매각되어 방적기, 직기, 대량의 실더미가 상자에 담겨 미국 노동자들보다 훨씬 낮은 임금을 받으며 직물을 생산하는 멕시코나 중국, 방글라데시 등지로 실려가는 모습이 익숙한 풍경이 되었다. 갠트의 머릿속에는 자신의 회사에도 그런 일이 닥치는 상황이 그려지고 있었다. 조만간 그런 일이 닥칠 것 같아 불안했다.

그런 일은 일어나선 안 되었다. 갠트는 거의 평생을 남부 상류층을 상징하는 삶을 살았다. 날마다 잘 다림질된 바지, 빳빳하게 풀 먹인 와이셔츠, 밝은 색 카디건, 포켓 스퀘어(양복 주머니 따위에 장식용으로 꽂는 손수건—옮긴이)로 멋을 낸 재킷을 갖춰 입었고, 글렌 레이븐 방직의 널찍하고 환한 사무실로 들어설 때는 활짝 웃음을 띠며 직원 한 사람 한 사람의 이름을 부르며 인사했다.

글렌 레이븐은 갠트의 가족이 100년 넘게 운영해 온 회사였다. 갠트의 사무실로 이어지는 복도에는 이 회사를 운영했던 다른 세 남자의 초상화가 걸려 있었다. 남북전쟁이 끝나고 얼마 후에 글렌 레이븐을 세운 할아버지 보스만Bossman, 회사를 국내 굴지의 방직회사로 키운 삼촌 메이저Major, 그리고 앨런 갠트를 느긋하고 자신감을 넘치는 점잖은 신사로 키운 아버지의 초상화였다. 갠트의 사무실은 거의 1조 달러 규모의 방직업계에서 꾸준히 유력 기업의 자리를 지켜온 글렌 레이븐의 행운을 상징하는 곳이었다. 하지만 지금 갠트는 이 모든 게 끝이 날까 봐 두려움에 떨고 있었다.

풍전등화의 방직 공장
앞에 놓인 선택

거대한 존재들이 모두 그렇듯 글렌 레이븐도 시작은 미약했다. 보스만은 1850년대에 노스캐롤라이나주의 외진 지역으로 이주했다. 개척지에서 한밑천 벌어보려는 열망을 품고 혈혈단신으로 이주한 청년들의 행렬에 끼어 피드먼트 고원지대(대서양 연안과 애팔래치아 산맥 사이에 위치한 노스캐롤라이나 중부지대 — 옮긴이)로 들어온 것이었다. 당시에 이곳은 한창 호황기를 누리고 있었고 열심히 일할 의지만 있으면 누구든 돈을 벌 수 있었다. 방직 공장들이 남부로 이전하는 추세이기도 했다.

벌링턴의 입지 조건은 직물 생산에 딱 맞게 설계된 듯했다. 우선 언덕들의 경사도가 호강에서 흘러 내려오는 급류를 막대한 동력원으로 활용하기에 적당했다. 그렇다고 대형 공장을 짓기에 곤란할 정도로 너무 가파르지도 않았다. 또 중요한 무역항인 롤리와 인접해 있을 뿐만 아니라 먹고살기 위해 힘들게 농사를 짓는 것보다는 더 확실한 일을 하면서 돈을 조금이라도 더 벌길 기대하는 가난한 농부들이 주변에 수두룩했다.

그 당시 지역 현지인들에게는 새로운 공장 설립에 밑천을 댈 만한 자금력이 없었다. 모든 자금이 뉴욕과 뉴잉글랜드의 방직 사업 가문에서 나왔다. 임금이 인상되고 노동조합이 결성되면서 북부 지역 공장들의 수익성이 줄어들 것으로 예상되자 남쪽으로 공장을 옮기려는 구상에 따른 투자 자금이었다. 하지만 나중에는 현지인들 중에 눈치 빠르게 돌아가는 상황을 파악해서 자체적인 사업 투자 자금을 모으는 이들이 생겨났다. 그중한 명이던 보스만도 1880년에 호강 쪽에 자신의 공장을 세웠고 1901년에는 회사명을 글렌 레이븐으로 변경했다.

벌링턴이 글렌 레이븐에게 직물 생산의 이상적인 위치였다면 20세기의미국은 그렇게 생산된 직물을 팔기에 이상적인 곳이었다. 글렌 레이븐은전형적인 20세기 미국 회사였다. 1900년에는 미국인 대다수가 시골에 살았고 어머니가 가족의 옷을 직접 바느질해 입히는 경우가 흔했다. 당시 대부분의 사람들은 두 가지 종류의 옷을 입었다. 작업복이나 학생복 그리고나들이 옷이었다. 이 옷들은 헤진 곳을 기워가며 수년 동안 물려 입는 것이 보통이었다.

남쪽 지역에서 방직 산업이 부상하면서 이와 같은 가정들은 굉장한 혜택을 누렸다. 얼마 지나지 않아 천의 평균 가격이 계속 떨어졌고 덕분에많은 가정에서 예전보다 천을 더 넉넉히 살 수 있었다. 이제는 평범한 미국인들도 더 많은 옷을 갖게 되었다. 스포츠복, 캐주얼복, 평상복, 비치웨어,

예복 등 갖가지의 복장이 개발되었고 야심 있는 미국인이라면 이 모든 복장을 다 갖추어야 했다.

직물의 구매가 급증하자 판매점이 폭발적으로 늘고 차양과 제복같이 직물이 필요한 분야를 중심으로 다른 업종도 크게 성장했다. 한마디로 말해서 글렌 레이븐을 비롯한 직물 산업은 아메리칸 드림의 토대가 된 전례 없는 선순환의 축소판이었다. 사업이 성장하자 노동자들의 임금이 높아졌고 노동자들의 구매력이 높아지면서 사업은 더욱 급성장했다. 이런 선순환에 따라 모든 세대는 부모 세대보다 훨씬 부유해졌다.

혁신, 즉 끊임없이 새로운 상품과 서비스를 창출하려는 개념은 현대 경제의 중요한 화두로 떠올랐다. 실제로 애플 같은 기업들은 경쟁자에게 선수를 빼앗기기 전에 새로운 획기적 상품을 먼저 찾아내기 위해 지속적으로 노력하고 있다. 하지만 20세기만 해도 혁신은 대체로 기피 대상이었다. 앞에서도 지적했듯이 20세기 미국의 모든 대기업은 대체로 가격을 낮추고 효율성을 높이기 위해 생산 과정을 살짝 바꾸면서 수년 동안 똑같은 상품을 되풀이해서 만드는 식으로 큰돈을 벌었고, 그것은 글렌 레이븐도 마찬가지였다.

20세기의 선순환이
악순환으로 바뀌다

20세기의 경제 논리를 하나의 개념으로 요약하면 '경험곡선'experience curve이라고 말할 수 있다. 말하자면 회사가 어떤 상품을 되풀이해 만들다 보면 (차츰 문젯거리를 해결하고 생산 과정을 능률화하고 부대비용을 없애고 숙련된 노동력을 육성하면서) 생산 물량에 정비례해 생산 단가가 낮아진다는 것이다. 회사는 물건을 많이 팔수록 비용이 낮아진다. 그에 따라 작업 속도를 더 높이기 위해 기계를 구입할 여력이 생기고, 그 결과 비용이 더욱 낮아진다. 성공의 관건은 새로운 상품의 개발이 아니라 표준화된 상품을 더 효율적으로 생산하는 데 있었다.

핵심 시장에서 승자는 가장 독창적인 상품을 내놓는 이들이 아니라 표준화된 물건을 만들어낼 최고의 제조 시스템을 갖춘 회사였다. 그렇게 켈로그의 시리얼이 포스트를 이기고, 허쉬 초콜릿이 찰스턴 츄Charleston Chew(1925년에 미국에서 출시된 초콜릿 바—옮긴이)를 제치고, 제너럴 모터스가 데이비드 던바 뷰익David Dunbar Buick(미국의 뷰익 자동차의 설립자—옮긴이)의 회사를 제압했다. 이 세 가지 사례를 비롯한 그 밖의 수천 가지 사례는 경쟁 상대보다 상품이 우수하거나 뛰어난 혁신을 이루어서 승리한 게 아니었다. 똑같은 상품을 저렴한 가격으로 대량 생산하기에 가장 효율적인 시스템을 갖춘 회사의 승리였다.

20세기에 기업들은 대체로 시장에서 위험을 감수하는 것을 기피했다. 공장은 효율성을 위해 모든 사람에게 정해진 역할을 부여했고 정확한 지침과 엄격한 규칙에 따라 운영되었다. 새로운 상품과 아이디어는 이익을 가져다줄 가망도 있었지만 그에 못지 않게 회사를 망쳐 버릴 위험도 있었다. 노동자들이 끊임없이 새로운 작업 방식을 배워야 하고 기계가 지속적으로 재편되어야 할 경우엔 중요한 요소인 효율성이 무너지면서 회사의 점유율이 떨어져 결과적으로 수익이 줄어들 위험이 있었다.

글렌 레이븐은 대체적으로 새로운 아이디어를 도입하는 걸 꺼려했다. 보스만이 염색이 오래 가고 질긴 캔버스 천의 제작을 위해 시스템을 개발한 것은 사업 초창기의 예외적인 경우였다. 이 캔버스 천은 상점의 차양용으로 쓰기에 딱 좋았고 마침 수요도 엄청났다. 전국이 도시화되면서 거의 모든 도시 구획마다 상점이 들어섰고 모든 상점에는 차양이 필요했다. 보스만의 아들도 또 다른 혁신을 이뤄냈는데, 메이저라는 이름으로 불리던 그는 면보다 저렴하고 내구성 높은 레이온의 장점에 주목하며 합성섬유의 가치를 누구보다 먼저 알아봤다.

한편 1953년에는 보스만이 아내를 동반하고 출장길에 올랐다가 아내가 중간중간 가터로 고정한 스타킹을 고쳐 신느라 짜증스러워하는 모습을 눈여겨보게 되었다. 그 순간 팬티와 스타킹을 결합하면 가터가 없어도 되지 않을까 하는 생각이 떠올랐다. 보스만은 이 상품에 팬티 레그스Panti-Legs라는 이름을 붙였고 6년 후에 마침내 이 아이디어가 상품으로 완성되었다. 상품의 출시도 시기적으로도 딱 맞아떨어졌다. 마침 여성이 일터로 진출하면서 자주 고쳐 신을 필요 없는 스타킹이 필요했다.

글렌 레이븐이 출시하는 신상품이란 겉모습을 조금 개조하는 것에 더 가까웠다. 새로운 색상의 어닝, 약간 다른 섬유의 스타킹을 내놓는 식이었다. 각각 다른 시장을 겨냥해 표준화된 규격으로 다양한 모델의 자동차를 만드는 제너럴 모터스의 직물판인 셈이었다. 프리토레이가 똑같은 감자칩에 여러 가지 맛을 추가해 바비큐 맛 감자칩을 비롯한 다양한 맛의 감자칩을 만드는 것과도 비슷했다.

20세기에는 상품의 종류를 막론하고 모든 대기업들이 똑같은 방식으로 경쟁했다. 당시에는 모든 주요 기업들이 자신의 몫을 누릴 만큼 경기가 좋았고 경쟁에 대해 대체로 우호적이었다. 특히 직물 산업이 더 그런 편이었다. 몇 년마다 한두 회사가 새로운 기계나 새로운 생산 과정을 도입하고 기존 제품을 미세하게 수정해서 시장에서 우위를 점하긴 했지만 얼마 지나지 않아 너도나도 다 따라했다. 따지고 보면 직물 산업은 업계가 좁아서 한 다리만 건너면 모두 아는 사이였기 때문에 서로의 동향을 잘 알고 있었다.

하지만 1990년대 초에 들어서면서 이런 구질서에 변화가 일어났다. 갠트는 어느 날부터인가 고객들이 멕시코산 아크릴사의 저렴한 가격에 대해 이야기하는 것을 듣게 되었다. 멕시코의 수출업자들이 아크릴사 100파운드 묶음을 10달러 미만의 가격으로 주겠다는 제안을 했다는 것이다. 10달러 미만이면 글렌 레이븐에서 파는 가격의 절반도 안 되는 가격이었다. 그 정도의 가격이라면 미국의 직물 제조업체들은 훨씬 낮은 비용으로 실을 구입해서 제품을 만들 수 있었고 그 결과 의류 매장에서는 초특가의 옷을 구매할 수 있을 만했다.

갠트는 처음엔 불안했다. 하지만 한 고객이 보내준 멕시코산 제품을 살펴보고 나서 바로 안심했다. 멕시코산 아크릴사는 품질이 형편없었다. (앞의 브러시 산업 사례에서도 봤다시피) 이것은 저가 수입품을 봤을 때 사람들이 흔히 보이는 첫 반응이다. 품질이 수준 이하여서 미국 제조사에게는 위협거리도 되지 않는다며 무시하고 넘어가는 것이다. 실제로 멕시코산 아크릴사는 굵기가 균일하지 않았다. 어떤 곳은 불룩 튀어나오고 또 어떤 곳은 너무 가늘어서 편직기에 넣고 돌리면 자주 기계에 끼곤 했다. 저렴한 가격에 끌려 위험을 감수하고 멕시코의 제조사로 거래처를 옮긴 고객들도 주문한 물건이 제때 오지 않거나 아예 오지 않는 일이 빈번해지자 글렌 레이븐과 거래를 재개했다.

하지만 1990년대 말에 이르면서 멕시코 회사들의 실의 품질이 크게 향상되었고 상품의 배송에서도 일관성과 신뢰성을 갖추게 되었다. 여기에 더해 이번엔 중국산 실이 훨씬 더 싸다고 얘기하는 고객이 하나둘 늘기 시작했다. 100파운드 묶음에 7달러였다! 하지만 중국산 역시 품질에 문제가 있었다. 갠트는 수년 동안 사업을 하면서 터득한 방법을 그대로 따랐다. 경험곡선을 단호히 밀어붙여 생산량을 늘린 것이다. 1,200만 달러를 대출받아 방적 공장을 재정비하며 아크릴사의 방적기 라인을 완전히 새롭게 바꿨다. 이 새로운 라인의 생산량이면 아크릴사의 가격을 파운드당 6센트 더 낮출 수 있겠다는 계산에 따른 것이었다. 하지만 1년도 지나지 않아 중국 공장들이 파운드당 10센트 더 싼 가격으로 아크릴사를 수출하기 시작했다.

갠트는 이에 대응해서 경험곡선을 더 단호하게 밀어붙였다. 새 기계를 더 구입하면서 회사 기술자들에게는 전 생산 공정에서 쓸데없이 들어가는 경비를 줄이도록 하고 공급업체들에게는 원자재 가격을 낮춰달라고 사정했다. 하지만 결국 갠트는 20세기의 선순환이 악순환으로 바뀌었다는 사실을 절감했다.

2000년대 초에 이르러서야 갠트는 중국은 한 세기 전에 보스만이 했던 것을 그대로 따라하고 있다는 사실을 깨달았다. 야심 있지만 가난한 수많은 농부 출신의 노동자들을 활용해 갠트와 가까운 여러 업체를 비롯한 대기업 방직회사들보다 싼 임금을 받고 일하는 노동력을 키우고 있었다. 갠트는 이런 노동력과 경쟁하기 위해 글렌 레이븐을 어떻게 운영해야 할지 막막했다. 더 이상 비용을 줄이는 것은 불가능했다. 그동안 글렌 레이븐에서 쌓아온 노하우는 더 이상 쓸모없어 보였다.

물건은 만드는 것이 아니라
창조하는 것이다

갠트는 아침마다 이런 생각을 하며 사무실에 앉아 어느새 무릎을 떨며 앉아서 암울한 미래를 그려보고 있었다. 어쩔 수 없이 가업을 양도해야 할지도 모르겠다는 생각이 들며 절망감과 두려움이 밀려들었다. 그러다 중요하고 중대한 깨달음이 뇌리를 스쳤다. 글렌 레이븐은 수십 년 동안 20세기의 핵심 논리를 따르는 방법으로 성공을 거뒀다. 거대한 시장을 찾아 그 시장에 규격화된 물건을 대량으로 판매하여 수익을 내는 것이다. 하지만 오늘날의 경제에서는 그런 모델을 버리고 훨씬 작은 시장을 찾아야 할 것 같았다. 경쟁자가 없고 글렌 레이븐이 높은 가격을 청구할 수 있는 상품과 이런 방식으로 수익을 낼 수 있는 시장을 찾아야 했다.

갠트는 박리다매 사업의 시대는 지나갔으며 그런 시절은 다시 돌아오지 않으리라는 사실을 간파했다. 박리다매와 정반대 전략으로 갈아타 판매량을 줄이되 가격을 높여야 했다. 그러려면 변화가 필요할 것 같았다. 규격화된 똑같은 물건을 가능한 한 빠르고 저렴하게 생산하는 회사에서 탈피해야 했다. 또한 배우고 적응하고 실험하며 때때로 실패하는 그런 회사로 변할 방법을 직원들에게 가르쳐야 했다. 뻔한 상품, 다시 말해 누구나 아는 뻔한 가치를 가진 상품은 금세 규격품이 된다. 글렌 레이븐에서 현대 경제에 맞는 상품을 생산하기 위해서는 뻔한 것과 익숙한 것을 넘어서야 했다. 하지만 자신과 직원들이 그런 변화를 이루어낼 수 있을지 확신이 서지 않았다.

갠트는 책상 밖으로 나와 고위 간부들이 모여 있는 방으로 갔다. 그곳에서 다음과 같은 요지의 설명을 이어갔다. 수세대 동안 글렌 레이븐의 표준화된 일용품 사업에서는 아무도 고객이 무엇을 원하는가 하는 단순한 의문을 갖지 않았다. 글렌 레이븐은 궁극적으로 돈을 지불하고 상품을 구매하는 사람들과 소통한 적이 없었다. 그동안 회사는 공급망의 한 부분일 뿐이었다. 아크릴사를 만들어 다른 여러 업체에 팔았고 그 업체들은 아크릴사로 스웨터나 바지 정장을 만들어 도매상에 팔았다. 도매상은 다시 소매업자에게 팔고 소매업자가 최종 소비자에게 판매하는 식이었다. 그러나 이제 글렌 레이븐이 생산할 상품을 결정하기 위해서는 궁극적으로 고객이 무엇을 원하고 어떤 상품에 기꺼이 높은 가격을 지불하는지를 알아야 했다.

바꿔 말하면 이제는 일용품의 생산은 중단해야 할 때였다. 경쟁 업체와 가격을 두고 경쟁하는 상품이 아니라 경쟁자가 없는 상품을 생산해야 했다. 더 나아가 모험을 꺼리던 과거의 태도를 버리고 제대로 해낼 때까지 시도와 실패를 계속해야 했다.

갠트는 다음과 같은 취지로 자신이 새롭게 깨달은 바를 설명했다. 21세기의 미국에서 기업을 운영하려면 가장 저렴하고 빠르고 효율적인 방식으로는 돈을 벌 수 없다. 지금 그런 방식의 사업은 저렴한 노동력을 앞세운 신흥 경제가 지배하고 있다. 글렌 레이븐 같은 회사가 실질적으로 수익을 올릴 수 있는 방법은 그저 물건을 만드는 것이 아니라 제일 먼저 그 물건을 착상해내는 데 있다. 직원들을 격려해 자신들의 회사에서 생산 가능한 새로운 상품의 아이디어를 찾아 샅샅이 살펴야 한다. 다른 사람은 아무도 발견하지 못한 필요성을 충족시켜줄 만한 직물을 생산해내기 위한 새로운 방법을 찾아야 한다. 경우에 따라선 고객들도 미처 자각하지 못한 필요성까지 찾아내기도 해야 한다.

"글렌 레이븐은 죽고 이제 새로운 회사가 되었습니다. 그렇다면 뭘 해야 할까요?" 갠트가 질문을 던졌다. 그날 고위 임원 중 한 명인 해럴드 힐 Harold Hill이 값나가는 양복 차림으로 뒤쪽에 앉아 있었다. 피드먼트에서 자란 힐은 글렌 레이븐의 품질 뛰어난 면사를 언제나 높게 평가해왔고 한때 월스트리트에서 일하다 고향으로 돌아온 사람이었다. 힐이 손을 들었다.

해럴드 힐은 방직 사업과 깊은 인연을 갖고 있었다. 해럴드의 아버지는 방직 공장 주임으로 열심히 일하며 방직 산업의 전성기 동안 꽤 많은 월급을 받았다. 그 덕분에 해롤드는 경영대학원까지 마칠 수 있었지만 월스트리트에서의 직장생활에 마음을 붙이지 못했다. 괴로운 부채 문제를 다루거나 인수합병 업무를 처리하는 것은 힐이 마음속에 그려왔던 직장생활이 아니었다. 결국 힐은 노스캐롤라이나로 돌아와 방직 사업의 경영을 맡게 되었다.

힐이 글렌 레이븐에서 맡은 일은 계약 사항과 딱히 일치하는 업무는 아니었다. 힐은 의류 제조업체에 맞춤 염색 가공 서비스를 제공하던 파크 애비뉴 플랜트라는 사업 부문의 운영을 맡았다. 예를 들면 아동용 잠옷 제조사로부터 불이 잘 붙지 않게 하는 내염제 처리를 의뢰받거나 운동용 땀흡수 양말 제조사로부터 악취 제거를 위한 화학약품 처리를 요청받았다. 이곳의 작업 과정은 기본적으로 똑같았다. 먼저 둘둘 말린 큼지막한 천을 적절한 화학약품이 담긴 길고 얕은 접시 모양 용기에 풀어 넣었다. 그런 다음 이 상태로 정해진 시간 동안 화약약품에 적셔 놓았다가 (대형 전기 오븐과 같은) 아주 기다란 히터에 집어넣었다.

이 부문의 사업은 일감은 꾸준했지만 수익성이 그다지 높지 않았다. 글렌 레이븐의 다른 여러 사업 부문과 마찬가지로 큰 차별성이 없이 일용품화 직전에 있다고 판단되었다. 비슷한 설비를 갖춘 미국의 다른 여러 업체에서 비슷한 상품을 충분히 만들어낼 수 있었다. 힐이 자신이 맡은 사업을 성공시킬 방법은 하나뿐이었다. 그는 경쟁 업체보다 조금 더 싼 가격으로 염색 가공 처리를 해주었고 그런 방식으로 가격 경쟁에서 앞서 나가고 있었다. 하지만 중국이나 온두라스의 업체가 시장에 진출해 자사와 거의 동일한 품질의 상품을 생산하기 시작했고 이제 그들에게 가격 경쟁의 우위를 빼앗기는 것은 시간문제였다.

힐은 빈사 상태의 공장을 운영하면서 글렌 레이븐의 전반적 사업에서 중요한 문제점을 깨달았다. 글렌 레이븐은 100년이 조금 넘도록 원자재가 완성 직물로 생산되기까지의 공급망에서 중추적 역할을 하며 승승장구했다. 하지만 이제 더는 그런 중간 매개자 역할로는 가망이 없었다. 더 저렴한 일용품 생산자들이 이 부문의 사업을 집어삼키고 있었다. 힐은 나름의 결론을 내렸다. 이제 글렌 레이븐은 고객들과 직접 소통할 수 있는 방법을 찾아야 하며 그러기 위해서는 상품 설계에 초점을 맞춰야 했다. 그래서 팀원들과 함께 미국의 방직 사업에서 눈에 띄지 않은 틈새 영역이 아직 존재하는지 알아보기 위해 방직업계의 출간물과 연구 보고서, 정부 자료를 철저히 훑어봤다.

가장 매력적인
틈새시장을 찾아라

틈새시장이 여러 개 있었지만 그중에서 가장 매력적인 시장은 자동차 사업 부문이었다. 힐이 알아보니 자동차 산업은 미국에서 생산되는 직물에 수억 달러를 지출하고 있었다. 물론 자동차는 소재의 대부분이 철제이긴 하지만 내부와 트렁크에는 직물도 많이 쓰인다. 자동차 생산에서 직물이 특히 많이 쓰이는 부분은 '헤드라이너'라고 불리는 자동차 천장의 안쪽이었다. 자동차 한 대에 사용되는 양이 275제곱 센티미터 정도밖에 안 되지만 해마다 생산되는 자동차 대수가 워낙 많아서 헤드라이너 사업 부문 하나만으로도 수천만 달러 규모의 시장이 형성되어 있었다. 이 막대한 금액이 30년간 시장을 장악해 온 한 회사, BASF로 흘러들고 있었다. BASF는 내화성을 갖추고 유독가스를 방출하지 않아 모든 정부 규정을 충족시키는 특수 나일론사를 설계했다. 미국에서 생산되는 거의 모든 자동차에 맞춰 특수 설계된 모듈도 도입했다.

힐이 2000년대 중반부터 수년 동안 조사한 결과 BASF 제품에는 여러 문제점이 있었는데 가장 큰 문제는 보기에 좋지 않다는 것이었다. 업계 내의 속어로 이렇게 잔털이 있는 나일론사를 '쥐털'이라고 부르는데 수세대 동안 운전자들이 지저분한 수건 같은 천이 머리 위에 달려 있는 것에 길들여진 셈이었다. 힐은 헤드라이너의 소재감으로 쓸 만한 더 깔끔하고 효율적인 폴리에스테르를 금세 찾아냈다.

이렇게 상품을 개발하고 보니 상품에는 나름 자신감이 있었지만 시장에 어떻게 진출해야 할지 막막했다. 자동차업계에 인맥도 없었고, 듣자하니 그 업계 사람들이 위험을 감수하는 것을 극도로 꺼려서 이름도 들어본 적 없는 회사가 새로운 혁신적 상품을 개발했다며 찾아와도 잘 만나주지 않는다고 했다. 어쨌든 설령 자동차업체 임원들이 자신들을 만나준다 해도 그 외의 어떤 일도 해줄 수 없었다.

이내 알게 되었지만 헤드라이너 사업은 의류 산업보다 더 복잡했다. 자동차의 소재는 모두 복잡한 규정과 까다로운 품질 관리 요건을 준수해야 하고 가격이 철저하게 관리되었다. 게다가 자동차 산업이 적시 생산 조달 시스템(부품 조달, 제품 생산 등을 필요한 때에 실시하여 재고를 최소로 하는 관리 방식—옮긴이)으로 변하면서 납품 기일도 촉박했다. 지금까지 소수의 업체만이 자동차 생산 공급망에 진입할 수 있었던 이유나 BASF가 그렇게 오랜 기간 헤드라이너 사업을 장악할 수 있었던 이유가 이해되었다.

하지만 힐에게는 이 모든 어려운 과정이 신나는 경험이었다. 힐이 설득 끝에 GM의 한 임원과의 만남을 성사시킨 이후 결국 글렌 레이븐의 헤드라이너는 GM의 새로운 트럭 플랫폼 GMT900의 소재로 선정되었다. GMT900은 쉐보레의 실버라도Silverado, 타호Tahoe, 서버번Suburban 뿐만 아니라 GMC의 시에라Sierra와 유콘Yukon의 핵심 뼈대여서, 당시 기준으로 세계에서 가장 많이 사용되는 자동차 플랫폼이었다. 얼마 후 글렌 레이븐은 모든 자동차업체로부터 주문을 받게 되었다.

헤드라이너 사업은 글렌 레이븐이 21세기에 성공을 거둘 수 있었던 모델이었다. 이 부문에서 글렌 레이븐은 일용품화나 상품의 공급망 역할과는 정반대되는 역할을 했다. 글렌 레이븐은 최종 고객을 직접 상대하지는 않았지만(자동차 소유주는 헤드라이너 장착에 아무런 선택권이 없었다) 선도적인 자동차 생산업체 여러 곳을 설득해서 그 회사의 자동차 구매자들이 가장 만족할 만한 상품을 생산하는 데 기여했다. 그에 따라 글렌 레이븐은 끊임없이 똑같은 상품만 만들어내는 것이 아니라 자사의 헤드라이너를 사용하는 자동차와 트럭의 모델과 색상에 따라 맞춤형 제품을 개발해야 했다. 이제 글렌 레이븐은 더 이상 단순히 대량 판매로 수익을 거두는 회사가 아니었다. 힐은 회사가 일용품화 경제에서 지식 경제로 변신하도록 이

끌어준 것이었다.

글렌 레이븐의 진정한 가치는 고객에 대한 이해에 있었고 그 시작은 보편적이고도 기본적인 상식이었다. 즉, 사람들은 선택권이 주어진다면 더 깔끔하고 매끈해 보이는 헤드라이너를 선호하기 마련이라는 상식에서 싹튼 것이었다. 그리고 이런 상식이 고도의 전문적 노하우 축적이라는 결과로 이어졌다.

글렌 레이븐은 내화제와 오래 가는 염색의 상호작용에 관한 한 전문적인 노하우를 쌓게 되었을 뿐만 아니라 주요 자동차 모델의 지붕 각도와 모양을 정확히 파악해 그 내부에 천을 부착하는 최적의 방법도 터득했다. 이런 천 소재를 매끄럽고 현대적인 모양으로 만들어내는 요령도 알아냈다. 이 모든 노하우는 모방하기가 지극히 힘들다. 다시 말해, 설령 글렌 레이븐의 경쟁 상대가 될 만한 업체가 나온다 해도 아주 극소수에 그칠 수밖에 없다는 얘기다. 불과 몇 년 전에 수십 개의 업체와 시시각각 경쟁을 벌이던 것과 비교하면 굉장한 변화였다. 글렌 레이븐은 전 세계적으로 그 필요성을 충족시켜줄 업체가 아주 희박한, 좁은 틈새시장을 발견한 것이다.

사업의 본질은
문제를 해결하는 것이다

자동차 헤드라이너 사례에서 확실한 교훈으로 보여주었듯, 글렌 레이븐은 다른 틈새시장을 찾아야 했다. 기존 공급업자들이 필요성을 제대로 충족시켜주지 못하고 있던, 고도의 지식집약적 시장을 개척해야 했다. 힐과 팀원들은 기존과는 다른 상품 후보감을 찾아 전 세계를 샅샅이 살펴보며 방직과 관련성이 거의 없다고 여겨지는 산업 분야까지도 조사했다. 가령 한 팀에서는 시 전체의 물 필터 산업을 조사해 경쟁 업체의 상품과 비교해서 오염물질을 훨씬 효율적으로 걸러내주는 거름망을 개발했다. 또 어느 기술자는 광업 분야에 몰두하면서 그 분야에서 방직으로 해결 가능한 온갖 문제를 찾았다.

광산은 대부분 수십 개나 수백 개의 갱도가 뚫려 있는데 갱도의 대다수는 철저히 채굴되어 더 이상 쓸모가 없다. 또 상상하기 힘들 만큼 크고 값비싼 공기조절 시스템을 이용해 환기를 시켜야 한다. 광산의 환기 비용이 특히 비싼 이유는 폐갱도에서 막대한 공기가 허비되기 때문이다. 글렌 레이븐은 이에 대한 해결책으로 두껍고 구부러지는 나일론 막인 마인마스터MineMaster를 개발했다. 이 나일론 막은 폐갱도의 입구를 덮기에도 유용하고 깔대기 모양으로 구부리면 작업하는 광부들에게 공기가 바로 가도록 활용할 수도 있다. 또 하나의 신상품인 마인메시Minemesh는 두툼한 폴리에스테르 섬유로, 접착제가 코팅되어 있어 광산 벽에 붙이면 함몰을 막기 위한 용도로 유용하다.

갠트는 의류 사업에서는 손을 떼고 싶다고 선언했다. 갠트가 판단할 때 의류는 예외 없이 일용품으로 전락할 소지가 있었다. 하지만 힐이 의류 분야 중에 일용품화의 덫에 빠지지 않을 만한 한 분야를 알아냈다. 공익설비 노동자들이 작업할 때 입는 방호복 사업이었다. 전력선을 설치하거나 정유공장의 유지보수 일을 하는 공익 설비 노동자들은 정부의 규정에 따라 내화성이 있는 작업복을 입어야 한다. 이 특화된 틈새 사업을 듀폰DuPont이 오래전부터 장악하고 있었는데 글렌 레이븐의 잠재성을 발휘하기에 이상적인 전문 분야 같았다. 고도의 기술이 필요하면서도 수년 동안 별다른 혁신이 없었던 분야였기 때문이다.

힐은 최종 사용자이자 잠재 고객층인 공익 설비 노동자들에 대한 조사를 지시했다. 조사 결과 해당 노동자들은 듀폰의 방호복을 마음에 들어 하지 않았다. 듀폰의 방호복은 두껍고 따끔거리는 데다 통기성이 없었다. 입고 있기가 불편해서 햇빛이 뜨거운 날에 야외에서 뙤약볕을 맞으며 일할 때는 정말로 죽을 맛이었다. 규정 위반까지 감수하며 아예 작업복을 벗어 버리고 티셔츠와 반바지 차림으로 일할 때가 많다 보니 회사에 벌금 처분이 내려지기도 했다. 한마디로 난처한 상황이었다.

글렌 레이븐은 회사 내의 화학자와 기술자들로 팀을 꾸렸고 이 팀에서는 듀폰의 방호복이 편안함은 고려하지 않은 채 오로지 안전만을 위해 디자인되었다는 점을 금세 간파해냈다. 어쨌든 듀폰은 실제로 방호복을 입는 사람들이 아니라 공익 설비 회사의 관리자들에게 물건을 팔고 있었으니 그럴 만도 했다. 글렌 레이븐의 기술자들은 최종 사용자를 염두에 둔 새로운 섬유의 제작 비결을 내놓았다. 내화성을 갖추었을 뿐만 아니라 훨씬 더 얇고 부드러운 섬유였다. 통기성도 있었다. 이렇게 글렌가드GlenGuard 방호복이 개발되었고 그 반응은 엄청났다. 특히 유럽과 남미 지역에서 인기가 높았다.

이런 탐색을 이어가던 끝에 글렌 레이븐은 갠트가 중대 결심을 내리면서 미처 예상하지도 못했고, 보스만이 상상도 못해봤을 법한 사업 분야로까지 진출하게 되었다. 토목섬유, 즉 두툼한 폴리에스테르 섬유를 사용해 만드는 토목용 직물이었다. 보통 건물의 기초를 타설하거나 다리의 골조를 만들 때는 목재나 금속제의 거푸집에 콘크리트를 붓는다. 이 거푸집

세우기가 콘크리트 구조물을 세우는 과정에서 사실상 비용과 시간을 가장 많이 잡아먹는 공정이다. 이때 토목섬유가 더 빠르고 저렴한 대안이 되어준다. 단단한 섬유로 만든 판은 구부려서 모양을 잡을 수 있어서 망치와 나사를 써가며 전형적 거푸집을 세우는 데 걸리는 것보다 훨씬 작업 속도가 빠르다.

힐이 이런 상품의 존재를 알았을 당시에 해당 산업 분야는 아직 규모가 작았고 방직에 다른 경험이 없는 소수의 특수 기업이 지배하고 있었다. 글렌 레이븐은 방직 생산의 측면에서는 물론이고 물과 햇빛에 저항성이 강한 섬유를 만드는 데 필요한 다양한 코팅제에 대해서도 전문성을 갖추고 있었고 그 덕분에 이 시장에 진입해 빠르게 주도권을 잡을 수 있었다. 이후 갠트가 건물 수요가 엄청난 신흥 경제 시장인 인도에서의 생산·유통 계약을 성사시키며 글렌 레이븐의 토목섬유 사업은 절정에 이르렀다. 현재 글렌 레이븐의 토목섬유는 인도의 신축 다리 공사에서 가장 많이 활용되고 있다. 갠트는 최근에도 브라질의 한 업체와 신규 계약을 성사시켰다.

최종 소비자를 위한
제품을 만들어라

이와 같은 글렌 레이븐의 새로운 전략이 가장 잘 발현된 사례로는 글렌 레이븐의 디자인 사업 진입 결정으로 꼽을 만하다. 갠트가 회사의 변화를 요구하고 나섰을 당시에 글렌 레이븐의 인지도 높은 소비자 브랜드는 선브렐라Sunbrella 하나였다. 이 브랜드의 차양용 특수 섬유는 미국인의 뒤뜰이나 테라스 파라솔 용도로 주로 쓰였다. 선브렐라가 다른 브랜드 제품과 차별성을 띠었던 이유는 다채로운 색채의 염료가 속속들이 잘 스며들도록 설계된 특수 섬유로 만들기 때문이었다. (집에 가지고 있는 셔츠나 바지나 시트나 실내 장식용 천 등) 뭐든 색채가 있는 천을 잘라서 실 한 올 한 올을 보면 알겠지만 그 표면에 얇은 염색 코팅막이 흰색이나 회색 섬유를 덮고 있다. 갠트가 즐겨 사용하는 비유를 그대로 옮기자면, 전통 섬유는 래디시(서양 무)처럼 겉에만 색이 있고 그 안쪽은 하얗지만 선브렐라는 당근처럼 속까지 색이 배어 있다. 다시 말해 선브렐라는 수년간 햇빛과 비에 노출되어도, 또 표백제를 쓰거나 공업용제로 문질러 닦아도 원래의 선명한 색이 그대로 유지된다는 얘기다.

선브렐라는 옥외 가구와 차양 섬유 시장에서 이미 상당한 존재감을 과시하고 있었다. 2000년대 말에 들어서면서부터는 회사는 이 부문을 견실하지만 성장의 여지가 없다고 판단했다. 하지만 이는 갠트가 변화를 위한 자유로운 착상을 제안했을 때 한 임원이 다음과 같은 의견을 내놓기 전까지의 얘기였다. "선브렐라를 실내 부문으로 끌어오면 어떨까요?"

그 말에 몇몇 사람이 웃음을 터뜨렸다. 1950년대 이후로 실외 가구와 실내 가구는 전혀 다른 산업으로 나뉘어 있었다. 무역박람회와 업계 출간물도 서로 별개였고 판매 매장도 서로 달랐다. 글렌 레이븐은 실외 가구에 관해서라면 모르는 게 없었고 넓고 깊은 인맥을 가지고 있었지만 실내 가구 쪽으로는 인맥이 없었다. 물론 실내 가구는 규모가 실외 가구의 세계보다 몇 배나 큰 데다 선브렐라의 성장을 꾀할 유일한 기회라는 점은 분명했다.

갠트는 선브렐라 직원 몇 명에게 실내 가구 시장의 조사를 맡겼다. 조사 보고서는 암울했다. 실내 장식용 직물 시장은 패션 사업과 비슷해서 디자인이 무엇보다 중요했다. 실내용 소파와 천 의자의 구입 고객층은 끝도 없을 것 같은 다양한 종류의 견본을 지속적으로 접하게 된다. 상상 가능한 온갖 색상과 줄무늬, 꽃문양, 민무늬 등 다채로운 문양의 견본 제품을 계속 보게 된다. 아니, 거의 모든 색상이라고 고쳐야겠다. 짙은 황록색이나 베이지 계열인 선브렐라의 실외용 직물로 된 실내 가구를 살 사람은 없을 테니까.

한편 대다수 실내 장식용 직물의 판매에서 핵심 포인트는 안락함이었다. 그런데 선브렐라의 차양 섬유는 두껍고 빳빳했다. 여기에 더해 이 시장에서 진출해 있는 실내 장식용 직물업체들에겐 글렌 레이븐에 비해 큰 이점이 있었다. 무채색 실을 사용하기 때문에 대량으로 무채색 실을 구입해 특정 시즌에 유행하는 색채나 패턴에 맞춰 염색할 수 있었다. 선브렐라에서 쓰는 실은 염색 처리를 하기 때문에 몇 개월 전에 가령 파란색 섬유를 1만 파운드 정도 준비해 놓아야 했을 뿐만 아니라 이 파란색은 다른 색으로 염색할 수도 없었다.

선브렐라가 실내용 직물과 경쟁하기 위해서는 섬유를 더 부드럽고 유연하게 만들고 색상 트렌드의 예측을 더 정확하게 해야 했다. 둘 다 큰 부담이었지만 갠트는 비용과 시간이 들더라도 밀어붙여보고 싶었다. 선브렐라에 비장의 무기가 있으리라고 확신했다. 선브렐라 팀은 잠재 고객층에 대한 단순한 질문에 답하기 위해 일련의 조사 보고서를 작성했다. 소파를 구매하려는 사람들은 어떤 사람들일까? 소파를 구매할 생각은 없지만 적절한 상품이 나오면 마음이 움직일 만한 사람들은 누구일까? 사람들은 소파에서 뭘 하고 싶어 할까?

조사 결과는 고무적이었다. 소파는 덩치가 큰 구매품이라 집 다음으로 비싼 가정 살림인 경우가 많으며 제대로 잘 만들어진 소파의 경우 실내 장식용 직물이 전체 소파의 비용에서 절반을 차지했다. 시장조사를 해보니 사고 싶어도 새 소파를 구매하지 않거나 더 좋은 소파를 사고 싶으면서도 저렴한 소파를 구매하는 사람들이 구매층에서 큰 영역을 차지했다. 대체로 자식을 두었거나 반려동물을 키워서 여섯 살배기 아이나 푸들이 소파를 망가뜨릴 우려가 있는 경우에 해당되었다.

선브렐라 팀은 바로 이 부분에서 강점을 발견했다. 자사의 직물이 다른 실내 장식용 직물에 비해 세척이 훨씬 수월하다는 장점이 있었다. 하지만 그 강점을 살리기 위해서는 방직 산업에서의 전문 기술에 더해 패션 사업을 빠르게 습득해야 했다. 기술자들이 셔닐직이나 부클레같이 완전히 새로운 직물을 위한 생산 방식을 개발해야 했다. 더 성기고 솜털이 많은 실을 뽑아내 더 부드러운 질감의 직물을 짜내기 위해 방적 공정을 다시 설계해야 했다.

그러자 갑자기 가장 중요한 결정을 '부드러움' 같은 측정 불가한 사항에 따라 예측해야 할 상황이 되었다. 업계에서 일명 '손에 닿는 촉감'hand feel이라고 부르는 이런 부드러움에는 명확한 측정 기준이 없다. 그냥 천을 집어 들어 손가락 사이에 쥐고 문지르며 기분이 좋은지 어떤지를 확인하면 그만이다. 기술자들이나 주로 기계를 다루는 관리자들은 이런 직감적 의사결정을 질색한다. 갠트는 회사 내에 과학기술자들과 공장 관리자들은 충분한데 새로운 전문 인력이 부족하다는 것을 깨달았다. 이제 글렌 레이븐에도 디자이너가 필요했다.

아홉 명의 디자이너로 꾸려진 팀이 벌링턴으로 바로 투입되어 선브렐라의 실내용 직물 전 품목의 개발에 참여했다. 새로운 섬유 색상을 개발하는 데 최소한 2년이 걸리고 또 그 섬유를 직물로 짜내기 위해 기계를 재설계하는 데 최소한 2년이 걸릴 것으로 예상되었으므로 디자이너들은 소비자들이 몇 년 후에 구매하고 싶어 할 만한 소파 커버의 유형을 미리 예측하는 전문성도 갖춰야 했다. 갠트는 이 디자이너 팀을 그동안 글렌 레이븐 직원들이 가보기는커녕 들어본 적도 없는 곳들을 다녀오게 했다. 매년 4월에 밀라노에서 열리는 세계적으로 가장 주목을 받는 가구 박람회인 살로네 국제 가구 박람회에 단체로 출장을 보내기도 했다. 하지만 디자이너 팀은 가구 색상과 디자인 주제가 패션계의 빠르게 변하는 색상 트렌드에 뒤처진다는 사실을 이내 간파했다.

이후에 글렌 레이븐은 창립 이후 처음으로 뉴욕과 파리에서 열리는 유명 패션쇼에 직원들을 참관시키기 시작했고 이렇게 참관하게 된 디자이너 팀은 패션쇼를 보며 영감이 떠오르는대로 메모를 했다. 디자이너 팀은 미국색상협회의 자문을 구하기도 하면서 협회에서 매년 향후 수년 동안 시장을 지배할 색상 트렌드를 파악해 두기도 했다. 이런 과정을 바탕으로 선브렐라만의 '컬러 스토리'가 만들어졌다.

현재 선브렐라 제품은 크레이트 앤드 배럴Crate & Barrel(인테리어 생활용품 전문점—옮긴이)과 룸 앤드 보드Room & Board(가구 소매업체—옮긴이)를 비롯해 거의 모든 중급 및 고급 가구 소매업체에서도 일반적으로 구매할 수 있다. 이 회사는 직물 가격은 다른 브랜드의 직물보다 두 배나 높지만 사업이 성업 중이다.

갠트가 희망했던 그대로 글렌 레이븐은 완전히 다른 회사로 거듭났다. 저렴한 스웨터용의 아크릴사 생산에 중점을 두었던 회사가 현재 전 세계 곳곳의 다리, 뉴욕과 파리의 고급 소파, 전 세계 공익 설비 노동자들의 고

성능 방호복을 설계 및 생산하는 업체로 거듭난 글렌 레이븐의 변신은 불가사의한 일로 여겨질 만도 하다. 그런데 갠트는 이런 변신이 사실상 아주 간단한 일이었다고 말한다. 글렌 레이븐은 똑같은 물건을 더 싸게 만드는 방법을 묻는 대신 사람들이 실제로 필요로 하는 것이 무엇인지를 묻기 시작했을 뿐이라는 것이다. 어쨌든 사람들이 필요로 하는 것이라면 가격이 높아도 지갑을 열 것이라고 판단했기 때문이다.

글렌 레이븐은 최종 사용자에 대해 생각하기 시작한 뒤로 이전까지와 다른 온갖 사업을 펼치기 시작했다. 그 이전까지는 기계 가동률을 가능한 한 최대치에 가깝게 끌어올리는 것을 회사의 중요한 성공 지표로 삼았다. 하지만 고객들은 기계 가동률에는 관심이 없으며 경우에 따라선 기계의 가동 시간 내내 아무도 필요로 하지 않는 상품을 만들게 될 수도 있다. 토목섬유, 자동차 헤드라이너, 선브렐라 실내 장식용 직물 등 글렌 레이븐의 선도적 상품은 하나같이 실험과 투자가 수반된 결과였다.

다시 말해 무수한 날 기계를 놀리는가 하면 직원들은 결국 실패로 그쳐 수익이 한푼도 발생하지 않은 조사에 수개월을 매달리기도 했다. 이런 식의 인내는 기계 가동률을 중심으로 생각하는 사람들에겐 괴로운 일이다. 수익이 발생할 가망성이 없을지도 모를 새로운 상품에 투자를 이어가기 위해서는 배짱도 필요하다. 그 과정이 '손에 닿는 촉감'이나 '컬러 스토리' 같은 명확히 평가할 수 없는 요소들에 따라 좌우될 경우엔 더욱 더 힘들다. 글렌 레이븐보다 앞서서 이런 전환을 시작한 기업이 거의 없었던 것도 당연하다. "방직 회사 대부분은 안전하게 똑같은 일만 계속하다가 결국 파국을 맞았어요." 글렌 레이븐의 마케팅 책임자 할 허니컷Hal Hunnicutt 이 나에게 했던 말이다.

갠트는 자신이 아버지와 삼촌과 할아버지의 사업 모델을 버린 이후에 단지 살아남기만 한 게 아니라 성공을 거두고 있다는 사실이야말로 가장 놀라운 점이라고 밝혔다. 고객 맞춤형 기업을 운영하면서 훨씬 더 재미를 느끼고 있다고도 했다. 아이디어가 콸콸 솟아올라 거듭거듭 놀란다며 미소를 머금고 이런 말도 덧붙였다. "우리 회사가 인도에 다리를 세우게 될 줄은 몇 년 전까지 생각도 못했던 일이에요. 앞으로 몇 년 후엔 또 뭘 하고 있을지 모를 일이죠."

모겐스턴 아이스크림 Morgenstern Icecream

까다로운 뉴요커의 입맛을 사로잡아 단숨에 뉴욕 명소가 된 아이스크림 가게의 비밀은?

이 책을 쓰기 위해 인터뷰한 이들을 통틀어 모겐스턴만큼 자신의 열정을 철저하고 확실하게 따르며 살아가는 사람도 없었다. 니콜라스 모겐스턴Nicholas Morgenstern은 뉴욕 그리니치 빌리지에서 아이스크림 가게를 운영하며 매주 81시간을 일한다. 워낙에 자신의 삶에 대한 모든 것을 정확하게 꿰는 성격이다 보니 일하는 시간도 정확히 알고 있다.

　　모겐스턴의 열정은 이상적인 미국의 아이스크림을 만드는 것이다. 모겐스턴에게 이런 열정이 의미하는 것은 특별히 맛있는 아이스크림이나 가장 잘 팔리는 아이스크림을 개발하려는 것이 아니다. 가장 미국스러운 디저트인 아이스크림의 본질을 이해하고 싶은 것이 그의 바람이다. 고객들이 자신의 초콜릿 아이스크림이나 바닐라맛 아이스크림, 로키로드rocky road(아몬드, 호두 등의 견과류와 마시멜로가 들어 있는 초콜릿 아이스크림―옮긴이)나 바바나 스플릿banana split(바나나를 길게 가르고 그 속에 아이스크림, 견과류 등을 채운 디저트―옮긴이)을 맛보자마자 자기 가게만의 특별한 아이스크림의 본질이 가장 진실되게 담겨 있다는 것을 알아봐주길 원한다. 이런 바람을 이루기 위해 그동안 상상 가능한 모든 방법으로 아이스크림을 연구했다. 그저 책 한두 권을 읽는 정도가 아니라 수년에 걸쳐 끊임없이 연구했다. 관련된 책을 모조리 읽는 것은 기본이고 옛날 조리법을 찾아내 그 조리법을 재현하고 세계 곳곳의 이름난 (그리고 아직 발견되지 않은 수많은) 아이스크림 가게를 모조리 찾아다니기도 했다.

모겐스턴의 신념에 따르면 아이스크림에는 미국의 본질이 담겨 있다. 한 입 머금으면 자력으로 성장한 자유주의적이고 자본주의적인 이 나라의 특별한 역사와 문화를 맛볼 수 있다고 그는 생각한다. 최초의 아이스크림은 유럽 왕실의 주방에서 탄생한 유난스러울 만큼 장식적인 디저트로 소수의 사람들만 맛볼 수 있었다. 그 당시만 해도 얼린 것은 무엇이든 멀리까지 유통되지 못했다. 소를 키우지 않는 사람들은 치즈와 요거트 같은 보존처리된 상품으로만 유제품을 먹을 수 있었다.

1800년대 중반까지는 미국에서도 사정이 대체로 비슷했다. 미국의 낙농가 상당수가 동부의 대도시 지역에서 적어도 하루 이상의 거리에 떨어져 있었기 때문이다. 그러다 남북전쟁이 발발할 무렵 원시적인 냉장 열차가 등장하며 신선한 크림을 변질될 위험 없이 수천 킬로미터 거리까지 운송할 수 있게 되었다. 또한 일부 농부들이 사탕무를 재배하면서 역사상 처음으로 가난한 사람들도 저렴한 가격으로 감미료를 구할 수 있었다.

한편 손으로 휘젓는 방식의 초창기 아이스크림 제조기가 대량 생산되고 우편 주문 카탈로그 업체인 시어스의 고객들 사이에 인기 상품으로 팔리면서 뉴욕의 주택들은 물론이고 캔자스주의 초원지대에 사는 부모들조차 가족을 위해 맛좋은 디저트를 만들어줄 수 있었다. 이것은 인류 역사상 최초의 일이었다. 그 이전까지만 해도 아이스크림은 가난한 사람들은 엄두도 못 낼 만한 호사스러운 디저트였다.

20세기에는 아이스크림이 큰 공장에서 대량 생산되어 전국으로 유통되었다. 그 사이에 명백한 이유도 없이 다채로운 종류의 맛과 가정식 조리법이 바닐라맛, 초콜릿맛, 딸기맛 같은 소수의 정통 아이스크림에게 밀려났다. 이후에는 버터피칸, 로키로드, 퍼지리플 같은 더 복잡한 조합의 아이스크림 제조법이 등장했다(모겐스턴의 말로는 '어릴 때 어떤 맛의 아이스크림을 좋아했어요?'라는 질문으로 상대방의 나이를 가늠할 수 있단다).

모겐스턴은 오래된 레스토랑 메뉴판과 인기 있는 요리책을 자세히 살펴보는 것을 좋아한다. 그런 모겐스턴의 지적에 따르면, 지금까지 다양한 종류의 디저트가 등장했다가 아예 사라지거나 일정 지역에서만 선호되는 음식으로 남게 되었고, 베이크트 알래스카(케이크에 아이스크림을 얹고 머랭을 씌워 오븐에 재빨리 구워낸 디저트─옮긴이), 슈플라이 파이(흑설탕과 당밀을 채워 만든 파이─옮긴이), 체스 케이크(체스판 모양의 케이크─옮긴이) 같은 전 국민적 상징이 되지 못했다.

하지만 1860대 이후 아이스크림은 미국의 전역에서 모든 사람의 사랑을 받았으며, 특히 몇몇 정통 아이스크림과 조합된 맛의 아이스크림이 큰 사랑을 받아왔다. 하지만 모겐스턴은 아이스크림의 산업화로 인해 대다수 생산자들의 사업적 결정에 따라 아이스크림의 본질이 희석되고 말았다며 아쉬워한다. 가령 공장에서는 아이스크림을 전 세계로 안전하게 운송하기 위해 구아검이나 셀룰고스검 같은 안정제(식품의 물리적 성상을 안정화하는 작용을 하는 것─옮긴이)를 첨가한다. 복잡한 공급망을 거치다 보면 필연적으로 일부 아이스크림이 녹았다가 다시 냉동되기 마련이지만 구아검을 첨가하면 그 과정에서 과도한 빙정氷晶이 생기지 않는다. 공장에서는 빠르게 만든 아이스크림이 입 안에서 부드럽게 느껴지게 하려고 모노 앤드 디글리세리드나 달걀 노른자 외의 유화제를 쓰기도 한다. 무엇보다 큰 문제는 산업적 아이스크림 제조사는 실제 원료의 사용을 최소화하고 수익을 최대화하기 위해 많은 공기를 주입하고 있다(브라이어스Breyers 사의 최신 제조법은 원래의 아이스크림 개념과 너무 거리가 멀어서 '냉동 유제품 디저트'라고 불린다).

아이스크림의 풍미를 해치기로는 아이스크림 매장도 뒤지지 않는다. 큰 통에 아이스크림을 담아 손님들이 아이스크림을 볼 수 있게 뚜껑을 열어 놓는데 이렇게 하면 아이스크림이 수분을 잃게 된다. 게다가 대다수 아이스크림이 다른 곳에서 생산되어 매장으로 옮겨지기 때문에 여러 화학첨가물을 넣을 수밖에 없다. 대표적 아이스크림 브랜드들은 대체로 (크림과 설탕과 유화제를 조리법대로 섞어) 아이스크림 베이스를 대량으로 만든 후 초콜릿이나 바닐라, 딸기 등의 맛을 내기 위해 약간의 향미제를 첨가한다. 대형 공장들은 이렇게 공통된 아이스크림 베이스를 만들어 놓으면 각각의 맛별로 아이스크림 베이스를 따로따로 만들어 관리하느라 신경 쓰지 않아도 되고 여러 종류의 크림을 주문하지 않아도 된다. 한마디로 모든 아이스크림을 하나의 아이스크림 베이스로 만들면 훨씬 더 편리하고 저렴하다.

모겐스턴은 이 모든 사업적 타협을 집착적일 정도로 꺼려왔다. 그렇다고 해서 모겐스턴이 까탈스러운 것은 아니다. 모겐스턴의 설명을 듣고 알았지만 유화제는 아이스크림의 풍미를 변질시키고 안정제는 아이스크림의 질감을 변화시키며 공기는 맛의 강도를 크게 떨어뜨린다. 아이스크림의 대량 생산업체는 모든 맛의 아이스크림을 하나의 아이스크림 베이스로 만들면서 아이스크림의 종류에 따라 특별히 맞춰주어야 할 요건들을 등한시하고 있다. 초콜릿은 바닐라와는 달리 단백질이 함유되어 있어서 초콜릿 맛의 아이스크림 베이스에는 단백질 함량을 낮춰야 한다. 그래야 덜 느끼해진다. 아이스크림 생산업체는 산업적 타당성에 맞춘 이런 여러 가지 선택으로 인해 최적의 아이스크림 풍미를 끌어내지 못하고 있으며 그에 따라 그동안 대다수 미국인이 최적의 아이스크림을 경험할 수 없었다.

처음 모겐스턴을 찾아갔던 날 나는 그가 만든 초콜릿 아이스크림을 맛보고 한 친구에게 이렇게 말했다. "완벽한 초콜릿맛이야. 그동안 내가 이런 맛을 그리워했다는 걸 이제야 알겠어." 그때 아들도 함께 갔는데 아들은 완벽한 민트 초콜릿칩맛을 먹으며 즐거워했다. 아들과 함께 있던 그 순간을 떠올리면 미소가 지어지면서 곧바로 어릴 적 우리 형제가 부모님과 같이 아이스크림 가게에 가서 행복해했던 시절이 생각난다.

모겐스턴은 보통의 미국인이 누리는 평범한 어린 시절을 보내지 못했다. 부모님은 가난에 시달리며 마음을 잡지 못하고 방황하며 아들에 대해 최소한의 책임을 다할 뿐이었다. 부모님이 이혼을 하면서 모겐스턴은 샌프란시스코의 (불법 거주 건물보다 크게 나을 바 없던) 변두리 아파트 여기저기를 옮겨다니며 살아야 했다. 그러다 고등학교에 들어가기도 전에 어머니가 이단 종교에 빠져 남동생을 데리고 행방불명이 되었다. 아직도 두 사람이 어디에 있으며 어떻게 살고 있는지 소식을 모르고 있단다. 어렸을 때는 오하이오주 남부의 할아버지 집에서 몇 번 여름을 보낸 적이 있었다. 세 사람은 다 함께 동네 아이스크림 가게에 자주 갔는데 그때가 모겐스턴의 어린 시절을 통틀어 가장 행복한 순간이었다. 아니, 어쩌면 온전한 행복을 느낀 유일한 순간이었을지도 모른다.

모겐스턴은 고등학생 시절에 레스토랑에서 일을 시작했고 사실상 혼자 힘으로 살아왔다. 그 뒤엔 요리학교에 들어간 후 제빵 마스터 셰프가 되었고 나중엔 그래머시 태번, 나이스 마틴, 길트를 비롯해 뉴욕의 최고급 레스토랑 몇 곳에서 일하기도 했다. 그러다 마음이 맞는 사업 파트너와 브루클린에 자신의 가게인 제너럴 그린General Greene을 열어 본격적으로 아이스크림의 실험에 착수했고 얼마 지나지 않아 아이스크림은 그의 집착의 대상이 되었다. 모겐스턴은 자신이 재현하고 싶던 음식 경험(가급적이면 가족과 함께 완벽한 아이스크림을 먹는 것)에는 뭔가 특별한 것이 있다고 여겼다.

모겐스턴의 야심은 작지 않다. 그는 미국 전역과 전 세계 사람들이 아이스크림을 경험하는 방식을 바꾸길 꿈꾸고 있다. 과거의 전통적 조리법을 이상적으로 재현해 과거와의 유대감을 높이고 싶어 한다. 그런가 하면 아이스크림을 미래로 이끌고 싶어 하기도 해서 구운 세이지, 카더몬 레몬 잼, 아보카도 등 아주 기분 좋고 색다른 맛을 끊임없이 연구하며 매년 여러 가지 새로운 맛을 선보이고 있다.

또 언젠가는 자신의 아이스크림을 곳곳의 마트에서도 구입할 수 있기를 바라고 있다. 그동안 대표적 아이스크림 제조사들과 무수한 투자자들이 찾아와 세계적 브랜드로 발돋움하도록 자금을 지원해주겠다는 제안을 했다. 언젠가는 이런 투자자들 중에서 한 곳을 선택할 수도 있겠지만 모겐스턴은 아직은 준비가 되지 않았다고 말한다. 아직은 아이스크림의 맛에서 목표한 바를 이루지 못했기 때문이다. 얼마 전에 나에게 털어놓은 얘기처럼, 모겐스턴이 마음속에 그리는 완벽한 삶은 비행기를 타고 다니며 투자자를 만나고 유통 전략과 마케팅 계획을 논의하는 모습이 아니다. 그는 자신의 가게 지하실에서 새로운 맛의 아이스크림을 개발하는 한편 생산된 제품을 적극적으로 살피며 소비자들이 좋아하는 취향과 개선되길 바라는 점이 무엇인지를 세심하게 파악하며 살아가길 꿈꾸고 있다.

나는 아이스크림을 대량으로 생산하며 가게의 규모를 늘릴 수 있는 기회를 자신이 충분히 준비될 때까지 거절하겠다는 모겐스턴의 태도가 그의 삶을 위한 올바른 결정일 뿐만 아니라 사업적으로도 현명한 선택이라는 느낌이 들었다. 모겐스턴은 대규모 생산으로 놓치게 되는 것과 소비자들이 가장 바라는 맛(처음 맛보기 전까지는 그것이 자신이 바라던 맛임을 깨닫지 못하더라도)을 점점 더 잘 이해하고 있다.

모겐스턴의 아이스크림은 현재 인기가 아주 뜨겁다. 매장 본점은 영향력 있는 모든 음식 평론가들로부터 미국 전역에서 가장 뛰어난 아이스크림 매장으로 손꼽히고 있다. 2호점까지 열었는데 두 매장 모두 그의 아이스크림을 맛보고 싶어 찾아온 손님들로 장사진을 이룬다. 이런 인기를 바탕으로 편하게 돈이나 벌며 살 수도 있을 것이다. 그런데도 모겐스턴은 타오르는 열정을 좇아 여전히 아이스크림을 연구하고 있다.

어느 날 한 사람이 도달할 수 있는 최대한의 경지에 이르면 자신에게 주어진 여정을 완수했다는 만족감을 느낄 때, 모겐스턴은 인기 있고 성공한 사람 이상이 되어 있을 것이다. 그리고 그때 자신의 아이스크림에 대한 (더 나아가 어쩌면 모든 아이스크림에 대해서까지도) 미래의 조리법을 규정하는 위치에 오르게 될 것이다. 그때는 당연히 큰돈을 벌기도 하겠지만 그보다 훨씬 중요한 뭔가도 이루면서 무수한 타인들에게 완벽한 경험을 전해주는 인물이 되어 있을 것이다.

제9장

연필 한 자루에서
새로운 가치를 발견하다

당신 사업에서 가장 강력한 무기는 무엇인가?

어떤 사업이라도 단 한 가지의 무기는 갖고 있기 마련이다.
중국산 제품에 밀려 곧 문을 닫을 거라고 생각했던
저지시티의 연필 공장이 마침내 해결책을 찾아낸 것처럼
당신도 그 답을 찾을 수 있다.

THE PASSION ECONOMY

21세기에 성공을 거두기 위한 가장 중요한 규칙을 처음으로 우연히 알게 된 것은 손에 2B 연필을 쥔 채로 그 연필을 만든 사람에게 그 연필의 특별한 역사에 대해 듣고 있던 중이었다. 처음에 그 연필은 평범해 보였다. 노란색의 육각형 모양에 한쪽 끝에 달린 연핑크색 지우개를 글자가 찍힌 쇠테가 감싸고 있었다. 어렸을 때인 1970년대에 OMR 카드를 채울 때 썼던 2B 연필과 똑같았다. 겉으로 보기에 이 연필의 차이점은 딱 하나, 당황스러울 정도로 비싼 가격뿐이었다.

한 자루의 가격이 매장에서 비슷한 연필 한 세트를 살 만한 가격이었다. 하지만 비싼 가격에도 그 연필은 불티나게 팔리고 있었다. 제품명 '제너럴 펜슬 세미-헥스 No. 2'의 이 연필은 참신한 상품도 아니었지만 제너럴 펜슬의 멋들어진 본사는 세계에서 땅값 비싸기로 유명한 맨해튼의 스카이라인이 내려다보이는 곳에 자리 잡고 있었다.

제너럴 펜슬은 어떻게 이런 성공을 거두었을까? 나는 여러 달이 지나 도록 이 의문을 풀지 못하고 있었다. 연필은 궁극적으로 일용품이다. 대다 수 사람들에게 연필은 다 거기서 거기인 물건이다. 수십 년 전에 내가 뉴 욕시의 공립학교에 다니면서 사용했던 연필과 스페인의 톨레도나 우즈베 키스탄 타슈켄트의 교실에서 현재 쓰고 있을 법한 연필은 다를 것이 없다. 연필은 경제학계에서 말하는 '일물일가의 법칙', 즉 동일 상품은 같은 가 격대로 책정되어야 한다는 원칙에 딱 맞는 사례다.

게다가 연필은 그 자체로 어느 정도는 시대에 뒤진 기술이 되었다. 요즘 대부분의 사람들은 자판을 두드려 글을 쓴다. 대학교 강의실이나 고등학 교 교실에 가보면 내가 어렸을 때는 발명되지도 않았던 기기로 필기를 하 는 학생들도 많다. 그래서 생각하면 할수록 이해가 되지 않았다. 제너럴 펜슬은 어떻게 아직까지도 건재한 걸까? 어떤 식으로 그렇게 사업이 번창 한 걸까?

상당한 노력이 필요하긴 했지만 나는 마침내 이 의문의 답을 찾게 되었 다. 게다가 제너럴 펜슬의 본사 건물에서 배운 교훈은 연필 산업에만 해당 되는 것이 아니었다. 그런 의미에서 제너럴 펜슬은 21세기 경제에서 성공 하기 위한 가장 중요한 원칙을 잘 보여주는 사례다. 이 규칙은 제조업체에 해당되는 것이지만 은행가나 예술가, 교사와 대기업의 중간 관리자들도 충분히 활용할 수 있다.

원칙은 간단하다. 일용품이 되지 말라는 것이다. 다시 말해 동일한 기 량과 동일한 이력을 갖춘 다른 사람들에게 쉽게 비교당해서는 안 된다는 것을 의미한다. 이렇게 간단하게 말하기는 해도 이 원칙에 담긴 내력과 의 미는 아주 다채롭다.

이리 운하가 만든
뉴욕시의 기적

우선 일용품의 의미를 간단하게 정리를 하고 넘어가자. 일용품이란 다른 것들과 아주 동일한 상품을 말한다. 이를테면 흰쌀은 일용품이다. 철물점에서 파는 판재板材나 할인 마트에서 파는 닭가슴살도 마찬가지다. 대부분의 사람들에게 회계사도 일용품이다. 어떤 회계사든 다른 회계사와 마찬가지로 세금 문제를 잘 해결해줄 거라고 여기기 때문이다. 항공사들은 일용품이 되지 않으려고 필사적인 노력을 하지만 대부분 일용품이다.

일용품의 중요한 기준은 차별성이 없다는 것이다. 다시 말해 그 상품의 구매자는 경쟁 상품들 사이에서 품질의 차이를 느끼지 못한다. 일용품의 구매 변수는 가격과 편익이다. 대다수 사람이 상품 진열대에 놓인 비슷한 상품들 중에서 더 비싼 상품이 아닌, 더 싼 주방세제나 더 싼 판재, 더 싼 전구에 마음이 끌리기 마련이다. 그리고 일용품의 존재는 우리 경제가 지난 200년 동안 얼마나 많이 변했는지를 보여주는 증거다.

인간이 존재해 온 대부분의 시기 동안 쇼핑은 절대적 희소성 속에서 이루어졌다. 얼마 전까지만 해도 사람들은 쌀이나 판재나 의류나 전구에 대해 다양한 선택권이 없었다. 선택권은 고사하고 살 기회가 있는 것만으로도 행운이었다. 인구가 밀집된 도시에 사는 부유층이나 소수층만이 몇 가지 상품을 비교해가며 살 수 있었다. 영어에서 'commodity'(일용품)이라는 단어가 쓰인 것은 1400년대 이후부터지만 이 단어는 수백 년 동안 '가치 없는 것'이라는 단순한 의미로 사용되었다. 그러다 1842년에 이르면서 우리의 생활 전반에 혁명을 가져온 새로운 차원의 경제체계를 표현할 만한 새로운 단어가 필요해졌다.

조셉 다트 Joseph Dart 는 원래 세계를 변화시킬 의도가 없었다. 오히려 그 반대였다. 그는 더 안정적인 돈벌이 방법을 찾느라 일생의 대부분을 보냈다. 다트는 1799년에 코네티컷 강가의 작은 농가에서 태어났다. 부모님이 다트의 동생들을 줄줄이 낳았고 다트가 커가면서 그의 삶은 훨씬 더 힘들어졌다. 누이들이 시집을 못 가서 집안에는 배를 곯는 식솔들로 넘쳤다. 그러다 스무 살이 되었을 때 다트는 당시에 그가 갈 수 있던 미국 내의 지역 중에서 집에서 가장 멀리 떨어진 곳으로 떠났다. 당시에 북서 변경주 Northwest Frontier 라고 불리던 뉴욕주 버팔로였다. 버팔로는 거친 도시였다. 캐나다 북부 출신의 사람들이 사냥을 해서 얻은 야생 모피를 상인들에게 팔았고 상인들은 그 모피를 보스턴과 뉴욕 등지의 남쪽 대도시로 가져갔다.

1821년에 이곳으로 온 다트는 모자와 모피를 전문으로 파는 상점에 취직해 나중에는 사업 파트너까지 되었다. 다트는 북부 출신의 모피 사냥꾼들과 남쪽과 동쪽 출신의 상인들이 모두 비바람을 피하기 위해 품질 좋고 튼튼한 모자가 필요할 것이라고 생각했다. 하지만 모자는 그의 생각만큼 잘 팔리지 않았다. 다트는 메인가에 위치한 자신의 상점 밖에서 빈둥빈둥 보내는 시간이 많았는데 마침 그곳은 버팔로의 이리호 항구와 도시 중심지의 곡물시장 사이에 있는 통행로였다. 변두리 도시에서 으레 그렇듯이 곡물 장사는 활기를 띠지 못했다. 뉴욕주 북서부와 캐나다 온타리오주 부근의 몇 군데 안 되는 거주 지역에서 가끔씩 농부들이 노새 한두 마리에 밀 몇 부대를 싣고 어슬렁어슬렁 들어오는 것이 전부였다. 이따금씩 이리호의 멀찍이 떨어진 해변가로 톨레도나 디트로이트같이 먼 곳에서 농산물을 싣고 온 배가 들어오기도 했다. 하지만 당시에 중서부 지역에는 농부들이 거의 없었고 뉴욕주의 황무지에 자리 잡은 진흙투성이 도시까지 상품을 싣고 올 이유도 없었다.

그러던 1825년 10월 26일 버팔로에 변화의 바람을 일으키며 결국에는 미국을 넘어 전 세계를 변화시킬 만한 일이 일어났다. 10년에 가까운 공사 끝에 드디어 이리 운하가 개통된 것이다. 화강암과 산악지대를 관통하는 584킬로미터의 이 인공 운하는 당시로선 역사상 가장 위대한 공학적 쾌거로, 버팔로를 올바니, 뉴욕과 이어주고 이리호를 허드슨강과 이어주었다.

이리 운하가 개통되면서 버팔로에서 뉴욕시까지 1톤의 곡물을 운송하는 데 드는 비용이 100달러에서 10달러로 뚝 떨어졌고 운송 시간도 절반으로 단축되었다. 이제는 이리호까지 노새로 이동할 수 있는 거리에 있는 농부라면 누구든 뉴욕시와 유럽까지 빠르고 저렴하게 곡물을 운송할 수 있게 되었다. 이리 운하의 개통을 계기로 미국은 농경 마을과 도시가 단절되어 있던 가난한 나라에서 국제적 경제력을 갖춘 국가로 발돋움했다. 그 결과 10년 후에는 뉴욕시가 필라델피아를 밀어내고 국가의 경제 중심으로 올라설 수 있었다.

다트는 부진에 허덕이던 자신의 모자 상점 앞에서 일어난 모든 일들을 지켜봤다. 본인이 훗날 글로 묘사해 놓았듯이 등에 곡물을 싣고 느릿느릿 걷는 노새들이 꾸준히 늘어나는가 싶더니 어느새 너무 많아져 셀 수도 없을 지경이 되었다. 다트는 이 모든 체계가 굉장히 비효율적이라고 느꼈다.

곡물은 삼베 부대에 담긴 채 노새나 배에 실려 항구로 들어왔다. 하역 인부들은 그 부대를 한 번에 하나씩 중심 구역으로 날랐다. 이렇게 운반된 부대를 곡물 회사의 구매 대행자가 날카로운 칼로 베어내 곡물 한줌을 빼내 살펴보고 가격을 제안했다. 판매자와 구매자 사이에 옥신각신 흥정이 오간 끝에 부대가 노새가 끄는 수레에 실려 운하까지 운반되면 바지선까지는 다시 사람의 손으로 운반해야 했다. 지루하고 비용이 많이 들고 소모적인 과정이었다(게다가 아무도 모자를 사고 싶어 하지 않는 것 같아 다트로선 정말 짜증나고 당황스러운 노릇이었다).

곡물 승강기가 가져온
나비 효과

그 시대 사람들 중에 올리버 에번스Oliver Evans를 모르는 사람은 거의 없었다. 다트 역시 재기가 뛰어나고 독학으로 공학을 공부한 에번스가 고압 증기엔진을 사용해 공장을 자동화하여 밀가루 제분에 혁명을 일으켰다는 사실을 잘 알고 있었다. 당시에도 공장에서 곡물을 빻고 체질을 해서 완성 상품을 부대에 담는 등의 작업에는 이미 증기 동력을 활용하고 있었다. 하지만 에번스는 한 기계에서 다음 기계로 재료를 옮기는 데에는 사람의 손을 빌려야 하기 때문에 이 과정에서 가장 큰 비용이 발생한다는 사실을 처음으로 간파해냈다. 그리고는 재료를 옮겨주는 버킷 컨베이어(쇠사슬이나 벨트에 달린 버킷을 이용해 물체를 낮은 곳에서 높은 곳으로 운반하는 컨베이어 벨트—옮긴이) 시스템을 고안했다. 1790년에 도입된 공장 자동화로 에번스는 금세 부와 명성을 얻었다.

생각해보면 놀라운 일이지만 그때껏 에번스를 비롯해 누구도 다른 곡물을 운반하는 데 버킷 시스템을 응용할 생각을 하지 않았다. 적어도 다트가 버팔로 시민들이 모자를 사게 만들 궁리를 하며 곡물을 실은 수레들이 지나가는 모습을 지켜보다 '아하!'의 순간을 맞기 전까지는 그랬다.

다트는 이리호와 이리 운하 사이에 있는 땅을 매입한 다음 한 공학자와 협력해 어느덧 50년이 된 에번스의 버킷 시스템을 베껴 세계 최초의 자동 곡물 승강기를 만들었다. 버킷이 호수에 정박한 배에 실린 곡물을 퍼 담아 승강장치가 설치된 거대한 곡물 저장소로 날라주는 방식이었다. 이렇게 실려 올라간 곡물은 중력의 도움으로 큼지막한 목재 수직 통로를 타고 내려가 운하의 바지선으로 옮겨졌다.

다트는 곧바로 천재로 인정받지는 못했다. 신문 보도에 따르면 이 장치가 최초로 사용된 1843년 6월 12일에는 많은 사람들이 별 희한한 장치를 쓰려 한다며 다트를 비웃고 업신여겼다고 한다. 수면 위로 15미터나 올라가는 이 별난 장치로 배에 실려 들어오는 곡물을 나르는 게 가능하겠느냐며 회의적 반응을 보이기도 했다. 하지만 그 장치가 처음 사용되던 날 스쿠너(돛대가 두 개 이상인 범선―옮긴이) 필라델피아호가 엄청난 양의 곡물을 싣고 들어왔는데 다트는 곡물 승강기를 이용해 날이 어두워지기도 전에 곡물의 하역 작업을 모두 마쳤고 그 덕분에 필라델피아호는 입항한 지 얼마 되지 않아 바로 출항할 수 있었다.

버팔로의 하역 일꾼들이 아무리 열심히 일해도 하루에 5만 부셸 이상을 처리할 수 있는 다트의 곡물 승강기에는 상대도 되지 않았다. 그 결과 버팔로는 금세 전국의 곡물 중심지로 도약했다. 몇 년 전까지 버팔로에 들어오는 곡물은 연간 8,000부셸 정도였지만 곡물 승강기의 발명 이후 1년이 채 지나지 않아 연간 300만 부셸의 곡물이 실려 들어왔다.

다트의 발명은 곧바로 모방되면서 더욱 개선되었다. 10년이 지나기도 전에 톨레도, 필라델피아, 뉴욕시를 비롯해 심지어 시카고에까지 거대한 곡물 승강기가 설치되었다. 이 곡물 승강기 시스템의 등장과 동시에 운송의 발전도 가속화되어 더 많은 운하가 건설되고 철로가 전국으로 확장되었다. 미국은 순식간에 세계의 곡창지대가 되어 밀과 옥수수와 호밀 수십억 톤을 생산했고 이 곡물은 세계 어디든 가장 좋은 가격을 받을 수 있는 시장으로 운반되었다.

이렇게 막대한 곡물 수요에 자극을 받아 수백만 명의 사람들이 더 먼 미국 변경지대까지 이주했다. 미국에서 엄청난 재산을 축적한 사람들의 이야기는 고국의 환경에 불만을 품고 있던 아일랜드와 독일, 러시아와 중국의 야심만만한 사람들의 마음을 사로잡았다. 실제로 셀 수 없이 많은 사람들이 수백 년간 이어진 봉건시대와 다름없는 비참한 환경에서 근근이 연명하다 당시로선 부자로 느껴질 만한 삶을 살 수 있게 되었다. 물론 패자들도 있었다. 하역 일꾼들은 다가오는 변화를 알아보지 못했고 그들의 일감은 금세 사라지고 말았다. 하지만 많은 이들이 훨씬 더 좋은 일자리를 갖게 되었다. 많은 사람들이 곡물 승강기의 등장과 더불어 폭발적으로 늘어난 수많은 산업 분야에서 더 급여가 높고 허리를 다칠 위험이 적은 곳에 취직했다.

다가오는 변화를 알아본 사람들이 별로 없었던 것도 당연하다. 변화는 그야말로 획기적이었다. 곡물을 비롯한 여러 종류의 작물은 지난 천 년 동안 중세시대 영국의 시장이나 고대 아시리아의 실크로드 교역소 같은 곳에서 거래되어왔다. 거래 물품 하나하나가 가치에 따라 평가받으며 가격 흥정이 이루어졌다. 최상의 거래를 하기 위해 때로는 느긋하게 차나 커피를 마시기도 했고, 자리를 박차고 나가거나 흥정 중에 목청을 높이는 경우도 있었다. 때로는 싸움에 자신 있는 사람들 때문에 흥정이 질질 늘어지기도 했다. 이런 방식으로 물건을 사고파는 과정은 상거래에서 피할 수 없는 부분으로 여겨졌다.

다트가 곡물 승강기를 설치한 이후 상인들은 새로운 문제에 직면했다. 곡물이 너무 빠른 속도로 들어오다 보니 농부만이 아니라 바지선의 소유주들도 사람들과 개별적 가격 흥정을 벌이기가 버거웠다. 이 문제의 해결책은 시카고 상품거래소에서 나왔다. 거래소 상인들은 매일같이 하루종일 칼로 일부분이 절개된 곡물 부대에 둘러싸인 채 가격을 제안하고 가능한 한 빠르게 흥정해야 했다. 하지만 아무리 빨리 흥정을 해도 가격을 매기지 못한 곡물이 높이 쌓여만 갔고, 농부들은 때때로 자신이 가져온 곡물의 값을 책정받을 때까지 며칠을 기다리기도 했다. 너무나 실용적이지 못한 방식이 미국의 경제 성장을 가속화하고 있던 큰 물결을 틀어막고 있는 격이었다.

결국 일단의 상인들이 머리를 맞대고 간단한 해결책을 내놓았다. 오늘날까지도 여전히 활용되고 있는 이 해결책은 품질을 5등급으로 구분해 등급별로 가격을 책정하자는 구상이었다. 부대에 담겨 오든 바지선이나 말이 끄는 수레에 실려 오든 모든 곡물에 신속히 등급을 매겨 그에 따라 가격을 책정하기로 했다. 알이 통통하고 깨지지 않은 곡물은 최고 등급인 1등급으로, 상대적으로 알이 좀 가늘고 한 줌 쥐어봤을 때 일부 알이 깨져 있으면 2등급으로 정해졌다. 그렇게 하면 각 곡물을 상품별로 신속하게 등급을 매겨서 적절한 저장소로 옮길 수 있었다.

그에 따라 가격이 표준화되어 어떤 밀이 1등급을 받으면 다른 1등급 밀도 똑같은 가격을 받을 수 있었다. 한쪽 밀은 미네소타주에서 농부가 정성을 들여 기른 것이고 다른 밀은 캔자스주의 게으른 농부가 농사지어 가져온 밀이어도 상관없이 같은 등급의 밀은 똑같은 가격을 받았다. 등급이 매겨지는 순간 모든 곡물은 경제적 복제품이 되어 각각의 상품에 얽힌 독자적 이야기는 무의미해졌다. 이렇게 일용품이 탄생했다.

일용품화는 초기 산업화의 문제점에 대한 멋진 해결책이었고 이 과정은 기초 상품 전체로 빠르게 확산되었다. 판재와 고기, 쇠붙이와 강철 등 모든 것이 일용품화되면서 모든 제품은 정해진 품질 등급과 정해진 가격을 부여받았다. 덕분에 어마어마한 양으로 생산된 상품을 신속하고 효율적으로 거래할 수 있게 되었다.

일용품화는 재정적 안정성과 예측성도 높여주었다. 얼마 후부터 농부들은 시장에 직접 가지고 나온 현물 곡물만 사고파는 게 아니라 미래의 곡물도 팔 수 있었다. 말하자면 몇 달 후나 몇 년 후에 곡물을 넘겨주기로 미리 약속하는 것이다. 덕분에 농부들은 농사 계획을 더 잘 세울 수 있었고, 씨앗을 뿌리기 전에 그 작물을 추수했을 때 얼마쯤 벌게 될지도 예측 가능해졌다. 또 이런 식의 사전 판매 덕분에 농부들에겐 땅과 장비와 비료에 더 많이 투자할 여력도 생겼다.

일용품화가 가져다준 또 하나의 획기적 혜택은 선물 시장의 발달과 함께 진행되었다. 남북전쟁이 끝나고 10년도 안 되어 시카고 상품거래소에서는 선물 시장이 발달했다. 농부들은 앞으로 6개월이나 1년 혹은 3년 후에 곡물을 넘겨주겠다는 계약을 하고 미리 곡물을 팔 수 있었다. 덕분에 아직 심지도 않은 작물의 대금을 현금으로 받을 수 있었다. 일부 농부는 자신의 작물이 해충이나 우박으로 인한 피해를 입더라도 충분한 수확량을 확보하려는 조치로 다른 농부들에게 곡물 선물계약을 구입하기도 했다. 여러 제빵업체에서도 재료를 예측 가능한 가격으로 안정적으로 공급받기 위해 곡물 선물계약을 맺었다.

오래 지나지 않아 소고기와 돼지고기는 물론이고 거의 전 종류의 곡물에서 선물계약이 맺어졌다(이유는 모르겠으나 당시에 양파는 선물계약으로 전환되지 못한 대표적 농작물이었다). 실제로 사람들 사이에서 투기에 따른 불안정성에 대해 경고하는 말들이 끊임없이 나오고 있듯이 선물계약은 별나고 위험스럽게 여겨질 수도 있다. 하지만 지금까지 미국 농부들과 식품 제조업체들 사이에서 선물계약은 대부분 안정적으로 지켜지고 있다.

일용품화는 사업가가 적절한 계획을 세우고 뜻밖의 재난에 대비하고 좀 더 장기적으로 생각할 수 있는 기반이 된다. 이 책에서 일용품화를 오늘날의 전략으로는 부적절하다고 치부하고 있지만 일용품화가 언제나 부정적 요소였던 것은 아니다. 현대 세계의 탄생을 가져왔을 뿐만 아니라 우리가 일용품이 아닌 열정에 바탕을 둔 경제를 상상할 수 있을 만큼 부유해진 것도 모두 일용품화의 결과이다.

레드오션에도 구멍은 있다

지금까지도 뉴저지주에서 여전히 필기도구를 생산 중인 제너럴 펜슬의 출발은 유럽의 중세시대 말기까지 거슬러간다. 에드워드 바이젠본Edward Weissenborn이 독일의 소도시 라인바흐에서 태어났던 1823년에도 연필 제조는 오래된 기술이었다. 연필 제조의 장인으로 실력을 인정받아 흑연으로 연필심의 틀을 뜬 후 여기에 목재 외피를 접착제로 입히는 일을 할 수 있으려면 수년간의 견습공 생활을 거쳐야만 했다. 당시에는 지역마다 독특한 연필 스타일이 있었고 각 장인마다 독자적 기술을 갖고 있었다. 독일 남부의 연필은 비교적 짧고 땅딸막했고 영국의 연필은 모양이 길쭉하고 연필심이 두꺼운 편이었다.

바이젠본은 독일에서 청년 시절을 보내면서 세계 최초의 공장형 연필 제조사 렌바흐 리드 펜슬 컴퍼니Renbach Lead Pencil Company에 들어가서 일했다. 그 후 엔지니어링 부서에서 일을 잘하는 조수로 인정받아 흑연을 갈고 나무의 모양을 잡아 연필 완성품을 생산하는 새로운 기계의 개발 계획을 세웠다. 하지만 부유한 렌바흐 가문의 가족이 아니었던 바이젠본은 아직도 귀족제의 잔재가 남아 있는 나라에서 출세할 가망이 없다는 현실을 절감했다. 결국 총명하고 야심 있지만 불리한 출생 신분에 매어 있던 수많은 청년들처럼 바이젠본도 미국으로 건너갔다. 1860년대이던 당시에 바이젠본이 미국에서 처음으로 맡았던 작업은 남북전쟁에서 전투용으로 의뢰받은 전함 USS 모니터호의 설계와 건조를 지원하는 일이었다. 그리고 이 일로 꽤 돈을 번 덕분에 저지시티에 연필 공장을 세울 수 있었다.

당시에 연필을 자동으로 생산할 수 있는 기계를 만드는 것은 최고의 기술적 혁신으로 인정받을 만한 기적 같은 일이었다. 바이젠본은 수완을 발휘해 자신이 만든 연필을 미국에서 가장 영향력 있는 정치인들의 손에 쥐어지도록 했다. 그리고 이 정치인들을 통해 자신의 연필이 손으로 만드는 구식 연필보다 훨씬 더 일률적이고 안정적이라는 사실을 증명해 보이려 했다(이것은 19세기의 '인플루언서' 활용 마케팅이었다). 결국 에이브러햄 링컨 내각의 관료 네 명, 뉴욕 시장 그리고 뉴욕 주지사로부터 편지를 받아 그 편지를 자랑스럽게 내세울 수 있게 되었다.

바이젠본은 저렴한 비용으로 빠르게 연필을 생산해낼 수 있는 자동화 기계, 가루로 만든 흑연을 진흙 등의 첨가물과 섞어주는 대형 혼합기, 이렇게 섞인 재료를 연필심으로 구워주는 공업용 가마, 삼나무 널빤지에 흑연 연필심 끼울 홈을 파주는 기계, 이 널빤지를 육각형 모양의 연필자루로 만들어줄 기계 등을 개발했다. 제너럴 펜슬은 노란색을 주요한 색으로 채택했고 1890년대에 이르면서 노란색은 고급 연필의 보편적 상징으로 떠올랐다. 맨해튼이 내려다보이는 언덕에 위치한 제너럴 펜슬은 한동안 세계에서 가장 규모가 크고 앞서 나가는 연필 공장으로 자리 잡았다.

제너럴 펜슬이 바이젠본의 아들에 이어 손자에게까지 상속되는 사이에 미국 경제에도 변화가 일어났다. 대대적 규모의 일괄처리가 발전하면서 규모의 경제에 들어선 것이다. 1910년대에는 컨베이어 벨트에 힘입어 자동차같이 고도의 복잡성을 띠는 기계도 생산 처리량이 대폭 늘어났다. 1920년대에는 중간 관리자가 등장하고 위계질서가 암묵적으로 용인되면서 본격적인 현대 기업이 출현했다. 10년 간격으로 비행기, 트럭, 고속도로망, 컴퓨터, 새로운 화학물질, 플라스틱 등의 대진전이 일어났다.

그와 동시에 하루가 멀다 하고 소소한 진전이 일어나기도 했다. 이런 비약적 기술 발전으로 미국 경제는 갈수록 생산력이 높아졌다. 일하는 시간을 1시간 늘릴 때마다 생산량이 훨씬 많아졌다. 20세기 내내 기업들은 빠른 속도로 성장하면서 막대한 수의 노동자가 필요했고 그에 따라 인력 유치를 위한 임금 인상 경쟁이 일어났다. 노동자들은 더 많은 돈을 벌면서 더 많은 물건을 사고, 그 결과 기업들이 더 호황을 누리면서 임금을 더 인상해주는 식의 선순환이 계속되었다.

상당수 미국인에게 20세기는 황금기였다. 기업들은 더 저렴하게 물건을 만들면서 더 성장하고 더 부유해졌다. 미국인의 평균 구매력이 치솟으며 사람들의 생활수준이 향상되기도 했다. 문맹률이 낮아지고 이전 시대보다 학교 교육을 더 오래 받으면서 더 많은 연필이 필요해졌다. 20세기로 전환기되던 시기만 해도 미국의 고등학교 진학률은 10퍼센트에도 못 미쳤던 반면 1950년대에는 거의 모두가 고등학교에 진학했다.

이런 추세에 따라 연필에 대한 수요가 어마어마하게 증가했다. 뉴저지주 한 곳에서만 1900년에 몇 천 명에 불과하던 학생 수가 2000년에는 100만 명으로 늘었다. 이 어린 학생 모두가 연필을 사용했다. 제너럴 펜슬은 여러 교육구로부터 워낙 많은 양의 주문이 쏟아져 들어오면서 더 이상 혁신을 추진할 필요성을 느끼지 못했다.

그때까지 미국의 연필 사업은 경제학계에서 이른바 성숙 사업으로 일컫는 상태에 접어들어 있었다. 즉, 수십 개 미국 제조업체의 시장 점유율이 고정된 아주 안정적인 상태였다. 연필은 가격이 아주 싼 상품이었기 때문에 먼 지역까지 운송해서 판매하는 것은 경제성이 없었고 소비자들로서도 한푼이라도 아끼려고 공급업체들을 옥죌 필요성이 없었다.

바이젠본은 1890년대까지 회사를 운영했고 이후엔 아들 중 한 명인 오스카가 물려받아 1927년까지 회사를 책임지다가 오스카 주니어에게 경영권을 넘겨주었다. 1979년에 제너럴 펜슬의 4세대 경영주 짐이 회사를 맡아 증조부가 창립했던 당시와 별다르지 않은 방식으로 사업을 운영하고 있었다. 제너럴 펜슬은 직원이 50명을 넘은 적이 없었다. 지하 작업실에서는 1875년에 구입한 흑연 혼합기가 여전히 분당 60회의 회전속도로 작업 시간 내내 돌아갔다. 이 혼합기는 1904년에 설치한 가죽 띠에 연결되어 돌아가는데 이 가죽 띠는 제1차 세계대전 중 언젠가 구입한 구식 디젤 모터로 작동되었다. 기술과 속도는 제너럴 펜슬에서 더 이상 중요한 성공 요소가 아니었다. 여러 교육구와 장기간 쌓아온 돈독한 관계가 매달 수십만 자루의 연필 주문을 받아내기 위한 중요한 경쟁 수단이었다.

이렇게 활기 없이 느슨하던 세계가 뒤집힌 것은 1990년대에 새로운 격변이 닥치면서부터였다. 그 무렵 뉴어크 항구 인근으로 배들이 중국산 연필이 그득그득 담긴 대형 컨테이너 여러 대를 싣고 들어왔다. 중국산 연필은 외관상으로 제너럴 펜슬의 연필과 똑같았다. 노란색에 2B 흑연심이 끼워져 있었고 끝에 철제 테를 두른 고무 지우개가 달린 것까지 똑같았다. 하지만 한 가지 큰 차이점이 있었는데 가격이 제너럴 펜슬의 연필 가격의 몇 분의 1에 불과하다는 것이었다. 공립학교에서는 중국산을 구입하면 12다스(144자루)를 1달러 50센트에 살 수 있었다. 제너럴 펜슬의 연필이 1다스에 1달러 50센터 정도 하던 것과 크게 비교되었다.

짐 바이젠본은 100년에 걸쳐 쌓여온 전국 교육구들과의 관계를 순식간에 잃고 말았다. 키어니 교육구가 가장 먼저 전화를 걸어와 미안하지만 제너럴 펜슬의 연필을 계속 구매하지 못하게 되었다고 알렸다. 중국산의 저가 연필을 구입해 절약한 돈으로 아이들의 교육에 더 많은 지출을 할 수 있겠다는 판단에 따른 결정이라고 했다. 그 뒤에 트렌턴 교육구와 애스버리 파크 교육구에서도 전화가 걸려왔다. 얼마 후에는 교육구들이 전화조차 하지 않고 그냥 주문을 끊어 버렸다. 가장 큰 타격은 조지시티의 교육구가 주문을 취소한 것이었다. 조지시티는 제너럴 펜슬의 본거지이자 짐 바이젠본의 부모님과 자식들, 그리고 거의 모든 직원이 다녔던 학교들의 교육구라 그만큼 의미도 남달랐다.

필기구제조업협회의 회보에 실린 뉴스를 살펴봤더니 전국에서 똑같은 현상이 벌어지고 있었다. 미국의 대표 연필 제조업체인 딕슨 타이콘데로가Dixon Ticonderoga는 모든 문제의 원흉인 중국과 멕시코로 대부분의 사업

시설을 이전해 버렸다. 짐의 판단으로는 제너럴 펜슬도 그런 결말을 맞을 것 같았다.

짐은 전부터 쭉 자신이 제너럴 펜슬을 운영하는 마지막 가족이 될 거라고 생각해왔다. 딸 케이티가 어렸을 때부터 공장에 놀러 오길 좋아해 가마에서 나와 아직 뜨끈뜨끈한 숯을 쥐어보며 신기해했지만 나이를 먹으면서 사업에 관심이 시들해지는 눈치였다. 대학에 다닐 때는 기계를 돌려 한 푼이라도 더 쥐어짜내는 방법이나 시간당 연필 생산량을 8퍼센트까지 늘리는 방법 따위를 궁리하는 일에는 관심이 없다고 털어놓기도 했다. 그런데 그 뒤에 케이티는 마케팅 회의 자리에 같이 앉아 있다가 제너럴 펜슬의 이야기를 그림으로 그려 소매상인들과 소비자들에게 잘 전달할 방법을 생각하면서 살고 싶다는 자신의 열망을 깨닫게 되었다.

케이티는 어느 날 미술용품을 사러 갔다가 그 가게에는 싸구려 연필밖에 없다는 것을 알게 되었다. 12자루에 1달러짜리 중국산 연필뿐이었는데 그런 연필을 보고 있는 것이 싫었다. 그런 연필 때문에 가족의 사업이 어려워지기도 했지만 흑연에 수준 이하의 재료를 섞어 넣어 심이 약하고 흑심이 일직선이 되지도 않았다. 또 베트남산의 싸구려 목재로 만들어 더 쉽게 부스러졌고 그런 연필 때문에 아이들의 그림에 열의가 꺼질까 봐 걱정도 되었다. 둘러보니 중국산 연필 이외에 유일한 대안은 독일에서 과학적으로 설계된 전문가용 드로잉 연필뿐이었는데 가격이 한 자루에 2달러가 넘었다.

그 순간 케이티는 미국 연필 시장의 큰 구멍을 발견해냈다는 느낌을 받았다. 단단하고 신뢰성 있는 품질의 드로잉 기구를 필요로 하는 사람이 자신 하나뿐일 리가 없었다. 중국산과 독일산의 두 극단적 선택 사이 중간

쯤에 위치할 만한 연필을 필요로 하는 사람들이 또 있을 것 같았다. 그리고 부모들은 아이들을 위해 맞춤 생산된 연필이 나오면 가격이 비싸도 기꺼이 지갑을 열 것 같았다. 케이티는 아버지에게 전화를 걸어 가업을 구제해줄 만한 아이디어가 생각났다고 말했다.

케이티는 마침내 자신의 수업을 바탕으로 한 드로잉 지침서와 드로잉 용품으로 구성된 세트 상품을 제작했다. 여자아이들에게 조랑말과 나비를 그리는 요령을 가르쳐주기 위한 세트 상품, 소방차와 비행기를 그리고 싶어 하는 남자아이들을 위한 세트 상품 등이었다(하지만 케이티는 언제나 남자아이가 나비 그림 세트를 집거나 여자아이가 소방차를 스케치하며 좋아하는 모습을 볼 때 가장 흐뭇했다). 색연필로 구성된 세트, 더 야심찬 목표를 갖고 기량을 키우고 싶어 하는 고등학생용의 목탄 연필 세트도 있었다. 세트 상품의 대다수에는 노란색의 '제너럴 펜슬 세미-헥스 No. 2'가 포함되었다.

케이티가 공략 고객층에 맞춰 기획한 세트 상품들은 경쟁을 할 필요가 없었다. 중국에서 생산한 연필을 컨테이너로 운송해 오는 기업들은 그런 틈새시장에 신경 쓰기에는 너무 규모가 컸다. 그들은 여전히 일용품의 판매에 만족하고 있었다. 독일 기업들은 전문가용 연필의 명성을 유지해야 해서 아이들에게 초점을 맞추다가 브랜드 이미지가 희석되는 것을 꺼렸다. 이것이 케이티가 연필 가격을 개당 1달러로 책정할 수 있었던 이유였다. 아이들을 위해 제너럴 펜슬 세트를 구입하는 부모들은 아이들에게 맞추어 설계된 상품을 사주려 하기 때문에 가격이 높아도 기꺼이 돈을 지불했다.

연필 한 자루에도
특별한 가치를 담아라

　　나는 급변하는 세계 경제 속에서 성공하기 위한 최선의 방법을 묻는 질문에 받을 때마다 '연필업계에 닥친 시험'을 떠올리게 된다. 단순한 2B 연필만큼 일용품화되고 쉽게 복제 가능한 상품도 없다. 하지만 제너럴 펜슬은 일용품 경쟁에서 빠져나올 수 있었다. 명백한 필요성을 가진 특정 고객층을 찾아내 그 고객층의 필요성을 철저히 충족시킴으로써 성공을 거둬 수익을 낼 수 있었다. 미국의 거의 모든 기업과 직장인은 이런저런 면에서 연필업계에 닥친 시험과 같은 상황에 놓여 있다. 이런 상황 속에서 어떤 기업과 직장인은 일용품으로 머물러 있기도 하고, 어떤 기업과 직장인은 특정 대상을 위해 일용품들은 해줄 수 없는 부가가치를 창출하기도 한다.

　　일용품 사업에서 선두주자가 되면 수익은 확실히 보장된다. 하지만 일용품은 수익이 너무 적어서 기업들의 입장에서는 일용품으로 수익을 얻으려면 대량 판매를 해야 한다. 월마트 모델이 바로 이런 식이다. 월마트는 비용을 철저하고 가차없이 삭감하고 가능한 한 빠르게 시장을 확장해서 수익을 내는 구조다. 이런 모델로는 대기업조차도 돈을 벌기 쉽지 않다. 예전에는 일용품 사업에서의 경쟁을 막기 위해 지리적 장벽이 사용되었다. 그리고 기술 발전의 속도가 더뎌지면서 일용품 사업에도 빈번한 변화가 일어나지 않았다. 하지만 현재는 주요 일용품 사업 전반에 걸쳐 사실상 지리적 장벽이 사라지고 있다.

　　이제 일용품은 빠르고 저렴한 가격으로 전 세계에 유통되고 있다. 또한 현재는 기술 변화가 급격하게 일어나면서 일용품 사업도 빠르게 변화하고 있다. 이제 일용품 사업에서 경쟁하기 위해서는 수십 억 달러, 최첨단 기술 개발, 전 세계적 무역망을 갖추어야 한다. 대다수 사람들은 이런 자원을 갖추고 있지 않다. 따라서 일용품 게임에서 완전히 탈피해야 한다. 그 가격을 기꺼이 지불할 특정 고객을 공략해 일용품 가격에 가치를 더 부여할 방법을 찾아야 한다.

그러려면 배짱이 필요할 수도 있다. 몇 년 전에 케이티는 짐에게 월마트에 물건을 그만 팔아야 한다는 견해를 밝혔다. 그런 대규모 소매업체는 끊임없이 가격 인하를 요구할 것이기 때문이었다. 월마트는 제너럴 펜슬의 판매에서 큰 비중을 차지하는 고객이었다. 케이티는 박리다매 전략을 버리고 비일용품 기반의 가격 책정 전략으로 갈아타면서 장기적으로 더 많은 돈을 벌 수 있을 것이라며 안심시켰다. 이 말은 1년도 채 지나지 않아 현실이 되었다.

제너럴 펜슬의 현 사장인 케이티는 자라면서 절대 가족 회사에서 일하지 않겠다고 단단히 마음먹었다. 물론 아동용 세트 상품을 개발하는 과정을 즐겼고 공장의 방문을 언제나 즐거워하기긴 했지만 케이티는 실업가보다는 예술가에 훨씬 더 가까웠다. 케이티의 열정에 불을 붙여준 원동력은 자연을 그리는 것이었지, 스프레드시트를 들여다보고 흑연 가격의 인상과 중서부 지역의 유통망 문제의 해결을 위해 고심하는 것이 아니었다. 그런 방면은 아버지의 분야였고 케이티는 자신은 절대로 그런 일에 열정을 느끼지 못할 거라고 생각했다.

하지만 연필 세트 상품을 개발하며 아버지와 함께 일하는 사이에 케이티는 자신이 질색하는 줄로 여겼던 몇 가지 일에 매력을 느끼게 되었다. 알고 보니 유통은 그저 따분한 회사 경영 용어가 아니라 아이들과 화가들의 손에 연필을 쥐어줄 수 있는 방법이었다. 재정 문제 역시 따분해 죽을 만한 스프레드시트를 의미하는 게 아니라 케이티 자신이 실행하고 싶은 실험과 관련해서 더 나은 결정을 내리게 해주는 언어였다. 다양한 세트 상품을 착상하고 어떤 상품이 시장을 잘 개척했는지 평가할 때 지침이 되어주기도 했다.

앞으로 자신이 유통과 재정을 핵심적 활동으로 삼는 일은 없을 테지만 사업도 예술만큼 즐겁고 창의적일 수 있음을 깨달았다. 아니, 예술만큼은 못 해도 애쓸 가치가 있을 만큼은 된다. 아버지인 짐이 나이가 들면서 하루하루 연필 사업을 운영하는 것을 버거워하자 케이티는 사업을 인계받고 싶어 하는 자신의 마음을 깨달으며 본인도 놀랐다. 살면서 이처럼 신난 적은 없었다.

제10장

허쉬도 놀란 열정으로 탄생한
100% 유기농 초콜릿 바

시장의 판도를 바꾸는 아주 작은 힌트들은 어디서 얻는가?

빠르게 변화하는 고객의 입맛을 사로잡아

짜릿한 성공을 맛본 오쵸 캔디의 이야기에서

사업의 확신을 심어주는 힌트를 어떻게 찾았는지 알아보자.

내가 보고 있던 동영상 속에서 데니스 링Denis Ring이라는 이름의 남자가 쭉 늘어나고 크림이 듬뿍 들어간 캐러멜의 묘미에 대해 이야기하고 있었다. 먹을 때 손가락이 찐득거리는 설탕, 캐러멜 처리된 버터, 묵직한 크림의 범벅이 입 안을 덮는 그런 캐러멜에 대한 이야기였다. 얼굴에 미소를 머금고 차분하지만 열정적으로 말을 이어가는 링을 지켜보며 나는 그가 단지 자신의 초콜릿 바 회사를 광고하는 것이 아니라 마음 깊은 곳에서 우러나오는 진심을 표현한 것이라는 생각이 들었다. 결국 나는 특히 초콜릿 캐러멜 바에 주력하는 오초 캔디OCHO Candy의 창립자 링에게 전화를 걸었고 그와 얘기를 나누며 그 진심의 깊이를 느끼게 되었다.

오초 캔디는 작지만 빠르게 성장 중인 캘리포니아주 오클랜드 소재의 초콜릿 바 제조사다. 작고 마른 체격을 가진 예순세 살의 링은 자신보다 나이가 적은 친구인 스콧 쿠키렉Scott Kucirek과 같이 이 회사를 세웠다. 두 사람의 파트너십이 얼마나 잘 맞는지는 한눈에도 드러난다. 링은 온화하고 차분한 성격으로 회사의 정신적 지주 역할을 맡고 있다. 반면에 쿠키렉은 행동자 역할을 담당해 작업 감독, 직원의 관리, 계산 처리를 비롯해 사람들이 간단한 간식을 원할 만한 곳 어디에서든 오초 캔디 제품이 판매될 수 있게 챙기는 전반적 활동을 모두 담당하고 있다.

특별한 신앙심에서 발견한
사업에 대한 열정

역사적으로 볼 때 오초 캔디가 좀 더 일찍 설립되었다면 지금의 오초 캔디는 존재하지 않았을 것이다. 이전까지만 해도 링이 품은 열정만으로 미국 전역의 진열대에 오초 캔디의 상품이 놓이기에는 적절한 기술적 노하우, 기계류, 금융 수단, 공급망 구조가 갖추어져 있지 않았다. 예나 지금이나 특별한 맛의 캔디나 초콜릿을 꿈꾸는 사람들은 있었고 이들 중 상당수는 현지의 소수 열광자들에게만 자신의 상품을 팔 수 있었다. 스니커즈Snickers, 트윅스Twix, 앰앤앰즈M&M's, 리세스 피넛버터 컵Reese's Peanut Butter Cup 같이 전국이나 세계로 뻗어나간 상품은 모두 개인의 독자적 열정으로 탄생한 것이 아니었다. 이 제품들은 빠르고 저렴하게 대량 생산되도록 설계된 산업 상품이었다. (물론 아주 맛이 있긴 하지만) 스니커즈를 맛볼 때 당신은 산업화의 맛을 보는 셈이다.

말하자면 스니커즈는 원재료의 비용과 구매 용이성, 고가공 식품의 화학 반응, 상품을 기계로 대량 생산하기 위한 물리적 요건, 세계적 공급망 구축 등에 따른 일련의 타협을 거치며 탄생한 맛이다. 반면 (훨씬 더 맛 좋은) 오초 캐러멜 앤 피넛 바Caramel & Peanut bar를 맛본다는 것은 한 사람의 평생에 걸친 열정적 탐구가 물리적으로 구현된 맛을 체험하는 것이다.

어린 시절 링은 1970년경에 미국에서 살았던 전형적인 아일랜드계 미국인 십대였다고 한다. 링은 샌프란시스코 동부에서 자랐지만 샌프란시스코 바로 너머에서 일어나고 있던 사회적 변혁은 거의 의식하지 못했다. 링의 가족이 신앙심이 투철하거나 상당히 보수적이어서가 아니었다. 단지 바로 옆에서 벌어지는 프리섹스와 마약이 어우러진 광란의 분위기에 젖어들기보다는 중서부 소도시 지역 사람들과 더 비슷한 성향이었기 때문이다.

링의 아버지는 변호사였고 어머니는 전업주부였다. 링은 특별히 잘하진 않았지만 스포츠를 즐기는 무난하고 평범한 학생이었다. 링의 가족은 일요일마다 교회에 갔고 예배를 보고 온 뒤엔 주말 내내 신앙에 대한 생각은 일체 하지 않았다. 그래도 지난 수십 년을 뒤돌아보면 자신이 미래에 걸게 될 삶의 여정을 암시해주는 순간이 있었던 것 같다고 한다. 집 뒤쪽으로 나가 잔잔히 흘러가는 개울물을 지켜보며 보내던 그런 순간이었다. 그렇게 개울물을 보고 있자면 때때로 교회 예배 중에 들었던 기도를 암송하게 되었다.

1974년에 링은 샌프란시스코에서 남동쪽으로 한 시간 거리에 있는 예수회 학교인 산타클라라 대학교에 들어갔다. 대학에 들어가서 보니 학생들은 광란의 시간을 보내고 있었다. 이때쯤 반체제 문화는 이념적·정신적 패기를 잃은 채 육체의 쾌락에 빠져들고 있었다. 링은 자신이 뭔가 심오한 것에 열정을 느끼며 진실을 갈망하는 영혼의 소유자라는 사실을 차츰 깨달았다.

그 대학교의 교수들은 대부분 예수회 수사였다. 순결, 청빈, 교회에 대한 순종을 서약한 수사들이라 링 주변의 학생들과는 정반대의 가치관을 갖고 있었다. 하지만 교수들 대다수가 마음 깊이 행복을 느끼는 것 같아 보였다. 그들은 조용하고 사색적이었다. 연구나 기도를 통해 깨달은 지적 혹은 영적인 통찰에 관한 이야기를 할 때 가장 활기를 띠었다.

링은 예수회식의 가톨릭 신앙이 자신이 자라면서 보아 온 신앙과 크게 다르다는 것을 깨달았다. 어린 시절에 다녔던 교회는 일방적인 경험을 하는 느낌이었다. 예배는 까마득히 오래전 사람들의 구상에 따라 미리 만들어진 하나의 패키지를 그냥 수동적으로 받아들이도록 강요하는 것만 같았다. 하지만 예수회에서는 마음 깊은 곳에서 느끼는 진실된 행복의 근원을 하느님의 사랑으로 여기며, 사람의 일생을 그런 행복의 근원을 끊임없이 발견해가는 여정으로 바라봤다.

링은 대학을 졸업할 무렵 평생을 영적 수행을 통해 하느님의 사랑을 포용하며 헌신하기로 마음먹었다. 예수회 수사가 되기로 한 것이다. 그러려면 다른 예수회 수사들과 함께 지내며 예수회에서 요구하는 서약을 기꺼이 수용해야 했다. 그런데 그 절차가 간단하지 않다.

예수회에서는 수련 수사가 되려면 일련의 심리 검사와 심층적인 영적 대화를 거쳐야 한다. 이는 진정으로 준비된 사람만을 수사 생활에 받아들이기 위한 방법이다. 링은 예수회 수사로서 자질을 타고난 사람이었다. 그는 모든 예수회 수사가 그러듯 동이 트기 한참 전에 일어나 가장 먼저 묵상 기도를 드리는 것으로 하루를 시작했다. 그런 후엔 동료 수사들과 한자리에 모여 아침을 먹었고, 별일이 없으면 식사 후에 그동안 읽거나 생각하거나 기도드린 내용에 대해 폭넓은 토론을 벌였다. 그 시절의 동료 수사들 중에는 전문가에 버금가는 제빵 실력과 요리 실력을 갖추고 건강에 좋고 맛 좋은 식사를 준비해 식탁에서 함께 먹는 것을 하느님의 사랑과 영적으로 유대되는 데 중요한 요소로 여기는 이들도 있었는데, 링은 그들에게서 깊은 인상을 받기도 했다.

예수회 수사들은 세상 속에서 살아가며 대중에게 직접적인 도움을 주는 일을 가치 있는 일로 여겼다. 실제로 링은 수련 수사 시절에 병원에서 허드렛일을 거들어주었고, 노숙자들을 위해 음식 봉사를 하고 이후엔 예수회 고등학교에서 학생들을 가르치기도 했다. 또 정식 수사가 되려면 상위 학위를 따야 해서 뉴욕시 소재의 예수회 학교인 포드햄 대학교에 들어가 철학 석사학위를 받기도 했다.

예수회 수사는 누구든 교회에 헌신적으로 순종하는 삶을 살며 정해진 규칙을 지켜야 하지만, 예수회에서는 모든 수사에게 저마다의 고유한 영적 여정을 찾도록 권하기도 했다. 링은 대학원 생활 중에 음식이 자신의 종교적 여정에 중심 요소인 것 같다는 믿음을 갖게 되었다. 가장 소중한 시절이 언제인지 생각할 때면 언제나 예수회 수련 수사들과 정겹게 식사하던 때가 떠올랐다. 그러다 어느새 맛 좋고 건강에 좋은 음식을 하느님과의 직접적 유대의 통로로 생각하게 되었다.

음식이란 말 그대로 하느님의 자애로운 피창조물을 몸 안으로 받아들이는 것이며 식사는 하느님의 사랑에 마음을 여는 기회이기도 했다. 접시에 담긴 음식이 무엇이든 가리지 않고 먹다 보면 적당한 설탕이나 소금 간에 순간의 전율을 느낄 수도 있었다. 이렇게 음식에 대한 관심을 키우는 사이에 또 하나의 열정이 깨어나면서 링은 사업의 영성과 윤리에 대해서도 흥미를 갖게 되었다.

링은 사업이 영적 연관성이 아예 없는 것으로 치부된다는 생각을 자주 했다. 하지만 사업은 우리의 삶을 지배한다. 우리는 사업체에서 일하기도 하고 다른 사업체의 물건을 사면서 한 사업체에서 번 돈을 쓰기도 한다. 링은 사무실이나 상점에 들어갈 때는 영적 자아를 버렸다가 그곳을 나오면 다시 영적 자아를 장착한다는 식의 사고방식이 불합리하게 여겨졌다.

그러던 차에 멘토이자 심리학 박사학위 소지자인 한 예수회 수사가 경영대학원에 들어가는 게 어떻겠느냐고 권했다. 기업의 실질적인 작동 원리에 무지한 수사는 무슨 말을 해도 신뢰를 얻지 못할 테고 그러면 사업가들에게 어떤 영향도 미치지 못할 것이기 때문이다. 링은 그 수사의 생각에 동의했고 바로 예일대 경영대학원에 지원했다. 그곳에서 사업에 대해 많은 것을 배웠고 그 덕분에 로스앤젤레스 소재의 예수회 대학교 로욜라 메리마운트에서 경영학 대학 과정을 가르치게 되었다. 당시에 링은 스물아홉 살이었고 예수회의 방식에 대한 영적 헌신 의지가 그 어느 때보다 강했다. 그런데 막상 수사가 되기 위한 성직 서임 과정을 시작하려니 망설여졌다. 아무래도 자신이 없었다. 결혼해서 자식들을 갖고 싶은 마음도 생겨났다.

링은 예수회를 떠났고 성인이 되어 알게 된 모든 것, 모든 벗, 살던 집, 심지어 행복의 근원으로 삼은 음식마저도 버렸다. "저는 7년 동안 청빈의 서약에 따라 살았어요. 자동차도 양복도 침대도 아파트도 없었어요. 가진 돈도 없었죠. 아무것도 없는 맨손이었어요." 링은 경영대학원에서 알고 지내던 친구에게 전화를 걸었고 그 친구가 사업가인 아버지에게 전화를 걸어 추천을 해준 덕분에 그 아버지의 회사에 입사해 대형 통신회사의 '전략' 업무를 맡았다.

링은 그로부터 3년이 지나지 않아 결혼해서 집을 샀고 바로 자식을 낳았다. 그동안에도 혼자 기도를 하고, 예수회 친구들과 함께 시간을 보내고, 여러 예수회 단체의 이사회 활동을 하면서 영적 수행을 이어갔다. 하지만 여러 면에서 한때 간절히 피하고 싶었던 삶을 살고 있었다. 딱히 관심도 없는 업계에 종사하며 영적 생활과 완전히 동떨어진 일을 하고 있었다. 결국 링은 음식과 관련된 일을 하기 위해 통신업계 일을 그만두기로 마음먹었다. 많은 돈을 벌 기회를 포기하는 셈이었지만 열정을 따라야 한다는 확신이 들었다.

건강에 좋고 맛있는 초콜릿 바를 꿈꾸다

링은 1990년대 초에 마트를 몇 곳 옮겨다니며 일을 하다가 홀푸드 마켓Whole Foods Market(인공 첨가제가 포함되지 않은 유기농 식품을 전문적으로 판매하는 미국의 슈퍼마켓 체인점 — 옮긴이)에 자리를 잡았다. 당시만 해도 홀푸드 마켓은 캘리포니아 지역에만 영업망을 갖추고 있는 신생의 소규모 체인점이었다. 링은 맛 좋고 건강에 좋은 자연식품을 다양하게 공급하는 홀푸드 마켓이 아주 마음에 들었다. 홀푸드 마켓은 상품의 배치에서도 전형적인 산업형 마트에 비해 음식을 더 애정 있게 대하는 태도가 드러났다. 하지만 사람들 사이에서 '홀 페이체크'Whole Paycheck('페이체크'Paycheck는 월급을 뜻하는 말로, 홀푸드 마켓에서 장을 보면 비용이 많이 든다는 의미임 — 옮긴이)로 통할 만큼 가격이 비싸서 대부분의 사람들이 그곳에서 장을 볼 엄두를 내지 못했다. 그런 면에서 홀푸드 마켓도 다른 기업과 크게 다르지 않은 듯했다.

그러다 우연한 기회에 홀푸드 마켓의 창립자 존 맥키John Mackey의 지인과 친구가 되었고, 얼마 뒤에는 그 친구의 사무실에서 맥키에게 자신의 견해를 밝힐 기회를 갖게 되었다. 맥키는 링의 의견을 물었다. "당신이라면 홀푸드 마켓을 어떤 식으로 차별화할 건가요?" 링은 자신이라면 여러 마트에서 대폭 할인된 가격으로 팔리는 노브랜드 제품처럼 홀푸드 마켓의 자체 상품 브랜드를 만들겠다고 대답했다. 맥키는 링에게 생각대로 추진해보라고 말했고 이렇게 링은 홀푸드 마켓 365의 창립자이자 공동소유주가 되었다. 홀푸드 마켓 365는 전 상품을 천연 재료를 써서 가공 처리를 최소화하고 착한 가격대의 상품으로 구성했다.

링은 처음 5년 동안 소규모 팀과 함께 홀푸드 마켓 365를 운영하며 식품 사업에 대해 아주 많은 것을 알아갔고 새롭게 부상하고 있는 트렌드 하나에 주목했다. 유기농 브랜드 여러 곳이 인상적인 사업을 벌이고 있었다. 하지만 이 사업 분야에서는 한 가지 매우 주의해야 할 점이 있었다. 정말로 맛이 있어야 한다는 것이었다.

1970년대와 1980년대에 등장했던 대안적 천연식품은 먹는 재미도 맛도 없어서 시장에서 많이 판매되지 못했다. 하지만 1990년대 말부터 2000년대 초의 유기농 식품은 아주 좋은 반응을 얻었다. 어니스트 티 Honest Tea, 에이미스Amy's의 냉동식품, 애니스Annie's의 마카로니와 치즈와 유기농 아이스크림, 밥스 레드밀Bob's Red Mill의 상품들은 꽤 많이 판매되었을 뿐만 아니라 기존의 전통 브랜드들보다 수익성이 더 높고 성장 속도도 빨랐다.

이것은 놀랄 일도 아니었다. 피앤지P&G, 유니레버Unilever, 퀘이커 오츠Quaker Oats, 켈로그Kellogg 등에서 생산하는 익숙한 이름의 전통 브랜드들은 모두 성숙산업에 속했다. 폭발적 성장기를 지나 이제는 시장 점유율에서 작은 변화를 놓고 경쟁을 벌이고 있다. 수백만 명의 사람들이 자신이 이전까지는 치리오스Cheerios 시리얼이나 립톤 티 같은 제품을 좋아하는 줄 모르고 있다가 갑자기 찾게 될 가능성은 희박했다. 이런 브랜드는 매장의 진열 공간을 서로 차지하기 위해 쟁탈전을 벌이고 이미 포화된 시장에서 점유율을 높이기 위한 광고 메시지를 궁리하면서 뚜렷한 승자가 없는 장기전을 벌이고 있다.

반면 신생 브랜드, 그중에서도 특히 익숙한 식품에 파격적일 만큼 새로운 방식으로 접근한 신생 브랜드는 엄청난 성장을 이룰 가능성이 있었다. 유기농 상품일수록 성장 가능성이 더 높았다. 실제로 불과 몇 년 사이에 부유한 부모들을 중심으로 한 많은 구매자들이 기존 식품 브랜드에서 화학 첨가물을 줄인 상품으로 옮겨갔다. 유기농 상품 부문은 성장과 높은 수익을 올릴 수 있는 가능성이 활짝 열려 있었다. 또한 창업가들에게 최적의 영역이기도 했다. 그 규모가 돈벌이가 될 정도는 되었지만 거대 기업들이 (적어도 초반까지는) 주력 사업으로 삼을 만큼 크지는 않았다.

링은 가족과 함께 해변으로 휴가를 떠났던 어느 여름을 아직도 잊지 못한다. 당시에 링은 찌는 듯한 기온이 최고점을 찍으면 아이들을 데리고 아이스크림 노점에 가서 얼린 스니커즈 바를 사주곤 했다. 그 휴가지에서도 아이들과 함께 스니커즈 바를 먹으며 포장지를 읽다가 고가공 재료들의 목록을 보고는 터져 나오는 비명을 참지 못했다. 이 많은 인공 향료와 부분 경화 콩기름(건강에 가장 안 좋은 성분인 트랜스 지방이 함유된 경화유)가 왜 들어가 있는 거야? 그 뜨거운 모래사장에서 링은 언젠가 누군가가 스니커즈 바를 대체할 만한 유기농 상품으로 맛도 더 좋고 건강에 좋은 성분도 더 많이 쓴 제품을 내놓아 날개 돋친 듯 팔리게 될 거라고 공언했다. 그

때는 그 누군가가 자신이 될 줄은 생각도 못했다(이후에 스니커즈는 제품에 트랜스 지방 사용을 중단했다).

허쉬 vs. 마스 초콜릿,
유통망이 승부를 가르다

이쯤에서 잠시 스니커즈 바와 유사한 제품인 트윅스, 네슬레 크런치, 청키Chunky, 찰스턴츄, 요크 페퍼민트 패티York Peppermint Pattie, 히스 바Heath bar, 킷캣KitKat, 리세스 피넛버터 컵, 아몬드 조이Almond Joy 등을 살펴보자. 워낙 인기가 많아 우리 삶의 일부분이 되어버린 초콜릿 바는 비교적 새로운 상품이자 규격품 경제의 일부분이다. 스니커즈 바는 1930년에 두 곳의 거대한 산업형 기업인 허쉬와 마스 간에 벌어진 경쟁에서 탄생했다. 초반에 시장을 제압하고 있던 허쉬는 전 세계에서 가장 낮은 가격으로 초콜릿을 사들여서 빠르고 저렴한 방법으로 초콜릿 바로 만들어줄 기계를 개발하는 방면에서 이미 고수였다.

한편 미네소타주에서는 야심만만하지만 아직까지 생각만큼 성공을 거두지 못하고 있던 마스 부자가 허쉬를 부러운 시선으로 지켜보고 있었다(마스 부자는 훗날 갈라져서 아버지와 아들이 서로 다른 회사를 운영하며 치열한 경쟁을 벌이게 된다). 아버지인 프랭크 마스Frank Mars와 아들인 포레스트 마스Forrest Mars는 소규모의 초콜릿 캔디 제조사를 운영하고 있었다. 마스 부자가 운영하는 공장에서는 북유럽 출신의 이민자이자 농부의 아내인 여성들이 기다란 생산 라인에서 다양한 종류의 작은 초콜릿 캔디 제품들을 만들었고, 그 제품들은 공장에서 가까운 거리에 있는 상점에서 1온스(28

그램) 단위로 판매되었다. 마스 부자는 이 정도로는 성에 차지 않았다. 그들은 허쉬만큼 회사를 키우고 싶어 했다. 아니, 그보다 더 크게 기업을 키워 미국에 이어 전 세계 시장에서 인정받는 초콜릿 캔디 제조사가 되고 싶어 했다.

참신한 구상을 내놓은 사람은 아들인 포레스트였다. 포레스트는 손으로 작업하는 기존의 초콜릿 캔디의 생산 과정이 너무 느리고 비용이 많이 들어서 경쟁력이 없다고 판단했다. 또한 미국인의 초콜릿류 소비 방식을 변화시킬 두 개의 중요한 통찰을 간파하고 있었다. 첫 번째는 허쉬가 단단한 고형의 초콜릿 바를 만들면서 값비싼 실수를 저지르고 있다는 사실이었다. 초콜릿은 까다로운 재료라 산업적 환경에서 다루는 데 어려움이 있었다. 초콜릿을 녹여 틀에 부은 다음 단단해지도록 식히려면 많은 시간이 필요했다. 더군다나 유통업자를 거쳐 소매상들에게 운송되는 과정에서 초콜릿이 녹아 버려 못 팔게 될 수도 있었다. 포레스트가 깨달은 두 번째 통찰은 초콜릿이 비싸고 구입하기 힘들어서 회사를 산업적 규모로 확장하기 위해서는 점점 더 외진 곳에서 코코아 빈을 구입해야 한다는 것이었다. 그러면 초콜릿의 가격도 더 비싸졌고 그렇게 허쉬는 어려운 상황을 자초하고 있는 격이었다.

포레스트는 훨씬 싸고 생산하기도 쉬운 속재료로 안을 채우고 그 위에 초콜릿을 얇게 입히는 방식의 초콜릿 바를 구상했다. 이렇게 만들면 냉각 공정이 필요하지 않고 운송 중에 녹을 염려도 없었다. 포레스트는 코코넛, 민트 크림, 피넛 버터 등의 갖가지 속재료를 가져와 실험했고 결국 현재 우리가 잘 아는 제조법을 완성했다. 누가(설탕, 꿀, 견과류를 기본 재료로 사용해 만드는 당과류—옮긴이)와 캐러멜을 한 층씩 깔고 견과류를 얹은 다음 그 위에 가능한 한 얇게 초콜릿을 입히는 방식이었다. 선택된 속재료들이 초콜릿보다 훨씬 싸고 부피가 크다 보니 바의 모양이 통통하게 나와서 허쉬의 얇은 초콜릿 바보다 훨씬 실해 보였다.

누가는 모호한 선택이었다. 마리 조제프 몽코르제Marie Josephe Moncorge가 쓴 《누가의 모든 종류》에 따르면 누가가 문헌에 처음으로 언급된 것은 천 년 전에 바그다드에서 쓰인 요리책이었다. 이후에 이 사탕과자가 스페인과 이탈리아로 퍼졌고, 두 국가에서 각각 뚜론turron과 토로네torrone라고 불렸다. 누가는 전통적으로 녹인 설탕, 달걀 흰자, 바닐라, 시트러스 이외에 다양한 향료를 섞어 만들며 경우에 따라 견과류, 말린 과일, 초콜릿 같은 맛 있는 속재료를 채워 쫄깃한 식감에 풍부하고 묘한 맛이 난다. 누가는 여러 가지 의외의 풍미를 한데 섞어 놀라운 맛을 만들어내는 음식이다. 포레스트는 이런 개념이 그다지 마음에 들지 않았다. 포레스트가 개발한 누가는 분유와 달걀 추출 단백질을 가미한, 풍미가 없는 대량 생산 상품에 가까웠다. 말하자면 질감과 부피를 더하기 위해 저렴하고 생산하기 쉬운 두툼한 속재료로 개발된 것이다.

캐러멜 층은 전통적 사탕과자의 산업적 규격품과 비슷한 과정을 거쳐 생산되었다. 캐러멜은 원래 설탕을 녹여서 만든 찐득거리는 액체로, 플랑 (커스터드 타르트—옮긴이) 같은 디저트 위에 부어 먹을 수도 있었다. 이후에 미국의 초원지대에서 우유를 섞어 만들면서 더 걸쭉해졌다. 포레스트가 누가와 같은 용도로 사용한 캐러멜은 초콜릿 바를 고속의 원형 톱(제재소 에서 나무를 절단하는 용도로 설계된 것과 같은 종류의 톱)으로 절단할 만큼 단단 하게 만드는 데 꼭 필요한 재료였다. 이렇게 만들어진 바 크기의 속재료는 초콜릿 폭포 속으로 들어가서 초콜릿으로 코팅이 되어 스니커즈로 만들어졌다.

포레스트가 처음 이 초콜릿 바를 생산할 기계를 설계해냈을 때 미국인들은 열광적 반응을 보였다. 안전하고 똑같은 모양으로 생산되는 데다 어느 매장을 가든 구입할 수 있는 저렴한 초콜릿 바가 나왔으니 그럴 만했다. 가방에 던져 넣어 두고 몇 시간, 심지어 몇 주가 지나도 맛있게 먹을 수 있었다. 대공황 시기에 5센트의 가격으로 출시된 스니커즈 바는 큼직하고 적지 않은 양이라 소비자들에게 거의 모든 음식을 대신해 먹을 만한 초콜릿류이자 기적과도 같은 먹을거리였다. 사람들은 스니커즈 바를 좋아했다. 마스는 빠르게 생산할 수 있도록 주도면밀하게 설계된 완벽한 규격품의 초콜릿 바를 개발했고, 현재는 1초마다 70개씩, 매일 1,500만 개의 초콜릿 바를 생산할 수 있다.

하지만 스니커즈 바가 미국에 이어 세계적으로 가장 인기 있는 초콜릿 바가 된 것은 맛 때문이 아니었다. 실제로 맛 테스트에서 스니커즈 바보다 더 좋은 점수를 받는 초콜릿 바도 많다. 스니커즈 바가 가장 인기 있는 이유는 어디서나 살 수 있기 때문이다.

막대한 양의 스니커즈 바를 생산해내는 것만으로는 성공을 거두기엔 부족했다. 마스는 사탕·초콜릿류를 파는 전국의 모든 매장에 스니커즈 바를 진열할 방법을 찾아야 했고 그러려면 셀 수 없이 많은 지역의 유통업체들을 끌어들여야 했다. 소도시에서는 한 개의 소규모 가족회사가 사탕·초콜릿류를 도매로 구입해 과자가게, 지역 약국, 식료품점을 비롯한 여러 소매 매장에 팔았고, 대도시의 경우엔 그런 가족회사가 수십 개에 달했다. 이렇게 많은 유통업체를 끌어들이는 건 쉬운 일이 아니었다. 마스는 이 소규모 유통업체 전부와 계약을 맺고 관리하기 위해 영업사원 수백 명을 채용해야 했다. 유통업체들도 소규모 소매 매장을 모두 지속적으로 방문하며 공급량과 추가 주문량을 확인하기 위해 자체적으로 영업사원 여러 명을 채용해야 했다.

판매와 유통 체계가 구축되자 마스의 스니커즈 바는 유명세를 타는 동시에 막강한 힘을 발휘하며 잠재적 경쟁자들을 위협하기 시작했다. 누구든 스니커즈나 이후에 생산된 엠앤엠즈, 트윅스 등 마스의 다른 제품과 경쟁하려면 가장 먼저 자체적인 대규모 유통망을 구축해야 했다. 마스의 거대한 유통망은 자기강화적이었다. 상품을 미국 전역의 적절한 판매처에서 판매할 수 있었기 때문에 많은 수입을 거둬들일 수 있었다. 그 덕분에 계속 회사 규모를 키워 나가며 보다 비용 효율적인 상품 생산에 투자하고, 더 크고 빠르며 전반적 성능이 개선된 기계를 구매하거나 제작할 수 있었다. 회사의 규모가 커지면서 원재료의 가격을 대폭 낮출 수도 있었다. 그리고 초콜릿 바의 생산 단가가 줄면서 마스의 관리자들이 자사의 상품을 밀어주는 유통업자와 판매점에게 가격을 대폭 할인해줄 수 있었다. 또한 대대적인 광고전을 벌일 만한 자금도 확보할 수 있었다.

회사가 성장할수록 기업의 높아진 위상도 굳건해졌다. 마스는 대량 생산과 유통에 주력하며 오랜 라이벌 허쉬를 뛰어넘어 세계 최대의 사탕·초콜릿류 제조사로 올라선 후 그 자리를 지켰다. 마스는 궁극적으로 규격품 사업이었다. 생산 상품의 종류를 세 개의 브랜드(스니커즈, 트윅스, 엠앤엠즈)로 한정했고 이 제품들의 판매 비중이 회사 매출의 절반 이상을 차지했다.

혁신이 일어나더라도 속도가 더딜 수밖에 없었다. 지금 생산되는 스니커즈 바가 1930년에 생산된 제품과 아주 흡사할 정도다. 엠앤엠즈는 미미하지만 어느 정도의 혁신이 있었다. 1941년에 출시된 이 브랜드는 1950년에 초코볼 한 알 한 알에 상징적인 'm'자를 찍어 넣었고, 1954년에는 땅콩초코볼을 내놓았다. 이후로 수십 년 동안 엠앤앰즈의 유일한 변화는 색상뿐이었다. 오렌지색과 파란색이 추가되고 황갈색과 보라색이 빠졌다. 그럼에도 전형적인 규격품으로서의 엠앤앰즈는 여전히 매우 안정적이었다.

임원진은 혁신의 초점을 내부적 생산 방식에 맞춰서 더 적은 비용으로 똑같은 상품을 만들어내는 방법을 생각해냈다. 현재 모든 사탕·초콜릿류 소매점을 가보면 이런 근본적 혁신의 부재를 확인할 있다. 진열된 상품군은 1941년에 개발된 똑같은 상품에 약간의 변화를 준 것들뿐이다. 프레즐 엠앤앰즈, 캐러멜 엠앤앰즈, 다크초콜릿 엠앤앰즈가 출시되고 있지만 진정한 혁신으로 볼 만한 상품은 하나도 없다.

이 시기 동안엔 마스는 규격품 경제의 전형으로서 괜찮은 일자리 수십만 개를 만들어냈다. 기계를 가동시키려면 막대한 수의 노동자가 필요했다. 노동자들이 땅콩 자루를 끌어 나르고 누가를 옮겨오고 모든 초콜릿바가 똑같은 모양으로 찍혀 나오도록 전 생산 공정을 꼼꼼히 살피며 바쁘게 일해야 했다. 마스의 상품을 유통하는 과정에서도 수십만 명의 노동자가 필요했다. 마스의 영원사원, 유통업체의 구매 담당자와 영업사원, 자신의 매장을 소유하고 있는 소매상, 트럭 운전사, 땅콩과 사탕무 재배 농부 등의 인력이 동원되어야 했다. 20세기 동안 수십만 명의 사람이 마스의 탁월한 규격품 생산력 덕분에 괜찮은 밥벌이를 할 수 있었다.

마스에게는 경쟁사가 있었다. 허쉬 같은 소수의 대기업이 미국을 넘어 전 세계에서 경쟁을 벌였다. 그리고 지역 시장에서는 수많은 사탕·초콜릿류 제조사가 경쟁을 벌였다. 뉴잉글랜드에는 스카이 바Sky Bar가 있었고, 남부 지역에는 구구 클러스터Goo Goo Cluster가, 태평양 북서부 연안 지역에는 브라운 앤드 헤일리 마운튼 바Brown & Haley Mountain Bar가 있었다. 이 제조사들의 상품은 품질도 훌륭해서 이 제품들이 스니커즈보다 더 낫다고 여기는 사람들도 많았다. 하지만 지역 제조사들은 상품을 널리 유통시키지 못했다. 생산비가 더 많이 들어 마스의 막대한 유통망에 맞서 경쟁을 할 수 없었다.

해군 조종사와 예수회 수사의 특별한 만남

링이 1930년대나 1950년대, 아니 1980년대에 오초 바를 꿈꾸었다면 샌프란시스코 부근의 사탕·초콜릿류 산업에서 지역 주자로 부상하기 위해서는 행운이 필요했을 것이다. 링이 그 시기에 사업을 시작했다면 오클랜드에서 작은 규모의 수익성이 높은 초콜릿 매장을 운영하게 되었을 가능성이 더 높다. 링이 전국적으로 큰 화제를 일으킬 수 있었던 것은 21세기의 경제체제에 맞는 아이디어를 냈기 때문이었다. 오초는 열정의 규칙에 따라 규격품과의 직접 경쟁할 수 있게 된 우리 경제의 수많은 변화를 살펴보기에 이상적인 사례다.

링이 홀푸드 365를 시작한 때는 1997년이었다. 홀푸드 365는 링과 그의 팀, 그리고 홀푸드의 공동 소유 형태에 따라 별개의 회사로 설립되었다. 그 후로 5년 뒤엔 홀푸드 365는 마트 체인에 막대한 규모의 상품을 공급하게 되었다. 홀푸드는 이 자회사가 아주 요긴하다고 판단해 회사 내로 완전히 편입시키고 싶어 해서 링에게 주식 매수를 제안했고 링은 그 제안을 받아들였다. 그리고 나니 갑자기 돈도 생기고 시간도 아주 많아졌다.

홀푸드 365는 전국의 제조사들과 계약을 맺어 다양한 식품과 그 밖의 마트 품목을 생산하는 회사였기 때문에 사실상 제품을 직접 만들지 않았다. 이런 까닭에 링은 생산 분야에서는 아무런 경험을 할 수 없었다. 그래서 대량생산의 효율성은 이해하고 있었지만 사탕·초콜릿류를 생산하는 대기업들의 속도와 비용을 맞추기 위한 타협은 받아들이지 않았다. 하지만 우수한 상품을 대규모로 생산해본 적도 없으면서 어떻게 마스를 평가할 수 있겠는가? 바로 이때부터 링은 다시 초콜릿 바에 대해 생각하게 되었다. 일단 시작하고 나자 멈출 수가 없었다. 그때껏 천연 재료를 써서 애정을 담아 만든 양질의 초콜릿 바를 내놓은 사람이 아무도 없었다. 아무래도 자신이 나서야 할 것 같았다.

그러던 어느 날 아이들을 차에 태워 학교에 내려주고 난 후에 그곳에 있던 다른 아빠들 중의 한 사람인 쿠키렉과 이야기를 나누게 되었다. 쿠키렉은 한때 해군 조종사로 활동하며 군함에 탑승해 덩치가 크고 비행하기 어렵기로 유명한 씨드래곤이라는 헬기를 몰았던 적이 있다고 했다. 해군 조종사들은 자신들은 공군 조종사들과는 다르다는 말을 즐겨 한다. 그리고 공군에서는 조종사가 비행만 하지만 해군 조종사는 비행만 할 수가 없다는 점을 항상 언급한다. 비좁은 배에서 제 몫을 하려면 누구나 쉴 새 없이 몸을 놀려야 해서 해군 조종사는 비행과 상관없는 일도 많이 처리해야 하기 때문이다.

쿠키렉은 그때 맡았던 비행과 무관한 여러 해군 직무를 통해 회사를 운영하는 데 도움이 되는 교훈을 얻었다고 한다. 그중에서도 가장 기억에 남는 업무는 자신의 헬기 중대 정비부의 업무 중에서 세 부문을 담당하면서 헬기의 비행에 필요한 무수한 소형 부품의 구매와 재고 관리를 맡고 있는 해군 병사 200명을 감독한 일이었다. 그는 고도로 숙련된 정비공들과 해군에서 (창고 업무로 밀려나서) 가장 의욕이 없고 숙련도도 낮은 병사들을 동시에 감독해야 했다. "그때 알게 되었는데 리더십과 임무에 확신을 가진 사람들은 하루에 20시간도 일하게 할 수 있어요. 하지만 똑같은 사람들이라도 그런 확신이 없으면 4시간도 제대로 일을 못 하더군요."

창고 업무는 누가 봐도 지루하고 반복적인 일이었다. 쿠키렉은 그런 일이 헬기를 안전하게 관리해 조종사들의 목숨을 지키고 더 나아가 해군이 미국을 안전하게 지킬 수 있도록 기여하는 중요한 임무라고 느끼게 해줄 방법을 찾아야 했다. 그런데 가만 보니 정비부의 온갖 직무를 통제하는 규칙과 관행이 믿기 어려울 만큼 복잡하고 중복적이었다. 자신이 감독하는 병사들 중에도 별로 필요도 없고 헬기의 안전성 관리와도 상관없는 서류를 작성하고 절차를 따르는 데 매달려 있는 인원이 너무 많았다. 그래서 업무 과정을 간소화하는 한편 각 병사가 저마다의 직무에 대해 전 해군 병사들의 안전과 조국의 안전을 지키는 데 아주 중요한 역할을 하고 있다는 확신을 갖도록 애썼다.

이후에 샌프란시스코의 신병 모집부를 지휘하게 되었을 때는 판매와 관련된 인상적인 교훈을 터득했다고 한다. 해군 신병 모집에서는 입대할 경우 누릴 수 있는 교육과 온갖 기회를 늘어놓는 것이 일반적이지만 쿠키렉은 신병 모집자가 일을 가장 잘하는 방법이 입을 다물고 상대방의 이야기를 경청하는 것이라는 사실을 깨달았다.

쿠키렉은 원래 해군에 평생 몸담을 생각이었지만 10년쯤 지나고 보니 가족들과 함께하는 시간을 내기 어려운 데다 직위가 높아질수록 가족을 위한 시간을 내기가 더 힘들어지는 것 같았다. 그래서 해군을 그만두고 캘리포니아 대학교 버클리 캠퍼스의 경영대학원에 입학했다. 입학 후 얼마 지나지 않아 알게 된 사실이지만 자신을 비롯하여 동급생들 여럿이 같은 문제 때문에 고민을 하고 있었다. 바로 집을 구하는 문제였다. 집을 구하는 일이 참을 수 없이 힘들다고 느끼는 사람이 자신만이 아니었다. 쿠키렉은 집을 구하기 위해 중개인을 몇 명 만나면서 바로 해군 정비부에서의 일이 떠올랐다. 주택을 구입 하는 데에는 쓸데없는 서류와 시대에 뒤떨어진 관행 등 가능한 한 가장 효율적으로 집의 소유권이 이전되길 바라는 모든 사람의 바람에 걸림돌이 되는 규칙이 너무 많았다.

매도자는 집을 매수할 만한 모든 사람이 그 집이 매물로 나와 있는 것을 알기 바라고 매수자는 자신이 관심을 가질 만한 집을 모두 볼 수 있길 바란다. 그런데 주택 구입 체계는 대다수 집이 독점 중개로 거래되도록 발전해왔다. 다시 말해 매수자는 담당 중개인의 물건만 볼 수 있고 매도자는 중개인의 고객들에게만 집을 보여줄 수 있다. 쿠키렉이 생각하기에 이것은 주택을 구입하는 데 오히려 지장을 주는 터무니없는 체계인 것 같았다. 그는 인터넷이 이 문제의 해결책이 되어줄지 모른다는 생각이 들었다. 그래서 동급생인 주안 미니Juan Mini와 협력해 주택 구입을 위한 이상적인 체계를 구상하기 시작했다.

오래 지나지 않아 두 사람은 인터넷 최초로 영향력 있는 부동산 중개 사이트인 집리얼리티ZipRealty를 개발했다. 집리얼리티는 야심차게 프로젝트를 진행하며 36개의 도시에 중개거점을 구축하고 인터넷상에서 가장 많은 주택 매물을 확보했다. 쿠키렉은 해군에서 배운 기교를 활용해 직원들에게 임무를 부여했다. 매물 물건들을 매점해서 철저히 수수료를 챙기려 하기보다 매수자와 매도자 사이에 가능한 한 최상의 매매가 이루어지도록 했다. 결국 이런 방식이 좋은 성과를 거두며 사업은 성공했고 쿠키렉은 꽤 많은 돈을 벌게 되었다("사탕·초콜릿류 회사를 차릴 정도는 되었지만 은퇴하기엔 부족한" 액수였다).

전 해군 조종사 스콧 쿠키렉과 전 예수회 수사로 부단히 활동하는 행동가이자 신중한 사색가인 데니스 링은 처음 만난 순간 기적처럼 두 사람이 멋진 팀을 이루리라는 것을 직감했다. 두 사람이 달라도 너무 달라서 서로를 완벽에 가깝게 보완해줄 것 같았다. 쿠키렉은 더 우수한 품질의 초콜릿 바를 만들고 싶어 하는 바람 이면에 깃든 링의 논리에는 그다지 흥미를 느끼지 못했지만 그 바람의 본질적 요지에는 선뜻 수긍했다.

링의 아이들을 비롯해 사람들은 초콜릿 바를 즐겨 먹는다. 그런데 이런 초콜릿 바에는 건강에 안 좋은 비천연성분이 포함되어 있다. 몸에 좋고 화학 성분이 없는 초콜릿 바를 원하는 사람들과 그런 초콜릿 바를 만들어낼 만한 사람들을 이어주지 못하는, 시대에 뒤떨어지고 유용하지도 않은 그 많은 체계를 알게 되니 쿠키렉으로선 효율성이 떨어지던 헬기 정비부와 많은 학생들을 미치고 환장하게 만들었던 주택 구매 체계가 떠올랐다. 그런 문제의 해결이라면 자신이 적임자 같았다.

열정으로 만들어낸
상품의 저력

오초 캔디의 공장은 오클랜드의 특별할 것 없는 창고 지대에 위치해 있다. 길 건너편으로는 높다란 벽으로도 다 가려지지 않은 폐품 폐기장도 있다. 회색의 낮은 상자 모양의 공장 건물 주변으로는 높은 철조망이 둘러져 있다. 밖에서 보면 오초 캔디는 볼베어링 제조사나 철강 제조사 등의 여느 공장과 다를 바가 없다. 건물 정면에 보이는 'OCHO Candy'라는 밝은 색 간판만이 창문도 없는 저 벽 안쪽에서 뭔가 아주 흥미로운 일이 벌어지고 있는 듯한 분위기를 풍길 뿐이다.

오초 캔디의 공장을 방문했던 날, 내 옆에는 여섯 살배기 아들도 함께 있었다. 아들이 내가 캔디 공장에 다녀올 거라고 말하는 것을 우연히 엿듣고는 자기도 따라가고 싶다고 떼를 쓰는 바람에 함께 데려올 수밖에 없었다. 공장 안으로 들어간 나와 아들은 쿠키렉의 안내를 따라 사무실 몇 개를 지나 어떤 방으로 들어가서 (생산품을 오염시키지 않도록) 목 짧은 장화를 신고 가운을 걸치고 두건을 쓴 후에야 공장의 작업장으로 들어섰다.

그 안은 정말로 마법의 세계 같았다. 아들은 보는 곳마다 좋아서 어쩔 줄 몰라했다. 그건 나도 마찬가지였다. 소독된 작업복을 입은 몇 십 명의 직원들이 캔디·초콜릿류 생산 공정의 여러 단계를 관리하고 있었다. 어떤 모퉁이를 돌았을 때는 한 남자가 큼지막한 구리 통에 설탕, 버터, 크림을 넣어 섞으면서 신선한 캐러멜을 만들고 있었다. 그는 오초 캔디의 생산 공정이 스니커즈의 산업적 생산 방식과는 다르게 설계되었다는 것을 과시하고 있었다.

오초 캔디의 캐러멜은 천연 재료(유기농 크림과 버터, 원당, 바닐라 빈)를 사용해 손으로 직접 만들기 때문에 마스를 비롯한 산업형 캔디류 제조사에서 고가공 유제품과 바닐라 가루를 쓰는 것과는 완전히 대비된다. 그곳에서 멀지 않은 곳에서는 작업자 몇 명이 인근 농장에서 구입해온 라즈베리를 원료로 큰 통에다 유기농 라즈베리 젤리를 만들고 있었다. 이것은 오초 피비 앤드 제이OCHO PB&J 바에 들어갈 속재료였다.

하지만 진짜 경이로웠던 순간은 공장 한가운데에 설치된 기계를 봤을 때였다. 여러 재료를 혼합해 최종적으로 오초 바를 만들어내는 기계는 대략 스쿨버스 두 대 정도의 길이였는데 마스와 허쉬사에서는 상상도 해보지 못했을 법한 방식으로 초콜릿 바를 만들고 있었다.

대량 생산 방식의 초콜릿 바는 단단하고 딱딱한 속재료에 부드러운 초콜릿을 입히는 식으로 만들어진다. 오초 캔디의 기계는 고품질의 액체 초콜릿을 틀에 부은 다음 얼음장처럼 차가운 직사각형의 철제 누름판으로 찍어 눌러 그 액체 초콜릿을 곧바로 단단하게 굳힌다. 그러면 액체 초콜릿이 뚜껑이 없는 작은 상자 모양으로 찍혀 나오는데 이 안에 피넛 버터, 젤리, 캐러멜, 코코넛 등의 속재료를 채운다. 이런 방식으로 만들면 대량 생산된 초콜릿 바보다 속 부분이 더 쫀득거리고 맛도 좋다. 그다음에는 기계 공정의 가장 까다로운 단계가 이어진다. 속재료를 채우고 난 뒤에 상자 모양 초콜릿의 겉면 위쪽에 살짝 열을 가해 새로 입히는 초콜릿 층이 잘 붙게 해준다. 그런 다음 초콜릿 층이 부드러운 중심부 쪽으로 녹아 들어가지 않도록 윗부분을 바로 냉각시킨다.

이것은 기계가 정확한 시간에 맞춰 여러 단계에 걸쳐 작동하며 초콜릿 바를 하나씩 만들어내는, 복잡하고 시간 걸리는 공정이다. 한 상자에 12개 들이인 오초 바 한 상자를 만드는 데 1분이 넘게 걸리니, 개당 평균 5초가 걸리는 셈이다. 5초면 초콜릿 바 하나를 만드는 시간으로는 그다지 긴 시간이 아니라고 여길지 모른다. 하지만 5초라는 시간 자체가 오초 캔디가 스니커즈와는 본질적으로 다른 사업체라는 사실을 알려준다. 스니커즈에서는 기계를 이용해 1초에 70개의 초콜릿 바를 생산한다. 따라서 노동력, 기계, 부동산, 운송 등의 회사 운영 비용에서 오초 바의 개당 생산

비용이 훨씬 높을 수밖에 없다. 게다가 높은 가격대의 초콜릿, 땅콩, 젤리를 구매하고 유기농 재료만 써서 다른 업체보다 재료 구입 비용의 부담도 더 높다.

그렇다고 고급 재료를 사용하는 것이 오초 캔디만의 별난 특징은 아니다. 고급 명품 캔디·초콜릿류 제조사는 예전부터 늘 있었다. 하지만 오초 캔디는 예전의 제조사들처럼 고급 캔디·초콜릿류 매장 몇 곳에서만 제품 판매를 한정하지 않는다. 오초 캔디 제품은 드럭스토어 체인인 월그린Walgreeens, 홀푸드, 식료품 체인인 앨버트슨Albertsons, 코스트코, 대형마트 체인 타깃Target 등 셀 수 없이 많은 대형 소매 매장에 납품되어 전국 어디에서나 살 수 있다.

오초 캔디는 여전히 규모가 작은 회사다. 유통 담당 부서는 대체로 UPS나 페덱스와의 거래에 능통한 인원 세 명 정도로만 운영되지만 그럼에도 불구하고 주요 소매점에 스니커즈와 나란히 상품을 진열하는 능력을 발휘하고 있다. 바로 이것이 현재의 경제에 나타난 변화로 나는 이것을 열정 경제라고 부른다. 열정으로 만들어낸 초콜릿 바로 규격품과 직접 경쟁을 벌이는 것이다. 오초 캔디는 적절한 열정으로 완전히 새로운 세계를 열어젖힌 셈이다.

나의 열정에 공감하는 소비자를 찾아라

오초 캔디의 사례는 일명 포장 소비재CPG나 일용 소비재FMCG 부문에서 나타나는 주요 트렌드에 속한다. 손 세정제, 세탁용

세제, 아침식사용 시리얼, 담배, 탄산음료, 아이스크림, 그리고 당연히 초콜릿바같이 마트에 갈 때마다 사거나 계산대에서 줄을 서 있다가 충동적으로 집어 들 만한 상품이 이 부문에 속한다. 사실 당신이 구매하는 상품 중 알 만한 브랜드에서 만든 포장 상품 거의 모두가 이 부문에 해당한다. 현재 CPG는 미국과 세계 경제의 기반으로 자리 잡았다. 미국에서 연간 8,000억 달러 규모의 산업을 이루어 최대 규모의 산업군에 해당하며 세계적으로는 10조 달러에 가까운 시장을 형성하고 있다. 이는 상품의 직접 판매액에 상당하는 액수이며 광고, 물류 창고, 유통, 트럭 운송, 소매 등 포장 소비재를 떠받쳐주는 여러 산업에 지출되는 액수도 수조 달러에 달한다.

CPG는 규격품 경제 산업의 상징과도 같다. 대량 생산되고 있는 CPG는 규격품 경제 이전까지는 존재하지도 않았지만 규격품 경제 이후에 급속하게 팽창하면서 산업계를 평정했다. 또 사람들에게 친숙한 여러 브랜드의 대량 생산되는 CPG는 아주 오랜 기간에 걸쳐 CPG 시장을 포화 상태로 만들었지만 열정 경제로 전환되고 있는 오늘날에는 대처해야 할 도전 과제가 지속적으로 늘고 있다. 이는 CPG가 오래전부터 쭉 그래왔듯, 열정과는 거의 정반대이기 때문에 빚어지는 결과다.

소비자의 관점에서 보면 CPG 상품은 나쁠 게 없다. 대다수 사람들이 필요할 때 어디에서나 언제든 구입 가능하다는 편의성을 알고 같은 브랜드의 같은 상품을 계속 구입한다. 제조사의 관점에서 보면 CPG는 수익과 비용이 어느 정도 확실한 분야다. 주된 이점 한 가지는 어떤 브랜드가 일단 기반이 잡히면 꾸준한 수입이 발생한다는 것이다. (CPG의 성장과 더불어 발전한 연구 분야인) 소비자행동(소비자가 상품·서비스를 구입하는 이유와 그 행동 패턴─옮긴이)에는 그다지 급격한 변화가 일어나지 않으므로 브랜드들로선 구매가 안정적으로 이어질 것으로 기대할 수 있다. 광고, 유통, 가격 책정을 통해 판매를 늘릴 수도 있다.

CPG는 전통적으로 새로운 상품의 혁신에 중점을 두지 않았다. 규격품으로서의 CPG의 효용은 전적으로 상품의 일관성 유지에 있었다. 큰 변화를 주었다가는 오히려 충성 소비자들이 떨어져 나갈 위험이 있다. 1985년에 코카콜라가 출시한 '뉴 코크'New Coke의 실패가 그 대표적 사례다. 코카콜라에서 새로운 제조법을 개발한 후 블라인드 테스트를 해본 결과 사람들이 기존의 맛보다 새로운 제품의 맛을 더 선호하는 것으로 나타났다. 하지만 코카콜라가 막상 신상품을 출시해서 이전의 코카콜라를 대신해 판매하자 완전히 다른 결과가 나타났다. 결과는 대실패였다. 그 누구도 정통 콜라 맛이 망가지는 것을 바라지 않았고 결국 3개월이 채 지나지 않아 뉴 코크는 역사 속으로 사라졌다.

CPG 기업들에게 혁신은 똑같은 상품을 더 빠르고 저렴하게 만드는 것이었다. 제조업에서의 혁신은 자동화로 사람을 많이 고용하지 않아도 되는 (그래서 급여가 덜 나가는) 보다 빠르고 안정적인 기계 시설을 구축하는 것이다.

대규모 CPG 기업들에게 규격품 경제는 생산력과 수익이 지속적으로 성장하는 멋진 시대였다. 회사의 규모가 커질수록 기계 설비에 더 많은 돈을 지출하여 더 많은 상품을 더 빨리 생산할 수 있었고, 그 결과 규모를 더욱 더 키울 여력을 얻었다. 또한 광고와 유통망 구축에 더 많은 돈을 지출하며 더 큰 성장의 기반을 닦을 수도 있었다. 더군다나 미국 국민이 점점 부유해지면서 CPG 상품을 더욱 더 많이 구매했다. 거대함은 그 자체로 넘을 수 없는 경쟁우위가 되었다. 마스와 같은 대규모 CPG 기업들은 더 많은 상품을 더 싸게 생산해서 갑자기 나타난 신생 경쟁사보다 더 많은 매장에 상품을 유통시킬 수 있었다. 물론 이따금씩 규모의 경쟁우위를 넘어보려 시도를 하는 신생 기업이 있었지만 그런 기업의 상품은 더 비싸고 상품의 존재를 아는 사람이 더 적었으며 마트의 진열대에도 진열되지 못했다.

열정 경제는 대규모의 규격품 CPG 기업을 붕괴시키지 않았다. 10대 글로벌 CPG 기업인 네슬레, 프록터 앤드 갬블Procter & Gamble, 유니레버, 마스(한때 마스의 경쟁자였던 허쉬는 현재는 훨씬 규모가 줄었다) 등은 각 기업별로 연간 CPG 상품 판매액이 200억 달러에 육박한다. 이들 10대 기업이 전 세계 판매량의 절반 이상을 점유하면서 세계 CPG 산업에서 상위 기업들의 비중이 점점 과대해지고 있다.

이들 기업은 규격품 CPG 생태계를 더욱 더 확장하고 있다. 이 기업들이 해마다 광고비로 지출하는 금액은 모두 합해서 1,000억 달러에 이른다. 게다가 CPG 기업들은 트럭과 열차와 대형 선박으로 자사의 상품을 운송하고 있어 운송 기업들에게는 단연코 최대 고객이다. 전 세계 농산물과 공산품의 주요 구매자이기도 하다.

이런 성장에도 불구하고 이들 CPG 기업들이 괜찮은 급여를 받으며 평생의 직업으로 삼아 계속 경력을 키워갈 수 있는 일자리 수백만 개를 떠받쳐주고 있던 시대는 이제 끝났다. 현재 CPG 규격품 경제는 21세기의 다른 많은 분야처럼 양극단으로 치닫고 있다. 소수의 임원, 기업가, 투자가는 막대한 수익을 벌어들이고 있지만 이보다 훨씬 더 많은 수의 CPG 기업체 직원들이나 제휴 산업들이 자동화와 아웃소싱에 밀려나고 있다.

바로 여기에 열정 경제의 관건이 있다. 그렇다고 해서 오초 초콜릿 바 같은 상품이 반드시 스니커즈 같은 규격품을 꺾고 시장에서 승리하는 것은 아니다. 오초 캔디가 아주 야심차게 내세우는 계획은 연간 판매액 1억 달러 달성이다. 이는 마스 판매액의 1퍼센트에도 크게 못 미치는 액수다. 하지만 쿠키렉과 링은 마스와 경쟁할 필요가 없다고 생각한다. 그저 빠르게 성장하는 오초 캔디를 지켜보며 신나는 시간을 보내고 있을 뿐이다. 두 사람은 직원들에게 꼬박꼬박 급여를 지급하고 안전하고 즐거운 작업 환경을 제공하며 오클랜드의 비영리단체 여러 곳에 돈과 사탕·초콜릿류를 기부도 하고 있다.

물론 그런 기업이 오초 캔디 한곳만 있는 것은 아니다. 지금 우리 주변에는 다국적 CPG 상품을 대체할 만한 열정이 폭발적으로 발산되고 있다. 홀푸드나 세포라에 들어가 사탕·초콜릿류, 스낵류, 화장품류 등 뭐든 당신이 좋아하는 상품 코너를 둘러보면 열정 상품의 사례를 셀 수 없이 많이 찾아볼 수 있다. 장담컨대 그런 열정 상품 중에는 근처의 월마트에서 파는 규격품보다 당신의 욕구에 더 잘 맞는 상품이 하나쯤 있을 것이다. 물론 비싼 가격을 감수할 가치가 있는가 없는가의 판단은 당신에게 달려 있다 (내 경우엔 색다른 초콜릿이라면 언제든 비싸도 사 먹지만 독특한 껌은 굳이 돈을 더 내면서까지 사 먹을 마음은 안 생긴다).

열정 초콜릿 바는 어디에서든 팔릴 수 있으며 규격품의 초콜릿 바만큼 소비층이 많지 않아도 된다. 다시 말해 아주 좁은 고객층, 즉 상품 제작자의 열정에 공감하는 구매층의 흥미만 끌어도 된다. 그런 고객층은 정말로 흥미가 끌리는 상품이라면 훨씬 높은 가격이라도 기꺼이 지불하기 마련이다. 따라서 그 상품은 더 비싼 재료를 사용해서 더 느리게 생산되어도 괜찮다.

아이러니하게도 전 세계의 수많은 부양扶養 산업의 규격품화가 열정 경제에는 굉장한 기회가 되어준다. 동일하게 규격화된 산업이 열정 경제 생산자에게는 아주 유용할 수 있기 때문이다. 열정 경제 혁신가들은 더 싼 광고를 통해 더 많은 고객을 얻을 수 있고, 더 싼 운송비를 통해 그 고객들에게 상품을 전달할 수 있다. 설계 소프트웨어와 제조 기술의 발전을 활용해 보다 싼 비용으로 상품을 만들 수도 있다.

작은 초콜릿 바 회사가
품은 원대한 꿈

열정 기업에게 최대의 이득은 아이디어에 밑천을 대줄 자금 동원 방법에서의 변화이다. 쿠키렉과 링은 그동안 모아둔 돈으로 오초 캔디를 시작할 때 창고 건물을 임대하고 요식업 설비를 구입하느라 부담스러울 만큼의 금액을 공동출자했다. 사업을 시작하는 것은 돈이 많이 드는 일이었다. 사업을 시작하고 얼마 지나지 않아서 두 사람은 두 가지를 깨달았다.

첫 번째는 사람들이 자사의 초콜릿 바를 정말로 좋아한다는 점이었다. 경쟁사의 초콜릿 바보다 훨씬 맛있어하면서 경쟁사의 초콜릿 바 가격보다 두 배가 비싸도 유기농 재료로 만든 그 정도 품질의 초콜릿 바라면 기꺼이 그 돈을 주고 사 먹을 의향이 있다고 했다(그리고 1달러 99센트 정도의 가격이면 대다수 소비자에게는 여전히 아주 부담 없는 가격대이다). 그래서 쿠키렉과 링은 자신들이 사업을 잘 진행하고 있다고 생각했다. 그런데 또 하나의 사실을 깨달았다. 초콜릿 바를 팔수록 손실이 생기고 있다는 것이었다. 더 많이 팔수록 자금이 더 빨리 줄어들고 있었다.

당연한 얘기지만 수작업으로 초콜릿 바를 만드는 일은 속도가 느리고 까다로운 작업이기 때문에 효율성이 크게 떨어진다. 수제 초콜릿이 대체로 작은 특선 매장에서 작은 상자에 담겨 높은 가격에 판매되는 것도 그런 이유 때문이다. 링과 쿠키렉은 샌프란시스코에 작은 매장을 내고 부유한 사람들에게 아주 비싼 초콜릿 바를 팔면서 그럭저럭 돈을 벌 수도 있었다. 하지만 두 사람은 원대한 구상을 이루고 싶었다. 화학성분이 들어간 대량생산 초콜릿 바에 불만을 느끼는 사람들 모두에게 자신들의 초콜릿 바를 팔고 싶었다.

쿠키렉은 초콜릿 바의 생산 속도를 높여줄 기계의 구입 비용을 알아보다가 시중의 초콜릿 바가 속은 딱딱하고 겉은 흐물흐물한 초콜릿으로 얇게 덮여 있는 이유를 알게 되었다. 그런 초콜릿 바의 생산에 쓰이는 기계는 가격이 아주 싸고 구입하기도 쉽다. 실제로 내가 이베이에 들어가 '초콜릿 입히는 기계'chocolate enrobing machine라고 쳐봤더니 1,900달러짜리와 3,000달러짜리가 검색되었다. 하지만 쿠키렉과 링은 초콜릿으로 겉을 입히고 싶지는 않았다. 베어 물었을 때 초콜릿이 단단하게 씹히는 초콜릿 바를 만들고 싶었다. 그러려면 유럽에서 기계를 특별히 주문 제작해야 했다.

이런 기계는 새롭고 복잡한 기술을 활용해 불과 몇 년 전까지는 그 자체로도 큰 비용이 들었을 만한 고도의 컴퓨터 제어 시스템이 필요했다. 이런 기계 설비를 갖추면 쿠키렉과 링이 수작업으로 하고 있던 공정을 자동으로 빠르게 수행할 수 있다. 틀에 초콜릿을 부은 다음 컴퓨터로 제어되는 급속 냉각 기술에 연계된 철제 장치로 바로 얼려 크림 같이 부드러운 속부분을 부어준 후 위쪽에 초콜릿을 한 층 더 입힌 후 즉시 냉각시켜 초콜릿 바를 완성하는 것이다. 초콜릿을 붓고 냉동기에 넣어서 그 초콜릿이 얼 때까지 거의 한 시간을 기다렸다가 속재료를 넣고 다시 초콜릿을 더 부은 다음 다시 얼 때까지 기다려야 하는 수작업보다 훨씬 빠르다.

사실 이베이에서도 2,000달러 정도로 판매되는 중고 초콜릿 급속 냉동기는 없다. 몇 십만 달러는 줘야 한다. 한 대를 구입하더라도 조리에 아주 정성을 기울여야 한다. 초콜릿 겉부분과 (속재료로 피넛 버터, 누가, 민트 등 무엇이 들어가든) 크림처럼 부드러운 속부분 모두의 두께를 일관되게 만들어내야 한다. 기계는 예측 가능성을 좋아하기 때문이다. 다시 말해 초콜릿을 데우고 템퍼링(적온에서 굳히기)하는 설비를 더 좋은 제품으로 들여놓고 속재료를 준비하는 주방 시설도 더 개선하기 위해 투자가 필요했다(오초 캔디는 아직도 속재료를 수작업으로 만들지만 초콜릿 반죽의 일관성을 유지하기 위해 온도 제어 장치를 사용한다).

쿠키렉이 필요한 설비를 모두 취합하고 나서 따져보니 설비를 다 들이려면 훨씬 큰 공장을 임대해야 할 것 같았다. 높은 품질에 노력을 쏟도록 책임감을 부여하기 위해 직원들의 급여도 올려줘야 할 것 같았다. 나름 돈이 많은 이 두 사람에게조차 꿈꿨던 사업에 자금을 댄다는 건 어림없는 일이었다. 이 두 사람에게도 어림없는 일이었다면 다른 사람들이라고 해서 건강에도 좋고 맛도 더 좋은 스니커즈의 대체 상품을 생산하는 데 선뜻 도전할 수 있었을까?

쿠키렉과 링은 큰 꿈을 품은 작은 초콜릿 회사에 자금을 대줄 만한 벤처 자본가나 그 외의 투자가가 없을지 사방으로 찾아다녔다. 문제는 두 사람의 꿈이 투자를 받을 만큼의 야심을 충족시키지 못했다는 것이다. 사탕·초콜릿류의 신생 기업에 투자하는 전형적인 투자자가 듣고 싶어 하는 말은 출구전략이다. 즉, 회사를 거물급 기업에게 언제쯤 얼마나 많은 액수를 받고 매각할 계획인지를 듣고 싶어 한다. 쿠키렉과 링은 돈을 벌고 싶긴 했지만 회사를 팔고 싶지는 않았다. 두 사람의 목표는 조만간 건강에 더 좋고 천연 재료를 더 많이 사용하며 맛도 더 좋은 초콜릿 바를 만드는 것이었다. 그런데 회사를 팔고 나면 그 대기업에서 자신들의 꿈을 차츰 희석시키고 말 것이 불 보듯 뻔했다.

오초 캔디 특유의 열정 조합은 대규모 벤처 기업 특유의 필요성과 잘 맞지 않는 듯했다. 적어도 서클업CircleUp을 우연히 알게 되기 전까지는 그랬다. 오초 캔디 같은 회사와의 협력은 서클업의 운영 취지와 딱 들어맞았다. 열정적 창업가들에게 꿈의 실현을 위해 필요한 자금을 대주는 것이 그 취지였기 때문이다. 서클업을 설립한 두 사람은 서로 아주 다른 경로를 거쳐 똑같은 신념을 품게 되었다. 기존의 금융 제도는 그런 제도가 가장 필요 없는 이들에게 가장 유리하게 되어 있었다. 하지만 서클업의 설립자들은 멋진 아이디어가 있지만 돈이 부족한 이들이 필요한 자금을 더 쉽게 구하도록 해준다면 수익 창출과 사회 개선의 기회가 크게 열릴 것이라는 신념을 가지고 있었다.

세계 최초로 사모펀드
투자를 받은 초콜릿 바

서클업의 CEO 라이언 캘드벡Ryan Caldbeck은 버몬트주 시골 지역 출신으로 어린 시절을 19세기와 같은 환경에서 자랐다. 캘드벡은 자신이 자란 작은 시골 마을의 친구들 대부분이 남은 평생을 그곳에서 쭉 살게 될 거라고 여겼던 점에 주목했다. 똑똑한 한 동급생은 2시간

거리에 떨어진 다트머스 대학교에 합격하고도 부모님에게 수준이 한참 떨어지는 근처 대학교에 다니라는 말을 들었다. 또 절친한 친구의 아버지가 자기 아들에게 대학에 갈 생각은 꿈도 꾸지 말라고 호되게 꾸짖는 소리를 우연히 듣기도 했다. 고등학교만 졸업해도 취직을 할 수 있는데 뭐 하러 돈 들여 대학에 들어가느냐는 얘기였다. 캘드벡은 친구들이 자신만큼 똑똑하고 유능했지만 가정환경 때문에 자신보다 선택권이 너무 좁았다며 안타까워했다.

캘드벡은 좀 순진하게도, 아니 어쩌면 무모하게도 자신의 무한한 잠재력을 믿었던 대학 시절 이야기를 털어놓았다. 그는 듀크 대학교에 합격한 후 세계적으로 명성 높은 이 대학교의 농구팀에 들어가고 싶었지만 실력이 없어서 농구팀을 지원하는 역할을 맡게 되었다. 연습 전후에 체육관 바닥을 닦고, 큰 아이스박스에 음료를 준비해 놓는 등 팀을 위해 이런저런 봉사 활동을 했다. 하지만 이런 조건에서도 연습 때마다 빠지지 않고 참가해 팀의 지원을 위해 열심히 움직이다가 팀원들이 떠나면 혼자서 훈련을 했다. 이런 생활을 매일같이 이어가자 팀원과 코치 들이 마침내 그를 눈여겨보게 되었다. 그러다 2학년 때는 연습 중에 결원 멤버의 자리를 메워주는 역할을 맡게 되었다. 중간 시즌 중에 한 번은 코치가 코트에 내보내주기도 했다. 정확히 1분을 뛰며 슛을 해보기는커녕 공 한 번 잡아보지 못했지만 공식적인 기록으로 유명한 듀크 대학교 농구팀의 일원이 된 것이다.

캘드벡은 실력을 향상하려는 노력을 멈추지 않았다. 팀의 그 누구에게도 밀리지 않을 만큼 열심히 노력했다. 4학년이 되었을 때에도 여전히 벤치에 앉아 보내는 시간이 대부분이었지만 이런저런 경기에서 몇 분씩 뛸 수 있었다. 슛을 던지거나 점수를 올리는 경우는 드물었지만 그런 훌륭한 팀에서, 그것도 그 해에 전국 우승팀에 오를 만큼 한창 전성기에 그 팀의 일원으로 뛴다는 것은 정말 짜릿한 경험이었다.

졸업 직후에 캘드벡은 듀크 대학교 농구팀의 코치이던 마이크 시셰프스키Mike Krzyzewski에게 조언을 구했다. 앞으로 어떻게 살아야 할지 막막해서 진로상담실에 찾아갔다가 상담사에게 컨설팅 회사의 입사를 추천받은 상태였다. 그런 회사들이 대체로 급여가 두둑하고 캘드벡같이 성적이 우수하고 스포츠 활동과 과외 활동도 활발히 한 학생들을 채용한다면서 조언도 해주었다. 시셰프스키는 가장 중요한 것은 핵심적 열정을 찾아 그 열정을 따르는 것이라고 말해주었다. 캘드벡은 자신의 열정이 무엇인지 확신이 없었다. 특정 활동에 보다 원대한 야심을 접목시켜주는 코칭 일에 흥미가 들기는 했다. 하지만 코치가 될 수 있는 실질적 길이 없었고 열정에 대한 시셰프스키의 조언을 흘려들었다. 그러던 중 유명한 컨설팅 회사인 보스턴 컨설팅 그룹Boston Consulting Group의 여름 아르바이트 자리를 제안받고 수락했다.

보스턴 그룹에서의 일은 할 만했지만 지루했다. 젊은 사람들끼리 팀을 이루어 선임 파트너의 발표를 위한 자료를 정리하는 일이었다. 당연히 어떤 회사를 얼마의 값을 치르고 구매할지는 회사의 높은 사람들이 결정할 사항이었고 캘드벡은 종일 스프레드시트 자료를 들여다보며 지루한 보고서를 작성했다. 캘드벡은 문제가 그 회사에 있다고 결론지으며 이 회사 저 회사로 옮겨다녔다. 하지만 회사를 옮겨도 별로 나아지는 것이 없었다. 그러다 파트너로 근무하며 더 유용한 일을 하는 것 같아 보이는 사람들이 경영대학원 졸업자라는 점에 자극을 받아 스탠포드 대학교 경영대학원에 들어갔다.

이후 경영대학원을 졸업하고 나서 샌프란시스코에서 일자리를 구했지만 그곳에서의 모든 순간이 싫었다. 무엇보다 사내 문화가 살벌했다. 모두들 다른 동료들을 짓밟으며 앞서가려 기를 썼다. 하는 일에 흥미조차 생기지 않았다. 더 바람직한 문화 속에서 일하고 싶은 마음이 간절했고 얼마 후에 샌프란시스코의 또 다른 사모펀드 기업인 앙코르 컨슈머 캐피탈Encore Consumer Capital로 옮기게 되었다. 이번 회사의 문화는 캘드벡에게 이상적이었다. 사장이 시셰프스키가 가르친 학교를 나온 멘토 같은 사람이었다. 사내 분위기도 팀워크를 강조했다. 이로써 캘드벡은 자신이 원한다고 여겼던 모든 근무 조건을 갖춘 회사에서 일하게 되었지만 여전히 충족감과 만족감을 느낄 수는 없었다.

당시에 사귀던 여자친구(현재의 아내)가 살짝 개입하고 나섰다. 캘드벡이 행복하지 못한 이유는 좋아하는 일을 하고 있지 않아서라고 얘기해주었다. 그간의 인생경로를 짚어보니 캘드벡은 대학 졸업 후에 제안받은 일을 첫 직업으로 삼아 컨설턴트가 되었다. 그곳에서 일하는 동안엔 일단 컨설턴트가 되었으면 사모펀드 기업에 들어가는 것이 최선책이라는 이야기를 숱하게 들었다. 이후엔 경영학 석사학위를 따야 한다는 이야기를 들었고, 그 뒤엔 사모펀드 업계의 사다리에서 위로 올라서야 한다는 말을 들었다. 끊임없이 다른 사람들이 맞다고 얘기해주는 길을 따라 살아왔을 뿐 자신이 진정으로 원하는 일이 뭔지는 한 번도 생각해보지 않았다. 시셰프스키 코치가 자신의 열정을 찾아야 한다고 말해주었던 그날 자신이 중대한 테스트에 직면했지만 그 테스트에 실패했다는 것을 깨달았다. 자신이 중요한 핵심을 완전히 놓치고 있었음을 그제야 알게된 것이다. 그동안 성공의 외면적 허식을 좇으며 시셰프스키가 권했던 대로 진정한 행복을 가져다 주고 열정을 키워주는 일에 관심을 기울이지 않은 채 살고 있었다.

캘드벡의 여자친구가 아이디어를 하나 내놓았다. 문구점에서 큼지막한 포스트잇을 사와 일요일마다 둘이 같이 거실에 앉아 캘드벡이 좋아하는 것들을 적어보자고 했다. 여자친구는 처음엔 그것이 진지한지 유치한지, 사려 깊은지 허무맹랑한지를 따지지 말고 그냥 적어보라고 했다. 그런 식으로 적다 보니 처음엔 '버팔로 윙'이 튀어나오기도 했다. 초반에 적은 목록 중에는 '운동하기', '농구', '팀워크', '다른 사람들 돕기'도 있었다.

몇 달이 걸려서야 확신하게 되었지만 캘드벡은 팀이 어떤 중요한 일을 성취하도록 직접적으로 도움을 줄 때 가장 행복해하는 사람이었다. 그래서 자신이 열정을 느끼는 일에 매진할 수 있을 만한 직업을 쭉 짚어보며 교직, 팀 코칭, 정계 진출 등을 떠올렸다. 확실히 10년 더 일찍 이렇게 해봤다면 자신이 사모펀드 업계에 들어설 일은 없었을 것 같았다. 그렇다고 해서 사모펀드 일을 싫어했던 것은 아니다. 하루의 대부분을 누구에게도 직접적 영향을 주는 일 없이 혼자서 따분한 일을 하며 보내는 것이 싫었을 뿐이다.

캘드벡은 사모펀드 업계에서 실력을 인정받으며 더 많은 권한을 얻었다. 다른 사모펀드 기업의 임원들처럼 인수 후 실적을 개선시켜 이익을 남기고 매각할 만한 회사를 찾게 되었다. 그런 일은 때때로 아주 신이 났다. 주니어 애널리스트 팀과 공략 후보 기업에 대한 찬반 의견을 검토할 때는 일에 재미를 느꼈다. 자신이 일하는 사모펀드 회사에서 사업성은 괜찮은데 침체되어 있는 기업을 사들여 인수 기업의 임원들이 부진한 사업을 성공시킬 방법을 찾도록 도움을 줄 때는 특히 더 신이 났다. 다만 그런 신나고 열정적인 순간이 별로 없다는 게 탈이었다. 하루 업무 중 95퍼센트는 고되고 단조로운 일이었다. 기업에 대한 정보를 찾아 이윤폭을 계산하고 앞으로 예상되는 현금 유동성을 살펴보기 위해 끝도 없이 자료를 검토하는 것이 주된 업무였다.

아이디어와 자본을 이어주는
혁신적인 방법

　　　　　　　우리는 대체로 규격품 경제를 똑같은 상품을 더 빠르고 싸게 생산할 수 있게 해준 증기 동력, 전기, 철도, 컨베이어 벨트, 자동선반(보통 선반을 자동적으로 움직이게 하여, 대량 생산에 적합하도록 만들어진 선반—옮긴이) 등의 발명 결과로 여긴다. 그런데 어찌 보면 이런 아이디어에 대한 자금 지원을 가능하게 해준 금융 혁신이 더 중요한 역할을 했을지 모른다.

인류 역사의 거의 전 시기에 걸쳐 뛰어난 아이디어가 있었지만 돈이 없는 누군가가 다른 누군가에게 그 아이디어를 추진할 돈을 얻어낼 방법은 그리 많지 않았다. 고대 로마나 중세 유럽에서는 흥미로운 발명을 꿈꾸었던 사람이 수두룩했다. 하지만 농민의 밭일을 자동화할 방법을 찾아내는 일에는 흥미도 별로 없고 집안을 잘못 타고난 발명가에게 입증되지 않은 아이디어의 추진 자금을 대줄 가능성도 없는 세습 권력층이 모든 돈줄을 쥐고 있었다.

17세기와 18세기에는 영국, 네덜란드를 비롯한 유럽 국가에서 귀족층이 힘을 잃으면서 중산층으로 부상한 자수성가한 상인들이 투자할 만한 아이디어를 가진 사람에게 출생 신분에 상관없이 위험을 함께 감수하며 자금을 대주는 새로운 방법을 고안해냈다. 예를 들어 세계 최초로 증기기관을 완성한 스코틀랜드의 발명가 제임스 와트James Watt가 성공을 거둘 수 있었던 것은 사업 파트너 매튜 볼턴Matthew Boulton이 와트의 아이디어에 투자할 사람들을 찾으며 수십 년 동안 자금을 지원해준 덕분이었다.

그로부터 1세기 후 자동차 발명가 헨리 포드Henry Ford는 자동차를 제대로 완성하는 일보다 사업 자금을 모으는 데 더 오랜 시간이 걸렸다. 최초의 선도적 투자자인 목재 갑부 윌리엄 머피William Murphy가 포드가 도저히 감당하기 어려울 만큼 강압적으로 굴자 포드는 (당시에 캐딜락으로 사명이 변경되어 있던) 회사를 포기하고 덜 강요적인 새로운 투자자들을 모아 또 다른 자동차 회사를 설립했다. 이런 사례는 다 열거할 수 없을 만큼 많다. 이름을 들으면 누구나 다 알 만한 위대한 발명가 거의 모두가 이름이 잊힌 투자자들에게 자금 지원을 받았다.

규격품의 세기가 무르익으면서 발명가는 더 이상 한 명의 인심 좋은 후원자에게 자금을 의존하지 않게 되었다. 주식과 채권 시장을 활용해 수많은 투자자에게 주식을 팔 수 있게 되면서 투자자들의 돈을 끌어모아 사업을 시작할 수 있게 되었다. 제2차 세계대전 직후에는 새로운 금융 아이디어의 출현으로 세계가 더욱 변화되었다.

조르주 도리오Georges Doriot는 1899년에 파리에서 태어났다. 도리오의 아버지는 푸조를 위해 세계에서 가장 빠른 자동차의 개발에 힘을 보탠 자동차 개척자였다. 물불을 가리지 않는 저돌적인 운전자이기도 해서 자동차로 유럽 곳곳을 질주하기도 했다. 도리오는 제1차 세계대전 때 프랑스군으로 참전했다가 경영대학원에서 공부를 하기 위해 미국으로 건너가기로 결심했다. 그 뒤로도 미국에 계속 머물며 하버드 대학교 경영대학원 학장에 올랐고 물류와 영업 분야의 전문가로 주목받기도 했다. 미국 시민권을 부여받은 도리오는 제2차 세계대전이 발발하자 병참부대에 들어갔다. 그리고 그곳에서 과학적 원리를 활용해 미군의 수송력을 변화시켜, 나사못에서부터 탱크, 식품과 식수에 이르기까지 온갖 군수물자를 필요한 곳 어디로든 수송할 수 있게 해주었다. 그로부터 얼마 지나지 않아 미군 준장 겸 병참감兵站監으로 임명되었다.

이후 1946년에 하버드 대학교로 돌아온 도리오는 자신과 함께 일했던 총명한 병사들 여러 명을 떠올렸다. 똑똑하고 창의력이 풍부한 병사들이었는데 이런 인재들이 자신의 능력을 제대로 펼칠 수 없는 민간인 세계로 돌아갔다는 생각에 안타까웠다. 도리오는 이들 중 상당수가 자금의 지원만 받는다면 자신의 회사를 운영할 능력이 있다고 판단했다. 그래서 당시엔 그런 용어 자체도 없었지만 이후에 세계 최초의 제도화된 사모펀드로 알려지게 될 미국연구개발협회ARDC를 설립했다. 도리오의 아이디어는 많은 투자자에게 약간의 돈을 거두어 장래성 있는 사업 아이디어를 가진 병사들에게 지원해주자는 것이었다. 사업 아이디어 중에는 성공하는 것도 있고 실패하는 것도 있을 테지만, 투자자들로선 공동출자를 통해 더 많은 위험을 감수할 여력이 생기니 그에 따라 각 투자자가 하나의 회사를 선택해 돈을 투자하는 경우보다 훨씬 높은 보상을 받을 가능성이 있었다.

미국연구개발협회는 대성공을 거두었다. 도리오가 거둔 가장 큰 성공은 투자자들의 돈 7만 달러를 디지털 이큅먼트 코퍼레이션Digital Equipment Corporation(미니 컴퓨터를 제작하는 등 컴퓨터 산업에 중요한 족적을 남긴 미국의 회사로, 줄여서 'DEC'이라고 불리기도 함—옮긴이)에 투자했다가 몇 년 후에 3억 달러 이상을 거두어들인 일이었다. 이런 투자 아이디어가 인기를 끌면서 캘드벡이 이 사업에 몸담고 있던 시기까지 수천 개의 사모펀드가 생겨나 각자 독자적 전략과 접근법을 내세워 활동하고 있었다.

인공지능이 보장한
사업의 성공

그동안 대중매체에서는 첨단 사모펀드나 그 사촌격인 벤처캐피털에 대해서만 초점을 맞추다시피해서, 뉴스 소비자들은 대체로 사모펀드 회사들이 페이스북, 구글, 트위터 같은 IT 신생기업에만 투자한다고 생각할지 모른다. 캘드벡은 IT 사모펀드에는 관심을 가진 적이 없었다. 초기부터 IT 분야에 투자를 고려해볼 때마다 조사를 해보면 IT 벤처캐피털과 사모펀드가 지나치게 과대 선전되었다. 소수의 투자계약에서 소수의 회사만 큰돈을 벌었을 뿐이었다. 구글, 페이스북 등의 기업에 투자한 초기 투자자들은 굉장한 부자가 되었지만 10여 개의 투자계약 외에 나머지 벤처캐피털과 사모펀드의 투자계약은 사실상 돈을 잃었다. 그래서 캘드벡은 이런 투자계약을 복권에 가깝게 여겼다.

캘드벡은 예전부터 쭉 CPG 사모펀드 분야에 주력해 마트나 온라인에서 판매되는 상품에 집중했다. 전도유망한 기업을 인수해 판매와 시장 점유율을 개선하도록 도와준 후에 이익을 남기며 매각했다. 이런 CPG 분야의 투자는 좀처럼 대중매체의 주목을 받지 않았다. 캘드벡은 샌프란시스코에서 활동하며 때때로 2류 시민으로 전락한 기분이 들기도 했다. IT 분야 사람들이 고공비행하며 자신의 회사 같은 CPG 분야 회사를 내려다보는 그런 기분이었다. 하지만 평범한 포장 소비재 사업체지만 성장을 이어가며 실질적으로 수입을 끌어내고 있는 곳을 꾸준히 찾아냈다. CPG 사모펀드에서 일하는 사람들은 대체로 첨단기술 사모펀드에 투자하는 사람들보다 더 많은 돈을 벌었다. 엄청나게 성공한 첨단기술 벤처 회사는 소수에 불과하고 대다수는 투자 수익이 CPG 기반의 투자사들이 거두는 투자수익에 못 미친다.

캘드벡은 사모펀드 일에서 자신이 좋아하는 활동만 놔두고 싫어하는 활동을 빼버리면 어떤 형태가 될지 궁금해지기 시작했다. 진정한 열정을 느끼는 활동(인수할 만한 괜찮은 회사를 찾아내기, 회사 소유주가 더 나은 결정을 내리도록 도와주기)에만 매진하면서 사업 설명서와 산업 보고서 따위를 수두룩하게 읽고 자료를 뽑아내 스프레드시트로 정리하고 그 정보를 평가하는 지루한 일은 할 필요가 없다면 어떨까?

캘드벡은 스탠포드 대학교에서 가장 친하게 지낸 친구였던 로리 이킨 Rory Eakin에게 이런 생각을 털어놓았다. 캘드벡이 키가 크고 운동을 잘하고 목소리가 크고 대범한 성격이라면, 이킨은 상대적으로 키가 작고 조용한 모범생 스타일이었다. 하지만 어떤 면에서는 서로가 서로의 복제판처럼 느껴지기도 했다. 둘 다 자료를 모으고 가설을 세워 검증하는 식으로 문제를 분석하는 아주 체계적인 성격이었다. 가끔은 견해가 완전히 다르기도 했지만 두 사람 모두 사업 전략이나 정치 쟁점이나 이상적 사회 구조를 놓고 장기적 토론을 벌이길 좋아했다. 정보를 분석해 결론에 이르는 방식도 똑같았다.

캘드벡이 2000년대 중반에 사모펀드 업계에서 출세가도를 타고 있을 때 이킨은 남아프리카공화국에서 전도유망한 흑인 학생들을 지원하는 인도주의 활동에 몸담고 있었다. 실업가이자 정치인인 앤드류 멜론Andrew

Mellon의 자녀들이 설립한 멜론 재단으로부터 자금 지원을 받아 US.ZA 교육사업US.ZA Education Initiative을 운영하며 자금 사정이 열악한 흑인 고등학교에 다니며 대학 진학에 필요한 기본적 학업 소양을 제대로 쌓지 못하고 있던 학생들을 도와주었다. 이런 활동을 펼치는 과정에서 이킨은 자신이 괜찮은 교사이며 어려운 조건에서 힘든 일을 해내는 능력도 갖추었다는 자부심을 갖게 되었다. 비영리단체를 세워 전반적 운영을 꽤 잘 해나가고 있다고도 느꼈다. 그러던 중 한 멘토에게 전략적으로 사고하고 이상을 실행에 옮기는 방면으로 재능을 타고났으니 더 큰 영향력을 발휘할 수 있도록 실력을 키워야 한다는 말을 들었고, 이후 이킨은 아프리카를 떠나 스탠포드대학교의 경영대학원에 입학했다.

이킨은 경영대학원을 졸업한 후에 이베이를 설립한 억만장자 피에르 오미다이어Pierre Omidyar와 그의 아내 팸Pam에게 고용되었다. 부부가 운영하는 자선 투자 부문을 맡아 사하라 사막 이남의 아프리카 지역 주민들의 삶을 개선하기 위해 힘쓰는 여러 단체에 투자하는 일을 했다. 샌프란시스코와 아프리카를 오가며 자금을 지원받는 단체들을 평가하기도 했다. 그러다 어느 순간부터 의외의 사실이 눈에 들어왔다. 가만 살펴보니 영리 사업체가 비영리단체보다 가난한 사람들의 삶에 훨씬 더 큰 영향을 미치고 있었다.

아프리카의 비영리단체는 수년간 수백만 달러를 쓰면서 지역사회의 필요성을 조사해 대범한 개입 활동(새로운 학교와 진료소 설립)을 계획한 후 대대적 개소식을 열어 테이프 커팅과 따분한 정치적 연설과 다른 어딘가에 사는 부자들에게 기부를 부탁할 팜플렛에 담기 위한 사진을 찍는 것으로 마무리하는 것이 보통이었다. 그러다 몇 주, 심지어 며칠만 지나도 그 지역

사회는 예전과 똑같은 모습이 되기 일쑤였다. 큰 변화가 없었다. 지역 주민 몇 명이 주로 비영리단체에서 대폭 불어난 월급을 받으며 일하게 된 덕분에 더 많은 돈을 버는 경우가 있었지만 비영리단체가 자금 지원을 더 이상 받지 못하거나 관심을 다른 분야로 돌리면서 그나마 이런 일자리마저 사라져 예전의 방식으로 되돌아가는 일도 비일비재했다.

한편 이킨은 아프리카에서 삶이 개선되고 변화된 경우를 자주 목격했다. 글도 못 배우고 근근이 목숨을 연명하며 자라온 작은 빈촌의 주민이 창업을 해서 가족을 먹여 살리고 집에 콘크리트 바닥을 깔거나, 심지어 전기시설까지 들여놓고 자녀 한둘을 사립학교에 보낼 수 있게 된 경우들이 있었다. 그런가 하면 비참한 생활에서 벗어나 가족이 경제적 자립을 이어갈 기반을 닦아 놓으며 어떤 비영리단체에서도 제공해주지 못할 만한 변화를 이루어낸 사람을 몇 명 찾아내기도 했다. 거의 모든 경우에 변화의 원인은 수익에 있었다.

그 구체적 사례로, 어떤 여성은 시장에서 가판대를 열어 날도 밝기 전에 일어나 조리해 온 음식을 지나가는 건설 노동자들에게 싸게 팔았다. 저렴한 냉장고와 소형 발전기를 구입할 만큼 돈이 모이자 차가운 캔 탄산음료도 팔았다. 나중엔 번 돈으로 작은 천막을 세워 의자 몇 개를 들여놓기도 했다. 그러다 얼마 지나지 않아 작지만 입소문이 파다하게 난 식당을 운영하면서 자녀들과 사촌들에게 일자리를 주기도 했다. 덕분에 잉여 소득이 생겨 다른 사람들에게 돈을 빌려주고 아이들을 학교에 보내기도 했다.

이킨은 삶을 변화시키는 일에 헌신하면서 이상주의적 자본주의자가 되었다. 그러던 중 벤처캐피털의 민주화에 대한 캘드벡의 이상을 듣자마자 그 잠재력을 간파했다. 가난한 사람들이 가난에서 벗어나지 못하고 부자가 더 부자가 되는 단순한 이유 하나는 부자에겐 자본이 있기 때문이다. 새로운 아이디어에 투자할 돈과 위험을 감수하며 새로운 사업을 세울 만한 자금을 가지고 있기 때문이다. 부자는 이미 자본을 갖추고 있기 때문에 자본을 가진 다른 사람들로부터 투자와 대출의 형태로 훨씬 더 많은 자본을 얻어내게 된다.

하지만 이킨이 깨달은 바로는 투자자들이 전적으로 정보에 밝은 선택을 내리는 것은 아니었다. 투자자는 자본을 가진 사람이 덜 위험해 보인다는 이유로 투자하기도 한다. 자본을 가진 사람들, 즉 부자들은 대출을 상환할 가능성이 높으며 자신이 만들어낸 상품과 서비스를 시장에 진입시키는 방법을 잘 알아 성공적인 투자를 하고 수익을 낼 가능성도 높다.

이런 사실을 생각하면 이킨은 미칠 노릇이었다. 다른 부자에게 돈을 빌려주고 투자하는 부자들이 근시안들 같았다. 장래성 있는 뛰어난 아이디어를 가진 사람에게 투자해야 마땅하지 않은가. 게다가 이킨이 아는 한 가난한 사람도 뛰어난 아이디어를 많이 가지고 있으며, 어쩌면 필요성과 절박함 때문에 더욱 창의적으로 사고할 가능성도 있었다. 가난한 사람들의 아이디어가 부자들의 아이디어와 객관적 기준에 따라 나란히 평가받을 수 있다면 뛰어난 아이디어를 가진 사람들이 자금을 지원받아 그 자금으로 사업을 세우고 그 사업을 성공시켜 가족과 함께 가난에서 벗어날 기회를 얻을 텐데 안타까웠다.

자본주의를 활용해 빈곤을 종식시키고 싶은 이킨의 열정은 더 다양한 분야의 창업가들이 성공하도록 돕고 싶은 캘드벡의 열정과 서로 부합되었다. 이킨이 찾아낸 문제점은 캘드벡이 찾아낸 문제점과 일맥상통했다. 사람들을 대출 자금과 투자 자금에 연결시켜주는 과정은 너무 비효율적이었고, 값비싼 시간과 노력을 치르면서 사치품처럼 되어 있었다. 그 과정을 더 효율적이고 저렴하게 만든다면 누구나 이용할 수 있었다.

링과 쿠키렉은 가난한 사람으로 분류하기엔 적절치 않다. 두 사람 모두 샌프란시스코 만안 지역에 안락한 주택을 구입하고 아이들을 명문 학교에 보낼 만큼 돈을 번 성공한 기업가다. 유기농 재료로 맛 좋은 초콜릿 바를 만들려는 새로운 창업 아이디어에 자금을 조금 투자하기로 마음먹었을 만큼 여유도 있다. 하지만 포장 소비재 산업의 맥락에서 보면 두 사람은 코끼리들의 세상에 던져진 개미나 다름없다. 두 사람의 순자산을 합쳐 봐야 스니커즈 생산 라인에서 몇 분 사이에 만들어지는 가치에도 미치지 못한다. 그럼에도 두 사람은 덩치 큰 상대에 도전하기로 마음먹었고 금융적 지원 없이는 규모를 확대할 수 있는 방법이 없었다.

서클업의 애널리스트들은 자체적인 인공지능 검색엔진을 통해 오초 캔디를 빠르게 (그리고 거의 비용 한푼 들이지 않고) 검토할 수 있었다. 서클업의 컴퓨터 시스템이 여러 사탕·초콜릿류 리뷰 사이트의 후기뿐만 아니라 트위터와 페이스북 등의 소셜미디어 플랫폼의 게시글까지 훑으며 자동으로 정리해준 자료를 통해 확인한 결과 오초 캔디는 고객층의 규모가 작았지만 아주 열광적 호응을 얻고 있었다. 여전히 아주 작은 회사였지만 판매량이 급상승하는 추세였다. 서클업의 소프트웨어상으로 오초 캔디는 크게 성장할 가능성이 있었다. 서클업에는 헬리오Helio라는 인공지능 투자 플랫폼이 개발되어 있기도 했다.

헬리오는 영양 정보에서부터 상품평과 소매 판매점 위치에 이르기까지 수백 개의 데이터 소스를 수집해 미국 내의 브랜드 100만 개 이상을 찾아내 추적하고 평가하는 능력이 탑재되어 있었다. 그리고 이렇게 도출된 자료는 미래 성장 가능성이 가장 높은 브랜드를 예측해내는 기계학습(인간의 학습 능력과 같은 기능을 컴퓨터에서 실현하고자 하는 기술 및 기법―옮긴이) 알고리즘에 투입되었다. 서클업은 이 알고리즘을 활용해 신속하고 정보에 밝은 투자 결정을 내리고 창업가들이 자신의 사업에 대한 통찰력을 얻도록 도와주었다.

서클업의 알고리즘은 어떤 회사에 대해서든 아주 빠르고 상세하고 저렴한 비용으로 활용되어 서클업의 애널리스트들은 전통적 벤처 캐피털리스트들이 간과하기 쉬운 전망을 찾아낼 수 있다. 오초 캔디의 경우를 예로 들어보자. 쿠키렉과 링에게는 꿈이 있다. 연매출 1억 달러 달성이라는, 성공할지 확신할 수도 없는 꿈이었다. 식품 제조사는 통상적으로 30퍼센트 가량의 꽤 높은 이윤을 낸다. 따라서 꿈이 달성된다면 오초 캔디는 3,000만 달러의 연수익을 거둘 수 있다. 이 정도면 대다수 사람들에게는 상상도 할 수 없는 액수다. 하지만 상당수 벤처 캐피털리스트에게는 분석할 가치도 없는 액수다. 오초 캔디가 투자할 가치가 있는 회사인지 결정하기 위한 분석 시간에만 대체로 수십만 달러의 비용이 든다. 따라서 투자자들은 최대 매출 목표가 성공한 첨단기술 스타트업에서 몇 시간 만에 벌 만한 액수밖에 안 되는 기업에는 자본을 묶어 두어야 한다.

벤처 투자가들이 열 배로 벌 기회를 노리는 이유는 큰 위험을 감수하기 때문이다. 투자하는 기업의 대다수가 성공하지 못해 투자자가 돈을 잃기 때문이다. 하지만 서클업은 자체 소프트웨어를 이용해 위험성을 크게 제거하고 있다고 확신한다. 한편 오초 캔디가 자금 지원을 받게 된 이후로 서클업은 오초 캔디 같은 기업들에게 직접 자본을 제공하기 위해 내부적으로 자금을 모집해 전통적 벤처캐피털보다 더 빠른 속도로 자금 지원을 해주었다. 서클업의 계산에 따르면 오초 캔디 같이 점수가 높은 기업은 성공할 가능성이 커서 투자자들로선 벤처 투자가들과 똑같은 위험을 감수하지 않아도 되므로 더 낮은 수익을 거두더라도 안심할 수 있다.

서클업의 또 한 가지 대단한 점은 속도다. 수개월이나 심지어 수년에 걸친 조사를 벌여 투자 결정을 내리기보다 오초 캔디를 몇 분 만에 평가한 후 오초 캔디의 사명감에 흥미를 느끼고 서클업 애널리스트들의 판단을 믿으며 기꺼이 수표를 쓰려는 투자자들을 채 2주도 걸리지 않아 찾아냈다. 오초 캔디가 (미국 최초의 사례인) 맞춤형 초콜릿 바 생산 기계를 장만할 수 있었던 것도 서클업 덕분이다. 기계를 구입한 직후 오초 캔디는 열두 곳의 소매 판매점을 새롭게 확보할 수 있었다. 오초 캔디의 매출은 야심을 훌쩍 넘어섰다. 홀푸드에서 판매되자마자 굉장한 인기 상품으로 떠올랐는데, 어찌 보면 충분히 그럴 만도 했다. 홀푸드가 천연재료를 더 많이 쓴 식품이라면 비싸도 구입하려는 쇼핑객들이 기꺼이 지갑을 열었다. 오히려 오초 캔디를 더욱 돋보여주는 성과는 월그린, 세이프웨이, 타깃 등의 대형 마트 소매점으로부터 주문을 받아냈다는 점이다. 결과적으로 보면 천연재료만을 사용해서 속은 크림처럼 부드럽고 겉은 초콜릿으로 단단히 덮여 있는 이상적인 유기농 초콜릿 바는 홀푸드 이용 고객들만 먹고 싶어 하는 상품이 아니다. 최대 마트 체인의 쇼핑객들 역시 오초 초콜릿 바 같은 상품을 열망하고 있다.

나는 링과 쿠키렉을 만나본 뒤부터 쇼핑을 하는 태도가 달라졌다. 이제는 홀푸드나 월그린 같은 마트에서 장을 볼 때 순간적으로 상품을 분류하게 된다. 어떤 사람의 열정의 결과물인 상품은 어떤 걸까? 어떤 상품이 남다른 호응을 보여줄 만한 특정 고객층을 겨냥한 것이고, 어떤 상품이 지나가는 모든 사람의 마음을 끌려는 희망으로 제작된 것일까? 대규모 소비자 브랜드 마케팅 팀의 주도로 제작되어, 열정도 없이 대중의 환심을 끌려는 의도가 담긴 상품을 보면 안 그러려고 해도 살짝 비판적인 마음이 든다. 스프라이트의 생산량 증가나 (이제는 더 진한 초콜릿을 입힌) 스니커즈 바의 최신 재탕 상품에는 애초부터 영혼이 담겨 있을 턱이 없다는 생각이 든다.

나는 우리가 이제 막 뉴노멀 시대의 새로운 경제에 들어섰다는 사실에 전율이 느껴진다. 오초 캔디의 성공을 가능하게 해준 근본적 변화에 힘입어 이제 앞으로 다른 수많은 독자적 상품이 탄생할 것이다. 기술 진보와 낮은 글로벌 시장 진입 비용 덕분에 특별한 이상을 품은 이들이 자신이 열광하고, 다른 사람들 역시 열광하리라 자신하는 상품을 만들어내기가 쉬워질 것이다. 생산자 외의 다른 팬들이 전 세계에서 소수에 불과하더라도 사업을 지속 가능하게 떠받칠 수 있게 될 것이다.

보다 활짝 피어난 미래의 열정 경제를 상상할 때면 마트가 떠오른다. 지금의 마트는 다양성의 착각을 일으키기 십상이다. 상품 진열 선반에 셀 수 없이 많은 상품이 늘어져 있지만 그 근간을 파고들면 모두 엇비슷하다. 진열된 식품의 대부분은 소수의 글로벌 기업에서 모든 사람의 구미를 끌도록, 다시 말해 어느 누구에게도 특별하지 않게 설계된 것이다. 마트는 어딜 가든 비슷비슷해서 누구나 똑같은 상품을 구입할 수 있다. 또 현재의 마트에는 10년 전이나 심지어 30년 전과 똑같은 상품이 수두룩하다.

그러면 이쯤에서 오초 초콜릿 바 같은 상품으로 가득한 매장을 상상해 보라. 수는 더 적지만 훨씬 더 열의 있는 고객층에게 호소하는 상품이 가득하다면 어떨까? 선반 곳곳에 그런 상품들이 쭉 진열되어 있다면 그 자체로 놀라운 탐험이 되지 않을까? 그중에는 당신의 마음에 드는 상품도 있을 테고, 당신에겐 전혀 끌리지 않지만 그 진열 선반 통로를 걷게 될 다음 사람의 눈을 사로잡을 만한 상품도 있을 것이다.

대량 생산된 글로벌 브랜드 상품이 사라지진 않을 것이다. 대기업들이 가격을 낮춰 공격적인 판매를 벌일 수 있게 해주는 규모의 이점은 상존할 것이다. 하지만 앞으로의 추세는 확실해서 그런 대규모 상품들의 점유율은 줄어들 것이다. 우리가 구매하는 상품 중에서 열정 기반의 상품 비중이 훨씬 더 늘어날 것이다. 그리고 열정 기반의 상품을 구매하는 사람들이 늘어남에 따라 그런 상품이 점점 더 효율적으로 생산되어 가격이 떨어질 것이다. 또한 그런 상품을 만드는 기업들은 지속적으로 상품을 향상시키며 특정 그룹의 사람들을 즐겁게 해주면서 경쟁을 벌여야 할 것이다. 정말로 그런 날이 어서 빨리 왔으면 좋겠다.

브레이크스루 ADR Breakthrough ADR

당신이 하는 모든 일 중 진정으로 하고 싶은 일만 선택할 수 있다면?

2016년 말 다말리 피터먼Damali Peterman은 변호사로서 더 이상 좋을 수 없는 커리어를 쌓아 놓고도 그 자리를 박차고 나왔다. 그녀는 변호사로 활동하며 상까지 받았고 세계 최대의 회계자문법인인 딜로이트에서 고위 간부로 근무했다. 법률 자문을 맡아 전 세계 곳곳에서 딜로이트의 업무를 지원하며 딜로이트 컨설턴트들과 함께 협력해서 세계 최대 기업 몇 군데가 가장 도전적인 사업을 진행하는 데 필요한 법적 문제를 지도해주었다.

피터먼은 도전을 좋아하는 사람이며(더 힘든 도전일수록 더 좋아한다) 그동안 인생 최대의 도전을 몇 차례 경험했다. 웨일, 고샬 앤드 멘지스 LLP라는 로펌에서 실력 있는 변호사로 손꼽혀서 2008년의 금융위기를 촉발한 투자은행 리먼 브라더스의 해체 과정을 맡기도 했다. 리먼 브라더스는 더 이상 회사로서 제 기능을 하지 못했지만 수조 달러에 이르는 부채, 미결제 수입, 전 세계 곳곳에서 여러 기업과 체결한 복잡한 계약 건 등 처리할 문제가 남아 있었다.

피터먼은 자신을 TV 시리즈 〈스캔들〉(백악관에서 커뮤니케이션 디렉터로 일했던 흑인 여성 올리비아 포프가 자신만의 위기관리 사무소를 열어 유능한 직원들과 함께 정재계 인물들의 사생활부터 경찰이 해결하지 못하는 범죄까지 해결하는 이야기 — 옮긴이)의 올리비아 포프에 비유했다. 동요하지 않고 전략적으로 사고하며 곤경에 빠진 고객들을 위해 최선을 다하면서 미국 재계에서 가장 영향력 있는 변호사에 속하기 위한 입지를 다져나가고 있었다.

그러다 2016년 대통령 선거 이후 개인적 위기를 맞았다. 온갖 방면에서 해결 불가능해 보이는 분노가 분출되며 눈앞에서 미국이 균열되어 가는 모습을 지켜보게 되었다. 공개적으로 밝히는 법이 없지만 피터먼에게는 나름대로의 개인적 정치관이 있다. 하지만 당시에 그녀의 정치관은 어느 한 당의 승리에 맞추어져 있지 않았다. 자신의 조국이 이전까지 다른 나라들에서만 봐왔던 수준의 내부적 혼란을 겪고 있는 것이 싫었다. 자신의 삶을 더 이상 대기업들의 상사분쟁商事紛爭(국제 무역에서 매도인과 매수인의 의견이 일치하지 않아 발생하는 분쟁—옮긴이)을 해결하는 데 헌신할 수 없다는 판단이 들었다. 아무리 흥미가 끌리고 도전적인 일이어도 더는 그럴 수 없을 것 같았다. 중재자이자 분쟁 해결자로서의 뿌리로 돌아가고 싶었다.

워싱턴 D.C.에서 7남매의 맏이로 자란 피터먼은 어릴 때부터 자신이 타고난 중재자였다고 말한다. 경찰이었던 계부가 밖에서 장시간 근무했기 때문에 자신이 나서서 말썽을 피워대는 형제들을 통제하며 어머니를 도와야 했다. 그녀는 학생들에게 자신만이 아니라 사회의 변화를 위해서도 힘쓰도록 장려하는 유서 깊은 흑인 여대 스펠먼 대학교에 입학했다. 피터먼은 학교의 이런 메시지를 진지하게 받아들여 이후 몬터레이의 미들베리 국제대학원에 진학해 분쟁 해결에 중점을 두며 국제정책연구학 석사학위를 받았다. 그 뒤에는 유엔이나 다른 국제기관에서 일하게 되기를 기대하며 법학학위가 도움이 될 거라는 판단에 따라 또 한 곳의 유서 깊은 흑인 교육기관인 하워드 대학교 법대에 들어가 사회공학(사회 문제의 과학적 해결과 기술적 관리를 위하여 응용되는 사회적 기술의 체계를 가진 학문—옮긴이)을 집중적으로 공부했다.

피터먼은 이상주의적 법학도들 대다수가 따르는 통상적 진로대로 한 법인 회사에 인턴으로 들어갔다가 얼마 지나지 않아 떠오르는 샛별로 인정받았다. 이때 법조계의 일에 매력을 느꼈고 기업 분쟁에서 복잡한 기술적 문제를 처리하며 모든 당사자에게 받아들여질 만한 해결책을 찾아내는 방면에서 자신의 재능을 발견했다. 첫 번째 직장에서 바로 승진을 했고 이후에는 딜로이트에 채용되어 2년 동안 임원으로 일했다.

그러다 선거 직후에 피터먼은 자신이 왜 갑자기 성취감을 느끼지 못하게 되었는지를 깨달았다. 그때까지는 자신의 능력을 발휘할 수 있는 일이라면 무엇이든 맡으며 자신의 재능에 따라 살았지만 이제는 자신의 가치관을 따라야 할 때인 것 같았다. 그래서 노란색 리갈패드를 앞에 놓고 앉아 자신이 잘하는 것들을 모조리 적었다. 적다 보니 아주 긴 목록이 되었다.

이쯤에서 짚고 넘어가자면 피터먼은 허풍을 떠는 사람이 아니지만 그렇다고 가식적으로 겸손을 떠는 성격도 아니다. 어쨌든 그렇게 몇 시간에 걸쳐 여러 가지 재능을 적어나갔고 그다음에는 정말 하고 싶고 열정을 느끼는 것들에 동그라미를 쳤다. 그랬더니 무시하고 넘어갈 수 없을 만큼 인상적인 결과가 나왔다. 그녀는 그동안 자신이 진정으로 좋아하는 일들에 아주 많은 시간을 할애하며 살아왔다. 그리고 이제부터는 그렇게 좋아하는 일에 집중해 갈등을 해결하고 다른 사람들에게 중재 방법을 가르치며 살고 싶었다. 꼭 그래야 할 것 같았다.

며칠이 지나지 않아 피터먼은 일을 그만두고 기업과 비영리단체, 정부기관, 교육기관 그리고 개개인에게 갈등을 잘 관리하고 해결하도록 도와주는 회사인 브레이크스루 ADR LLC Breakthrough ADR LLC를 세우기 위한 기반을 닦기 시작했다. ADR은 '대안적 분쟁 해결'alternative dispute resolution의 약자로, 소송이나 기타 대립적 절차 없이 갈등 해결의 방법을 찾는 것을 의미한다. 이런 소송 기간에서는 (그리고 이 소송의 나라에서는) 사업체들이나 공동 제작자들 간이나 고용주와 피고용주 간의 작은 분쟁이 장기간에 걸친 법정 분쟁으로 번지며 살인적 소송 비용이 들어가기 십상이다. 게다가 관련된 두 당사자 간의 관계가 분쟁 과정에서 타격을 입고 만다.

중재는 새로운 아이디어가 아니다. 하지만 브레이크스루 ADR은 단순히 분쟁을 해결하는 것이 아니라 관련된 모든 당사자들이 자신들의 의견이 경청되고 존중받는 기분을 느끼면서 그 결과에도 만족할 만한 방법으로 분쟁을 해결하기 위해 힘쓴다. 이런 방식이 아주 성공적인 것으로 입증되면서 현재 브레이크스루 ADR에서는 기업, 교육기관, 정부기관, 비영리단체와 개인 들에게 소통과 협상, 갈등 해결의 기술도 가르치고 있다.

피터먼이 기업 법무 분야의 분쟁 해결 일을 그만두기로 결심한 이유는 자신의 업무에서 더 깊은 만족감을 느끼고 싶었기 때문이다. 이런 변화로 어느 정도 금전적 대가를 치를 것으로 예상하기도 했다. 하지만 결과는 예상과 달랐다. 금세 알게 된 사실이지만 미국인들은 더 빠르게 만족할 수 있는 해결 방법을 찾는 데 목말라 하고 있었고 사무실을 찾아와 문을 두드리는 고객이 줄을 이었다. 피터먼은 2년이 지나지도 않아 이미 두둑한 급여를 받았던 기업 법무 일로 버는 것보다 더 많은 돈을 벌게 되었다. 그리고 그녀의 사업은 지금도 꾸준히 성장하고 있다.

새로운 경제로 옮겨가려는 사람이라면 누구든 내가 '다말리 순간'Damali moment이라고 부르는 아주 소중한 연습 과정을 거쳐야 한다. 생업에 종사하며 하는 활동들을 쭉 적어본 후에 진정으로 기쁨을 안겨주는 것들에 동그라미를 쳐보라. 자신의 사업을 시작하려는 생각은 하지 않아도 된다. 이 연습은 당신이 직장에서 더 행복하고 효율적으로 일하는 데 도움이 될 것이다. 현재 하고 있는 일을 조정하게 해주거나 다른 방향을 진로를 돌릴 수 있게 해줄 것이다. 피터먼이 보여주었듯이 당신이 하는 모든 활동에 동그라미를 칠 만한 커리어를 갖는 일은 가능하다.

제11장

구글 연구소에서 밝혀낸
효율성의 조건

더 행복하게 일하는 조직은 무엇이 다를까?

구글 연구소에서 진행된 프로젝트를 통해
증명한 더 행복한 조직을 만드는 비결.

제시 위즈덤Jessie Wisdom은 미국에서 노동의 본질을 변화시키기 위해 일을 벌인 것이 아니었다. 단지 그녀 자신을 비롯해 그토록 많은 사람들이 몸에 더 좋은 음식을 먹는 문제에서 왜 그렇게 애를 먹는지 이해하고 싶었을 뿐이다. 누구나 알다시피 제대로 먹지 않으면 몸이 상하거나 심지어 죽음에 이를 수도 있다. 하지만 식사를 하면서 건강에 더 좋은 선택을 하기란 결코 쉬운 일이 아니다.

위즈덤에게는 이 문제가 남들에 비해 훨씬 더 현실적으로 다가왔다. 위즈덤의 가족은 양가 모두 콜레스테롤 수치가 높고 심장질환에 잘 걸리는 체질이다. 어머니의 가장 고통스러운 기억은 어린 시절로 거슬러 올라간다. 어머니는 외할아버지와 TV를 보고 있었는데 외할아버지가 갑자기 어린 어머니의 무릎 위로 쓰러졌다. 어머니는 그런 외할아버지의 모습을 보며 잠이 들었다고만 생각했는데 아니었다. 그날 외할아버지는 심장마비로 돌아가셨다.

위즈덤은 초등학교에 입학할 무렵 콜레스테롤 검사를 받고 심장질환의 위험성이 높은 편이라는 결과를 받았다. 그 결과를 본 가족들의 걱정이 컸다. 아직 여섯 살이고 몸무게도 18킬로그램이 채 안 나가고 딱히 부실하게 먹지도 않았는데 정크푸드를 달고 사는 50세의 비만 성인만큼이나 콜레스테롤 수치가 높았다. 어렸을 때부터 위즈덤은 군것질도 마음껏 할 수 없었다. "간식시간이 되면 다른 아이들한테는 쿠키를 줬는데 저는 복숭아를 받았어요."

위즈덤의 어머니는 모든 면에서 아주 멋진 분이었다. 자애롭고 언제나 누군가에게 용기를 줄 뿐만 아니라 같이 있으면 정말 재미있었다. 다만 한 가지 큰 문제가 있었다. 음식을, 그중에서도 특히 아이스크림을 몰래 먹는 것이었다. 한번은 위즈덤이 심부름을 갔다가 어머니에게 전화를 걸었는데 어떤 낯선 사람이 전화를 받더니 어머니가 하겐다즈 매장 테이블에 휴대전화를 두고 갔다고 말했다. 또 한번은 위즈덤이 늘 하던 대로 냉동실에 (항상 쌓여) 있던 하겐다즈 통을 열어보니 밤사이에 싹 비워져 있었다. 위즈덤의 어머니가 자신이 다 먹은 것도 아니면서 누군가 쓰레기통에 버려진 빈 통을 보는 것이 싫어서 도로 냉동실에 넣어둔 것이었다.

위즈덤은 아주 어렸을 때부터 어머니가 스스로를 계속 심장질환의 위험으로 내몰고 있다는 사실을 알고 있었다. "엄마 때문에 조마조마했어요. 엄마에게 아무 일도 생기지 않길 빌었어요. 그래서 끊임없이 속으로 이런 생각을 했죠. 먹으면 안 되는 줄 알면서도 왜 그렇게 드시는 걸까?" 위즈덤의 어머니는 어떤 음식이 몸에 좋은지 알면서도 왜 정반대의 선택을 했던 걸까? 이런 고민을 했던 과거를 돌이켜 보면 확실히 위즈덤은 일곱 살

때부터 결정 과학자였다.

위즈덤은 브라운 대학교에 들어갔을 때 엄마와 같은 사람들이 인생에서 더 좋은 선택을 내리도록 도와주는 일에 평생을 헌신하고 싶다는 생각을 했다. 그래서 심리학을 공부했지만 그 분야는 자신에게 잘 맞지 않다는 걸 깨달았다. 당시에 수강했던 임상심리학은 심리학자들이 환자 개개인을 일대일 면담으로 도와주는 것이었다. "그 분야는 제 길이 아니었어요." 한 번에 한 명씩 상담해주며 문제를 천천히 해결하는 것은 너무 더디게 느껴졌다. 많은 사람들이 빨리 해결을 볼 보다 폭넓은 다른 해결책이 있어야 할 것 같았다.

대학을 졸업하고 난 뒤에도 그녀는 인생의 방향을 잡지 못하고 한동안 헤맸다. 사람들이 더 나은 선택을 하도록 도와주는 일에 매진하며 살 작정이었지만 심리학자가 되고 싶지 않다면 어떻게 해야 할지 도저히 알 수 없었다. 그래서 남자친구(현재의 남편)를 따라 피츠버그로 가서 컴퓨터 공학 박사학위를 취득한 후 직장을 알아보던 중에 사무실 건물의 부지배인 일을 맡게 되었다.

부지배인 일은 일하는 모든 순간이 끔찍했다. 8시 전에 출근해야 해서 6시 반에는 버스 정거장으로 나와야 했다. 겨울 새벽녘 어스름 속에서 몸이 언 채로 제시간에 오는 법이 없는 버스를 기다리고 서 있다가 만원 버스를 비집고 들어가 (앉아서 가는 건 꿈도 못 꾸는 채로) 한 시간을 이리저리 떠밀리며 시달린 끝에 지겹기 짝이 없는 직장으로 출근했다. 위즈덤은 정면의 문을 멍하니 바라보면서 책상에 앉아 한 시간이라도 시계를 들여다보지 않고 버텨보려고 애쓰곤 했다. 하지만 시계를 보면 겨우 6분이 지나 있었던 적도 있었다. 다른 직장을 구하자는 생각이 수시로 치밀었지만 실행으로 옮기진 않았다. 그러다 다시 한 번 이런 의문에 직면했다. 왜 사람들은 자신에게 득이 되지 않을 걸 알면서도 그 일을 하려고(아니, 이 경우에는 그 일을 하지 않기로) 선택하는 걸까?

어느 날 남자친구가 집에 오더니 '사회학 및 의사결정학'이라는 것을 들어본 적이 있느냐고 물었다. 우연히 그 학과에 대해 알게 되었는데 알아보니 카네기멜론 대학교에 정식으로 학부가 개설되어 있다고 했다. 위즈덤이 그때를 떠올리며 말했다. "그동안 제가 찾고 있던 바로 그 분야였어요. 학과명을 듣고 나서 여러 교수들의 연구 자료를 읽어보니 공부를 하고 싶다는 욕구가 생겨났어요." 위즈덤은 이 학과 얘기를 듣고 컴퓨터 앞으로 달려가 웹사이트에 들어가보고는 그 자리에서 바로 다시 공부를 시작하기로 결심했다.

그들이 행동하지 않는
진짜 이유

위즈덤이 전공한 분야는 행동경제학이라는 새로운 학과였다. 아니, 더 정확히 말해서 기존의 여러 학과를 새롭게 구성한 학과였다. 20세기 동안 심리학과 경제학 분야는 서로 학문적 연관성이 거의 없었다. 물론 심리학자와 경제학자 모두 인간의 행동을 연구하긴 했지만 두 학문의 접근법은 양립할 수 없을 정도로 달랐다. 대다수의 심리학자는 상당수의 경제학자가 인간을 이성적인 동물로 여기는 착각에 빠져 있다고 생각했다. 그들은 인간이 자신의 행복을 최대화하는 결정을 내리는 편이라는 경제학의 개념은 실질적인 인간의 행동과 일치하지 않는다고 보았다. 경제학계에서는 인간이 개개인으로선 자기파괴적인 행동을 저지를 수 있지만 집단 속에서 평균화되면 경제적 합리성을 취하는 편이라는 신념을 가지고 있었다.

그러다 1970년대에 이르면서 큰 주목을 끌지는 못했지만 조용히 변화가 시작되었다. 일부 경제학자와 심리학자가 서로 대립하지 않고 도움을 주고받을 수 있는 방향을 찾은 것이다. 이런 새로운 협력적 접근법을 받아들인 경제학자들은 심리학자들을 통해 수십 년 동안 경제학 연구에서 찾아내지 못한 중요한 인간의 행동방식을 엿볼 수 있었다.

예를 들어 사람들은 논리적이고 수학적인 제안보다도 당장의 직접적인 것을 훨씬 더 중시하는 편이다. 지금 내가 당신에게 피자 한 조각을 권하며 지금 참으면 내일은 피자 두 조각과 캔 콜라 한 개를 먹을 수 있다고 말하면 당신은 지금 당장 그 피자를 움켜쥘 가능성이 아주 높다. 마찬가지로 급여에서 매주 100달러를 떼어내 퇴직연금에 넣어 놓으면 평생의 행복이 더 커진다는 것은 대부분의 사람들이 잘 알고 있는 사실이다. 하지만 아주 소수의 사람들만이 이것을 행동에 옮긴다. 그것이 뭐든 지금 당장 획득할 수 있는 직접적인 즐거움을 위험성이 내포된 미래의 더 큰 기회보다 중시한다. 당시 경제학자들은 사람들이 예전의 경제학계에서 생각했던 것보다 좀 더 정신 나간 존재라는 사실을 알게 되었다.

당사자가 아닌 외부 사람들에겐 터무니없게 들릴 수도 있지만, 심리학자와 경제학자가 협력한다는 생각은 두 학계의 일부 사람들에겐 급진적이고 격앙할 만한 일이었다. 우주공학자가 시학 교수와 협력하거나 물리학자와 어떤 회화 유파가 융합하는 것과 뭐가 다르냐는 반응도 있었다. 상당수 대학교에서는 이것이 단지 이론적 문제에 그치지 않고 근본적인 문제로 발전하기도 했다. 경제학자와 심리학자가 협력하길 원한다면 사무실을 어디에 설치해야 하는가? 어떤 학부에 넣어야 할까? 어떤 수업을 가르치게 할 것인가? 어느 학과의 대학원생을 지도하게 할 것인가? 일단의 심리학자를 경제학 프로그램으로 전임시키거나 일부 경제학자를 심리학 학부로 보내면 엄청난 논란이 일어날 것이 분명했다. 결국 전국의 몇몇 대학에서는 두 학과를 통합하기 위해 새로운 학부가 개설되었다. 의사결정학, 행동경제학, 행동재무학과 같이 심리학과 경제학의 공동 연구를 지칭하는 새로운 용어가 다수 만들어지기도 했다.

위즈덤은 이런 역사에 대해서는 전혀 알지 못했다. 다만 자신이 진학하려는 학부가 여러 사고방식 사이에서 장기간에 걸쳐 진행되던 투쟁의 결과였다는 점은 알고 있었다. 사람들은(구체적으로 말해 어떤 사람은) 왜 해서는 안 되는 결정인 줄 자신도 잘 아는 결정을 내리는지, 또 그런 사람들에게 더 나은 선택을 하도록 도와줄 방법은 과연 없는 것인지에 대해 위즈덤 자신이 이전부터 품어온 의문도 의식했다.

카네기멜론 대학교의 의사결정학 대학원에 다니면서 위즈덤은 '넛지' nudge(넛지는 팔꿈치로 슬쩍 찌르거나 주의를 환기시킨다는 뜻으로, 강압하지 않고 부드러운 개입으로 사람들이 더 좋은 선택을 할 수 있도록 유도하는 방법을 말함—옮긴이)라는 개념에 마음이 사로잡혔다. 넛지는 경제학자와 심리학자의 협력 과정에서 나온 가장 중요하고도 인상적인 개념이었다. 이 개념은 의사결정의 맥락에 작은 변화를 줌으로써 인생이 바뀔 만큼 사람들의 행동을 크게 변화시키는 것이 가능하다는 것을 증명하고 있다. 이것은 인간 뇌에 대한 가장 끈질긴 편견 중 하나, 즉 장기적인 것보다 지금 당장 당면한 것을 중시하려는 본능의 부산물이기도 하다.

넛지 과학은 우리가 일상적으로 하는 행동의 상당수가 우리 자신의 열정에 뿌리를 두고 있지 않은 이유뿐만 아니라 20세기에 규격품 경제가 번성한 이유 그리고 규격품과 규격품 기업과 규격화 업무가 주류로 부상할 수 있었던 이유에 대해서도 잘 설명해준다. 넛지의 분야에서 일인자로 꼽히는 경제학자이자 게임이론 전문가 토머스 셸링Thomas Schelling은 케네디 대통령을 위해 일하며 냉전의 이론적 토대인 상호확증파괴mutually assured destruction(적이 핵 공격을 가할 경우 적의 공격 미사일이 도달하기 전에 또는 도달한 후 생존해 있는 보복력을 이용해 상대편을 전멸시키는 보복 핵 전략—옮긴이) 개념을 세우는 데 일조했다. 상호확증파괴는 어느 쪽이라도 선제 공격을 하면 양쪽 국가 모두의 전멸로 이어지기 때문에 소련과 미국의 상호 공격이 억제될 수 있다는 개념이었다.

골초였던 셸링은 수년 동안 담배를 끊고 싶어 했다. 물론 담배를 피우면 건강에 안 좋고 금방 숨이 차서 아이들과 놀아주기도 더 힘들다는 것을 알고 있었다. 흡연은 셸링 자신의 삶에서 가장 파괴적이고 부정적인 요소였다. 그런데도 그는 담배를 끊지 못했다. 하지만 시간이 지나면서 냉전에 적용했던 똑같은 분석 방법을 자신의 행동에도 적용해보았다. 담배를 끊을 것인지 아니면 담배를 끊지 않을 것인지의 본질적인 선택에 직면해본 적이 한순간도 없다는 생각이 들었기 때문이다. 생각해보니 그동안 그는 오히려 담배를 끊을지 말지가 아니라 이 담배 한 개비를 피울 것인가 말 것인가의 소소한 선택에 직면해왔다. 그럴 때마다 다음 날부터 끊을 생각이니 지금 담배 한 개비쯤은 괜찮을 거라는 논리로 스스로를 설득했다. 물론 다음 날에도 담배 한 개비를 더 피우도록 스스로를 설득했고 이후로도 쭉 같은 논리로 담배를 끊지 못했다.

셸링은 이런 설득 논리를 미국이나 소련이 가령 한국전쟁에서 작은 핵폭탄 하나만 사용하면 어떨지를 고려하는 상황에 비유했다. 핵폭탄 하나 정도면 아주 큰 피해는 발생하지 않을 거라는 논리를 내세워 그런 고려를 했을 수도 있다. 하지만 양국은 상호확증파괴를 통해 하나의 폭탄이라도 금세 전면적 핵전쟁으로 이어질 위험이 있음을 깨달았다. 셸링은 자신만의 상호확증파괴를 세우기로 마음먹었다. 아이들을 앉혀 놓고 다시는 담배를 피우지 않겠다고 약속했다. 그러면서 자신이 담배를 피우는 것을 보면 아빠를 더 이상 존경하지 않아도 된다고 말했다. 아이들의 존경을 잃는 것이 셸링에게는 가장 큰 대가였다. 한 개비라도 담배를 피우는 것이 치명적인 상황이 되는 조건을 세워놓은 셈이었다.

이 개념은 고대 스리스 신화에서 사이렌의 유혹을 피하려고 돛대에 자신의 몸을 꽁꽁 묶어 놓았던 율리시스의 이름을 따서 율리시스의 계약Ulysses contract이라고 불린다. 현재 여러 웹사이트에서 이와 같은 율리시스의 계약을 서비스하고 있다. 이를테면 어떤 사람이 담배를 끊지 않거나 다이어트를 중간에 그만두면 자신이 경멸하는 정치 단체에 돈을 보내기로 동의하는 서비스다.

나는 이런 사고방식이 우리 경제가 규격화될 수 있었던 이유를 이해하는 데 유용하다고 생각한다. 우리 대다수는 어떤 선택이 주어지면 성취감을 주는 주도적 삶을 이끌어갈 것이다. 하지만 우리에게는 그런 선택이 주어지지 않는다. 집세를 벌어야 할 10대 후반이나 20대에 이르러 직업 전선에 들어서면 일자리가 구해지는 대로 취직을 하고 그 일자리를 시작으로 경력을 쌓아간다. 대다수가 자신이 어떤 선택도 내리지 않았음을 느끼기도 전에 어느새 30대나 40대에 들어서서 어떤 직업에 자리 잡게 된다.

경력과 인맥을 쌓아온 분야를 떠나 다른 분야에서 새롭게 시작하려면 막대한 대가를 치러야 한다. 우리는 규격화된 직업을 선택한 적이 없다. 단지 일단의 작은 선택을 내리며 현재의 상태에 이르게 되었을 뿐이다.

넛지는 셸링의 연구에 뿌리를 두고 정교화된 것으로, 넛지의 주창자는 이후에 노벨 경제학상을 수상한 시카고 대학교의 리처드 세일러Richard Thaler와 현재 하버드대 법학전문대학원의 캐스 선스타인Cass Sunstein이다. 두 학자는 셸링이 규명한 똑같은 문제, 즉 사람들이 습관적으로 장기적 열망에 불리한 단기적 결정을 내리는 문제에 대해 더 온건한 접근법을 개발했다. 세일러와 선스타인은 우리가 더 나은 결정을 내리도록 이끌어주는(슬쩍 찔러주는) 것이 가능하다는 가설을 세웠다.

세일러가 이런 생각을 처음 했던 것은 여러 경제학자들을 불러 파티를 열었던 1970년대였다. 파티에 견과류를 약간 내놨는데 손님들이 견과류를 너무 많이 먹어서 식사할 때 입맛을 잃을까 봐 걱정되었다. 그래서 견과류 접시를 다른 방으로 치웠는데 그러자마자 다들 군것질을 그만두었다. 대다수의 사람들이 이런 모습을 뻔하게 여기지만 경제학자들에겐 세상을 놀라게 할 만한 관찰로 비쳐질 수 있다. 견과류를 먹고 싶다면 누구든 다른 방으로 몇 걸음만 가서 집어오면 될 텐데도 아무도 그러지 않았다.

시간이 지나면서 세일러와 선스타인은 결정을 내리는 맥락에 단순한 변화를 주어 장기적 목표에 해가 되는 선택에 대해서는 높은 대가를 치르게 하고 옳은 선택에 대해 치러야 하는 대가를 낮추면 훨씬 더 나은 결정을 내릴 수 있음을 증명해냈다.

넛지에 대한 초반의 중대한 연구는 퇴직예금에 관련된 것이었다. 수십 년 전부터 인사부, 퇴직기금 기업, 개인재무 담당 기자 들은 퇴직을 대비해 저축을 늘리는 것이 정말 중요하다는 설교를 이어왔다. 대부분의 사람들이 비교적 적은 예금으로 미래의 삶을 얼마나 변화시키는지 보여주는 그래프를 봤지만 그 그래프를 무시하고 예금을 너무 적게 했다. 우리가 멍청한 걸까? 더 확실하고 똑똑히 설명해줘야 알아들을 만큼 멍청한 걸까? 그렇지 않다.

봉투를 제작하는 대기업 디럭스 코퍼레이션에서는 일단의 의사결정학자들, 다시 말해 경제학자와 심리학자 들의 지도에 따라 퇴직기금의 규칙에 변화를 주었다. 대다수 기업에서는 신입직원을 채용하면 급여의 일부분을 퇴직연금에 적립할 기회가 있다고 알려준다. 그런데 신입 직원의 40퍼센트 가량은 적립을 선택하지 않은 채 퇴직할 때가 되면 그대로 위험에 노출된다. 디럭스 코퍼레이션은 2008년에 기본 옵션을 변경해 모든 신입 직원이 급여의 5퍼센트를 퇴직연금에 적립하고 자동으로 해마다 적립률을 1퍼센트 포인트 늘리도록 규정해 놓았다. 누구든 적립을 해지해 퇴직예금을 받지 않기를 선택할 자유가 함께 주어졌지만 해지하는 직원은 극히 드물었다.

이런 발견은 세상을 놀라게 했다. 사실 퇴직예금보다 중요한 문제가 또 있을까? 적절한 퇴직연금에 가입한 사람은 가입하지 않은 사람보다 스트레스를 훨씬 덜 받으면서 더 충만한 삶을 살 수 있다. 현재에 미래의 안락한 삶을 위한 충분한 돈을 적립해두는 것은 누구에게나 이로운 일이다. 이런 점을 말로만 해서는 별 영향을 미치지 못한다. 심지어 위협하고 경고하는 차원으로만 끝나도 마찬가지다. 그런데 신입직원을 채용하면서 서류를 작성하는 기본 옵션만 살짝 바꾸어도 실질적 변화가 일어나며 사람들의 삶에 혁신적 영향을 미치게 된다.

구글에서 발견한
열정의 원동력

위즈덤의 삶 역시 이와 같은 접근법(부드러운 넛지
식 개입)을 통해 규격품 같은 삶에서 열정 기반의 삶으로 변화했다. 위즈덤
은 자신의 직업 생활에 비참해했고 변화하지 않으면 결코 행복해질 수 없
다는 것을 알고 있었다. 어느 순간이든 자신에게 놓인 선택을 검토하고 다
른 사람들에게 조언을 구하면서 보다 만족스러운 직업을 찾아나갈 수도
있었다. 하지만 막상 하려니 엄두가 나지 않고 겁도 났다. 어디에서부터 시
작해야 할까? 누구에게 상의를 해야 할까? 뭘 어떻게 해야 할까? 비참한
기분이 들더라도 익숙한 일상을 고수하는 편이 훨씬 편했다.

그러다가 작은 변화가, 정말로 아주 사소한 변화가 일어났다. '의사결정
학'이라는 새로운 말을 알게 된 것이다. 위즈덤은 구글로 검색을 해보고
전화를 걸어볼 만한 사람들을 찾아내 곧바로 자신의 삶을 변화시켰다. 의
사결정학의 렌즈로 이때의 순간을 들여다보면 사실 좀 별나게 보인다. 시
간을 조금만 내서 적극적으로 관심을 갖기에 삶의 질만큼 중요하고 가치
있는 문제가 또 있었을까? 하지만 위즈덤은 의사결정학이라는 말을 듣기
전까지는 아무런 행동도 취하지 않았다.

우연의 결과이지만 구글은 위즈덤의 삶을 여러 면에서 변화시켰다. 위
즈덤이 대학원에 다니며 의사결정학이란 것이 자신이 꿈꾸던 천직임을 깨
닫고 있던 어느 날 한 친구가 어떤 학술지에 실린 작은 광고를 보여주었다.
구글의 구인 광고였다. 구글의 인사부에서 몇 달간 인턴으로 근무하며 직
원들의 생활 개선을 위한 회사의 활동을 지원해줄 행동과학자를 찾고 있
었다. 위즈덤은 그런 큰 기업의 내부에 들어가 직접 지켜보는 것도 재미있

겠다는 생각이 들어서 지원을 했고 합격했다.

근무 초반에 위즈덤은 구글의 관리자들에게 자신이 살아온 내력을 털어놓았다가 오래전부터 회사 내부에서 해결하고 싶어 하던 문제를 듣게 되었다. 위즈덤에게 특히 친숙한 문제였다. 직원들이 몸에 정말 안 좋은 음식을 골라 먹으며 건강에 해로운 식습관을 가지고 있다는 것이었다.

알 만한 사람은 다 알겠지만 구글에서는 전 직원에게 무료로 음식을 제공한다. 단지 스낵류나 기본 식사만 제공하는 게 아니라 컵케이크, 타코, 젤라토, 피자, 와플, 만두, 파이까지 제공한다. 그것도 최상급 재료만 써서 수준급 요리사가 조리하는 음식들이라 대체로 맛이 아주 좋다. 하지만 그로 인해 '구글 15'(구글에 입사하면 몸무게가 15파운드 늘어난다는 의미—옮긴이)라는 말이 생겼다. 신입사원들이 유독 빠르게 몸무게가 늘었다. 음식이 맛있고 언제든 먹을 수 있어서 평상시보다 더 많이 먹다 보니 그렇게 되는 것이었다.

무료 도넛 증정 행사만 열려도 사람들이 우르르 몰려드는 모습을 주변에서도 쉽게 찾아볼 수 있다. 그런 무료 도넛이 뷔페처럼 가득 차려져 있어 매일 언제든 먹을 수 있다면 어떨지 상상해봐라. 배가 좀 고프다 싶으면 먹으러 가기 마련이다. 힘든 문제로 업무 진행이 막히거나 그냥 책상 앞에서 벗어날 구실이 필요하거나 조금만 지루해져도 도넛을 먹으러 가기 십상이다. 이 문제를 해결하기 위해 구글 직원들이 더 나은 선택을 하도록 도와줄 만한 방법을 찾는 임무가 위즈덤에게 맡겨졌다.

위즈덤은 대학원 과정을 밟으며 사람들에게 더 나은 결정을 내리도록 유도할 때 효과가 있는 경우와 효과가 없는 경우를 알아내기 위해 수많은 테스트를 하고 다수의 조사도 진행했다. 사람들이 어떤 선택을 내렸고 그 선택에 영향을 미친 요소가 무엇인지 더 잘 이해하기 위해 패스트푸드점 밖에 몇 시간씩 서서 막 패스트푸드점 밖으로 나온 사람들에게 질문을 한 적도 있다. 특정 주제에 관해 200명의 표본 규모를 확보하기 위해 수개월의 시간과 수천 달러의 돈을 쓰기도 했다. 그런데 구글에서는 수만 명의 직원을 대상으로 원하는 테스트를 바로 시도해보고 결론도 아주 빠르게 얻을 수 있었다.

위즈덤이 그동안의 훈련을 통해 배운 바에 따르면 선택권을 빼앗지 않는 것이 최선책이었다. 예를 들어 건강에 좋은 음식만 고를 수 있게 하는 것은 좋지 않았다. 건강에 더 좋은 결정을 내리도록 슬쩍 찔러주는 '넛지' 식 개입이 훨씬 효과적이었다. 대체로 넛지식 개입이 일어난 줄도 모르는 채로 그런 결정을 내리게 해주는 것이 가장 바람직했다.

마침 위즈덤의 눈에 엠앤엠즈로 가득 채워진 커다란 유리병이 들어왔다. 구글의 전통 중 하나인 그 유리병을 위즈덤은 불투명한 철제 병으로 바꿨다. 새로 교체한 용기에는 라벨로 엠앤엠즈가 담겨 있다는 표시가 되어 있었지만 그 맛 좋은 초콜릿의 알록달록한 모습은 볼 수 없었다. 직원들은 여전히 엠앤엠즈를 원하는 만큼 먹을 자유가 있었지만 눈으로 볼 수 없게 되자 먹고 싶은 마음이 사라지는 것 같았다. 어떤 때는 엠앤엠즈를 유리 용기에 담아 놓고, 또 어떤 때는 불투명한 용기에 담아 놓으며 관찰해보니 확실히 차이가 드러났다. 직원들은 엠앤엠즈가 눈에 보이지 않을 때 훨씬 덜 먹었다. 구글의 한 사무소(뉴욕 본사)에서는 엠앤엠즈의 용기를 바꾸는 작은 변화로 7주 동안 직원들의 칼로리 섭취가 300만 칼로리 이상 줄어들었다.

위즈덤은 구글의 구내식당 몇 곳에서 또 다른 실험을 했다. 구글에서는 오래 전부터 접시를 소형과 대형 두 가지로 제공했다. 위즈덤은 구글 직원들에게 큰 접시를 쓰면 더 많이 먹게 되는 경우가 많다고 알려주는 게시글을 내걸었다. 그러자 얼마 뒤부터 작은 접시의 사용이 50퍼센트 늘어났다. 간단한 게시글 하나로 구내식당을 찾은 직원 3분의 1의 식사량이 줄어들기도 했다.

위즈덤은 여름 인턴십 기간이 끝나고 피츠버그의 대학원으로 돌아온 후에 일생의 목표가 바뀌었다. 구글에서 인턴십을 하기 전까지는 박사학위를 취득하고 나면 대학에서 학생들을 가르치고 논문을 쓰면서 학자로 활동하는 것이 목표였다. 다른 학자들에게 좋은 평판을 얻을 만큼 논문을 충분히 써서 종신 교수직을 얻으면 이후에는 학부 운영권도 맡을 수 있다는 기대도 품었다.

하지만 구글에서 일하면서 생각이 달라졌다. 위즈덤은 구글에서 인턴으로 일한 불과 3개월 사이에 수만 명이나 되는 사람들의 삶에 큰 영향을 미칠 수 있었다. 학자로서 활동한다면 경우에 따라 12명이나 100명 등을 대상으로 하는 소규모 연구를 수개월 동안 진행한 후에 또 수개월이나 수년을 학술지에 게재할 논문을 쓰기 위한 자료를 도출하게 될 테고 논문이 흥미를 끈다면 몇몇 학자들이 그 아이디어를 바탕으로 조금 더 진전시켜 나가는 영예를 얻게 될 것이다. 그런데 수천 명의 삶에 즉각적 영향을 미칠 수 있는 큰 기업에서 활동하는 것과 비교하니 그 모든 것이 너무 규모가 작고 속도도 더딜 뿐만 아니라 영향력도 미미한 것 같았다.

위즈덤은 자신에게 자신만의 열정이 있다는 사실을 깨닫기까지 수년이 걸렸다. 자신이 어머니 때문에 속상해했고 사람들의 행동 방식에 의문을 가지고 있었다는 사실은 알고 있었지만 그런 관심을 일생의 사명으로 삼아 남들에게 도움을 줄 수 있는 열정으로 키워내는 것은 고사하고 열정이라는 이름을 붙인다는 생각조차 해본 적이 없었다. 언젠가 다른 사람들이 자신의 열정을 찾아 나갈 수 있는 방법을 제시해줄 수 있다는 생각도 해본 적이 없었다.

위즈덤은 자신의 열정에 전념하기 위해 다른 뭔가가 필요할 것 같았다. 그러다 유년 시절에 사랑하는 어머니가 자신을 억제하지 못해 슬퍼하고 걱정했던 사연을 가진 또 다른 사람을 만나야 할 것 같다는 생각이 들었다. 그는 위즈덤이 애초에 그런 활동을 할 수 있도록 노사관계에 대한 접근법을 제시해주고 구글이 직원들을 그런 식으로 대우하게 해주었던 인물인 라즐로 복Laszlo Bock이었다.

인간 행동의 비밀을
파헤치다

복은 인간관계 분야에서 가장 추앙받는 지도자일 뿐만 아니라 노동자들이 최선을 다하도록 동기를 부여하는 방법에 대해 기업들의 인식을 변화시킨 인물이다. 그는 잘난 척을 하지도 않고 설교하려고 하지도 않는다. 또한 복잡한 분석을 들이밀어 사람을 현혹시키지도 않는다. 오히려 상황을 아주 단순화한다.

기본적이고 단순한 질문을 던지며 그 답을 찾아내고 곧 이어 좀 더 기본적이고 간단한 질문을 던진다. 사람에게 최선을 다하도록 만드는 조건은 뭘까? 노동자들에 대해 이해하고 노동자들과 소통하면서 노사가 모두 각자의 탁월함을 발휘하려면 기업은 어떻게 해야 할까? 다행히도 복은 금세 이런 질문의 답을 깨달았다. 그의 답은 사업 측면에서만이 아니라 윤리적 측면에서도 훌륭한 것이었다.

복은 현재 자신의 직업에서 정상에 있지만 그의 인생은 아주 불우한 환경에서 시작되었다. 그는 1972년 루마니아 트란실바니아의 소도시에서 태어날 때부터 여러 가지로 어려운 상황에 처해 있었다. 당시 루마니아는 독재체제의 사회주의 국가였고 인종상 루마니아인이 아니면 제대로 된 직업을 구할 수가 없었다. 그의 아버지는 헝가리아인이었고 어머니는 유대인이었다. 복이 두 살 때 가족들은 몰래 루마니아를 빠져나와 오스트리아의 난민 수용소에 도착했다. 그들이 가진 것이라고는 기저귀 몇 장이 전부였다. 그리고 우여곡절 끝에 미국으로 건너갈 수 있었다. 복의 부모는 배운 사람들이었다. 아버지는 공학 분야에서 학위를 가지고 있었고 어머니 역시 영문학 석사였다. 하지만 가난한 공산주의 국가 출신의 이주자인 탓에 미국 사회에 적응하는 데 어려움을 겪었다.

복이 당시를 떠올리며 말했다. "사랑하는 어머니는 직장을 오래 다니지 못하셨어요. 정이 너무 많으셨어요." 복의 어머니는 회사에서 가장 곤란한 처지에 있는 직원과 가까이 지내곤 했다. 대체로 싱글맘이나 최근 이민을 온 사람들을 돌봐주면서 회사 운영주에게 그들을 배려해달라는 말을 하곤 했다. 그런 사람들을 위해 너무 열심히 싸우다 그들과 같이 해고될 때가 많았다. 해고를 당해 다른 회사에 취직하면 또 그 회사에서 고생하며 사는 누군가를 찾아내 같은 행동을 되풀이했다. 복의 기억으로는 이런 일을 서너 번 정도 겪으면서 부모님은 이혼을 했고 자신들 역시 경제적으로 곤궁한 처지에 놓이게 되었다. 아버지도 벌여 놓은 공학 관련 사업을 키우느라 생활고에 시달렸고 복의 남동생은 적응에 어려움을 겪고 있었다. 복은 고등학교 1학년 때 온 가족의 생존이 자신에게 걸려 있을지 모른다는 것을 깨달았던 순간을 똑똑하게 기억하고 있다. "앞으로 내가 엄마를 부양해야 할 것 같아. 동생도 내가 부양해야 해. 그리고 아빠도 내가 부양해야 해."

중학생 시절의 복은 사회의 가장 밑바닥에서 괴롭힘을 당하는 어설픈 이민자였다. 그러다 고등학교에 올라가면서 (훗날 훨씬 더 정교해진) 평생의 일로 거듭나게 될 자기계발 프로젝트를 시작했다. "학교에서 가장 인기 있는 아이가 되려는 계획은 아니었어요. 완전한 얼간이에서 중간 정도에 끼는 학생으로 변신하고 싶었어요." 복은 선천적으로 그럴 만한 본능을 타고 나진 않았다. 우선 (자신의 입으로 나에게 이야기한 것처럼 지금도 여전하지만) 패션 감각이 없어서 옷을 세련되기 입지 못했다. 자기보다 생활수준이 높은 아이들과 있을 때 어떻게 행동해야 할지도 몰랐다. 하지만 복에게는 그보다 더 가치 있는 무언가가 있었다. 사람에게는 작지만 강력한 영향력을 발휘할 수 있는 선택을 통해 자신이 처한 조건을 바꿀 수 있다는 신념이었다.

복은 차츰 여유를 갖게 되었고 다른 사람들로부터 점점 호감도 얻었다. 굉장한 인기를 끈 적은 없었지만 더 이상 괴롭힘을 당하거나 놀림을 받지 않았다. 심지어 셔츠와 바지를 잘 맞춰 입지 못한 걸 보고 웃었던 인기 있는 여학생과 데이트를 하기도 했다. 근처의 대학에 진학했을 무렵엔 할리우드의 배우를 꿈꿀 만큼 자신감이 붙었다.

대학을 졸업하고 나자 가족을 부양하기 위해 더 안정되고 돈벌이가 되는 직장을 구해야 한다는 압박감이 들었다. 그래서 어느 날 산업 단지에 있는 한 제조 공장의 관리사무소에 지원했다. 그곳은 건축 현장에서 쓰이는 콘크리트 타설용의 스티로폼 거푸집을 만드는 회사였다. 회사의 운영자는 대표와 최고운영책임자 두 명이었는데 두 사람은 사람들을 다루는 방법에서 최악과 최상의 완벽한 모범이라고 할 수 있을 정도로 정반대의 스타일이었다. 물론 대표는 호통을 치는 것 말고는 하는 일이 없었다. 복만이 아니라 모든 사람에게 악을 써대면서 회사의 주된 목표가 대표를 즐겁게 해주고 대표의 자존심을 충족시켜주는 것이라고 여겼다.

최고운영책임자인 토비는 대표와는 반대였다. 그는 친절하고 겸손했다. 직원들을 종처럼 여기지 않고 더 잘하도록 챙겨주고 도와주고 싶어 했다. 복에게 멘토 역할을 해주며 사업에 대해 친절하고 너그럽게 가르쳐주었다. 복은 그제서야 자신이 공산주의 국가 출신의 이민자 부모 밑에서 자라면서 미국의 자본주의에 대해 별로 배운 게 없다는 사실을 깨달았다. 대기업의 이름도 잘 몰랐고 주식시장에 대한 개념도 없었다(대학에 다닐 때는 세계에서 가장 유명한 컨설팅 회사인 맥킨지 앤드 컴퍼니에 입사 지원을 권유받았다가 이상한 회사인 줄 알고 권유를 거절한 적도 있었다). "토비는 제가 모르고 있던 사업에 대해 많은 것을 알고 있었어요." 복은 경영대학원에 들어가야겠다고 결심했고 예일 대학교 경영대학원에 합격했다.

보통 아이비리그 MBA 학생들은 인적자원 관리 부문에서 일하려 하지 않는다. 이 부문의 임원은 CEO가 되는 경우가 드물고 실리콘밸리 스타트업의 창립자만큼 큰돈을 벌기도 힘들다. 하지만 복은 인적자원 관리에 흥미를 느꼈다. 인적자원 관리는 자신의 최대 관심사와 맞닿아 있다는 생각이 들었다. 사람들이 최선을 다하도록 이끄는 동기는 뭘까? 무엇이 사람들을 행복하게 해줄까? 기업과 관리자는 어떻게 노동자들의 동기를 이끌어낼 수 있을까? 다른 무엇보다 리더들이 지지하는 원칙과 그들이 실제로 매일 행하는 방식 사이에는 왜 뚜렷한 괴리가 나타나는 걸까? 거의 모든 관리자가 직원들에게 권한을 주고 훌륭한 기업 문화를 만들고 싶다고 하지만 실제로 그렇게 하는 관리자는 극소수뿐이다.

복은 예일 대학교를 졸업한 후에 훨씬 풍부해진 사업 지식을 가지고 맥킨지에 취직했다. 그리고 그곳에서 다시 말과 행동 사이의 괴리를 접하게 되었다. "맥킨지에서는 '반대의견을 말해야 하는 의무'obligation to dissent가 있다고들 떠들죠." 실제로 맥킨지의 관리자들은 젊은 신입사원들에게 회사의 높은 사람이 실수를 저지르고 있다는 생각이 들면 거리낌 없이 의견을 밝혀야 한다고 말한다. "하지만 제가 본 현실은 달랐어요. 처음 의견을 밝히면 파트너가 관심을 보여요. 그러다 세 번째쯤 자신의 의견을 말하면 그냥 '하던 일이나 해'라고 하죠."

복은 본격적으로 인적자원 관리를 실행해보기 위해 맥킨지에서 나와 제너럴 일렉트릭의 한 부서에 들어갔다. 제너럴 일렉트릭은 경영 문화와 인적자원 관리 문화에서 세계적으로 정평이 높았다. 식스 시그마 Six Sigma(품질 혁신과 고객 만족을 위해 전사적으로 실행하는 21세기형 기업경영 전략—옮긴이)를 비롯해 직원들의 업무 방식을 개선하기 위한 여러 시스템을 보급했다. 복은 가장 최신의, 가장 과학적인 인적자원 관리 기법을 배우게 되리라고 기대했다. 하지만 막상 들어가서 보니 인적자원 관리 관행이 정교하다거나 고도의 전문성을 띠고 있지 않았다. "여전히 직감에 치우쳐 있었어요." 예를 들어 제너럴 일렉트릭에는 세션 C라는 공식적인 재능 평가 제도가 있어서 인적자원 관리를 담당하는 한 사람과 관리자가 객관적인 측정 기준에 따라 직원들을 평가하고 분석하도록 되어 있었다. 그런데 복이 직접 접해보니 고위 간부가 부하 직원들의 목록을 휙휙 넘기며 자기 편인 직원들의 이름이 나오면 일을 잘한다고 칭찬하는 게 전부였다. "가장 정교하다고 평가받는 제도였는데 그냥 기득권을 행사하는 것일 뿐 다른 기업과 다르지 않았어요."

복은 인간행동과 경영에 관련된 자료를 집요하리 만큼 찾아 읽었다. 행동경제학자를 비롯한 여러 의사결정학자들의 연구를 살펴보다가 경영의 실질적 관행들 중에 실제로 입증된 연구에 바탕을 둔 경우가 아주 드물다는 사실에 놀랐다. "인적자원 관리에 적용되는 과학은 설령 있다고 해도 극히 드물었어요. 인적자원 관리가 직관적으로 이루어지는 경우가 많은데 그건 잘못된 겁니다." 복이 파악해보니 인적자원 관리에는 두 가지 경향이 있는 것 같았다. 하나는 학자들의 엄격한 연구에는 사용되지만 실제 관행에는 별 영향을 미치지 않는 것과 사실상 "없는 내용을 지어내는 사람들"이나 다름없는 관리자나 인적자원 관리부에서 적용하는 것이었다.

복은 뉴욕주 요크타운 하이츠 소재의 IBM 연구개발부와 관련된 기사를 읽었다. 박사학위를 갖고 있는 40명의 과학자가 공학적인 난제에 주력하고 있다는 내용이었다. 복은 그 기사를 읽으며 이런 생각이 들었다. "박사학위를 가진 40명의 과학자들과 직원 몰입도에 대한 평가와 개선 방법을 연구해볼 수 있다면 어느 정도 진전을 보일 수 있을 텐데." 하지만 인적자원 관리부 임원진의 직감이 맞는지 알아보기 위해 1,000만 달러나 쓰면서 40명의 정상급 과학자들을 고용할 기업이 있을 리 없었다.

그 이후 2005년에 복은 구글로부터 연락을 받았다. 아니, 더 정확히 말하면 구글에서 의뢰를 받은 헤드헌팅 기업으로부터 새로운 인적자원 관리 책임자로 영입하고 싶다는 전화를 받았다. 복은 구글에 입사했다. 인류 역사를 통틀어 인적자원 관리 문제에 수십 명의 과학자를 투입하자는 복의 아이디어를 기꺼이 받아들여줄 만한 유일한 기업일지 모를 회사에서 일하게 된 것이다.

무엇보다도 구글은 데이터에 집착하는 기업이다. 구글의 궁극적인 목표는 전 세계의 데이터를 수집해서 그 데이터를 이용 가능하게 전환하는데 있다. 어떤 대기업이 있다고 상상해보자. 여기에서 일하는 사람들은 이런저런 일을 하거나 하지 않는다. 이메일을 확인하고 서로 이야기를 나누고 프로젝트를 시작해서 완수하거나 중간에 접는다. 회의를 열고 전화를 걸고 직원을 새로 채용하거나 해고한다. 윗사람들은 직원들의 동기를 유발하려 애쓰고 직원들은 윗사람들에게 이런저런 일을 하자고 설득한다. 궁극적으로 보면 이 모든 활동이 사업이다. 이 모든 활동이 결과적으로 한 기업이 수익을 내는 데 이바지하거나 파산을 선언하도록 내몰게 된다. 하지만 이런 활동 중 어떤 것이 생산적이고, 어떤 것이 시간 낭비이거나 바람직하지 않아서 회사에게 비용을 치르게 할까? 여기에서 일하는 사람들은 어떤 기분과 생각을 갖게 되고 또 이런 기분과 생각이 맡은 업무에 어떤 영향을 미치며 그런 업무가 어떤 실적으로 이어질까?

어디든 지금까지 일했던 곳을 떠올려보면 공감할 수 있겠지만 이 모든 활동에 대해 어느 정도 직감은 있지만 정확한 데이터가 없는 경우가 많았다. 회의를 하는 게 도움이 될까, 해가 될까? 어떤 회의가 도움이 되고, 어떤 회의가 해가 될까? 전화상으로 이야기하기에 최적의 시간이란 게 있을까? 면접 자리에서 일을 잘할 사람과 그러지 못할 사람을 가려내줄 만한 특정한 질문이 있을까? 관리진은 인정, 관대함, 인색함, 집요함 중 어떤 자질을 가져야 할까? 데이터 과학자들에게 이런 질문에 대한 답은 대체로 실질적 정보가 하나도 없는 블랙홀과도 같았다. 복은 어느 순간 갑자기 자신이 꿈꿔왔던 권한, 다시 말해 박사학위를 가진 과학자들을 채용할 예산과 권한을 갖게 되었다. 복은 처음에 20명을 채용했다가 이후에 40명을 더 채용했고 그 뒤엔 그 이상의 인원을 채용했다. 아주 많은 인원의 과학자 팀을 꾸려 그중 일부에게는 직원들이 탄산음료를 덜 마시게 할 방법에 대한 연구를 맡기고, 또 다른 사람들에게는 최적의 회의 시간을 연구하게 했다(회의의 최적 시간은 0분이다. 회의는 어떤 경우든 시간과 자원의 낭비인 것으로 나타났다).

위즈덤이 구글에 정규직으로 들어올 무렵 복의 데이터 과학자 팀은 규모가 커지고 기반도 잘 닦여 있었다. 위즈덤은 처음으로 많은 임원진 앞에서 자신의 연구 결과를 발표하던 때를 아직도 기억한다. 그 자리에는 복도 있었는데 복에 대해서는 사전에 주의의 말을 들은 바 있었다. 복이 좋은 사람이긴 하지만 예상치 못한 질문을 던질지 모른다는 얘기였다. 단순하지만 기발한 질문일 거라며 미리 예측하려 해봐야 소용이 없을 거라고도 했다.

역시나 복은 기본적인 질문 몇 가지를 던졌다. 직원들이 덜 먹고 난 뒤엔 어떻게 느꼈나요? 회사 측에서 이런 실험을 진행 중인 것을 알았나요? 자신들이 조종당하고 있는 것처럼 느꼈나요, 아니면 잘 보살핌을 받고 있다고 느꼈나요? 이 밖에도 복은 그런 모델을 회사 전반에 걸쳐서 다른 영역에까지 확대해서 적용할 만한 방법에 대해서도 물었다. 위즈덤은 그 자리에서는 확실한 답을 못했지만 답을 찾아내겠다고 자신 있게 말했다. 복은 위즈덤이 자신이 함께 일하고 싶어 하던 바로 그런 종류의 과학자라는 사실을 알아봤다. 의욕이 넘치고 자신의 연구에 집요할 정도로 엄밀할 뿐만 아니라 어떤 문제에 대해 상상력을 발휘해 참신한 방법으로 답을 끌어내는 과학자였다.

인재 관리를 위한
소프트웨어를 개발하다

구글에서 일하는 사람들은 아주 운이 좋은 이들이다. 대체로 명문대학교를 상위권으로 졸업해서 좋은 직장에 취직해 높은 급여를 받으며 일하는 사람들이다. 회사에서는 모든 음식이 무료일 뿐만 아니라 교통비를 지원해주고 무료 술(매주 금요일 사무실에서 맥주와 와인을 즐길 수 있음—옮긴이)까지 제공해준다. 직원들은 만나는 모든 사람에게 구글에서 근무한다고 말하고 다닌다. 실리콘밸리에서 구글에서 근무한다고 말하는 것은 그야말로 기분이 끝내주는 일이다.

사실 구글의 직장생활은 만족도가 너무 높아서 미국 내에 있는 대부분의 다른 기업과는 정반대의 문제점을 안고 있다. 대다수 기업은 이직률이 너무 높고 역량 있는 직원들이 다른 기회를 찾아 떠나는 일이 빈번해 직원 고용과 신규사원 교육으로 많은 비용이 들고 있다. 그런데 복이 파악한 바에 따르면 구글의 직원들은 직장생활이 너무 만족스러워서 나가려는 사람이 별로 없었다. 업무 능력이 떨어지는 직원들은 다른 직원들이 기겁할 만큼 거칠게 몰아붙이지 않으면서도 슬쩍 찔러서 나가게 할 방법을 생각해내야 했다.

처음 몇 년간 복과 위즈덤은 직원들의 동기를 유발하는 방법을 찾기 위해 실질적이고 적절한 규모로 과학을 동원할 수 있는 세계 최초의 인적자원 관리팀을 두었다는 사실에 신이 났다. 이 팀의 활동은 '인재분석'으로 일컬어졌고 얼마 지나지 않아 그 자체로 연구 분야가 되기도 했다. 현재는 인재분석 관련 학위가 개설되어 있고 수백 곳의 기업에서 인재분석팀을 두고 있다. 이 모두가 복이 제기한 단순한 질문과 위즈덤 같은 과학자들이 내놓은 답 덕분에 이루어진 결과다.

점점 규모가 늘어나는 복의 과학자 팀은 복잡한 연구를 수행하며 데이터에 기반한 엄밀한 권고 사항들을 다양하게 제시하고 구글의 변화에 이바지했다. 과학은 복의 직감을 확장시켜주었다. 과학을 통해 사람들을 관찰하면서 그들이 근무 양식, 맡은 직무에 대해 어떤 생각이나 느낌을 가지고 있는지 점점 더 정교한 방식으로 연구할 수 있게 되었다. 또 분석을 통해 모든 데이터를 취합해 잘 작동하는 분야와 변화가 필요한 분야, 그리고 변화를 유도할 구체적 방법 등에 대한 모델과 이론을 이끌어낼 수도 있다. 한편 과학에는 행동도 수반된다. 데이터를 활용해 직원들의 능력을 향상시키고 동기를 유발할 수 있도록 업무 방식을 변화시킨다.

이런 활동을 통해 확실히 밝혀진 바에 따르면 직원들이 업무에 더 만족감을 갖는 동시에 직무 효율성을 높이도록 유도하는 데는 세 가지 핵심 가치가 중요하다. 첫 번째는 자신의 업무에 대한 어느 정도의 자율성이다. 사람들은 자신에게 영향력을 미칠 만한 선택의 재량이 주어져 있음을 의식하며 일하고 싶어 한다. 두 번째는 조직에 대한 소속감이고, 세 번째는 회사와 윗사람들에 대한 신뢰감이다. 이 세 가지 요소가 어우러지면 직원들의 업무 만족도와 직무 수행도가 눈에 띌 만큼 확실하게 개선된다.

세 가지 요소는 내가 대다수의 열정 경제 사업에서 주목한 특징이기도 하다. 열정 경제는 본질적으로 창업자가 특정 고객층과의 깊은 유대를 갖고 자신의 이상을 추구하면서 이루어진다. 따라서 열정 경제에서 성공하는 직원은 대체로 창업자의 열정을 공유하거나 적어도 고객과 더 깊은 유대를 맺는 것에 대한 즐거움을 공유하는 사람이다. 짧게 말해 이런 직원들은 창업자의 리더십을 신뢰하고, 열정 경제에 소속감을 느끼며, 열정 경제에 보탬이 되는 방법을 잘 알고 있는 이들이다. 그렇다고 해서 모든 열정 경제 기업이 직원들에게 업무에 대한 만족감을 느끼게 해준다거나, 비열정 경제 기업(규격품 기반의 기업)이라고 해서 직원들이 결코 만족감을 느끼지 못한다는 의미는 아니다. 형편없이 운영되는 열정 경제 사업도 있고, 훌륭한 기업 문화로 운영되는 규격품 기반 기업도 있다. 하지만 자신의 업무에 만족감을 느끼고 싶어 하면 그 사람은 열정 경제에서 훨씬 더 유리한 가능성을 찾을 수 있다.

복과 복의 팀은 같은 회사 내에서도 만족감을 느끼는 집단과 비참함을 느끼는 집단이 있을 수 있다는 사실을 발견했다. 수집한 데이터를 종합해 보니 몇몇 관리자의 팀이 세 가지의 긍정적 가치에 대한 점수가 아주 높은 편으로 나왔는데, 그런 팀은 비슷한 일을 하는 비슷한 유형의 직원들보다 업무 수행도가 훨씬 높았다.

복의 이상과 구글의 핵심 가치 사이에는 때때로 약간의 문화적 충돌이 빚어지기도 했다. 구글을 세운 스탠퍼드 대학교 출신의 두 컴퓨터 과학자는 회사가 대학원처럼 작동되길 원했다. 그들은 컴퓨터 과학자 개개인이 여러 프로젝트를 쉽게 옮겨다닐 수 있어야 한다고 여겼다. 자신의 관리자와 마음이 맞지 않거나 특정 프로젝트가 지루해지면 다른 프로젝트로 옮길 수 있어야 한다는 것이다. 그러면 좋은 관리자들에게 더 실력 있는 직원이 많이 모이게 되리라고 추정했다. 하지만 실제로 그와 같은 제도를 실시해보니 구글에서는 관리자가 그렇게 중요하지 않았다. 중요한 것은 오히려 프로젝트, 컴퓨터 과학자, 쉽고 빠르게 적응되는 시스템이었다.

복에겐 위계적인 문화를 만드는 것이 이상엔 맞지 않았지만 또 한편으론 좋은 관리자가 꼭 필요하다는 신념이 있었다. 그래서 이런 신념을 증명하기 위해 구글에서 최고의 관리자를 가려내기 위한 산소 프로젝트Project Oxygen에 착수했다. 데이터를 통해 증명된 바에 따르면 언제나 높은 수행력을 보이는 동시에 신뢰, 자율성, 소속감을 크게 느끼는 팀을 이끄는 관리자들이 있었다. 이런 관리자들은 새로운 프로젝트로 옮기면 그 프로젝트에서도 높은 실적을 끌어냈다. 게다가 이전까지 수행력이 떨어졌던 관리자들도 약간의 지도와 훈련을 받으면 팀의 실적을 향상시키고 만족도가 높아지도록 팀을 이끌었다.

복이 지금껏 지켜봤던 최고의 관리자 중에는 구글에서 꾸준히 최고 실적을 기록한 웨인 크로스비Wayne Crosby가 있다. 크로스비는 프리젠테이션 툴인 구글 슬라이드, 현재 대기업과 소기업을 막론하고 수많은 기업에서 메일, 문서 등의 클라우드 기반 툴을 위해 사용하는 생산성 향상 앱인 G 스위트G Suite를 비롯해 다수의 대규모 프로젝트를 운영한 컴퓨터 과학자다.

크로스비는 구글에서 인공지능을 연구하는 여러 팀의 관리직을 맡았다. 관리직을 맡고 얼마 지나지 않았을 때 AI 혁신이 진행되면서 언젠가는 전 분야에 고용이 필요 없는 세상이 올 수도 있다는 생각을 하게 되었다. 그에 따라 존재적 위기를 맞으며 인간이 일을 하는 이유 이면에 있는 더 깊은 동기에 의문을 갖게 되었다. 그러다 인간으로서 우리는 사실상 일하는 것을 좋아한다는 신념에 이르며 이런 생각을 하게 되었다. '혼자 힘으로 성취할 수 없었던 것을 힘을 합쳐 이루어내는 데에는 본질적으로 인간적인 무엇인가가 있다. 따라서 AI의 발달로 일의 속성이 급격히 변한다고 해도 더 큰 집단에 소속되어 기여해야 할 인간으로서의 본질적 필요성은 사라지지 않을 것이다. 하지만 오늘날의 규격화된 노동시장에서 작용하는 몇몇 거대한 힘이 노동자들의 인간성을 말살하고 노동자들이 노동에서 충족감을 느끼지 못하도록 내모는 데 일조하고 있다.' 크로스비는 노동시장에 노동의 인간적 요소를 되살려 놓는 데 일조하고 싶어 했다. 그리고 이런 인간적 요소는 열정 경제를 발전시키는 측면에서도 중요한 역할을 한다.

노동의 세계를 변화시키고 싶은 바람과 노동자들을 일에 몰입하게 하는 것은 완전히 별개의 문제다. 본인의 말처럼 크로스비는 타고난 관리자가 아니었다. 사실 처음 몇 년 동안은 관리자 역할에 아주 서툴렀다. 사회생활 초반에는 공교롭게도 해병대 훈련 교관 출신이 운영하던 회사에 다니며 걸핏하면 소리를 지르고 직원들이 몇 분이라도 지각하거나 적절한 양식으로 서류를 제출하지 않으면 벌점을 주는 식의 관리 스타일에 익숙해지기도 했다. 하지만 경영 서적 여러 권을 읽으며 구글이 인간적인 기업 문화를 통해 더 높은 성취를 이루어냈다는 사실을 알게 된 후에야 자신이 관리자의 역할에 대해 완전히 잘못 생각하고 있었음을 알게 되었다.

예전엔 관리자가 팀의 주기관主機關 역할을 해야 한다고 여겼다. 방향을 정해 팀을 밀어붙이고 낙오자가 나오면 다시 대열에 합류할 수 있도록 다그치는 것이 관리자의 할 일이라고 생각했다. 그러다 마침내 좋은 관리자란 육상경기 팀의 코치에 더 가깝다는 사실을 이해하게 되었다. 육상경기팀 코치는 자신이 메달을 따지도 않고, 결승선을 통과하지도 않고, 모든 영광을 차지하지도 않는다. 오히려 팀원 한 명 한 명의 열의를 이해해서 각자가 최선을 다할 수 있는 환경을 만들어줘야 한다. 팀원을 내보내거나 질책해야 할 때는 때때로 모질게 굴기도 해야 하지만 그것은 예외적인 경우에 해당한다. 대체로 코치의 할 일은 각 팀원을 이해해주면서 원하는 바를 이루도록 뒷받침해주는 것이다.

구글에서는 최고의 관리자들을 선정해 하와이로 포상 휴가를 보내준다. 어느 해의 포상 휴가 때 복과 크로스비는 묵고 있던 리조트 호텔 앞의 해변에서 함께 잡담을 나누게 되었다. 그러다 두 사람이 이루고 싶은 공통의 목표가 있고 힘을 합치면 혼자 하는 것보다 더 많은 일을 할 수 있겠다는 생각을 하게 되었다. 두 사람 모두 데이터를 활용해 노동자들과 관리자들의 동기를 유발할 수 있는 가장 좋은 방법을 알아내고 싶어 했다. 복은 기본적 질문을 잘 던지고 많은 인원의 과학자 팀을 가장 중요한 부분에 집중시킬 줄 알았다.

크로스비는 복이 벌이려는 작업을 위해서는 아주 복잡한 컴퓨터 기반 시설이 필요하다는 사실을 간파했다. 특히 이미 필요한 컴퓨터 기반 시설이 완벽히 갖추어진 구글 같은 회사가 아닌 외부에 시설을 구축해야 하는 상황인 만큼 더욱 복잡해질 것이 분명했다. 한편 복의 탐색은 자신이 구글 G스위트와 AI 업무에서 실행했던 작업이 자연스럽게 연장되는 셈이기도 했다. 크로스비는 직원들의 행동과 사기를 향상시키고 기업문화를 강화하는 데 실제로 도움이 될 만한 지능형 생산성 소프트웨어productivity software(데이터베이스, 스프레드시트, 워드프로세서, 그래픽 패키지와 같은 비교적 쉽게 익힐 수 있는 소프트웨어로 된 응용 프로그램—옮긴이)를 머리에 그리기 시작했다.

크로스비와 복은 이야기를 나누기 시작하면서 바로 위즈덤을 끌어들였다. 세 사람은 (구글처럼 자원이 풍부한 회사에 근무하지 않는 사람들을 포함해) 전 세계에서 훨씬 더 많은 사람들이 사려 깊은 인재분석의 혜택을 누릴 수 있다면 얼마나 좋을지 상상해봤다. 마침내 세 사람은 구글을 떠나 후무Humu를 설립하고 구글 같은 갑부 기업들만 이용했던 인재 과학을 민주화하는 것을 목표로 내세웠다.

인재을 얻는
그들만의 노하우

당신이 지금 대규모 조직에서 일하는 사람들이 관리진을 얼마나 신뢰하고, 그 회사에 어느 정도의 소속감을 느끼며, 자신의 직무에서 얼마나 자율성을 느끼는지를 알고 싶다고 치자. 이는 다시 말해 그 사람들이 어느 정도의 만족감을 느끼고 있고, 더 만족감을 느끼기 위해서는 맡은 직무에서 어떤 요소에 변화를 주어야 하는지 알고 싶은 것이다. 물론 이럴 경우엔 모든 직원에게 이메일로 설문지를 발송해 상관에 대한 신뢰 정도, 자신이 느끼는 자신의 영향력을 1에서 5 사이의 숫자로 점수 매겨달라고 요청할 수도 있다. 하지만 직원들로서는 상관에 대한 신뢰가 낮을수록 그 상관이 자신들이 작성한 설문지를 읽어보고 나중에 평가에 반영할 거라는 강한 의혹을 갖기 마련이다.

따라서 기업이나 팀의 신뢰도 점수가 아주 높은 것으로 결과가 나온다 해도 그것이 진정한 신뢰가 형성되어 있기 때문인지, 아니면 단순히 솔직히 답변하기가 두렵기 때문인지는 알기 힘들다. 마찬가지로 설문지의 답변이 실질적 업무 수행력과 얼마나 연관성이 있는지도 파악하기 힘들다. 이런 식으로는 신뢰도가 높은 팀이 과연 더 열심히 일할지, 더 뛰어난 수행력을 발휘할지, 조직의 수익성을 끌어올려줄지 등의 의문을 풀 길이 없다.

솔직한 답변을 끌어내려는 시도에는 어떤 경우든 몇 가지 공통적인 문제점이 있다. 후무 같은 설문조사 회사로서는 직원들에게 답변에 대한 익명성이 절대적으로 보장된다는 점을 납득시켜야 한다. 다시 말해 고도의 보안성을 갖춘 소프트웨어와 하드웨어를 개발해야 한다. 답변의 유효성을 입증해 실제 수행력과 비교하려면 직원들의 근무시간, 병가신청 시간, 소속 팀의 성과 등 막대한 양의 객관적 자료를 파악해야 한다. 이때도 철저한 익명성을 지키면서 자료를 맞춰봐야 한다. 이것은 컴퓨터 과학에서도 크나큰 도전이 아닐 수 없다. 즉, 최고 수준의 컴퓨터 공학이 필요해지는데 이 분야를 바로 크로스비 팀이 맡고 있다.

한편 설문조사의 질문들을 주의 깊게 작성한 후 그 답변을 과학적으로 아주 엄밀하게 분석해야만 의미 있는 결과를 도출해서 실질적인 변화를 끌어낼 수 있다. 이 분야는 위즈덤 팀이 진행하고 있다.

후무 같은 설문조사 회사에서는 전반적 업무가 세부적인 문제에 빠져 길을 잃어서도 안 된다. 지나치게 복잡해져서 핵심 목표가 모호해져서도 안 된다. 또한 자료의 수집과 자료의 보호는 하나의 단순한 목표에 맞닿아 있어야 한다. 신뢰감, 소속감, 자율성을 늘려 직원들의 만족도를 향상시키고 직원들이 맡은 직무를 더 잘 수행해서 회사가 더 많은 수익을 거둘 수 있도록 해주어야 한다. 바로 이런 일을 복이 맡고 있다.

후무의 사무실은 실리콘밸리 거물 기업들과 동의어가 된 도시, 캘리포니아주 마운틴뷰에 위치하고 있다. 구글, 링크드인LinkedIn(전 세계 4억 명 이상이 사용하는 세계 최대의 글로벌 비즈니스 인맥 사이트 —옮긴이), 마이크로소프트, 23앤드미23andMe(소비자가 의료기관을 거치지 않고 직접 유전자 검사를 의뢰할 수 있는 기업 —옮긴이)가 엎어지면 코 닿을 거리에 있다. 하지만 나는 후무를 찾아갈 때 중식 레스토랑 푸람뭄을 찾으라는 말을 들었다. 이 레스토랑의 (창문에 테이프로 붙여 놓아 고매한 실내 인테리어를 부분적으로 가리는 설명문과 메뉴는 말할 것도 없고) 커다란 간판에 시선이 끌려 그 위층에 있는 후무의 조그만 명패가 달린 작은 유리문을 못 보고 지나치기 쉽기 때문이다.

한 층을 올라가자 후무의 널찍한 사무실이 나왔다. 50명의 직원이 근무하기에 충분히 넓은 공간이었다. 깊숙하고도 탁 트인 그 공간에서는 경쾌하면서도 업무에 집중할 수 있는 분위기가 느껴졌다. 푸스볼(탁자에 가로로 꽂힌 막대기에 축구 선수 모양 인형들이 고정된 모형 축구 게임—옮긴이)이나 탁구 테이블은 없지만 무료 간식은 있다. 몇 군데에는 서너 개의 책상을 꽃 모양으로 붙여 놓았다. 각자가 자신의 책상 높이를 원하는 대로 조절할 수 있어서 어떤 사람은 책상 앞에 서서 일하는가 하면 책상 높이를 키 큰 사람용 의자에 맞추거나 보통 높이로 해 놓고 일하는 사람도 있다.

보통의 개방형 사무실 구조에 이런 작은 변화를 주어 친밀감과 개인성을 살리니, 낮은 칸막이로 구획된 일반적 사무실의 답답한 분위기와 대조되었다. 앉는 자리가 몇 개월마다 재배치되어서 몇 년이 지나면 모든 직원이 적어도 일정 기간 동안은 꽃모양으로 붙여진 책상에서 다른 직원들과 같이 일하면서 뜻밖의 협력을 하게 되거나 끈끈한 집단 정체감을 쌓을 수도 있다.

일주일에 한 번씩은 전 직원이 모여 진행 중인 업무뿐만 아니라 자신의 삶에서 중요한 문제를 공유한다. 마침 내가 그곳을 방문했을 때는 복의 남동생이 자살한 지 1주기가 된 날이었는데 그 그룹 토론 자리에서 복은 그날은 자신에게는 힘든 날이니 정신이 딴 데 가 있거나 퉁명스럽게 보여도 이해해주길 바란다고 말했다. 나는 그런 솔직한 이야기에 다시 한 번 놀랐다. 한 회사의 대표가 직원들에게 자신의 개인적 고통을 털어놓는다는 것은 자칫 지나치게 감상적으로 비쳐지거나 심지어 조금은 방종한 태도로 여겨질 수도 있었다. 하지만 복은 그 토론 시간 동안 감정을 살짝 내비치면서도 사무적이고 업무 진행에 적절한 명확한 태도를 취하며 감동적인 모습을 보여주었다. 자신이 직원들에게 바라는 기업 문화의 모범을 직접 보여준 것이다. 그것도 자신의 개인적이고 감정적인 문제를 털어놓으며 직원들 역시 자신의 감정 상태를 부담 없이 솔직히 털어놓길 바라는 마음을 확실히 보여주었다. 하지만 결코 이기적이거나 업무에 지장을 주는 태도가 아닌, 일에 도움이 되는 태도를 취하며 균형 잡힌 자세로 모범을 보여주었다.

복, 위즈덤, 크로스비 그리고 후무 팀원들과 함께 시간을 보내면서 나는 열정 경제 사업에 대한 이해를 새롭게 수정했다. 모든 활동에 열정을 갖는 기업들도 있다. 나에겐 제이슨 블루머의 회사나 오초 캔디의 공장이 그런 곳이다. 이런 기업들은 기업의 사명감이 뚜렷하다. 직원들의 입에서 한 시간이 멀다 하고 회사의 목표나 고객과의 유대관계에 대한 이야기가 나올 정도다. 하지만 후무의 접근법은 넛지와 흡사해서 열정 기반 사업이 더 미묘하고 암묵적인 분위기를 띨 수도 있음을 잘 보여준다. 물론 후무도 원대한 사명감을 품고 있고 직원들도 그런 사명에 관련된 얘기를 꺼내는 경우가 많다. 다만 보다 일상적인 문제, 다시 말해 대부분의 사람들이 좀처럼 열정적 사명과 연결지어 바라보지 않는 문제를 고려하는 데 더 매진하기도 한다. 직원들은 앉아서 (또는 서서) 일을 하는 모습에서 신중한 분위기를 풍기고 있으며 자신들에 대해 털어놓는 이야기에서는 후무에서 사명으로 삼은 요소들이 그대로 배어 있다. 즉, 데이터, 과학, 강한 가치 의식을 활용해 근무 공간이 잘 운영되도록 신중하게 수정된 일터에서 후무의 사명 중 가장 핵심적인 요소인 만족감, 신뢰, 몰입감을 느끼고 있었다.

지금까지 미국 재계를 휩쓸었던 급진적 개념들과 비교하면 후무의 변화는 미미해 보일 수 있다. 어떻게 보면 너무 소소해 보이기까지 한다. 소재지가 실리콘밸리라는 점을 감안하면 특히 더 그렇게 느껴진다. 재계로부터 철저히 지배되고 있는 오늘날에는 생각하기 힘든 사실이지만, 한 회사에 많은 사람을 모아놓고 서로 협력해 일하라고 요구한다는 것 자체가 우리의 증조부 세대와 그 이전의 모든 선조들은 얼떨떨해할 만한 아주 새로운 개념이다. 역사적으로 보면 오래전부터 군대, 종교 집단, 중국 정부의 관료제 등 소수의 제도가 수천 명의 사람을 한데 불러 모아 공동의 직무를 하게 만들었지만 역사적으로 볼 때 대다수의 인간 활동은 비교적 작은 집단에서 이루어졌다. 일반적으로 추정하면 집단의 규모는 150명 정도로, 모두가 서로를 알 정도의 작은 규모였다. 그러다 19세기와 20세기에 들어와서야 한 회사의 직원 수가 수만 명, 어떤 경우에는 수백만 명까지 늘어났고 이 많은 직원들의 업무 활동을 당연히 직원들 대다수를 만난 적도 없을 법한 기업의 소수의 지도부가 지휘하게 되었다.

현대 사회는 새로운 도전에 직면해 있다. 전 세계에 퍼져 있는 어마어마한 수의 사람들의 업무 활동을 지휘해야 한다. 재계 리더들은 이런 도전을 극복하기 위해 다양한 방법으로 고군분투해왔다. 초반의 대기업들 가운데 철도 회사들은 군사적 인력을 채용해 회사의 많은 규칙을 절대적이고 맹목적으로 따르도록 했다. 1880년대에 새롭게 등장한 재계의 리더들은 중세 마을의 모델을 염두에 두었다. 열차 제조사 풀먼Pullman, 양변기로 유명한 콜러Kohler 같은 기업들이 기업도시(소수 기업이 특정 지역을 독점하여 업무 환경과 거주 환경을 조성한 도시 —옮긴이)를 세우면서 노동자들은 으레 평생을 하나의 도시에서 살게 되었다. 회사의 공장에서 일하고 회사가 운영하는 상점에서 식료품을 사고 회사 사택에 들어가 살면서 회사가 제공한 침대에 누워 잤다. 토요일 밤에는 회사 바에서 술을 마시고 일요일 아침에는 회사로부터 급여를 받는 목사의 설교를 들으며 영혼의 구제를 간구했다.

시간이 지나면서 그리고 그 사이에 몇 차례의 참혹한 폭력 사태를 치른 이후에 회사와 노동자 사이에는 어느 정도의 휴전이 이루어져 회사에서는 근로 시간에만 일을 시키고 저녁 시간과 주말은 간섭하지 않게 되었다. 하지만 모든 업무 활동을 조화시켜야 하는 도전 과제가 아직 남아 있었다. 그에 따라 소수의 지도부가 군대식 중간 관리자를 통해 명령을 전달하는, 엄격한 위계질서를 갖춘 회사들이 출현하는가 하면 여러 사업부가 비교적 자율적으로 활동하면서 심지어 서로 경쟁을 벌이는 사업부제 회사multidivisional firm도 등장했다. 그러다 마침내 좀 더 수평적인 조직 구조와 능률적 체계에 따라 엄격한 한계 내에서나마 노동자들에게 선택 권한이 부여되기 시작했다. 최근에는 온라인 신발 쇼핑몰 자포스Zappos가 직위나 직무 기술서 등 외부적으로 강요되는 모든 체계를 없앤 홀라크라시Holacracy를 선도적으로 도입하는 등 더 과격한 실험이 진행되기도 했다.

이와 같은 재계의 실험은 다소 상의하달 방식이었고 아주 기계적이어서 조직을 기계와 유사하게 여겼다. 기계처럼 더 효율적으로 작동하도록 해서 더 낮은 비용으로 더 많은 상품을 생산해 더 큰 수익을 낼 수 있다고 본 것이다. 후무의 접근법은 이와는 정반대다. 후무는 단 하나의 결정적 변수를 개선하는 데 초점을 맞춘다. 그 변수는 바로 노동자들의 만족도다. 복, 위즈덤, 크로스비가 방대한 자료를 통해 연구한 결과 노동자들이 행복해질수록 회사의 목표 성취도도 높아졌다. 하지만 회사가 처음부터 수익성을 목표로 삼으면 노동자들의 행복도도 떨어지고 최대 수익 달성도 요원해질 가능성이 아주 높다.

물론 모든 직원에게 대폭적 급여 인상, 무료 자동차, 42주의 휴가를 제공한다면 직원들은 아주 행복해할 것이다(그리고 회사는 금세 사라질 것이다). 후무의 직원들은 '행복'이라는 단어의 의미에 큰 비중을 둔다. 심리학계에서는 행복이 서로 반대되는 두 가지 의미가 있다고 본다. 하나는 쾌락적 행복hedonic happiness인데 이것은 기분 좋은 체험을 통해 즉각적으로 얻는 즐거움을 의미한다. 사탕, 돈, 키스 같은 것이 좋은 예다. 쾌락적 행복은 순간적인 짜릿함을 느끼게 해준 후 사라지며 여운을 남기지 않는다. 반면에 (만족스러운 정신 상태를 뜻하는 그리스어 단어에서 유래된) 자기실현적 행복eudaemonic happiness은 즉각적이지는 않아 황홀감이 확 밀려오지는 않지만 오래 지속되면서 평생토록 이어진다. 하룻밤의 섹스는 쾌락적 행복으로 그치지만 갖가지 난관을 이겨낸 오랜 결혼생활은 자기실현적 행복이다. 아이스크림 선데(견과류, 과일 등과 달콤한 소스를 얹은 아이스크림—옮긴이)가 쾌락적 행복이라면 오랫동안 품어온 마라톤 완주의 목표 달성은 자기실현적 행복이다. 후무는 직장에서의 자기실현적 행복이 확장되기를 바란다. 후무가 자료에 기반해 내세우는 핵심 원칙은 보람 있고 만족스러운 직장생활이 가족의 인정, 개인적 인정과 더불어 사람의 전반적 삶에 만족을 가져다주는 핵심적인 요소라는 것이다.

급속도로 세계를 변화시키는 회사에서 높은 급여를 받는 공학자가 일에서 깊은 만족감을 얻으려 애쓰는 것과 출세의 사다리 정반대 편에서 전적으로 노동자들을 돕는 것은 차원이 다른 일이다.

제12장

사업을 함께 이끌어줄
동료 구하기

당신 사업의 첫 번째 열성적인 팬은 바로 동료다

당신의 사업을 궤도에 올리기 위해 필요한
마지막 법칙은 함께 하는 동료와 직원들에게
어떻게 사업의 목표를 이해시키고, 열정을 나눌 것인지다.

스위트그린(신선한 채소와 해산물·곡물·닭고기 드레싱을 소비자 취향대로 골라 빠르게 먹을 수 있도록 제공하는 샐러드 전문점 ―옮긴이)에 처음 들어섰을 때 나는 비관적이었다. 직원들이 하는 일들이 더없이 평범해 보였기 때문이다. 채소를 썰고 그렇게 썬 채소를 접시에 옮겨 담아 길게 줄을 서서 빈 통이 채워지길 기다리고 있는 손님들 쪽으로 가져다주고 있었다. 그런 곳에 근무하는 사람들에 대한 나의 예상과는 달리 직원들이 조금쯤은 더 행복해 보이는 점이 눈길을 끌었지만 그 사람들이 과연 삶의 의미를 느끼고 삶에 대한 만족을 오래 이어갈 수 있을지 의문스러웠다. 그런 생각을 하던 차에 만난 사람이 비너스 폴Venus Paul이었다.

당시 스물네 살이던 폴은 남미의 베네수엘라와 브라질 옆에 위치한 작은 나라 가이아나의 작은 빈촌에서 자랐다. 그녀의 가족은 생활고에 시달리며 근근이 먹고살았다. 아버지는 농사를 지어 생계를 이어가려 했지만 3년 내내 가뭄이 들자 얼마 안 되는 땅을 팔고 도시에서 일자리를 구해야 할 처지에 놓였다. 어머니는 한쪽 다리에 유전적 기형이 있어서 몇 분만 걸어도 기진맥진했다. 가족은 사촌의 설득에 따라 브루클린으로 이주해 그곳에서 살 방법을 찾아보기로 했다. 쉽지는 않았다. 폴의 어머니의 건강 때문에 일자리를 구할 수가 없었고 아버지는 건축 부지의 경비원으로 들어가 겨우 최저임금을 받았다. 폴은 돈을 벌어 집안에 보탬이 되기 위해 고등학교를 중퇴했다. 가족이 사는 작은 아파트가 있는 길가의 꽃가게에서 일하며 불법으로 은밀히 지급되는 급여를 현금으로 받았지만 그 금액은 최저임금에도 못 미쳤다. 폴은 왜소해서 키가 152센티미터 정도에 불과했다. 수줍음이 많았고 열대 정글 속에서 자라서 뉴욕의 겨울 날씨에 차가운 바깥을 들락거려야 하는 그 일이 싫었다.

뉴욕에서 폴같이 학력도 경력도 변변치 않은 이민자들이 처한 어려움은 일자리 구하기가 아니다. 당시에는 뉴욕에서는 커피를 만들고 햄버거를 팔고 백화점 상품 진열대를 정리할 저임금의 서비스직 노동자에 대한 수요가 다 채워지지 못할 만큼 늘어났다. 폴은 이런 저임금 서비스직 일들을 닥치는 대로 했다. 맥도날드, 스테이플스, 던킨 도넛에 들어가 일하기도 하고 국제 환경보호단체 그린피스에 고용되어 거리에서 모금을 한 적도 있었다. 이런 일을 하는 사람들은 천차만별이었지만 일자리들은 전부 비슷비슷했다. 폴은 어디를 가든 대체로 별 감독을 받지 않고도 뭐든 시키는 일을 하며 최저임금을 받았다. 언제나 주급 300달러 미만을 집에 가져와서 부모님이 내야 할 집세와 식비를 보탰다.

문제는 위로 올라서기였다. 출세할 길도, 임금을 올려받거나 승진할 방법도, 현재와는 달라진 미래를 기대할 만한 희망도 없었다. 폴은 한 군데에서 얼마간 일하다가 지겨워지거나 동료와 문제가 생기거나 출퇴근 거리가 더 가까운 곳으로 옮기고 싶은 마음이 들면 그만두고 다른 일자리를 구했다. 어디에 들어가든 서너 달 이상을 일해본 적이 없었다. 한 곳에서 오래 붙어 있든 아니든 별 차이가 없었다. 자신은 남은 평생을 아버지처럼 최저임금 일자리에서 벗어나지 못할 팔자라며 체념하기도 했다.

물론 이런 일자리에서도 관리자는 있었다. 일부 일자리에서는 이런 관리자가 현장 노동자들보다 겨우 조금 더 버는데도 부가적으로 짊어지는 책임이나 스트레스는 엄청났다. 또 어떤 곳의 관리자들은 급여는 괜찮게 받는 것 같지만 현장 노동자에서 승진한 경우가 아니라 애초에 관리자로 채용된 경우였다.

이민자 청년에게
희망을 준 한마디

폴은 브루클린 중심가의 스위트그린 코트 스트리트점에 들어서면서 이곳이라고 해서 다른 곳들과 다를 거라는 희망을 갖지는 않았다. 하지만 면접이 보통의 면접보다 길었다. 양식을 채우고 형식적인 질문에 대답한 다음 언제 몇 시에 출근하라며 통보를 받는 식도 아니었다. 관리자가 폴과 45분 동안 같이 앉아서 폴의 관심사와 이력에 대해 이것저것 물었다. 기분은 괜찮았지만 대수롭게 여기진 않았다. 그러다 폴이 집에서 요리하는 걸 좋아한다고 말하자 관리자가 주방에 정말 잘 맞겠다고 말했다.

처음엔 스위트그린에서의 일이 이전에 해왔던 일들과 그다지 다르지 않았다. 폴이 맡은 채소 써는 일은 평범한 것이었고 금세 반복 작업이 되었다. 하지만 시간이 지나면서 그곳은 지금까지의 그 어떤 곳보다 더 기분 좋고 행복한 느낌을 갖게 해주었다.

스위트그린의 주방은 맥도날드의 주방보다 더 크고 청결하고 밝았다. 급하게 서둘러 일하지도 않았다. 매일 매일 열심히 일해야 했지만 다른 곳에서 으레 그랬던 것처럼 정신없이 바쁘게 돌아가지는 않았다. 스위트그린의 직원들은 진짜 음식을 만들었다. 큰 봉투를 이것저것 열어 미리 썰어진 양파, 미리 배합된 소스, 미리 모양 잡힌 햄버거 패티를 꺼내서 조리하는 게 아니었다. 자르지 않은 생 채소, 큼지막한 고기 덩어리, 향신료와 기름과 식초를 재료로 써서 톡 쏘는 태국식 샐러드, 이집트콩 카레 외에 스위트그린에서 계속 다양한 조합으로 변화를 주는 여러 요리를 만들었다.

이 새로운 직장은 다른 곳과는 많은 점에서 달랐다. 맡은 직무에서 실력을 입증하고 다른 직무도 꾸준히 배워 나가면 더 높은 일에 도전할 수 있는 가능성이 열려 있었다. 가령 소스부로 옮겨 스위트그린에서 매일 새로 만드는 여러 가지 드레싱과 소스를 만들 수 있었다. 일을 더 배우면 주방 요리부로 가서 고기를 굽고 생선을 튀길 수도 있었다. 주방에서 일하는 것도 배워보고 싶었다. 주방 매니저가 될 기회도 있었는데 주방 매니저는 모두 현장 직원으로 일하다 승진한 이들이었다. 심지어 레스토랑의 운영을 책임지는 지점장마저 현장직에서 승진한 사람이었다. 폴은 자신이 지점장이나 주방의 중요한 자리를 맡게 될 수 있을지 자신은 없었지만 적어도 가능성이 있다는 사실만으로도 기분이 좋았다.

어느 날 폴이 채소를 썰고 있을 때 지점장 시모네 스웨인Simone Swain이 목표가 뭐냐고 물었다. 폴은 요리를 하고 싶은 것 같다고 대답했다. 스웨인은 충분히 요리사가 될 수 있고 매니저도 될 수 있다고 격려해주었다. 지각하지 않고 열심히 일하고 어떤 요청에도 바로바로 대답하는 폴의 태도를 칭찬해주기도 했다. 말수가 좀 적고 숫기가 없고 잘 나서지 않는 성격이지만 그동안 팀의 일원이 될 만한 신뢰성과 실력과 열의를 두루두루 보여주었으니, 매니저가 되기 위해서 배워야 할 점을 조금 더 익힌다면 언젠가 해낼 수 있을 거라고 했다.

두 사람 간의 대화가 오갔던 날 나는 스위트그린 주방에 있었다. 이런 대화는 얼핏 보기엔 특별히 주목할 만한 것이 아니다. 그저 매니저가 직원과 잡담을 나누다 몇 마디 격려의 말을 해주는 정도로 비쳐진다. 기분 좋은 모습일 뿐 혁신적이지는 않다. 그런데 알고 보면 아주 급진적인 순간이었다. 스웨인이 한 말은 모두 진심이었지만 그런 말을 한 것은 자발적 충동에 따른 것이 아니었다. 위즈덤과 그녀의 팀이 수행한 심리학 연구를 바탕으로 크로스비와 그의 컴퓨터 과학 팀이 설계한 소프트웨어 프로그램으로 유도된 것이었다. 우리는 보통 자동화된 기업형 소프트웨어가 개인성을 제거한다고 생각한다. 그런 소프트웨어가 우리의 개인적 희망과 기량에는 관심도 없는 기계화된 작업장에서 우리 모두를 차별성 없는 노동자들로 만들어버린다고 생각한다. 하지만 이 소프트웨어는 그 반대였다. 감정이입, 초점이 확실한 격려, 특정한 한 직원에게 아주 개인적이고 직접적으로 다가갈 만한 설득력을 그 순간의 필요성에 정확히 맞추어 자동으로 설계해주었다.

레스토랑 체인인 스위트가든은 모든 패스트푸드 음식점과 똑같이 직원들이 너무 빨리 그만두는 심각한 문제해 직면해 있다가 후무에 해결 방법을 의뢰했다. 이 직종의 종사자들 대다수는 폴처럼 자신이 원하면 언제든 다른 최저임금 일자리를 얻을 수 있다는 것을 잘 알아서 어느 곳이든 좀처럼 오래 붙어 있지 않았다. 상당수의 직원들에게 한 곳을 그만두고 다른 곳에서 다시 일을 시작하는 것은 별일도 아니었다. 하지만 앞에서도 얘기했듯 기업으로서는 이처럼 잦은 이직은 큰 비용이 들어가는 문제다.

직원 한 명이 그만두고 나갈 때마다 대략 2,000달러의 비용이 들어간다. 그만두는 직원이 생기면 가장 먼저 일정 시간 동안 일할 직원이 부족해진다. 그다음엔 새로운 직원의 고용과 교육에 비용이 들어간다. 통상적으로 새로 들어온 사람을 교육시키려면 숙련된 직원 몇 명이 일주일 정도의 시간을 할애해야 하는데, 교육자나 교육받는 사람 모두에게 인건비가 나가는 시간이다. 스위트가든은 비교적 작은 회사로, 직원이 4,000명가량 되는데 매년 패스트푸드 체인에서 일하는 직원의 절반 정도가 일을 그만둔다. 다시 말해 해마다 2,000명이 스위트가든을 그만두는 것으로 추산하면 회사는 직원들의 이직으로 연간 400만 달러의 비용을 치르는 셈이다. 회사의 연간 수입이 6,000만 달러 정도이고 수익이 대략 600만 달러임을 감안할 때 이직률을 절반으로 낮출 수 있다면 수익을 3분의 1 늘릴 수 있다. 이 정도면 엄청난 수익 증가다.

"근무기간이 3개월이 늘어날 때마다 수익이 1퍼센트 포인트 늘어나는 셈이죠. 모든 직원을 6개월 더 다니게 만들 수 있으면 수익성이 2퍼센트 포인트 더 늘어나는 거고요." 스위트가든의 CEO이자 공동설립자 조너선 네먼Jonathan Neman의 말이다.

2퍼센트 포인트가 그다지 크게 여겨지지 않을지 모르지만 스위트그린 같은 패스트 캐주얼 레스토랑(음식과 서비스, 분위기 등이 비교적 고급스러운 패스트푸드 레스토랑—옮긴이)의 평균 수익은 수입의 약 6퍼센트다. 네먼이 수익을 8퍼센트까지 늘릴 수 있다면 미국의 동종 업계 중 가장 수익성 높은 기업으로 바로 도약하게 된다. 비교적 규모가 작지만 빠르게 성장 중인 스위트가든이 치폴레Chipotle(멕시코 음식 브랜드로 유명한 체인점—옮긴이) 등의 수십억 달러 규모 기업들과 경쟁해볼 만하게 된다는 얘기다. 2퍼센트 포인트까지 이윤의 폭이 늘면 이 회사에 대한 투자자들의 생각이 완전히 바뀌어 주식을 내놓을 경우 훨씬 많은 사람들이 더 높은 값을 주고 주식을 구입할 것이다. 이런 투자로 추가 자금이 들어오면 네먼으로서는 훨씬 더 빠른 성장을 위한 재정적 여력을 갖출 수 있다. 2퍼센트 포인트의 수익은 이 정도로 혁신적이다. 문제는 회사의 성장 속도가 빨라질수록 더 많은 직원을 고용해야 하고 그러다 보면 고위 직원들이 일반 직원들과 더욱 유리된다는 것이다. 네먼은 수십억 달러를 벌기 위해 폴이나 그녀와 같은 직원들을 행복하게 만들어줄 방법을 찾아내야 했다. 하지만 폴이 누구인지, 어떤 사람인지도 몰랐다.

네먼의 문제는 그 자신이나 스위트그린만의 문제는 아니다. 적지 않은 수의 직원을 거느린 전 세계 기업 모두가 같은 문제를 갖고 있다. 이론상으로는 모든 직원이 맡은 일에 더욱 몰입해 더 잘하려는 동기를 가지고 최선을 다할 경우 어떤 기업이든 더 높은 수익을 올리고 위험성도 낮아진다. 하지만 실제 세계에서 직원들을 그렇게 몰입하게 하려면 어떻게 해야 할까? 당신이 어느 대기업의 CEO이고, 얼굴을 보며 같이 앉아서 그들의 희망, 좌절, 꿈을 들어보기에는 어림도 없는 수천 명의 직원을 거느리고 있다고 상상해보라. 게다가 이 수천 명의 직원이 미국 곳곳에, 아니 전 세계 곳곳에 흩어져 있다고 생각해보라. 그중엔 나이 많은 직원도 있고 젊은 직원도 있다. 원대한 희망을 품은 직원이 있는가 하면 그저 하루하루를 넘기려는 직원도 있다. 이렇게 직원들이 저마다 다르고 각각의 직원 모두가 당신과 다르다는 점을 아는 상황에서 이 모든 직원을 동시에 몰입시킬 어떤 슬로건이나 단 하나의 방법을 생각해내는 건 불가능하다. 그래서 기업들은 이상적인 다양한 선택안에 훨씬 못 미치는 몇 가지 방법에 의존한다. 가령 낯간지러운 동기 부여 슬로건을 만들어 휴게실에 붙여 놓는 것이다. 누구든 따르지 않으면 회사를 계속 다닐 수 없는 엄한 규칙을 만들기도 한다. 아니면 로봇과 소프트웨어 프로그램의 행복도에는 아무도 신경 쓸 필요가 없으니 자동화로 인력을 대체해서 필요한 직원 수를 최소화하려고도 한다. 하지만 이런 '해결책'은 오히려 문제만 더 키울 뿐이다.

예를 들어 맥도날드의 매장에 들어가보면 즐거운 직장이 아니라는 것을 분명하게 느낄 수 있다. 맥도날드는 업무 자동화의 선도자다. 햄버거의 모양을 잡아서 구워주고, 프렌치프라이를 자르고 조리해주는 기계를 만들어 직원에게 요구되는 기술을 최소화했다. 덕분에 프랜차이즈 점주들이 이직 문제를 다루기가 수월해졌다. 새로운 직원이 몇 분 만에 직무의 기본적인 사항을 전부 익힐 수 있어서 교육 비용이 훨씬 적게 들어간다.

하지만 직원을 더 쉽게 교체할 수 있게 되면서 직원은 자신이 대체 가능한 존재라는 느낌을 강하게 받고 그러면 동기가 결여되고 불만만 늘어날 뿐이다. 그 결과 고객들에겐 유쾌하지 않은 음식점이 되면서 손님을 끌어들이기 위해 음식값을 낮춰야 하고 직원의 이직률은 더 높아진다. 실제로 수많은 소매업체, 패스트푸드점 등의 체인 기업들이 이런 악순환에 빠져 있다. 내가 열 곳도 넘는 체인점에 발길을 끊은 한 가지 이유도 불만이 팽배한 곳에 들어가기가 싫어서이다. 직원들은 얼굴에 불만이 그대로 나타나 있고 서비스도 성의가 없다.

오늘날의 기업들 사이에는 숙명론이 팽배해 있다. 그동안 고객, 관리자, 직원 들 모두가 어떤 식으로든 이런 문제가 항구적이고 피할 수 없고 바꿀 수 없는 상태라고 체념해왔다. 저렴한 상품과 서비스를 많이 원한다면 불만족스러운 직원들이 일을 하면서 그 불행을 고객에게 전이하는 대형 할인점이나 체인 음식점을 받아들여야 한다고 말한다. 하지만 사실은 그렇게 체념하지 않아도 된다. 더 이상은 그렇지 않다. 20세기에 이것은 극복할 수 없는 문제였다. 다른 식으로 해결할 수 있는 방법이 없었다. 하지만 일과 관련된 심리학계의 이해가 확대되고 컴퓨터 성능이 발전하면서 이제는 컴퓨터를 기반으로 한 자동화 도구로 우리가 더 행복하게 일할 수 있는 토대가 마련되었다.

인공지능이 보내온 메일 한 통

후무의 해결책은 어떤 의미에서 보면 아주 단순하다. 스위트가든 같은 회사가 후무에 일을 의뢰하면 후무 직원들은 늘 해왔던 대로 진솔하고 유용한 (그리고 철저한 익명의) 답변을 유도하기 위한 최적의 심리 조사를 진행하고 이를 바탕으로 세심하게 질문지를 작성해서 보낸다. 그런 후에야 후무의 소프트웨어가 회사 측에서 가장 큰 문제들과 가장 쉽게 개선 가능한 문제들을 파악하는 데 유용한 특별 보고서를 만들 수 있다. 이 보고서를 통해 고용주는 직원의 행복에 영향을 미치는 3대 요소에 대해 자사 직원들이 얼마나 만족을 느끼는지 알게 된다. 각 회사별로 (대체로 각 부서나 심지어 각 지점별로도) 저마다 고유의 답변과 문제가 있을 수 있다. 후무의 어느 공학자는 한 대형 다국적 기업의 직원들이 이 3대 요소에서 느끼는 개인별 만족도를 다채로운 색으로 작성된 환상적인 3D 그래프로 보여주었다. 그래프를 보니 그 기업의 상황을 한눈에 파악할 수 있었다. 직원들이 몰입도와 만족도를 높이도록 환경을 조성한 부서 혹은 관리자가 있는가 하면 직원들이 불신을 느끼고 일에 몰입을 하지 못하게 만드는 부서나 관리자도 있었다. 후자에 속한 직원들은 대안을 구하자마자 바로 퇴사할 가능성이 높다는 결과과 나타났다.

스위트가든의 경우엔 최대의 문제점이 금세 명확해졌다. 우선 신뢰의 문제가 심각했다. 직원들은 예전에도 설문 조사를 받았는데 이후에 그 설문지가 회람되어 상벌을 주는 데 활용되었던 적이 있었다. 그래서였는지 설문 조사를 받는 걸 꺼렸다. 신뢰를 다시 얻기까지 긴 과정을 거쳐야 했다. 일단 직원들이 후무의 설문 조사에 응할 정도로 회사를 신뢰하게 된 후에 답변을 살펴보니 직원들은 회사가 자신들에게 관심을 가져주지 않는다고 느끼고 있었고 소속감도 별로 없었다. 네먼은 더 많은 직원에게 건강보험과 퇴직연금을 제공하기로 결정했다. 그 즉시 긍정적이고 대폭적인 영향이 나타났다.

이런 해결책은 많은 인원을 아우를 수도 있지만 각 직원별로 맞춤형으로 이루어지는 경우도 있다. 패스트 캐주얼 레스토랑에서 만족감을 끌어내는 가장 큰 원동력은 근무 일정 관리와 승진 경로이며, 이 두 가지는 개인 맞춤화가 필요하다. 현재 이런 개인 맞춤화 능력은 진보된 기술과 심리학적 연구의 절묘한 조합으로 가능해졌다.

내가 방문했을 당시 스위트가든은 전국에 75개의 지점을 두었고 매년 12곳 이상의 신규 지점 개점을 목표로 세우고 있었다. 이 모든 지점의 근무 일정을 관리하려면 계산하기가 만만치 않다. 50여 명의 직원을 두고 있는 각 지점에서는 아침이나 점심의 붐비는 시간대에는 한 번에 20명의 일손이 필요하고 비교적 한산한 시간대에는 10명 정도의 일손이 있어야 한다. 50명의 직원들은 각자 성향이 다르고(사람에 따라 짧은 시간의 교대근무를 선호하기도 하고 할 수 있는 한 오래 일하고 싶어 하기도 한다) 개인적 문제도 있다(배심원 참석 의무, 아픈 아이 등).

계속해서 변하는 50명의 필요성을 변덕스러운 고객들의 요구와 조화시키려면 수많은 대립 요소 사이에서 균형을 잡아야 한다. 직원을 더 고용해서 가능한 한 원만한 교대근무가 이루어지도록 할 수도 있지만 그러려면 돈이 들어간다. 직원들이 원할 때마다 조퇴를 하거나 근무시간을 각자의 취향에 맞춰 정할 수 있게 해줄 수도 있지만 이 역시 엄청난 비용이 드는 데다 교대시간에 근무 인원이 제대로 채워지지 않아 고객들이 불만을 토로할 소지도 있다. 직원 각자의 필요성에 신경을 쓰지 않으면서 혹시 아이가 아파서 조퇴라도 하면 해고될 각오를 하도록 직원 단속을 할 수도 있다. 하지만 이럴 경우엔 신뢰감, 만족도, 소속감이 훼손되며 궁극적으로 이직에 따른 비용이 든다. 실제로 상당수 패스트푸드점과 대형 할인점이 그동안 이런 접근법을 취했다. '교대근무 최적화' 소프트웨어를 활용해서 컴퓨터 프로그램에 기반해 직원들의 근무시간을 배정하면서 각 직원의 사정은 무시한 채 엄격하고 유연성 없는 근무 일정을 짜고 있다.

후무의 접근법에서는 자동화 소프트웨어 방식과 인간 상호작용을 조합한다. 교대근무 배정에 인도적이고 사려 깊게 하기 위해서는 근무 일정을 전적으로 자동화에 의존해 안 된다. 각 지점의 지점장이 자신의 지점과 직원들의 고유한 필요성을 파악해서 고려사항에 넣어야 한다. 하지만 이럴 경우 문제가 더 커진다. 수백 명의 지점장에게 전 직원에 대한 공감능력과 포용력을 키워줄 방법이 필요해진다. 각 지점장 역시 다른 직원들과 마찬가지로 나름의 독자적 장점과 약점을 가지고 있다. 공감하고 포용해주는 면에서 타고난 재능이 있는 지점장들이라도 교대근무 시간에 부족한 인원이 생기지 않도록 근무 일정을 짜기 위한 복잡한 계산에는 서툴 수도 있다. 또 그 반대인 지점장들도 있을 것이다. 후무의 설문조사에서는 각 지점장의 장점과 약점을 알아내고 성격 유형과 타고난 성향을 찾아낸다. 단, 설문 조사 결과는 지점장의 상관들에게 보고되지 않는다.

이런 절대적 프라이버시 보호는 후무의 성공을 위해서는 꼭 필요한 단계다. 후무 소프트웨어는 일명 '넛지 엔진'이라는 것을 수행한다. 지점장과 관련된 수집 자료(그 지점장이 설문 조사를 통해 직접 드러낸 성향이나 직원들이 지점장에 대해 한 이야기)를 살펴보면서 그 지점장이 깜빡하고 넘어갈 법한 중요한 일들을 실행하도록 슬쩍 찔러줄 자극을 생성해내는 것이다. 가령 어떤 지점장이 근무 일정 짜기와 재무관리에는 뛰어난데 대인관계 능력이 별로 좋지 않다면 점심시간의 분주한 시간이 끝난 직후에 무작위로 한 직원을 골라 일하기가 어떤지 물어보라는 문자 메시지를 보내준다. 천성적으로 사람들과 잘 어울리지만 계산이 필요한 업무를 잘 챙기지 못하는 지점장에게는 일주일에 한 번씩 재고를 확인해서 다음 주에 사용할 식재료를 충분히 주문하도록 상기시켜준다.

넛지 엔진을 활용한
인재관리법

이런 식의 '넛지 엔진'은 위즈덤이 대학원에서 공부했던 연구에 바탕을 두고 있다. 현재 이와 같은 방법은 적절한 방향으로 부드럽게 넛지식으로 개입을 해주면 혁신적인 변화보다 더 효과적이라는 사실을 충분히 증명해준다. 넛지라는 것을 알게 되었을 때 나는 몇 년 전 기자로 활동하다가 팀을 관리하는 직위로 빠르게 승진했을 때의 일이 떠올랐다. 당시에 나는 그 일을 버거워했고 그러다보니 자주 무뚝뚝하게 굴고 짜증을 부렸다. 팀원들에게 소리를 지른 일도 몇 번 있었다. 다들 아주 의욕적이고 맡은 일을 잘 해내는 훌륭한 팀원들이었는데 내가 툭하면 그런 팀원들에게 불만을 느껴 최선을 다하지 못하도록 내몰고 있었다. 나는 안 되겠다 싶어 상사와 이 문제를 논의했고 우리 두 사람은 내가 다른 사람으로 완전히 변신해야 한다는 결론에 이르렀다.

그 후에 나는 서툰 관리자들을 위한 고액 단기 강좌를 들었다. 3일 동안 회의실에서 나처럼 무능하고 짜증을 부리는 관리자들 여러 명과 한자리에 모여 심리학자 세 명에게 자신의 단점과 그 단점에 대한 개선 방법을 찾아내는 교육을 받았다. 하지만 그 교육을 받고 난 후 내가 타고난 관리자가 아니라고 확신하게 되었고 그 직위에서 물러나며 다시는 관리직을 맡지 않겠다고 다짐했다. 그런데 공교롭게도 몇 년 후 후무를 조사하면서 관리직을 맡게 되었고 넛지 개념을 당장 적용할 수 있었다. 나 자신을 크게 변신시키려 애쓰는 대신에 넛지식 개입을 활용해 이따금씩 직원들의 상태를 확인하도록 스스로를 살짝 찔러주며 직원들에게 진행 중인 업무가 어떤지 물어보고 잘하고 있는 부분들을 지적해주고 다른 재능도 키워

보라고 슬며시 격려해주었다. 지금까지는 이 방법은 좋은 효과를 보이고
있다.

폴의 경우에는 후무의 넛지식 개입이 결과적으로 변화를 가져다주었
다. 그 과정을 이해하기 위해서는 폴의 관리자 스웨인의 살아온 이야기부
터 알아야 한다. 그녀는 원래 고향인 그레나다(카리브해 윈드워드 제도의 남단
에 있는 섬나라—옮긴이)의 한 호텔에서 관리자로 일하다가 뉴욕으로 건너
와 결혼을 했다. 그 후엔 몇 년간 생활고를 겪다 폴이 그랬듯 최저임금을
받는 일자리를 전전한 끝에 고급 테이블 서비스 레스토랑 체인의 지점장
이 되었지만 지점장 역할을 하며 애를 먹었다. 회사를 운영하는 임원진은
지점장들이 해주길 바라는 사항에 일관성이 없었다. 어떤 달에는 수익을
강조했다가 또 어떤 달은 이직률을 낮추라고 했다가 그다음에는 점심식
사 손님의 점유율을 높이라고 했다. 확실한 방향이 없으니 스웨인으로선
어디에 초점을 맞춰야 할지 감이 잡히지 않았다.

손님들에게 만족스러운 서비스를 제공해 재방문을 늘리기 위해 교대
근무자 규모를 크게 늘려야 할지, 비용을 절감하고 수익을 올리기 위해 교
대 근무자 규모를 크게 줄여야 할지 갈피를 잡을 수 없었다. 게다가 회사
에서는 다른 상당수 기업들과 마찬가지로 관리직 체계를 이중으로 운영
했다. 서빙이나 접시 닦기, 주방에서 요리에 종사하는 현장직 직원이 관리
직으로 승진하는 경우는 아주 드물었고 승진을 하더라도 외부에서 영입
한 관리자에 비해 급여가 크게 낮았다. 다른 레스토랑들과 마찬가지로 관
리직 중에서는 백인의 비중이 압도적으로 높았고 현장직에서는 아프리카
계 미국인과 라틴 아메리카계의 비중이 압도적이었다. 스웨인은 자신이 변
덕스러운 임원진의 모든 요구 기준에서 좋은 점수를 얻고 있는데도 영입

된 백인 관리자들보다 낮은 급여를 받고 있다는 사실을 알게 되었다.

그 직후에 바로 스위트그린으로 직장을 옮겼다. 도량이 넓고 따뜻한 성격의 스웨인은 직원들에게 신뢰감을 주었다. 매장을 둘러볼 때 같이 따라다녀보면 확실히 그런 분위기가 느껴진다. 직원들은 스웨인을 좋아하고 존경한다. 또 스웨인에게 존중받고 있다고 느낀다. 하지만 스웨인은 이런 관계에 이를 수 있었던 것이 전적으로 적절한 환경 덕분이었다고 강조한다. 스웨인은 스위트그린에서 관리직에게 가장 중요한 사항이 무엇인지 분명하게 알게 되었다. 당연한 얘기겠지만 지점장은 이익을 내야 한다. 식대에 너무 돈을 쓰거나 근무 일정에 너무 관대해서는 안 되며, 식당의 인기를 끌어내고 고객 충성도를 높여서 수입을 올려야 한다. 회사에게 단연코 가장 중요한 기준이 직원들의 만족도라는 것도 잘 알고 있다. 이 부분에서는 후무가 정기적으로 넛지식 개입을 보내주는 덕분에 직원들이 만족스럽게 일하도록 잘 챙기고 있다.

스웨인은 폴이 더 많이 배우고 더 열심히 일하면 급여도 인상되고 승진도 할 수 있다는 격려에 좋은 반응을 보이고 있음을 느꼈다. 그날 두 사람이 대화를 나눌 때 같이 있던 나도 폴이 그 말에 수긍하고 있다는 것을 느낄 수 있었다. 굴레로 여기고 있던 최저임금의 고리에서 벗어날 희망을 엿본 것 같았다. 잘하면 지점장이 될 수 있고, 언젠가는 지역 관리자까지 될 수도 있다는 희망을 갖게 된 것이다. 결국 이런 희망은 일을 하면서 현실적 목표의식을 갖게 해주었다. 승진을 하면 집을 구하고 아버지가 지고 있는 경제적 부담을 크게 덜어줄 수 있다. 또 자신의 가정을 꾸리게 되었을 때 아이들에게 제대로 배우지 못한 이민자로 살아온 자신과는 완전히 다른 인생을 걷게 해줄 수도 있으리라는 꿈을 가지게 되었다.

중간 중간 소소하게 넛지식으로 개입하는 것은 이런 꿈을 더욱 키워주는 데 도움이 된다. 스웨인은 폴에게 스위트그린의 교육 프로그램을 받아보라고 권했다. 폴의 큰 약점은 수줍음이다. 어떤 사람에게 그만 수줍어하라고 말한다고 해서 수줍음이 개선되지는 않는다. 하지만 수줍음 많은 사람에게 고객 상호관리의 기본을 배우도록 격려하고 배운 대로 실천해보라고 권하면서 자신의 안전지대에서 벗어나 진전을 보일 때마다 보상을 해주면 수줍음을 개선하는 효과가 있다.

후무에서는 수줍음 많은 직원들을 격려하는 문제에 대해서도 스웨인에게 넛지식 개입을 해줄 수 있다. 후무에서 개발해낸 넛지식 개입 중에는 수줍음 많은 사람들의 근무 일정 관리 문제를 다루는 것도 있기 때문이다. 가령 스웨인 같은 지점장은 직원들의 근무 일정을 짜는 날인 금요일에 다음과 같은 내용의 이메일을 받을 수 있다.

친애하는 시모네 씨에게
귀하는 스위트가든 코트 스트리트점에서 지점장으로서 근무시간과 자리의 배정을 맡고 계십니다. 하지만 교대근무 시간과 자리가 새롭게 난다면 적임자를 어떻게 정하시겠습니까?
다음과 같이 해보세요.

선택안을 모두 고려해보기
교대근무 시간과 자리가 새롭게 나면 처음 생각난 사람을 고르기보다는 팀원들 모두의 리스트를 쭉 짚어보세요. 근무시간을 늘리거나 책임을 더 맡고 싶다고 분명히 밝히는 사람들에게만 보상을 해줄 게 아니라 몇 분 정도 시간을 내서 모든 선택안을 살펴보세요.

왜냐고요? 충분히 자격이 되는 팀원들 중에는 더 많은 책임을 맡고 싶다는 말을 못하고 주저하는 사람도 있습니다. 직원들에게 분명히 밝혀야 하는 부담감을 덜어주면서 보다 공평한 결정을 내려보세요.

질문할 내용이 있다면 연락주세요.

후무의 웨인 드림

넛지식 개입에서의 말 한 마디 한 마디는 심리학적 연구를 바탕으로 세심하게 작성된다. 이 이메일에서는 가장 먼저 이메일을 쓴 사람이 (이 이메일을 발송한 컴퓨터 프로그램과 더불어) 스웨인과 스웨인의 팀을 위해 특별히 진행된 진단 분석을 검토해 그들의 역할을 이해하고 있다는 점을 명확히 밝히고 있다. 이어서 특정 행동을 권유하는 넛지식 개입을 해준다. 넛지식 개입에서는 스웨인에게 불공평한 사람에서 공평한 사람으로 변하라는 식으로 권유는 하지 않는다. 어느 누가 그렇게 권유한다고 해서 변할 수 있겠는가? 따라서 넛지식 개입에서는 어차피 수행해야 할 직무 중에서 단순하고 실행 가능한 조정 사항을 추천해준 다음 그 추천을 따를 경우 더 큰 목표를 성취하게 되는 이유를 설명해준다. 이대로 따르면 실제로 회사가 더 공평해질 테니 직원들도 회사를 더 공평한 곳으로 느끼게 될 것이다. 직원들은 단지 남들에 비해 입을 다물고 있다는 이유 때문에 자신이 무시당하는 일은 없으리라는 신뢰감을 느낄 수도 있다.

후무가 자사의 작업 취지를 전할 때 부딪히는 한 가지 난관은 너무 단순하고 너무 하찮게 여겨지기 쉽다는 점이다. 무시당하는 경우도 많다. 어떤 브루클린 소재 레스토랑의 지점장이 말이 없는 직원들에게 더 관심을 가져주라는 권유를 받았다고 하면, 어느 누가 대단하게 여겨주겠는가? 하지만 이런 단순한 이메일의 이면에는 혁신이 깃들어 있다. 후무는 훨씬 더 저렴한 컴퓨터 설비를 활용해 직원과 관리자에게 질문을 던지고 격려해주는 새로운 방식뿐만 아니라 새로운 차원의 심리학적 연구가 가능한 체계를 완성했다.

후무에게 넛지 엔진은 시작에 불과하다. 후무 팀은 혁신의 잠재성이 훨씬 높은 도구를 개발하는 데 힘을 쏟고 있다. 라즐로 복의 꿈은 사람들에게 성공에 가장 도움이 되는 활동을 제시하는 일을 훨씬 잘할 수 있는 소프트웨어를 개발하는 것이다. 나는 어느새 폴같이 자신의 주방에서 이런저런 맛을 실험해보며 시간을 보내길 즐기는 누군가가 스위트그린의 조리법 연구개발 팀에 발탁되는 모습이 절로 그려진다. 스웨인은 아주 유능한 교육자가 될 것 같다. 보조 관리자들에게 아래 직원들을 격려하도록 독려하는 요령을 정확히 간파하고 있는 사람이라고 느껴졌기 때문이다.

후무의 궁극적 목표는 미국 재계의 본질을 재구성하는 것이다. 후무 엔진 같은 체계는 정해진 직무와 직무 기술서를 갖춘 일정한 조직을 운영하기보다는 직원 각자의 독자적 열정과 재능과 제약을 한층 더 잘 이해해 조직을 효율적으로 재구성할 수 있다. 더 나아가 직원들을 더 잘 맞을 만한 다른 회사로 이끌어줄 수도 있다. 컴퓨터 기술, 인공지능, 자동화가 반드시 삭막한 개인성의 말살을 의미하는 것은 아니다. 그와는 정반대로 개인적 행복을 북돋워주는 열정 기반의 조직을 이루어낼 수도 있다.

맺음말

●

내 옆에 있는 성공의 기회를 움켜잡아라

존 메이너드 케인스John Maynard Keynes는 20세기 전반기의 경제학계에서 가장 걸출한 인물이었다. 그가 2미터에 가까운 장신이었기 때문만이 아니다. 케인스는 평생토록 미래를 명확히 내다보는 범상치 않은 능력을 발휘했다. 대공황이 한창이던 시기에 그는 거의 혼자 힘으로 완전히 새로운 경제학파인 거시경제학을 정립했다. 거시경제학은 전 세계를 덮친 참혹한 경기 침체를 설명해냈고 그것을 소멸시킬 만한 참신한 도구를 제공했다. 뿐만 아니라 제2차 세계대전 이후에는 세계은행, 국제통화기금IMF을 비롯해 유럽과 아시아의 상당 지역이 그 잔인한 전쟁 이후 재건을 도모할 수 있도록 해준 다수의 국제협정을 발전시키며 현대 세계의 기틀을 마련했다.

1930년에 세계의 많은 지역에서 이른바 대공황Great Depression이라는 붕괴 초반의 공황 상태를 겪을 때 케인스는 훨씬 더 장기적 관점에서 에세이를 썼다. '우리 손자 세대의 경제적 가능성'Economic Possibilities for Our

Grandchildren이라는 제목의 이 에세이를 통해 독자들에게 '경제 비관주의의 공격'에 굴복하지 말라고 경고하며 다음과 같이 썼다. "19세기를 특징 지었던 대대적 경제 성장의 시대는 끝났다고 말하는 사람들이 많다. 생활 수준의 급속한 개선이 이제는 둔화되고 있다고들 말한다." 케인스는 뒤이어 그렇지 않다는 주장을 이어갔다. "우리가 지금 겪는 고통은 나이가 들어서 찾아온 류머티즘 때문이 아니라 지나치게 급속한 변화에 따른 성장통 때문이다. 하나의 경제 시대와 다른 경제 시대 사이의 재조정 기간 중에 겪는 고통 때문이다."

케인스가 이 글을 썼을 때 그의 나이는 47세였고 당대의 모든 사람들과 마찬가지로 그 역시 기술적 변화가 얼마나 급속도로 이루어지고 있는지를 알고 있었다 케인스가 태어났던 당시의 세상은 대체로 슬렁슬렁 산책하는 정도의 속도로 흘러가고 있었다. 전보와 철도가 있었지만 보통 사람들의 일상생활 속에 들어와 있지는 않았다. 전화, 전기, 자동차, 비행기, 대량 생산은 전부 미래의 얘기였다. 대다수 사람이 얼굴을 마주보지 않고 의사소통을 나눈다는 것은 생각도 할 수 없었다. 대다수 국민이 여전히 직접 손을 이용해 농사를 짓거나 운이 좋은 경우엔 노새를 부리는 게 전부였다.

그러다 마치 하룻밤 사이의 일처럼 갑자기 세상이 바뀌었다. 도시화와 산업화가 이루어지며 온 땅과 바다 건너까지 즉각적 의사소통이 가능해졌다. 천 년에 걸쳐 농사를 지어온 선조들을 둔 사람들이 불과 몇 년 전까지 존재하지도 않았던 일자리에서 일을 했다. 케인스는 중요한 기술이 등장할 때마다 경제 전반이 변할 수밖에 없는 상황에서 변화가 너무 빠른 속도로 일어나는 바람에 극심한 '부적응'이 발생했다고 보았다. 전보 하나만

보더라도 그것은 정말 혁신적인 기술이었다. 먼 거리에 떨어져서도 사업에 대한 결정 사항을 말의 걸음 속도가 아닌 실시간으로 신속히 내릴 수 있었다. 말 기반의 우편배달을 중심으로 세워져 오랫동안 이어져 오던 경제 생태계는 이제 붕괴되었다. 마차 채찍 제조업자는 말할 것도 없고 마차 제작자, 마차 몰이꾼, 마차 여관이 모두 파탄을 맞았다. 컨베이어 벨트 등의 발명품이 등장하며 대량 생산이 가능해졌고 그에 따라 대장장이를 비롯한 여러 장인들의 일자리가 사라졌다. 급속한 변화가 몰고 온 이와 같은 일자리의 붕괴와 혼란은 너무도 요란해서 외면할 수가 없다.

하지만 케인스는 그 모든 변화가 몰고 온 현상 중에는 비교적 조용해서 못 보고 놓치기 쉽지만 훨씬 더 중요한 현상도 있다고 지적했다. 인간 삶의 질이 서서히 꾸준하게 향상되고 있다는 사실이었다. 케인스의 추정에 따르면 삶의 질이 1년에 2퍼센트 정도씩만 증가되어 사람들이 거의 알아차리지 못하고 있었지만 오랜 시간이 지나는 사이에 가장 극적인 변화가 이루어진 분야는 결국 서서히 꾸준하게 발전한 인간의 삶의 질이었다. 1930년에 케인스는 2030년이 되면 영국의 평범한 사람들이 1세기 전의 평범한 계급의 선조들보다 4~8배는 더 부자가 되어 있을 거라고 예측했다. 이 예측은 정말 맞았다. 2010년에 이르러 벌써 영국의 평균소득이 1930년의 평균소득보다 다섯 배 이상 늘었고 2040년까지 앞으로 20년 동안에는 소득이 더욱 증가할 것이다. 미국의 소득은 더 빨리 증가해서 2018년의 평균소득이 1930년대보다 여섯 배 가까이 늘었다.

케인스가 누구보다 앞서 지적했지만 소득이 늘었다고 해서 오늘날 모든 사람이 행복한 것은 아니다. 지난 몇 십 년 동안 경제적 이익의 상당 부분이 아주 부유한 사람들 소수에게만 흘러들어 가면서 불평등이 심화되었다. 그럼에도 우리의 삶은 1930년의 우리 조부모 세대의 삶에 비해 상상하기 힘들 만큼 개선되었다. 당시에 미국과 영국에서는 굶주림이 현실적 생존 문제였고, 영아 사망이 훨씬 더 흔했으며, 의료는 중세의 미신 중심의 엉터리 치료에서 막 벗어나는 수준이었다. 케인스의 제안처럼 장기적 관점에서 보면 우리는 적응을 해냈다. 케인스가 썼듯 "인류는 경제적 문제를 해결해가고 있다."

해결책은 어느 날 갑자기 완벽한 형태로 다가오지는 않았다. 혼란스럽게 등장해 종종 문제의 해결보다는 절망에 가까운 모습을 취하기도 했다. 가령 노동조합 운동이 일어나면서 노동자들은 임금과 노동환경의 개선을 통해 경제 성장을 공유하게 되었다. 정부 및 민간 부문의 다양한 보험제도가 마련되면서 나이가 많거나 다친 사람들이 무일푼으로 전락할 가능성이 줄어들었다. 교육 제도가 꾸준히 발전해 무수히 많은 사람들이 재능을 개발하고 잠재력을 키울 수 있게 되었다. 대부분의 경우 사회 전반의 반응은 심각한 위기로 치달은 이후에야 일어났다. 노조의 성장은 기업이 노동자들에게 지나친 것을 요구하는 것에 대한 반응이었다. 사회보장 제도와 의료보장 제도 역시 대공황 중에 너무도 많은 고령자들이 빈곤에 빠져 내팽개쳐진 잔인한 운명에 대한 반응이었다.

케인스는 그 모든 선견지명에도 불구하고 인간이 겪을 변화의 규모에 대해서는 과소평가했다. 우리는 단지 기존의 안정된 경제 시스템에서 새로운 경제 시스템으로 옮겨간 게 아니었다. 우리는 기술 진보의 속도에 점점 가속도가 붙고 있는 것을 목격하고 있다. 새로운 시스템은 안정성이 전혀 없는 시스템이다. 현재 무슨 일이 일어나고 있든, 또 현재 어떤 직업과 사업이 성공을 거두고 있든 간에 내일은 지금과는 다를 것이다. 이것은 두려운 일이다. 당연히 겁이 날 만하다. 하지만 또 한편으로는 짜릿할 만큼 긴박감이 넘치는 일이기도 하다. 아니, 마땅히 짜릿한 긴박감을 느낄 만하다.

나는 우리 사회가 과거 세대처럼 국가적 차원에서나 국제적 차원에서 두루 작동할 수 있는 멋지고 새로운 해결책을 내놓으리라고 믿는다. 우리는 이 경제에서 더 많은 사람들을 성공하게 해주고, 성공하지 못한 이들을 보호해줄 새로운 법과 새로운 제도를 마련하게 될 것이다. 새로운 교육 양식, 새로운 사회안전망, 새로운 금융상품, 새로운 보험 양식을 갖추게 될 것이다. 이렇게 되기까지는 시간이 필요할 것이다. 중간 중간에 실수와 후퇴가 발생하고 시끄럽고 분노에 찬 싸움이 벌어지기도 할 것이다. 그 무엇도 완벽하진 않을 것이다. 어떤 경우든 완벽한 것은 없다. 하지만 결국에는 우리 모두가 이 새로운 시대의 규칙을 이해하면서 금전적 성공과 개인적 성공을 이루는 데 유용하게 사용할 수 있는 도구를 더 많이 갖게 될 것이다.

여기에서 결정적인 대목은 기다리지 않아도 된다는 것이다. 우리 각자에게는 원하는 삶을 만들어갈 기회가 지금도 존재한다. 우리는 바로 지금 과거 시대의 사람들이 가져본 적 없는 여러 가지 도구를 갖고 있다. 규격품 경제를 뒤엎었던 바로 그런 저력을 활용해 열정 경제에서 성공할 수 있다. 인터넷, 인공지능, 로봇공학 등의 기술과 세계무역의 확대를 활용해 특별한 상품과 서비스를 만들어내서 전 세계에 흩어져 있는, 그 상품과 서비스를 가장 원하는 사람들에게 제공할 수 있다. 우리의 직장생활과 마음 깊은 곳에 있는 열정을 금전적으로나 개인적으로 더 나은 방향으로 이끌어주며 서로 행복한 융합을 이룰 수도 있다.

이 책에서 소개된 이들 모두는 현명하고 기분 좋게 살아갈 수 있는 삶의 경로를 찾아냈다. 한 사람 한 사람 모두 우리에게 교훈을 주고 있다. 이 교훈에 따라 자신만의 길을 찾아 자신이 원하는 바와 자신이 제공할 수 있는 가치를 자신만의 독자적 방식으로 세우는 것은 이제 우리 각자의 몫이다. 우리 시대의 온갖 혼돈에도 불구하고 우리는 역사상 극소수만이 누렸던 이 모든 귀한 기회를 갖게 되었다. 자, 이 기회를 한번 펼쳐보자.

감사의 말

ICM의 크리스 달은 (출판 대리인으로서 아주 훌륭한 역할을 해주었지만) 단순한 출판 대리인이 아닌 그 이상이었다. 그녀는 몇 십 년 전 대리자를 부탁하는 일 자체가 아주 황송한 처지에 있던 나와 계약서에 서명을 해주었다. 달은 나에게서 나 자신조차 몰랐던 뭔가를 발견해주었고 그동안 꾸준히 나의 의논 상대이자 지지자, 벗이자 이성적인 목소리의 역할을 해주었다. 우리는 셀 수 없이 많은 시간 동안 머리를 맞대고 마침내 이 책으로 엮이게될 다양한 아이디어에 대해 논의했다. 이후에 달은 그런 아이디어를 출판 시장으로 가지고 나가 그녀 특유의 온화한 맹렬함을 발휘하며 나를 대신해주었다. 달은 어느 작가에게나 세상에 둘도 없을 만한 든든한 우군이었다. 그런 달이 없었다면 이 책은 세상이 나오지도 못했을 것이다.

존 켈리는《뉴욕타임스 매거진》에서 내 직속 편집장이었고 이 책에 실린 아이디어의 상당수는 이곳에서 근무할 때 처음 틀이 잡힌 것이었다. 켈리는 내가 《뉴욕타임스 매거진》의 주간 칼럼에 올린 여러 주장에서 더 중요한 의미를 간파하고는 그런 생각을 구체화해서 책으로 엮을 수 있게 도와주었다. 그는 책을 집필하는 내내 공저자와 다름없는 도움을 주기도 했다. 이 책에는 그의 손길이 안 닿은 페이지가 없다.

크노프 출판사의 조녀선 세갈을 만났던 순간 나는 그와 함께 일해야 한다는 직감이 왔다. 세갈이 칭찬을 해주었기 때문이 아니었다. 오히려 반대였다. 세갈은 나의 주장 중에서 허술한 부분을 짚어주며 책에서 그 부분을 빼야 할 것 같다는 의견을 주었다. 하지만 내가 추구하는 핵심을 간파하며 그 일에 방해가 될 만한 요소를 모조리 제거해주겠다고 분명히 밝혔다. 나는 여러 가지로 세갈을 힘들게 했다. 이 책의 원고를 탈고하기까지 너무 오랜 시간이 걸렸고 첫 출판 기획이 좌절되기도 했다(나의 글이 그다지 좋지 않다는 최종 결론에 따라 출판 계획이 전면 백지화되기도 했다). 세갈은 가끔 거칠고 성마른 성격으로 유명하다. 하지만 그런 모습에 속아선 안 된다. 알고 보면 작가들을 진심으로 챙겨주는 자상한 사람이다. 같이 점심을 먹거나 가볍게 술을 마시기에 세갈만큼 재미있는 사람도 없다. 짓궂은 농담으로 재미를 주고 입담도 정말 좋다. 세갈은 자신이 한 말을 지켰고, 책에 필요한 요소와 필요 없는 요소를 잘 구분해주었다. 또 내가 이 책의 거시적 목표를 놓치지 않도록 잡아주는 동시에 펜을 들어 매 페이지마다 무자비한 도움의 손길을 남기기도 했다.

이 책에 실린 아이디어들은 《마켓플레이스》, NPR 방송, 〈아메리칸 라이프〉, 《뉴욕타임스 매거진》, 《뉴요커》, 《애틀랜틱》의 요직자들이 나에게 주었던 여러 기회의 결과물이다. 또한 다음의 멋진 사람들과 함께 일하면서 아이디어의 틀을 잡고 글솜씨를 키우는 데 도움을 얻기도 했다. 존 리 앤더슨, 알렉스 블룸버그, 데이비드 브란카치오, 닐 캐루스, 조 채스, 디어드라 폴리 멘델손, 데이비드 폴켄플릭, 이라 글래스, 제이콥 골드스타인, 채나 조프 월트, 케이틀린 케니, 데이비드 케스텐바움, 에릭 라크, 휴고 린드그렌, 카렌 로웨, 마이클 루오, 팸 맥카시, 돈 펙, 마이크 페스카, 데이비드 렘닉, 데이비드 로데, 카이 리사달, 제이크 실버스타인, 로버트 스미스, 줄리 스나이더, 니콜라스 톰슨, 베라 티투닉, 낸시 업다이크, 빌 와식, 엘렌 웨이스, 킨제이 윌슨, 다니엘 잘레브스키.

애덤 맥케이는 멋진 벗이자 창의적인 파트너였다. 〈빅 쇼트〉(2008년 서브프라임 모기지 위기 당시 큰돈을 번 실존 인물들을 통해 이 위기의 본질을 파헤친 영화—옮긴이)를 함께 작업하며 나는 복잡한 경제 정보를 대중에게 쉽고 흥미롭게 전달하는 방법에 대해 많은 것을 배웠다. 둘이 함께 이 세상의 온갖 주제에 대해 끝도 없이 나누었던 이야기들은 내 생각의 틀을 잡는 데 아주 중요한 역할을 했다. 그리고 내가 로스앤젤레스에 머물 때 내 집처럼 편하게 지내게 해준 시라 피벤, 필, 릴리에게도 감사의 마음을 전한다.

나는 루미너리 미디어에서 동명의 팟캐스트 〈열정 경제〉를 통해 이 책의 아이디어들을 탐색하고 있다. 지금까지 로라 메이어 제작감독과 레나 리처드 PD 덕분에 나에겐 과분할 정도로 프로그램이 훨씬 맛깔스럽게 진행되었다. 제이미 린스, 맷 색스, 켄지 윌버는 루미너리 미디어에서 멋진 파트너가 되어주고 있다. 이런 프로그램이 성사된 것은 워크하우스 미디어의 존 맥코넬 덕분이었다.

로라 메이어와 나는 성장 중인 열정 주도 산업에 이 책의 교훈을 적용하는 팟캐스트 제작사, 스리 언캐니 포Three Uncanny Four를 공동 설립해 운영 중이다. 메이어는 창의적 열정과 세심한 자제심이 어우러진 독특한 기질을 갖추고 있어서 나는 매일 그녀에게 배우고 있다. 우리 둘은 열정적인 우리 제작팀에게 늘 탄복하고 있다. 스리 언캐니 포는 세계에서 가장 크고 가장 성공한 소니 뮤직 엔터테인먼트와의 합작투자로 설립되었다. 소니 뮤직은 아티스트들이 최상의 작품을 창작하면서 가장 열광적인 청중들과 연결되도록 도와주는 것을 핵심 목표로 삼고 있다. 그동안 소니 뮤직의 뛰어난 사업가들을 접하며 얻은 배움은 감동적인 경험이었다. 롭 스트린저와 케빈 켈러는 인간 정신을 최고도로 표현하는 활동을 세계적 대기업의 중심으로 삼을 수도 있음을 보여주는 산 증인이다. 두 사람뿐만 아니라 닐 카트포라, 아만다 콜린스, 브라이언 캐러티, 데니스 쿠커, 톰 맥케이, 크리스티 미라볼, 에밀리 래섹, 찰리 예도 이외에 여러 사람을 통해서도 배운 바가 많았다. 모두들 대중에게 멋진 작품을 선사하기 위해 세계적 규모의 열정을 모으는 일이 가능함을 증명해 보이며 나에게 미래에 대해 아주 큰 기대를 갖게 해주었다.

나와 이야기를 나눠주며 영감을 일으켜준 수많은 사업가들에게 감사인사를 보낸다. 이 책에 소개된 분들과 훌륭한 인생사를 써왔지만 안타깝게도 이 책에 수록하지 못하게 된 분들 모두에게 많은 가르침을 준 점에 대해 감사드린다.

부모님인 아비바 데이비슨과 잭 데이비슨은 나에게 열정적 삶이 가능하고, 또 살아볼 만한 가치가 있음을 서로 다른 방법으로 몸소 보여주셨다. 아버지는 당신의 열정을 일찌감치 찾아내 삶의 매 순간 그 열정을 적극적으로 펼치셨다. 어머니는 늦게 꽃핀 이들이 따를 만한 비범한 모범을 보여주셨다. 한동안 우리 형제를 키우느라 당신의 열정을 꾹꾹 누르고 살았지만 40대에 인생을 새롭게 시작하셨다. 다시 학업을 시작하고 극장도 운영하시더니, 나중엔 댄싱 인 더 스트리트라는 인상적인 단체를 맡아 사우스 브롱스까지 진출하며 힙합 댄스 커뮤니티의 중심 역할을 맡게 되셨다. 다채롭고 열정적인 삶을 사시는 모습을 보면 나에게도 그런 에너지가 있었으면 좋겠다는 마음이 든다.

내 형제 에번은 성인이 된 이후 내내 나와 아주 유사한 여정을 걸어오며 영화, TV 등의 엔터테인먼트 분야에서 열정을 펼치고 있다. 나처럼 사업과 창의적 세계에 모두 발을 담그며 만족감을 얻고 있지만 나보다 훨씬 더 성공적이고 창의적으로 열정을 펼쳤다. 언제나 자상함과 조언을 베풀어주고, 무엇보다 좋은 말벗이 되어 주어 고맙게 생각한다.

아내 젠 밴버리에게는 이 세상의 말로는 이루 표현하지 못할 만큼 고마움을 느낀다. 아내는 나의 비밀 병기이고, 뛰어난 편집자이자 작가다. 아내가 나서주면 어수선한 생각, 안이한 글, 잘못 찍은 수많은 쉼표들이 싹 정리되어 보내도 될 만한 원고로 변신했다. 아내는 이 책을 몇 번이나 구원해주었다. 물론 여러 면으로 나를 구원해주기도 했다. 우리는 전쟁 중인 바그다드에서 사랑에 빠졌다. 그 전쟁 상황 속에서 우리는 이내 서로에게 확신을 갖게 되었다. 위기 속에서도 신뢰할 수 있는 상대이자 감성 또한 신뢰할 만한 상대라는 느낌이 왔다(서로를 좋아한다는 것도 깨닫게 되었다). 이후로 우리는 쭉 서로의 열정을 격려해주었다. 아마 열정에서는 우리 집 꼬맹이애서 애로우 밴버리 데이비슨을 따를 사람도 없을 것이다. 이 글을 쓰고 있는 지금 일곱 살인 애셔는 열정적인 삶을 어떻게 살아야 하는지 잘 보여주고 있다. 무엇이든 흥미를 느끼면 즉각 달려들어 열대 우림, 이집트의 신, 온갖 동물, 산호초 등에 대해 모든 지식을 빨아들인다. 아들이 열정 경제에서 자라게 되어 너무 기쁘다.